国际时尚设计丛书·营销

时尚买手实务

［美］杰·戴孟德（Jay Diamond） 著

杨 洁　弓卫平 译

中国纺织出版社

内 容 提 要

本书由国际著名的Pearson Education出版，自1989年第1版问世以来，受到服装业界人士的广泛欢迎，成为必备的参考书之一。历经多次再版，这次推出的最新修订版，既保留了原版中对服饰零售业的系统讲解，又包含了适应零售业新变化的内容——从买手的任务到采购计划的制订与实施，涉及传统组织、无店铺零售商、低价折扣店等不同类型客户对象，以及美国市场采购、国际市场采购、网上采购等不同采购区域与方式。大量资深专业人士的共同参考，使本书成为不可不读的权威之作。

本书适合服装院校师生参考，也适合从事相关时尚买手工作的职场人士使用。

Authorized translation from the English language edition, entitled RETAIL BUYING, 9E, 9780132179355 by DIAMOND, JAY; PINTEL, GERALD, published by Pearson Education, Inc.,
Copyright © 2013, 2008, 2005, 2001,1997 Pearson Education, Inc., publishing as Prentice Hall, One Lake Street, Upper Saddle River, New Jersey, 07458.

All rights reserved. No part of this book may be reproduced or transmitted in any form or by any means, electronic or mechanical, including photocopying, recording or by any information storage retrieval system, without permission from Pearson Education,Inc.

CHINESE SIMPLIFIED language edition published by PEARSON EDUCATION ASIA LTD., and CHINA TEXTILE & APPAREL PRESS Copyright © 2015.
原书ISBN: 978-0-13-217935-5

本书封面贴有Pearson Education（培生教育出版集团）激光防伪标签。
无标签者不得销售。

本书中文简体版经Pearson Education授权，由中国纺织出版社独家出版发行。本书内容未经出版者书面许可，不得以任何方式或任何手段复制、转载或刊登。
著作权合同登记号：图字：01-2012-3164

图书在版编目（CIP）数据

时尚买手实务 /（美）戴孟德著；杨洁，弓卫平译.—北京：中国纺织出版社，2016.1（2017.10重印）
（国际时尚设计丛书．营销）
ISBN 978-7-5180-1151-3

Ⅰ.①时… Ⅱ.①戴…②杨…③弓… Ⅲ.①服饰—采购管理 Ⅳ.① F768.3

中国版本图书馆 CIP 数据核字（2014）第 262062 号

策划编辑：张　程　　责任编辑：孙成成　　责任校对：余静雯
责任设计：何　建　　责任印制：王艳丽

中国纺织出版社出版发行
地址：北京市朝阳区百子湾东里A407号楼　邮政编码：100124
销售电话：010—67004422　传真：010—87155801
http://www.c-textilep.com
E-mail:faxing @c-textilep.com
中国纺织出版社天猫旗舰店
官方微博http://weibo.com/2119887771
北京华联印刷有限公司印刷　各地新华书店经销
2019年2月第1版第3次印刷
开本：889×1194　1/16　印张：24.75
字数：350千字　定价：88.00元

凡购本书，如有缺页、倒页、脱页，由本社图书营销中心调换

国际时尚设计丛书·营销

时尚买手实务

目录

第一部分
零售采购简介

第一章　零售业领域 | 7

传统零售组织　8
- 综合性杂货店　8
- 有限商品品种商店　9
- 连锁组织　9
- 百货商场　9
- 超市　10
- 折扣店　11
- 低价零售店　11
- 生产商折扣店　12
- 仓储折扣店　12 ・专业折扣店　13
- 设计师旗舰店　13 ・精品店　14 ・售货亭　14
- 转售商店　14 ・跳蚤市场　14 ・无店铺零售　15
- 商品目录　15 ・电子商务　15

美国跨国零售商　18

美国前20家零售商　18

零售业趋势　19
- 知名零售商的新概念　19 ・通过并购扩张　20
- 关闭业绩不佳的零售店铺　20 ・绿色环保　20
- 增加专供商品　21 ・开发商业中心　21
- 削减报纸广告　21 ・多元文化的目标消费者　21
- 重视移动互联终端销售　22
- 多渠道协同　22 ・与名人合作专供系列　22
- 加大电子商务投入　22 ・零售商品牌变得强大　22

商业词汇　23

要点概述　23

思考题　24

案例1　24

案例2　25

第二章　买手的任务 | 27

买手的作用　28
- 买手的工作范围　28
- 零售组织类型　29
- 商品分类　29
- 公司规模　29
- 买手的职责　29
- 商品定价　30
- 产品开发　30 ・各地出差　31
- 广告、促销和视觉营销　32 ・与销售部门沟通　32
- 造访店铺　32 ・电话交流　32 ・传真　32
- 电子邮件　33 ・即时信息　33 ・店内视频　33
- 商场管理　33 ・制订计划表　33

个人资格、素质以及从事采购职业的能力　34
- 教育背景　34 ・出色的分析能力　35 ・表达能力　35
- 产品专业知识　35 ・客观性　36 ・市场知识　36
- 预测　36 ・奉献精神　37 ・仪表　37

买手与管理人员的关系　37
- 销售部　37 ・广告部　38 ・视觉营销部　38
- 活动策划部　38 ・管理部　38 ・人力资源部　39

买手评估　39
- 销售　39 ・库存水平　39 ・利润水平　39

职业机会　39

商业词汇　41

要点概述　41

思考题　42

案例1　42

案例2　43

第三章　不同类型的零售组织采购 | 45

不同零售组织的商品
　　评估　46

传统零售组织采购　47
- 商场　47 ・连锁组织　49
- 专卖店　49

价值导向零售商
　　采购　50
- 折扣店　50 ・低价零售店　51

无店铺零售商采购　52
- 商品目录　53 ・目录销售组织　53 ・网络销售　54
- 家庭购物网络　55

商业词汇　56

要点概述　56

思考题　56

案例1　57

案例2　57

第四章　专业市场人士及其服务零售商的方式 | 59

专业市场人士代理的
必要性　60
- 使买手接近批发市场　61
- 就市场变化进行交流　61
- 通知销售最好的商品　61
- 评估宏观经济状况　62

采购代理机构　63
- 专有机构　63 · 独立机构　63

挑选采购代理机构　66
- 客户目录　66 · 所提供的服务　67 · 入会费用　67

采购代理机构提供的服务　67
- 购买商品　67 · 追加订单　67 · 特殊订单　68
- 初始订单　68 · 取消订单　68 · 寻找新资源　69
- 推荐热卖商品　69 · 跟踪订单　69 · 集团采购　70
- 处理纠纷并进行商品调整　70 · 实施市场周帮助　70
- 计划促销活动　71 · 提供全球市场信息　71
- 发展专供商品　72 · 调研　72

其他咨询服务　72
- 时尚流行报告机构　73 · 时尚咨询服务机构　73
- 零售报告代理　73 · 时尚预测师　74
- 非时尚类商品服务　75 · 商业出版物　75
- 消费者杂志　75 · 商业协会　75

商业词汇　76
要点概述　76
思考题　76
案例1　77
案例2　77

第二部分　采购计划

第五章　消费者分析 | 83

消费者评估　84
- 调研工具　84 · 人口分析　87
- 社会阶层　91
- 家庭生活方式　93

消费者行为　96
- 购物动机　97
- 马斯洛需求层次论　98

商业词汇　99
要点概述　99
思考题　100

案例1　100
案例2　101

第六章　多元文化：评估美国主要族群的商品需求 | 103

人口统计特征　105
- 人口　106 · 购买力　106
- 市场占有率的变化　108

少数族裔所购商品的增长
潜力　110
- 非裔美国人　110
- 西班牙裔美国人　111
- 亚裔美国人　113

多元文化销售及运营方法　115
通过广告接近族裔群体　115
买手在吸引主要族裔消费者方面的作用　118
商业词汇　119
要点概述　119
思考题　119
案例1　120
案例2　121

第七章　采购种类 | 123

商品政策　124
- 价位　125 · 商品质量　125
- 商品独特性　125
- 商品范围　126
- 采购时机　126
- 商品深度　126
- 定价政策　126

买手要认真研究公司
内部的信息　127
- 以往销售　127 · 销售管理人员的帮助　132
- 销售人员与商场管理者的帮助　133

商业词汇　134
要点概述　134
思考题　134
案例1　135
案例2　135

第八章　采购数量 | 137

半年商品计划　138
进货模式设计　141
- 日用必需品　142 · 时尚类商品　143

采购计划 148
・采购限额计划 148
自动补充库存 152
时尚类商品补货 152
商业词汇 153
要点概述 153
思考题 154
案例1 154
案例2 155
案例3 155

第九章　寻找商品与确定采购时机 | 157

选择最优进货渠道 158
・高科技创新 158
・与供应商的关系 159
・供应商的特征 160
・盈利水平 166
对供应商的定期评估 166
・评估方法 166
与供应商建立联系 167
供应商的类型 168
・生产商 168　・生产商代理 169　・服务批发商 169
・有限功能批发商 170　・超市批发商 170
确定采购时机 171
・传统零售商 171　・低价零售商 172
商业词汇 173
要点概述 173
思考题 174
案例1 174
案例2 175

第三部分
实施采购

第十章　美国市场采购 | 181

在批发市场实施采购 182
・制订考察计划 183
・美国市场 185
・市场考察 186
在公司所在地实施商品采购 191
与供应商共同合作 191

商品目录采购 192
互联网采购 193
商业词汇 193
要点概述 193
思考题 194
案例1 194
案例2 195

第十一章　国际市场采购 | 197

联邦政府在进口商品方面的作用 199
・影响商品采购的贸易协定 199
国际市场采购的原因 202
・较低的成本 202
・质量 203
・较高的利润 203
・产品声望 204　・无法实施美国市场采购 204
国际市场采购存在的问题 204
・商品交付 205　・质量问题 205　・追加订货 205
・过早选择商品颜色 206　・尺码偏差 206
・资金分配 206　・占用时间 207　・资本风险 207
・确定实际成本 207　・促销费用 208
・政局动荡 208　・情感因素 209
国际市场采购的方式 209
・考察国际市场 209　・由国际市场代理机构代购 211
・进口批发商 211　・进口商品展览会 212
・公司设立的国际市场采购机构 212
国际市场 212
・国际时尚商品中心 213
国际市场采购要求买手应具备的资质 216
・语言 217　・计算机技能 217　・掌握贸易术语 218
计划国际市场采购行程 218
・信用证 219　・计划行程 219　・酒店安排 219
・联系代理商 220
商业词汇 221
要点概述 221
思考题 222
案例1 222
案例2 223
案例3 223

第十二章　实施国际市场采购时商务礼仪的重要性 | 225

了解当地社会与风俗 226
政治中立 226

精通跨文化交流 227
- 着装得体 228
- 避免语言错误 229
- 赠送礼物 229

国际市场中的商务礼仪 229
- 中国 230 · 法国 232
- 日本 233 · 印度 235
- 澳大利亚 236 · 德国 237 · 墨西哥 238
- 英国 239 · 印度尼西亚 240

商业词汇 241
要点概述 241
思考题 242
案例1 243
案例2 243

商业词汇 273
要点概述 273
思考题 274
案例1 274
案例2 275

第四部分
买手的附带责任

第十五章 商品定价 | 281

定价原则 282
- 部门定价原则 282
- 全场定价原则 282
- 小零售商的定价原则 282

商品销售的计算方法 283
- 毛利润 283 · 降价 288
- 库存周转率 291

影响定价策略的因素 293
- 店铺形象 293 · 服务 294 · 便利性 294
- 竞争 294 · 专供商品 294 · 商品属性 294
- 促销费用支出 294 · 特卖商品 295 · 折扣运作 295

价位 295
- 选择价位 295 · 价位的优势 295

商业词汇 296
要点概述 297
思考题 297
案例1 298
案例2 299

第十三章 网上采购 | 245

网上批量采购 246
- 生产商 247
- 设计师 248 · 承包商 249
- 批发商 249
- 生产商的销售代理 250
- 采购代理机构 252
- 商品经纪人 254

网上采购的优缺点 255
- 优点 255 · 缺点 255

广告与网络的关系 256
商业词汇 257
要点概述 257
思考题 257
案例1 258
案例2 259

第十四章 购买谈判与签署订单 | 261

购买谈判 262
- 现金折扣 263 · 预付 263
- 贸易折扣 264
- 数量折扣 265
- 季节性折扣 266
- 广告补贴 267
- 延迟付款 267
- 运输费用 267
- 委托销售 269 · 如何协商 270

填写订单 271
跟单 272
培养良好合作关系 272

第十六章 开发专供商品项目 | 301

生产商品牌与商标 303
专供商品 304
- 测定消费者的态度 305
- 适应竞争挑战 306
- 确定经营专供商品的范围与数量 306
- 专供商品的优势 308

项目开发 309
- 直接采购 310 · 通过采购代理机构实施采购 310
- 零售组织自己生产 311

买手在项目开发中的作用 311
推介专供商品项目 312
- 商标因素 313

商业词汇 315
要点概述 315
思考题 316
案例1 316
案例2 317

第十七章　把商品信息传递给零售人员 | 319

传递商品信息的
　必要性 320
买手与零售商之间的
　沟通技巧 321
・店铺访问 321　・电话 322
・传真 322　・电子邮件 323
・公告板 323
・闭路电视 324
商品信息的接受者 324
・店铺经理 325　・部门经理 325
・相关销售人员 326　・视觉营销人员 326
・广告经理 327　・无店铺销售代表 327
需要被传播的商品信息分类 327
・时装 328　・非时尚类商品 329
商业词汇 331
要点概述 331
思考题 332
案例1 332
案例2 333

第十八章　买手在广告企划、特别活动和视觉营销中的作用 | 335

促销预算 336
广告 337
・广告分类 337　・合作广告 338
・非直接广告 339
・选择广告商品 340
・买手参与广告制作 340
视觉营销 344
特别活动 345
・商品促销活动 346　・企业形象宣传特别活动 347
商业词汇 348
要点概述 349
思考题 349
案例1 350
案例2 350

专业词汇 351

图片版权 356

索引 357

前言

在我们跨入这个十年之际，零售业对于业内或者期待进入这个行业的人士来说，依然令人兴奋。随着零售业竞争的日益全球化，一些无店铺销售形式，如商品目录、网上购物、社交网络等深受大家的瞩目，越来越多的买手有着更加美好的发展前景。

如今的采购范围广泛，专业的采购人员不仅在美国市场的供应商展览室或者展览会上实施采购，而且经常到国际市场进行采购。零售商想在国际市场设厂生产的热情居高不下，一些商品在美国国内只有少数甚至没有代理，买手必须亲力亲为解决这些问题。因此，买手曾经很容易通过美国国内采购就能满足零售商的需求，而现在他们必须到世界市场范围内寻找新的商品。

在这一版的《时尚买手实务》中包含了以往版本的所有内容，也更新了时尚买手领域中能够反映变化以及创新的部分，并且压缩了一些章节。由于很多不同类型零售组织采购人员的工作内容都类似，所以将原来的第二章到第五章合并为一章"不同类型的零售组织采购"。第一章"零售业领域"是这版的新内容，描述了买手执行任务和职责的背景。此章内容可以帮助那些缺乏零售业知识的采购人员，了解这个日益壮大的领域。

第一部分"零售采购简介"，介绍了目前活跃的零售组织类型、买手工作的各种零售业组成部分，以及协助买手采购到适合商品的外部力量。第二部分"采购计划"，强调了消费者行为对于采购计划的重要性、主要族裔消费群购买力增强带来的影响，以及采购数量和采购质量的基本原则。第三部分"实施采购"，研究了美国国内和国际的市场差异，国际市场采购时礼仪的重要性，网上采购时如何进行商品选择，以及采购谈判和签署订单的指导原则。第四部分"买手的附带责任"，探究了买手除实际采购外的很多其他任务，如商品定价；因为竞争激烈，买手还需要协助开发专供商品项目；虽然他们远离店铺，但买手要将商品信息及时传递给和消费者接触的相关人员；买手还要与广告、特别活动策划者及视觉营销人员等专业营销人士进行沟通。

此版的特色是将彩色插图增加到了16页，按主题的顺序展现，并用全新的插图替代了上一版将近90%的图片，书中一些新的《零售采购焦点》则更关注当今零售业中的热点。

新版《时尚买手实务》每章开篇都有明确的学习目标，篇尾有"商业词汇"，帮助这个领域的从业人员熟悉常用的专业术语，"要点概述"部分强调了每章主题的精华内容，"思考题"巩固了每章的重点，最后的"案例"部分则有助于培养实际运用中的独立分析能力。

致谢

非常感谢本书的审稿人员、纽约利姆时装管理学院（LIM）的南希·梅尔（Nancy Mayer）、麦迪逊（Madison）社区技术学院的贝蒂·赫德（Betty Hurd）以及阿肯色（Arkansas）大学的雷·绍斯沃德（Leigh Southward）。感谢他们中肯的意见和建议！

国际时尚设计丛书·营销

时尚买手实务

零售采购

简介

第一部分

与以往任何时候相比，现在的专业买手面临着更多的挑战。虽然以前的买手也要应对无数的问题，并要为公司做出利润最大化的采购决策，但与当今买手每天必须面对的各类问题相比，它们无论在深度还是广度方面，都无法与之相提并论。

不可否认，传统意义上的零售商已经存在了上百年的时间，但如今低价销售商也加入了这一领域并提供了另一种采购方式。除此之外，商品目录、网上零售增长强劲，已成为零售业务中的重要推动力。家庭网络购物广受欢迎，社交网络也在如何吸引用户购买各种商品方面取得了重大突破。

如今的买手，无论采购的方式如何，都继续承担着使公司盈利的各种任务。一些买手是严格意义上的采购者，另外一些买手则还负责开发专供商品的职责。无论公司规模多么壮大，买手都要与其他部门进行沟通，并且协助促销和策划特别活动。

相比以往，买手在实施采购前要前往更多的地方出差考察。尽管美国国内的供应商和展览会为数众多，但大多数买手仍需要在全球范围内寻找最新的商品。

除了上述所提到的，很多零售商还利用市场服务机构的服务，如采购代理机构，帮助他们的买手做出商品决策。借助这些外部力量，买手可以尽早察觉和赢得市场先机。

本书第一部分主要是研究零售业领域，并为参与零售业竞争的新人提供市场背景；买手所服务的企业类型不同，这些企业使用的采购技巧也不同；书中还将介绍市场专家以及他们如何为零售企业服务的。

零售业领域

经过本章的学习后，我们应当能够做到：
- 了解自18世纪早期至今的零售业发展历史。
- 讨论不同的无店铺零售组织类型。
- 区分折扣店和低价商品零售店。
- 讨论知名生产商为什么不开设低价零售店销售商品以获取更高的利润。
- 解释仓储折扣店如何盈利。
- 讨论"只在网络上"零售的现象。
- 描述"通过并购扩张"的零售商市场策略。
- 解释"绿色环保"概念。

第一章

在了解买手的任务和职责之前，先要了解买手工作的重要性。当今的零售业发展日新月异，买手必须表现得像商品采购经理一样出色。半个世纪前，零售业态仅局限于传统的实体零售企业和像西尔斯百货商店投寄商品目录的模式。如今，消费者可以通过多种零售途径找到心仪的商品。他们可以亲自去商店挑选商品，也可以浏览无数份直邮到家里和办公室的商品目录。当然，他们还可以直接在零售商的网站上购物，或去折扣店和低价店买便宜货，或者是根据社交网站上的广告选购商品并享受电子优惠券带来的折扣。

买手需要针对上述的各种零售细分市场提供适当的商品种类，从而为公司赢得利润。即使是同样的传统零售企业，如百货商场、专卖店、折扣店等，采购的方式也各不相同。有些采购方式适用于多种零售组织类型，而另外有些采购方式只适合于某种零售形式。例如折扣店的买手，他们重点关注的是采购到低价商品的机会。当生产商因为经营问题造成季末大量库存而只能以比平常折扣更低的价格清仓时，折扣店买手才会采取行动实施采购。

本章主要是探讨零售活动的范畴，而在接下来的两个章节中则是重点关注各种类型零售组织中买手的任务。

传统零售组织

传统零售组织是指那些由消费者亲自去选购商品地方的总称。这些商店库存了丰富的商品，他们认为这样可以充分地吸引消费者，从而销售商品。美国在殖民地时期，人们可以在货栈买到产自欧洲的商品、农作物以及猎人猎捕到的动物毛皮。在没有货栈的地方，人们从流动商贩那里购物。在货栈废弃不久之后，杂货店便以一种销售不同商品的零售实体店的形式首次出现。

综合性杂货店

综合性杂货店是在18世纪初期出现的。它的名字源于店里所销售的一系列种类繁多的杂货商品——从食品到纺织面料（图1-1）。杂货店的商品到货后，通常被随意地堆放在店铺内的空地上。商品应该如何陈列、应该如何分类，都毫无规律可言。另外，杂货店通常还可被视为当地的邮局，顾客们还常常聚集在杂货店里谈论国家大事或者闲话家常。

综合性杂货店作为唯一的社区零售形式，很快遇到了其他零售形式的挑战。有限商品品种商店，也称专业店，逐渐发展成为更成功的现代商业形式。

图1-1　一家典型的综合性杂货店
（Anne Kitzman/Shutterstock）

有限商品品种商店

19世纪中期，美国商人开始经营有限商品品种商店。尽管综合性杂货店仍然欣欣向荣，但是这种专卖店形式很快成为消费者更加青睐的零售形式。专卖店产品丰富、花色多样，成为顾客购物的不二之选。专卖店不再像杂货店那样把商品杂乱地到处堆放，它在单独的店内销售某个商品品种，如服装、鞋帽等。这种单一分类方式的店铺商品极其丰富，消费者很快就能选购到满意的商品（图1-2）。

专卖店模式获得了很大的成功，并一直延续到今天。事实上，它也是现代传统零售分类中非常重要的一种形式。

图1-2 有限商品品种商店中的某类商品种类选择范围非常丰富
（Losevsky Pavel/Shutterstock）

连锁组织

有限商品品种商店取得如此大的成功，很快就在很多地区开设了分店。这种零售形式最突出的成功之处是它可以开设越来越多的分店，最后形成了连锁组织。连锁店专注于某个品类，如服装、运动用品、配饰、食品、家居用品等。一些连锁组织如盖普（Gap）已经进入了国际市场。现在，像阿贝尔克隆贝·费奇（Abercrombie & Fitch）、克雷特·巴雷尔（Crate & Barrel）、帕特雷·巴诺（Pottery Barn）、巴纳瑞克（Banana Republic）、托伯特（Talbots）、乔斯.A.布克（Jos.A.Bank）和雷米特（The Limited），都以创纪录的速度扩张（图1-3）。一些连锁店采用相同的名字，如阿贝尔克隆贝·费奇，另外一些连锁店如雷米特，集团的结构像一个伞形，它拥有如"维多利亚的秘密"（Victoria's Secret）内衣连锁店的名字、洗浴和个人护理产品连锁店的名字。

百货商场

与有限商品品种商店同期在美国发展起来的零售形式是百货商场。和上述零售形式分类不同的是，百货商场更关注丰富的商品品类。不同于综合性杂货店对于商品种类的毫无计划性，

图1-3 巴纳瑞克（Banana Republic）继续扩张店铺
（©Jeff Greenberg/Alamy）

零售业领域 | 9

图1-4 梅茜百货在曼哈顿（Manhattan）的旗舰店
（Leesniderphotoimages/Dreamstime.com）

百货商场非常细致地规划结构和布局，每种商品都存储在特定的区域。例如，如想购买珠宝的消费者仅在珠宝销售区域就可以找到珠宝类商品。百货商场不同于专卖店只提供某类商品，它提供了一站式购物方式，在这里可以同时购买到鞋子、服装、配饰及所有相关商品。百货商场如梅茜百货、伯名得百货等都开设了分店，以满足这种购物需求（图1-4）。这种比主店或者旗舰店规模小一些的分店很快出现在美国的其他地区。百货商场采取集中式管理和采购，旗舰店负责做出所有决策，分店只负责销售商品。

现在，百货商场不仅通过传统的方式运作，还通过商品目录和网络购物实现销售。后两种方式将在后面的章节中进行阐述。

超市

在20世纪30年代，超市开始盛行。当时大西洋和太平洋茶叶公司（the Great Atlantic and Pacific Tea Company）开启了一种新的食品购物形式，即销售种类更加丰富的食品类商品。在此之前，消费者必须分别去小型食物杂货店、肉类店和面包店购买食品。这种一站式购物方式使购物更加快捷，很快成为时尚。20世纪50年代，很多食品商跟随潮流加入了超市，迫使小型的食品供应商不得不关门停业。今天，超市遍布美国。它的商品品种包括食品耐用消费品、纺织品、书、药品、文具、化妆品等，相比竞争激烈的食品，其他商品的利润率通常更高一些，因此扩展商品种类成为提高超市收益的一种策略（图1-5）。

图1-5 帕布利斯（Publix）具有现代超市的典型外观
（ⓒDov Makabaw/Alamy）

折扣店

"二战"后，一种新的零售类型很快出现了。这种销售形式具有比传统零售商更低的商品价格。第一家折扣店代表是考维特（E.J.Korvette），它一度非常繁荣，但后来逐渐在现代零售版图中消失了。这种形式的直接继任者有塔格（Target）和沃尔玛（Walmart），它们现在已经成为零售商中的领导者（图1-6）。通常，折扣店的特色是，把常规的销售价格标在价签上，同时标上更低的折扣店零售价。折扣店已经成为美国规模很大的商业形式，并取得了巨大的零售业绩。事实上，沃尔玛已经成为美国最大的零售商。

图1-6 塔格（Target）是最主要的折扣零售商之一
（Zenpix/Dreamstime.com）

经营折扣店的前辈们常常忽视购物环境，经常用简陋的圆管货架陈列商品。而现在的折扣店零售商则像那些传统零售商们一样，不但营造令人愉悦的购物氛围，还提供很多客户服务。

低价零售店

在19世纪80年代早期，低价零售店形式进入了美国市场。这归功于弗里达·罗满女士（Frieda Loehmann），她开创了这种销售模式，并且目前仍是规模庞大

零售采购焦点

麦克斯低价零售商（TJX）

麦克斯和莫里斯·费尔德伯格（Morris Feldberg）经营了一系列女装商品，他们的店铺分布于新英格兰到华盛顿特区，几乎遍布美国。到20世纪50年代中期，他们的继任者转变了经营方向，开始经营名为泽里（Zayre）的折扣店，这也成为了他们连锁店成功的起点。

到1970年中期，公司引进了一位年轻的商业天才来运营低价店。麦克斯低价店开业了。麦克斯以那些中高收入家庭为目标客户，这些消费者希望以经济的价格买到既有品质又时髦的商品。1995年，麦克斯终于实现了自己的目标，收购了玛莎并成为最大的低价零售商。麦克斯遍布美国的1000家店铺使这一低价零售品牌在美国名声大振。随后，麦克斯相继在英国、波兰和德国开设分店，最终成为欧洲最大的低价零售商。

现如今，公司又进入新的领域。除了麦克斯和玛莎之外，公司又增添了几位重量级的成员：霍姆古姿（HomeGoods），在美国经营时尚家居用品；A.J.莱特（A.J.Wright），销售物美价廉的服装和家居必需品，并成为加拿大首屈一指的服装和家居用品零售商；霍姆森思（HomeSense），是时尚家居商品的领先者；塞尔森思（Stylesense），以经营低价鞋和配饰为特色。这一系列成员的加入使麦克斯的经营范围更加广阔和完善，成为欧洲独一无二的低价服装及家居用品领导者。

的低价零售商之一。不仅罗满女士的低价零售店欣欣向荣，很多其他低价零售商，如玛莎（Marshalls）、麦克斯（T.J.Maxx）以及男人装（Men's Warehouse）也蓬勃发展，成为行业内主要的竞争者（图1-7）。下面的零售采购焦点研究将以麦克斯公司为主。

低价零售商不断考察批发市场，寻找并处理数量过多、过季以及滞销商品的供应商。通过这种具有"机会主义"特征的采购方式，低价零售商能够采购到便宜的商品再以低价销售，并能保持盈利。有时，传统的百货商场也进行低价操作，把过季商品放到自营的折扣店中销售，这样的百货商场有内曼·马库斯（Neiman Marcus）、诺斯姆（Nordstrom）、梅茜百货（Macy's）。

生产商折扣店

当低价零售店繁荣兴旺时，消费者又有了在生产商折扣店买到促销商品的良机。很多知名生产商开始了此项新兴业务。他们在把商品销售给低价零售商的同时，生产商发现他们仍有多余的库存有待消化。因此，生产商不再只关心把商品销售给个体商家，而是尝试在自己的折扣店中以促销价格销售商品。通过这种独特的自营折扣店系统，生产商可以处理掉部分库存并获得利润（图1-8）。

现在，室内和露天的"特价"商场遍布美国，并以经营生产商品牌为特色。对价格敏感的顾客把这些商场看作是体验美妙的"发现之旅"的最佳购物地点。营运折扣店的知名生产商包括寇弛（Coach）、杜尼·博克（Dooney & Burke）、古弛（Gucci）、卡伯尼（Liz Claiborne）、诺蒂卡（Nautica）等。

除了销售滞销商品，生产商还利用库存的材料，特别为折扣店生产商品。

仓储折扣店

20世纪80年代，零售商开始经营仓储折扣店，以最低的价格销售大量的商品。个人每年支付40美元的年费，就能在这些规模庞大的折扣店中享受超低折扣的商品。像克斯克（Costco）、山姆会员店（Sam'Club）、比杰（BJ's）都是非常出色的仓储折扣店，克斯克（Costco）是美国第三大零售商，其重要地位可见一斑（图1-9）。仓储折扣店经营着丰富的食品类相关系列

图1-7 玛莎是TJX公司的分部，也是知名的低价零售商
（ⓒLana Sundman/Alamy）

图1-8 保罗·拉夫·劳伦（Polo Ralph Lauren）在美国经营了很多折扣店
（ⓒIan Dagnall/Alamy）

商品，还有诸如服装、电器、书、光盘、鲜花、医药用品等商品，种类也越来越多。其店内商品一般都是大包装，如24瓶合装的水、双份量的谷类食品和多瓶包装的软饮。同时，仓储折扣店经常提供商品演示和食品"试吃"，很多销售员现场烹饪自己公司的食品并推荐给消费者们品尝，这些演示活动极大地提升了商品的销量。

仓储折扣店成功的关键在于收取会员费，这为折扣店每年带来了丰厚的收入。不仅如此，这也使得折扣店即使是在实施最低价格的经营策略时，也仍然能够保持盈利。

图1-9　克斯克是仓储折扣店的象征
(ⓒChristopher Griffin/Alamy)

专业折扣店

20世纪80年代还出现了专业折扣店。零售商开设了规模庞大的店面，专门经营某类商品，并以折扣价销售。知名的大型专业折扣店有电器折扣店贝斯特（Best Buy）、玩具折扣店托得（Toys "R" Us）。

此类零售商发展得十分顺利，但对小型专业店的经营带来了巨大的冲击，它们中的很大一部分都倒闭了。

设计师旗舰店

从21世纪初以来，设计师旗舰店比以往任何时候都要势头强劲。美国的高档商业街，如纽约的麦迪逊大道（Madison Avenue）和第五大道（Fifth Avenue），洛杉矶（Los Angeles）的罗迪欧大道（Rodeo Drive），佛罗里达棕榈滩（Palm Beach）的沃斯大道（Worth Avenue），都以包揽像路易·威登（Louis Vuitton）、乔治·阿玛尼（Giorgio Armani）、卡尔文·克莱恩（Calvin Klein）、爱丝卡达（Escada）、伊夫·圣.洛朗（Yves St.Laurent）等，这些商业街都以这样的高级、时尚名店为特色（图1-10）。

图1-10　路易·威登旗舰店
(Ralukatudor/Dreamstime.com)

因为社会财富分配不均衡，上流阶层的收入飞速增加。因此，设计师旗舰店被认为是相当具有增长潜力的零售领域。

精品店

在美国，精品店非常流行，尤其对于那些寻求高级时尚以及个性化的富裕阶层来说更是不可或缺。折扣店和低价店的消费者对价格很敏感，而这些小型精品店的顾客则并不关心价格，他们更关心的是商品是否独特稀有。经营精品店的关键在于独家的商品以及个性化的服务。销售人员需要经常维护老客户，当富有吸引力的新品到店时，他们会及时通知这些目标顾客。

售货亭

售货亭主要起源于波士顿（Boston）的昆西（Quincy）市场和纽约（New York City）的南街海港（South Street Seaport）。售货亭坐落在这些市场的通道边，像一个个迷你商店。现在，购物亭也已逐步发展成为传统的商场形式，以购物车的形式排列在商场通道周围，用以销售珠宝、工艺品、发饰等。有些售货亭经营相当良好，并成功转型为店铺。立思（Lids）就是这样一个商业传奇，它从一个个小型的售货亭，发展成为现在世界上最大的帽饰连锁机构。

转售商店

转售商店与传统的零售组织有所不同。它历史悠久，通常在经济萧条时期销售量很大。2008年年初开始，美国遭受了有史以来最严重的经济衰退，对转售商店的需求增多，转售商店的店铺数量大增。随着失业率的增加，很多消费者开始到二手市场买衣服。但是，在经济繁荣时期，转售商店的销售量则会下降。

图1-11　一家室内跳蚤市场
（ⓒIain Masterton/Alamy）

跳蚤市场

跳蚤市场是由易物商店或者易物集会衍生而来，目的都是为了通过以物换物的形式来处理自己多余的物品。在20世纪80年代早期，跳蚤市场得到了迅速发展。这一市场形式一般会开在面积较大的空闲店铺内或者户外，如田径场和停车场。卖主搭建店铺，以极低的价格销售库存和廉价商品。商品能够廉价是因为场地租金很便宜，每天差不多40美元。卖主也不用支付电费、电话费、保险费等。跳蚤市场逐渐成为一个家庭聚会、富有节日气息的场所。一些卖主经营得非常成功，在各个跳蚤市场开店，形成了类似传统连锁店的组织。最大的跳蚤市场零售组织是佛罗里达（Florida）的劳德代尔堡（Fort Lauderdale）易物商店。这里的商品囊括新品和二手商品，种类繁多、应有尽有。除此之外，劳德代尔堡易物商店经常会组织各种娱乐活动，被认为是最好的跳蚤市场零售商之一（图1-11）。

无店铺零售

有些实体零售商并不真正需要消费者亲临店铺。这些零售商最大化地扩展着他们的生意领域，而且不用离开舒适的家或者办公室，越来越多的消费者尝试网购各种类型的商品，并且乐在其中。

有些零售商是无店铺零售，还有一些是实体经营和无店铺经营相结合。因为没有一家实体零售商会单纯依赖店铺中有限的客流，而不借助商品目录销售、电子邮件、网络等其他方式去赢得更多的目标市场。

商品目录

追溯到1872年，蒙哥马利—沃德公司（Montgomery Ward & Co）和西尔斯百货店（Sears Roebuck & Co.）开始了商品目录业务，将商品目录寄给那些住得离店铺比较远的消费者，借以满足他们的购物需求（图1-12）。当时的商品目录册更像一本书，厚达几百页，涵盖了从耐用消费品到纺织品等一系列的商品类型。现在斯皮格公司（Spiegel）仍保留了这种商品目录销售形式，但沃德公司已经退出了市场，西尔斯百货也缩小了商品目录册的规格，转而制作更加专业的商品目录版本。

在意识到商品目录销售的巨大商业价值后，很多百货商场、专卖连锁店、商品目录零售商纷纷通过商品目录业务为公司获得了可观的利润。

电子商务

现在，利用电子商务来获取客户的零售商越来越多。除了传统的零售商逐渐加入到这一行列以外，也形成了很多仅通过网络销售商品的新兴零售商。最成功的电子商务零售商是亚马逊（Amazon.com）。起初，它只销售大量的新旧图书，并取得了令人瞩目的业绩，随即便开始拓展其他商品销售，现在已发展成为销售光盘、电子产品、鞋、珠宝、运动产品、工具和玩具等各类商品的大型电子商务平台。2010年9月的《商店》杂志调查评选了2010年50个最受

图1-12 第一本西尔斯百货的商品目录封面
（AP Photo/Sears Roebuck and Co.）

图1-13 亚马逊是最大的线上零售商
(Miluxian/Dreamstime.com)

欢迎的网络零售商,亚马逊名列第一(图1-13)。表1-1列出了2010年50个最受欢迎的网络零售商。

另一家知名在线零售商是伊拜(Ebay.com)。它以在线拍卖业务而闻名。伊拜于1995年成立,目前在零售业中占据了一席之地。目前,伊拜在全球已有9千万活跃用户,年销售额达600亿美元,平均每秒就收入2000美元!

受到在线零售商飞速发展的压力,越来越多的传统零售商开拓了电子商务业务,那些没有时间亲临店铺的消费者只需要注册即可方便购物。

除了发展电子商务,很多零售商还可以通过电子邮件通知顾客有关折扣、季末特卖、促销等活动。通过邮件链接,消费者可以直接进入公司网站,搜索到广告商品进行购物。

零售采购焦点

在线零售商斯多克公司(Overstock.Com)

最新的一个电子商务传奇是在线零售商斯多克公司(Overstock.Com)。公司成立于1999年年末,随后业绩发展迅速,受到了国内外消费者的广泛关注。公司有两个经营理念:一是让生产商销售他们的库存商品;二是以最低价销售种类丰富的商品。

有几个运营数据可以显示出斯多克公司的重量级地位:公司的营业收入从1999年的183.5万美元发展到2009年的87676.9万美元;商品种类从1999年的不超过100种,发展到2009年的630000多种,员工人数多达1286名。公司的商品种类极其丰富,如家居和园艺用品、家具、家用纺织品、服装、鞋、电子产品、珠宝、运动产品、书、影片、音乐、游戏、旅行箱、健康及美容产品、婴儿服饰、工艺品、礼品、鲜花、玩具和休闲用品等。

美国零售联合会(National Retail Federation)和美国运通(American Express)的一项联合调查显示,斯多克是继美捷步(Zappos.com)和亚马逊之后的最佳服务网站。

斯多克公司的业务还扩展到了海外。现在,来自美国中南部、欧洲、亚洲—太平洋地区、中东和非洲的消费者都可以网购到斯多克的商品。另外,他们都可以使用当地流通的货币购买所需商品。

有时,零售商通过搜索网站来开拓其线上业务,他们将公司名字链接到搜索网站上,如雅虎(Yahoo),这样,只需在搜索网站上点击商品分类,消费者就可以进入公司网站,找到自己需要的商品。

表1-1 2010年最受欢迎的50个网站

排名	零售商总部	主要产品	排名	零售商总部	主要产品
1	亚马逊 西雅图（Seattle）	综合商品	26	美捷步（Zappos.com） 洛杉矶	鞋类
2	沃尔玛 本顿维尔、阿肯色州（Bentonville.Ark.）	综合商品	27	盖普 旧金山（San Francisco）	服装
3	伊拜（EBay.com） 圣·何塞，加利福尼亚州（San Jose,Calif）	在线市场	28	莱恩·布莱恩特（LaneBryant.com） 班萨莱姆，宾夕法尼亚州（Bensalem,Pa）	服装
4	贝斯特（Best Buy.com） 里奇菲尔德，明尼苏达州（Richfield,Minn）	电子产品	29	新蛋商城（Newegg.com） 工业城，加利福尼亚州（City of Industry,Calif）	电子产品
5	杰西潘尼（JCPenney.com） 普莱诺，得克萨斯州（Plano,Texas）	服装	30	家庭购物网（HSN.com） 圣彼得斯堡，佛罗里达州（St.Peterburg,Fla.）	综合商品
6	塔格（Target.com） 明尼阿波利斯（Minneapolis）	综合商品	31	老虎在线（TigerDirect.com） 迈阿密（Miami）	电子产品
7	科尔士百货公司（Kohis.com） 梅诺米尼威斯康星州（Menomenee Fails,Wis.）	服装	32	MSN.com/Bing.com 雷德蒙德，华盛顿州（Redmond,Wash.）	信息
8	谷歌 山景城，加利福尼亚州（Mountain View,Calif.）	信息	33	坎贝拉（Cabelas.com） 西德尼，内布拉斯加州（Sidney,Neb）	运动产品
9	斯多克公司（Overstock.com） 盐湖城（Salt Lake City）	综合商品	34	山姆会员店（SamsClub.com） 本顿维尔，阿肯色州（Bentovilleww,Ark）	综合商品
10	西尔斯百货 霍夫曼庄园，伊利诺伊州（Hoffman Estates,Ill）	综合商品	35	克雷格网站（Cragslist.org） 旧金山	在线商品
11	梅茜百货 辛辛那提（Cincinnati）	服装	36	KingSizeDirect.com 印第安纳波利斯(Indianapolis)	服装
12	老海军（OldNavy.com） 旧金山	服装	37	Forever21.com 洛杉矶	服装
13	里昂比恩（LLBean.com） 自由港，缅因州（Freeport, Me）	服装	38	Express.com 哥伦布，俄亥俄州	服装
14	兰得（LandsEnd.com） 道奇威尔，威斯康星州（Dodgeville, Wis）	服装	39	克斯克（Costco.com） 艾萨卡，华盛顿州（Issaquah, Wash）	综合商品
15	QVC.com 西切斯特，宾夕法尼亚州（West Chester,Pa）	综合	40	查德威克（Chadwicks.com） 波士顿（Boston）	服装
16	雅虎 森尼维耳，加利福尼亚州（Sunnyvale, Calif）	信息	41	罗曼斯（Roamans.com） 印第安纳波利斯	服装
17	WomanWithin.com 印第安纳波利斯（Indianapolis）	服装	42	Eastbay.com 沃索，威斯康星州（Wausau, Wis）	运动产品
18	布莱尔（Blair.com） 沃伦，宾夕法尼亚州（Warren, Pa）	服装	43	纽波特纽斯（NewportNews.com） 纽约，纽约州（New York, N.Y.）	服装
19	卡玛特（Kmart.com） 霍夫曼庄园，伊利诺伊州	综合商品	44	FashionBug.com 班萨莱姆，宾夕法尼亚州（Bensalelem, Pa）	服装
20	维多利亚的秘密 哥伦布，俄亥俄州（Colombus, Ohio）	服装	45	Buy.com 阿利索韦霍，加利福尼亚州（Aliso Viejio,Calif）	电子产品
21	家得宝（HomeDepot.com） 奥特兰大（Atlanta）	五金器具	46	美国在线（AOL.com） 纽约	信息
22	劳氏（Lowes.com） 摩尔斯威尔市,北卡罗来纳州（Mooresville,N.C.）	五金器具	47	Aéropostale.com 纽约	服装
23	哈本（Haband.com） 奥克兰，新泽西州（Oakland, N.J.）	服装	48	巴纳瑞克（BananaRepublic.com） 旧金山	服装
24	ColdwaterCreek.com 桑德波因特，爱达荷州（Sandpoint, Idaho）	服装	49	埃迪·包尔（EddieBauer.com） 贝尔维尤，俄勒冈州（Bellevue,Ore）	服装
25	美国鹰（AE.com/AmericanEagle.com） 匹兹堡（Pittsburgh）	服装	50	耐克（Nike.com） 比佛顿，俄勒冈州（Beaverton.Ore）	运动产品

注 来自2010年《商店》杂志9月刊。

零售业领域

美国跨国零售商

现在很多零售商都把目光投向了海外，到国外扩展零售版图。随着美国国内市场的竞争加剧，零售商加快了海外拓展的脚步，期望通过扩充生意赚取更多的利润。表1-2为目前美国的主要跨国零售商。

图1-14 拉夫·劳伦（Ralph Lauren）的精品店
（Naiyyer/Dreamstime.com）

美国前20家零售商

尽管零售业是全球化的，但是美国公司在这个领域中占据了主导地位。这些公司涵盖了各种零售形式，如专卖店、百货商场以及商品目录和电子零售等无店铺零售（图1-14）。有意思的是，前20家零售商只有一家梅茜百货（Macy's）是传统的正宗百货商场。西尔斯集团，既有西尔斯百货传统正宗店，也有卡玛特（Kmart）这样的折扣店。表1-3是美国的前20家零售商。

表1-2 美国跨国零售商

零售商	选择海外扩张地
卡尔文·克莱恩（Calvin Klein）	中国（北京、上海），日本（东京）
蒂凡尼（Tiffany & Company）	日本（东京），中国（北京、香港），英国（伦敦）
布克兄弟（Brooks Brothers）	意大利（米兰），法国（巴黎），英国（伦敦）
沃尔玛	加拿大（蒙特利尔、温哥华、多伦多）
盖普	日本，英国（伦敦）
拉夫·劳伦	俄罗斯（莫斯科），法国（巴黎）
巴纳·瑞克（Banana Republic）	英国（伦敦），韩国
希尔瑞（Theory）	法国（巴黎），希腊（雅典）
辛西娅·洛蕾（Cynthia Rowley）	日本（东京）
城市旅行者（Urban Outfitters）	英国（伦敦），瑞典（斯德哥尔摩）

表1-3 2009年零售商20强

排名	公司	总部	2008收入（万美元）	与去年相比（%）	2008盈利（万美元）	与去年相比（%）	店铺数量	与去年相比（%）
1	沃尔玛	本顿维尔，阿肯色州（Bentoville,AR）	40560700	7.2	1340000	5.3	7873	8.4
2	克罗格（Kroger）	辛辛那提，俄亥俄州（Cincinnati,OH）	7600000	8.2	124900	5.8	3654	-0.2
3	克斯克	艾萨卡，华盛顿州（Issaquah,WA）	7248302	12.6	128272.5	18.5	544	5.0
4	家得宝（Home Depot）	奥特兰大，佐治亚州（Atlanta,GA）	7128800	-7.8	226000	-48.6	2274	1.8
5	塔格（Target）	明尼阿波利斯，明尼苏达州（Minneapolis,MN）	6494800	2.5	221400	-22.3	1682	5.7
6	沃尔格林（Walgreen）	迪尔菲尔德，伊利诺伊州（Deerfield,IL）	5903400	9.8	215700	5.7	6934	15.8
7	CVS药店连锁（CVS Caremark）	温索克特，罗得岛（Woonsocket,RI）	4898990	8.7	N.A.	N.A.	6,981	10.8
8	劳氏	摩尔斯威尔市，北卡罗来纳州（Mooresville,NC）	4823000	-0.1	219500	-21.9	1649	7.5
9	西尔斯控股	霍夫曼庄园，伊利诺伊州（Hoffman Estates,IL）	4677000	-7.8	5300	-93.6	3918	1.8
10	贝斯特(Best Buy)	里奇菲尔德，明尼苏达州（Richfield,MN）	4501500	12.5	100300	-28.7	3942	200.0
11	超价商店(Supervalu)	伊甸草原，明尼苏达州（Eden Praire,MN）	4456400	1.2	-285500	N.A.	2421	-2.1
12	西夫韦(Safeway)	普莱森顿，加利福尼亚州（Pleasanton,CA）	4410400	4.3	96530	8.7	1739	-0.2
13	来爱德(Rite Aid)	营山，宾夕法尼亚州（Camp Hill,PA）	2628926.8	8.1	-291542	N.A.	4901	-2.5
14	梅茜百货	辛辛那提，俄亥俄州（Cincinnati,OH）	2489200	-5.4	-480300	N.A.	847	-0.7
15	帕布利斯(Publix)	多湖泊地区，佛罗里达州（Lakeland,FL）	2392906.4	4.0	108977	-8.0	1044	7.4
16	麦当劳(McDonald's)	奥克布鲁克，伊利诺伊州（Oak Brook,IL）	2352240	3.2	431320	80.1	31967	1.9
17	阿霍德（Ahold USA）	尚蒂伊，弗吉尼亚州（Chantilly,VA）	2183000	4.0	N.A.	N.A.	711	0.9
18	德尔海兹 美国（Delhaize America）	索尔兹伯里，北卡罗来纳州（Salisbury,NC）	1923900	5.9	N.A.	N.A.	1594	1.5
19	亚马逊	西雅图，华盛顿州（Seattle,WA）	1916600	29.2	64500	35.5	—	N.A.
20	TJX	弗雷明汉，马萨诸塞州（Framingham,MA）	1899950.5	1.9	88061.7	14.1	2652	3.5

注 摘自2009年《商店》杂志7月刊"2009年零售商100强"。表中"N.A."为不可获取或不可应用的。

零售业趋势

在这一章的前面部分已经提到了一些零售业的发展趋势，如线上零售的扩张和全球化发展。但零售业的新趋势远不止于此，具体还包括以下内容。

知名零售商的新概念

知名零售商除了依靠开设新店、进入新的销售区域来扩大知名度，还通过开发副线商品来增加营业额。从食品店到百货商场，以及每一种类似的零售形式，零售商都在拓展他们的新概念和新名称。追求这种经营理念的零售商如阿贝尔克隆贝·费奇（Abercrombie & Fitch），它的副线品牌名为鲁尔（Ruehl），目标消费群是从23~35岁的年轻人，主要经营内衣、家居服、健身服等服饰；盖普（Gap）最新开发了盖普内衣，主要商品是健身服装；伯名得拓展了家居和家具商店；拉夫·劳伦和橄榄球联盟联合出品了卡其裤、毛衣和衬衫。

通过并购扩张

当大多数零售商通过开店获得增长时，有些零售商已经通过并购来扩张了。梅茜百货主要采取了扩张方式。尽管它已经在百货商场中占有重要地位，但梅茜百货仍有很强劲的扩张需求，它收购了伯名得百货并保留了其店铺的名称（图1-15）。最近，梅茜百货加快了并购的脚步，收购了芝加哥的地区零售帝国——玛莎百货（Marshall Field）、亚特兰大的瑞驰（Rich's）和位于西海岸的五月百货（May）。

图1-15 梅茜百货"通过并购扩张"，收购伯名得百货并保留其店名
（Typhoonski/Dreamstime.com）

另外一家通过并购扩张的百货公司是贝尔克公司（Belk），它收购了潘菲特/麦克雷（Profitt's/McRae's）和高级百货商场——巴黎连锁店（the Parisian Chain）。

除此之外，其他零售形式如超市也出现了并购潮，如全食公司（Whole Foods）收购了野麦公司（Wild Oats）。

关闭业绩不佳的零售店铺

由于经济衰退，很多零售商关闭了业绩不佳的店铺，如美文（Mervyn's）、利宁（Linen's N Things）、庞贝（Bombay）、利维茨（Levitz）、计算机美国（CompUSA）、KB玩具（KB Toys），但这并不意味着这些零售商因为财务状况不佳而退出市场，他们关掉影响业绩的店铺，以求在市场中得以生存。

安·泰勒（Ann Taylor）、埃迪·包尔（Eddie Bauer）、塔波特（Talbott）、吉尔（J.Jill）、迪士尼（Disney Stores）等零售商都关掉了大批经营不佳的店铺。

绿色环保

越来越多的零售商通过各种方法参与环境保护。零售领域的"绿色环保"运动形式多样。包括减少使用塑料制品，尤其是在超市；安装节能灯泡，减少能源消耗；增加环保商品，如巴尼斯精品百货店（Barneys），销售知名设计师林斐立（Philip Lim）和斯特拉·麦卡特尼（Stella McCartney）的有机系列商品；循环使用打印机和墨盒这些不可降解的商品；向注重环境保护的供应商采购商品；采用环保能源，如卡伯尼（Liz Claiborne）在新泽西（New Jersey）的仓库及分销中心利用了风能技术。

增加专供商品

很多知名百货商场和专卖连锁店，都采用增加专供商品来应对价格竞争。零售商销售的那些家喻户晓的商品，价格竞争非常激烈。零售商不得不经常（尤其是在经济不景气的时候）打折销售他们的商品，因而极大地减少了利润。

专供商品计划将帮助零售商减少降价的问题，从而增加利润。

在第十六章"开发专供商品项目"将继续讨论这个趋势。

开发商业中心

最早的露天购物中心建于芝加哥的郊区，这个叫老果园（Old Orchard）的购物中心，方圆约121千米，并没有建成常见的封闭式购物中心。它的开发虽然是一次冒险，但经营业绩却相当出色。受此启发，其他开发商相继在美国开发了类似的购业中心。

西蒙地产集团（Simon Property Group）开发了全美最大的购物中心，位于佛罗里达州（Florida）的杰克逊维尔市（Jacksonville）。购物中心内高端店铺云集，顾客有多种选择，路易威登（Louis Vuitton）和布克兄弟（Brooks Brothers）等高档店铺都在这里设点；也有盖普、巴纳瑞克、阿贝尔克隆贝·费奇这样的中档品牌；还有一些有名的餐厅，如芝士蛋糕工厂（Cheesecake Factory）、首都烧烤餐厅（Capital Grill）、菲利普·张（P.F.Chang），购物中心很快就赢得很高的人气。

削减报纸广告

2008年金融危机引起的经济衰退，导致很多零售商削减了报纸广告。很多报纸因此停止了发行。尽管报纸广告曾经是零售商的主要宣传媒体，但是一些行业专家认为它将在未来的十年中被淘汰，进而成为"过去时"。

多元文化的目标消费者

零售商在早期采取了"一刀切"的目标消费者市场策略，然而少数族裔人口的增长使得他们不得不换个角度思考其经营策略。据统计学分析，非裔美国人、拉丁裔美国人、亚裔美国人以及其他族裔已经成为美国重要的细分市场，越来越多的零售商抛弃了通用的市场哲学，采取措施吸引这部分新兴市场（图1-16）。沃尔玛和塔吉特等商业巨头率先研究了少数族裔的消费者偏好，并调整了商品组合形式。

图1-16　一位非裔美国人正在购物

（Supri Suharjoto/Shutterstock）

零售商都意识到了目标消费者的文化多元性，在第六章"多元文化：评估美国主要族群的商品需求"将继续研究这个话题。

重视移动互联终端销售

当大多数零售商继续增加电子商务的投入，协同传统实体零售店铺共同发展时，仍有一些零售商没有意识到智能手机带来的商机。移动互联的最大优势是可以吸引繁忙的商务人士随时随地购物。受益于苹果手机（Apple's Iphone）、三星F系列（Samsung Focus）、戴尔的Venue Pro手机和黑莓手机（Blackberry）等智能手机用户数量的巨大增长，自然而然，零售商将很容易销售出商品。

多渠道协同

零售商的每种渠道为消费者展示的信息以及为其带来的体验各不相同。因此，无论消费者选择何种渠道购物，零售商必须协调好不同渠道的商品、价格、促销等方面是否一致。尽管零售商的经营方式都各不相同，但最重要的是要带给消费者统一的商品形象。

与名人合作专供系列

名人代言已经成为零售商促销的一种流行的手段。这些著名人士只要在店铺中露一下面，即可招来人山人海的客源，进而销售出大量商品。

邀请名人为零售商设计独家的专供系列商品与请名人代言活动有相似之处。这种运作形式的代表有：科尔士百货公司（Kohl）与戴茜·福恩斯特（Daisy Fuentes）的合作设计系列以及海恩斯·莫里斯（H&M）和麦当娜（Madonna）的服装设计系列。

加大电子商务投入

很多迹象都显示出，零售商对电子商务的投入将继续增大。根据康姆斯科（ComScore）的调查，2010年是消费者使用网络购物增长最显著的一年，年销售额达321亿美元。调查还显示，家庭年收入超过10万美元的电子商务用户数量增长明显，高档商品的零售商因而受到了积极的影响。

零售商品牌变得强大

根据尼尔森（Nielsen）的报告，75%的美国家庭认为零售商品牌和知名品牌一样出色。得益于这种积极的评价，零售商得以成功地开发自己的品牌，从而获取更多的利润。

值得注意的是，这些零售业的变化都是我们必须持续关注的，它是未来赖以生存的零售业发展的趋势。

商业词汇

传统零售组织
综合性杂货店
有限品种商店
百货商场
折扣店
低价店
生产商折扣店

仓储折扣店
专业折扣店
售货亭
转售商店
线上零售
纯线上零售商
通过并购扩张

绿色环保
专供商品
多元文化的目标消费者
移动互联销售
多渠道协同

要点概述

1. 现在,零售业领域范围广泛,包括了以传统定价为特色的传统零售组织以及消费者通过互联网、移动互联和大量商品目录购物的无店铺商店。

2. 传统零售组织最重要的分类是连锁组织。像盖普等大型连锁组织都成功地扩展到海外,业绩斐然。

3. 除了传统店铺,现在还扩展出很多以价值为导向的店铺,包括塔格、沃尔玛为代表的折扣店和玛莎、男人装(Men's Warehouse)为代表的低价店。

4. 很多知名生产商和设计师,包括寇弛、杜尼·博克(Dooney & Burke)、古弛(Gucci)、卡伯尼、诺蒂卡(Nautica)都开设了自己的零售折扣店,处理库存和销售慢的商品。因此,这些生产商可以减少对外部低价店的依赖性。

5. 仓储折扣店,如克斯克继续渗透市场。仓储折扣店深受消费者欢迎,克斯克是全美第三大折扣零售商,其地位由此可见一斑。仓储折扣店不仅从销售商品中获利,还靠收取会员费得到收益。

6. 无店铺零售商的发展前景光明。商品目录、互联网以及移动互联为那些四处奔波,或者在家、工作之余打发休闲时间的人提供购物的便利,同时,这些渠道也给零售商带来了巨额的回报。

7. 进行海外扩张的美国零售商包括很多著名的企业:有定位高端的卡尔文·克莱恩、蒂芙尼(Tiffany & Company)、拉夫·劳伦、希尔瑞、辛西娅·洛蕾,也有定位中产阶级或者普通阶层的沃尔玛、盖普和城市旅行者。

8. 沃尔玛位于美国前二十家零售商之首,2009年拥有7873家店铺,并为当年美国收入和利润最高的公司,它的业绩远远超过位于第二位的零售商克罗格(Kroger)。

9. 目前,零售商通过开拓副线品牌增加营业收入,并通过收购其他品牌扩张业务。梅茜百货是最大的百货商场,它通过并购发展到了现在的规模。

10. 一直以来,绿色环保成为很多零售商的目标。他们主动采取一些环保措施,如减少塑料袋的使用,采用绿色环保商品等,对环境产生了积极的影响。

11. 很多零售商继续整顿组织,关闭那些经营不善的店铺,希望借此提高利润水平。托伯特(Talbott)、埃迪·鲍尔(Eddie Bauer)、迪士尼(Disney Stores)等著名品牌都采取了相关措施。

12. 零售商在商品组合中增加了专供商品和自有品牌商品。这些商品降低了价格竞争的可能性,增加了商品利润,减少了降价。

13. 关注多元文化的细分市场有助于零售商更好地了解目标消费者。很多零售商因此而减少了"一刀切"的市场策略。

14. 移动互联销售,为那些没有时间到传统渠道进行消费的潜在消费者提供了便利,增加了零售商业绩。

思考题

1. 哪种零售类型首次销售不同种类的商品？它和专卖店有何区别？
2. 中央管理机构是指什么？它和传统的专卖店有什么不同？
3. 早期和现代的百货商场分别是如何进行扩张的？
4. 折扣店，如塔格低价店和麦克斯有哪些不同点？
5. 生产商在处理销售慢的商品和库存时，除了将商品销售给折扣店，还有哪些处理方法？
6. 除了销售减价商品，仓储折扣店如何创造更多的收入？
7. 哪些零售商最早使用商品目录销售商品？为什么这些企业受到如此大的关注？
8. 零售商如何使用电子邮件来销售更多的商品？
9. 除了开设新的连锁店铺，那些知名的连锁店零售商如何扩张他们的生意？
10. "绿色环保"具体含义指什么？
11. 为什么商品组合中的专供商品能够提升零售商的利润？
12. 多元文化的目标消费者具体是指什么？

案例1

温德姆（Windham）是一家百货商场，在佛罗里达州（Florida）、佐治亚州（Georgia）和南卡罗来纳州（South Carolina）具有稳定的市场占有率。1945年，温德姆在佛罗里达州的迈阿密（Miami）开设了第一家店，现在仍保留作为旗舰店，目前温德姆已在各地发展有45家分店。

温德姆的商品不仅涵盖知名品牌，还包括专供商品和自有品牌商品。商场以提供优质的商品和热情的服务而闻名，即使在其他零售商为了节省经营成本、削减销售人员时，温德姆仍然保留了完整的销售服务体系，给顾客带来积极的购物体验。

温德姆一直保持了良好的经营业绩，其管理层认为进一步扩展是接下来需要进行的主要任务。并且这一次，管理层认为是进行大规模扩张的好时机。按照惯例，公司每两年开设一家新店，但管理层希望此次能进入北卡罗来纳州（North Carolina）的市场，并同时拥有20~25家店铺。他们考察了计划地区，并达成了扩张的共识。

筹划委员会成员有CEO约翰·罗杰（John Roger），COO布伦达·刘易斯（Brenda Lewis），5位部门领导以及他们的顾问团。委员会讨论的主题是此次扩张应该采取何种方式进行扩张。约翰·罗杰已经担任了15年CEO职位，他认为应该通过并购的方式扩张，因为目前有个小型的百货集团准备出售20家店铺，约翰·罗杰非常看好这个机会。刘易斯则认为应该像往常一样重新开20家新店。部门领导和顾问团的意见也各有分歧。

此时，筹划委员会在全面讨论、分析各种选择的可行性。

问题：

1. 温德姆百货商场目前取得了哪些优势？
2. 在新的地点开设百货商场有哪些优势？
3. 你支持哪一个扩张计划，为什么？

案例2

1985年,凯西·波特(Kathy Porter)从一家著名的零售公司辞职,去追求梦想开一家属于自己的店。她用自己的积蓄,加上向父母借了钱,以及从贷款公司申请了一笔贷款,开设了专卖店。因为凯西·波特有经营高质量女性运动装的经验,现在她已经发展成为当地重要的零售商。

起初,凯西的商品组合由著名的时装设计师和知名生产商组成。几年的买手经验使凯西非常了解行情。她的目标消费者是上层和中产阶级女性,这个群体通常会对商品精挑细选以显示自己的品位。她很快获得了巨大的成功,并计划在离第一家店20英里的地方开设第二家店。到2003年,凯西在方圆200英里内开了10家分店,并在当地零售业中占有一席之地。

此时,凯西计划继续扩大她的业务,销售一些其他品类的服装,如男装、童装、家居饰品、鞋类等。公司波特商店(Porter Emporium)计划冒险开拓这个业务。准备好必要的资金后,凯西开始研究可能成功的商品方向。

凯西考虑了几种选择。一种是开一家男装店,或者进入童装市场,第三种方案是开一家家庭鞋店。

凯西还拿不定主意,仍在考虑她应该采取哪种方案。

问题:

1. 如果凯西开设新店销售其他新的商品品类,她应该仍使用波特商店的名称,还是更换一个新的店名?
2. 无论销售何种商品品类,使用同一个商店名称的优势和劣势是什么?
3. 如何起一个对新业务有所帮助的名字?
4. 以下哪个名字可能是一个好的店铺名?
   a. 男装店
   b. 家庭鞋店
   c. 童装店
5. 你认为家庭装饰店有可能成功吗?说出你的理由。

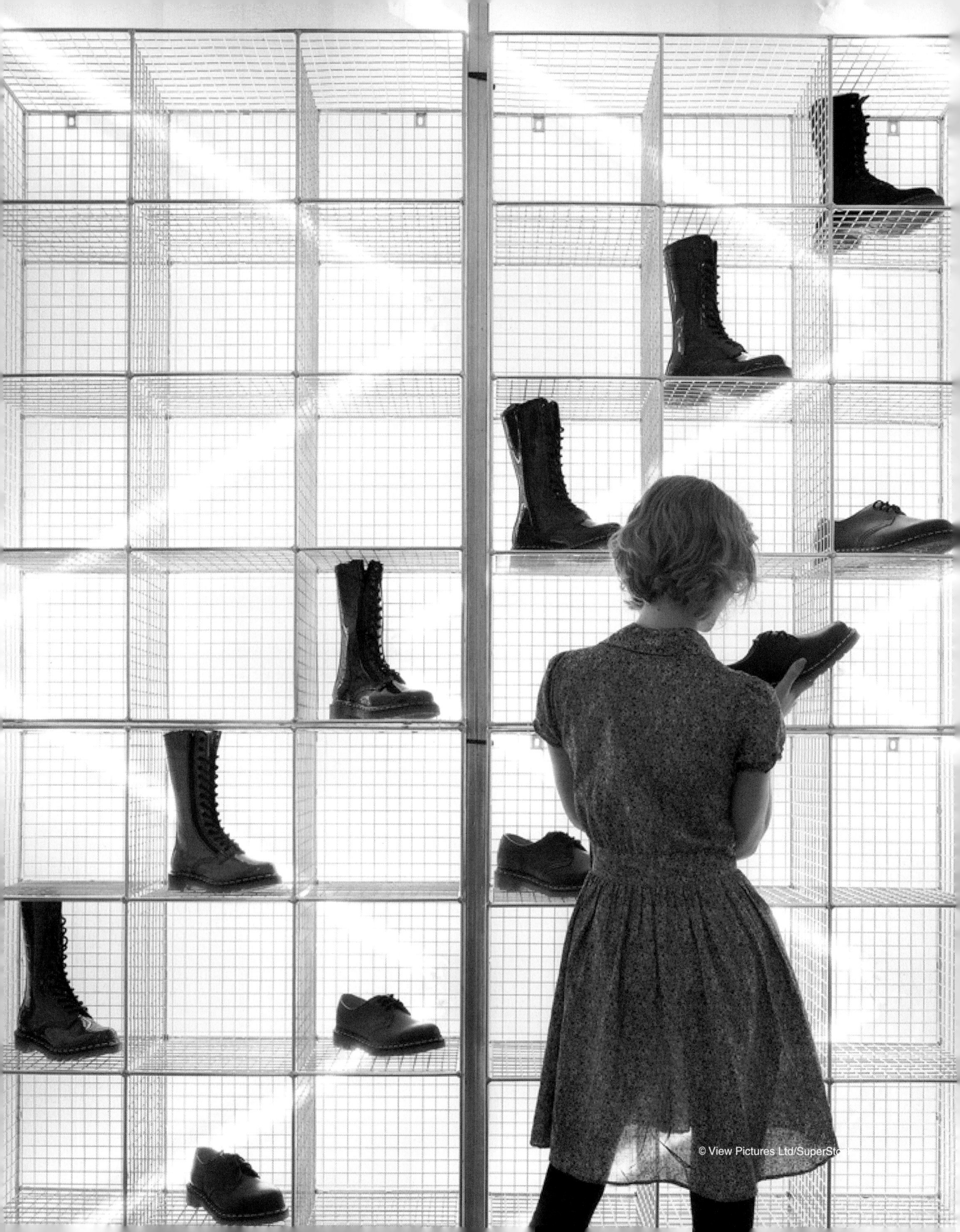

买手的任务

经过本章的学习后,我们应当能够做到:
- 明确买手在决策中的任务。
- 列出买手在零售业中的工作范围。
- 讨论买手为了实施采购而频繁出差的必要性。
- 解释在某些零售组织中,买手参与商品开发的必要性。
- 描述买手为何需要与销售人员沟通,以及应当如何沟通。
- 讨论买手职位所必需的各种资格、素质以及能力。
- 解释买手为何参与广告和视觉营销活动。
- 描述评估买手的不同标准。
- 列出零售领域的买手职业有哪些优势。

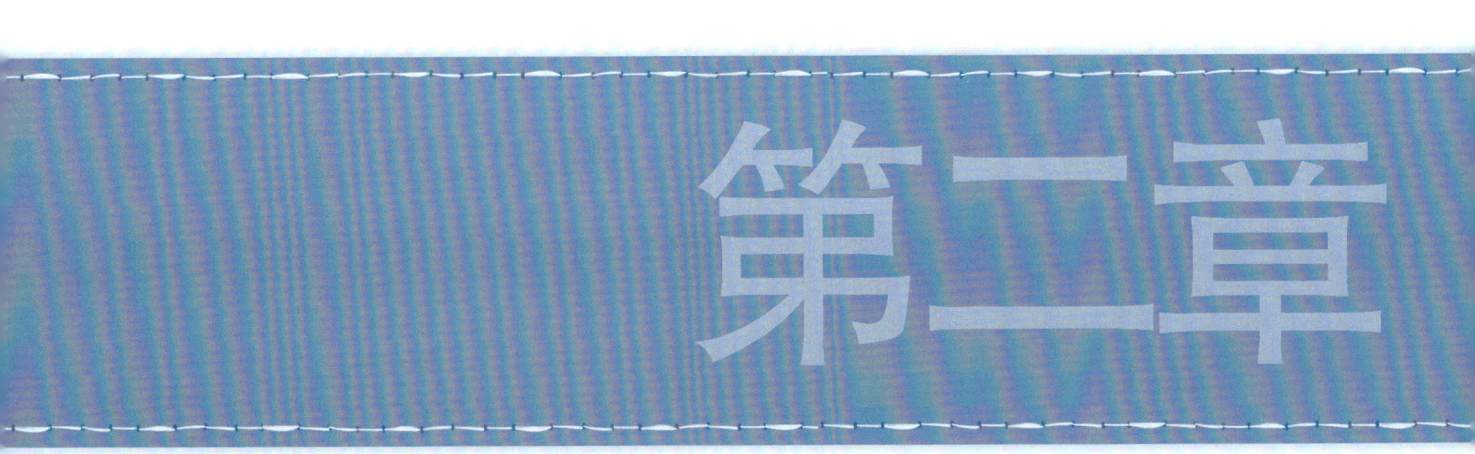

第二章

所有已经投身于以商品销售为目标的职业人士都非常清楚，自己所面临的挑战是非常巨大的。他们无时无刻都处于失业的边缘，为了使公司获得满意的利润，买手必须在众多可供购买的商品中做出自己的购买决定。

大型商场负责商品销售的管理者包括销售总经理、销售部门经理，以及大量的买手。买手要从大量可供购买的商品中进行选择。当消费者在购买一双鞋子时，他将对种类繁多的鞋子进行选择，他们的最终决定不尽相同。当然，这种选择作为个人行为，只需使自己满意。而当一个买手在做出最终采购决定时，个人满意却并非最重要的，消费者的满意以及公司的盈利程度是判断其购买行为成功与否的关键指标。因此，从某种意义上说，公司的命运很大程度上掌握在买手的手中。

在做采购决策时，为了能够给公司带来盈利，一个重要的原则是，买手必须在采购时保持不偏不倚的态度。也就是说，当消费者为自己选购商品时，只需要依靠个人的品位，而专业的买手在决定采购商品组合时，必须保持客观（图2-1）。

如今的商业竞争比以往任何时候都要激烈，买手在采购时必须非常谨慎。任何一个小小的失误都有可能引起公司巨大的损失。因此，买手必须具备采购决策所必备的专业知识，才能达到个人的业绩目标，并为公司带来预期的利润。

买手的作用

那些希望在零售业中发展职业生涯的人们有很多选择。他们可以选择管理、客户服务、广告、促销、运营或者采购作为职业目标。一般来说，采购，尤其是买手，是大多数人的职业首选。买手职业光彩夺目的一面吸引了很多人追求这个职位。然而，到世界各地旅行、参加设计师的时装秀，仅仅是买手生活的一部分，而绝非买手生活的全部。假如和一位家居用品的买手进行交流，你将立刻能够发现，这份工作的内涵远远不止于拥有耀眼迷人的光环。

挑选商品只是买手每日工作中的一部分。关于买手的其他任务我们将在下面部分进行详细描述。

买手的工作范围

每个零售组织对于买手在公司中的职能都有各自的理念。买手的工作范围取决于一些因素，如买手所供职的零售组织类型、公司规模以及是否有其他人员协助决策等。

图2-1 买手参观展览室进行采购
（Adriano Castelli/Shutterstock）

零售组织类型

正如上一章所谈到的，买手供职的公司有多种零售类型。传统零售企业如百货商场、连锁店是迄今为止，数量最多、销售额最大的零售组织（图2-2）。然而，他们的竞争对手——无店铺零售商，如商品目录、互联网和社交网络等经营者，也在销售方面取得了巨大进展。

每种不同类型的零售组织都要求买手承担不同的任务。例如，传统的零售组织需要买手进行店铺管理，而商品目录等其他无店铺零售商，只需要买手重点关注商品计划和采购实施。在下一章，我们将重点讨论买手责任的具体细节。

图2-2　拥有自己品牌的H&M是国际时装连锁店
（Viorel_dudau/Dreamstime.com）

商品分类

尽管买手的工作在有些方面是相同或相似的，但由于采购商品的类型不同，他们在工作方式和工作内容上会有所不同。例如，由于商品自身的时效性以及款式变化的快速性，时装买手必须经常与市场分析人员、时装流行预测人员等专业人士联系，通过他们来了解哪些是消费者最想购买的服装。

同时，时装买手还会参加时装发布会、内部新品展销会以及其他一些时装促销活动，这些活动构成了他们工作中的一部分。

与之不同的是，食品类、家居饰品类、生活用品类买手等却几乎不会参加此类活动。

公司规模

公司的规模有助于界定买手的工作范围。独立运营的店铺，如精品店或者专卖店的经营者，通常都是多面手。也就是说，除了采购商品，他们还参与各种其他运营活动，如销售人员管理、销售、广告和促销计划实施等。另一方面，大型零售组织的买手主要负责采购，其他任务则由相关专业人员完成。

买手的职责

如上述所提到的，买手的职责根据他们采购的商品、供职的公司类型、公司规模和组织结构不同而有所不同。一个典型的时装买手的工作主要包括以下《零售采购焦点》中的各项内容。

> ## 零售采购焦点
>
> ### 贝格多夫·古得曼商场（Bergdorf Goodman）
>
> 贝格多夫·古得曼位于纽约，是美国最高档的时装商场。它的运营是独一无二的——只有一家实体商店。作为内曼·马库斯（Neiman Marcus）的产业之一，1899年它就成为了纽约第五大道上的地标性建筑。它集合了全世界最著名的设计师作品，并向人们提供最时髦的商品。它吸引了那些不惜一切代价追逐顶尖潮流的顾客，也为美国的奢侈品零售行业提供了一个范本。
>
> 采购是贝格多夫·古得曼商场的制胜关键。买手除了负责挑选出最精美、最独特的商品，还负责销售增长，以及完成采购经理和管理层制定的财务目标。
>
> 买手的职责主要包括以下部分：
> - 能够胜任与供应商的谈判。
> - 制定每月销售预算。
> - 计划和执行广告和促销活动
> - 与销售支持部门沟通提升业绩的具体方法。
> - 培养助理买手。
> - 制定短期和长期市场战略。
> - 管理库存以形成良性的库存周转率。
> - 在不断变化的零售环境中获得发展。

除了商品采购，大多数的零售行业买手职责包括如下部分：

商品定价

采购商品之后，接下来必须本着利润最大化的原则确定其销售价格。在大型的零售公司，商品价格通常由高层管理部门确定，并由管理买手的销售主管具体实施。有时，买手也负责定价，但必须在公司规定的定价原则内进行。如果竞争对手有同样的商品，则必须调整价格以迎接价格竞争。

商品定价需要一系列决策以及各种方法。在第十五章"商品定价"章节中，我们将进一步解释不同的定价原则。

产品开发

每种类型的零售企业都面对竞争激烈和如何使自己脱颖而出的问题。其中一个解决办法是，在零售商现有的知名品牌组合中加入独家的商品。例如，第五大道萨斯（Saks Fifth Avenue）、内曼·马库斯（Neiman Marcus）和伯名得等零售商以其时尚的商品而众所周知，它们都将越来越多的注意力放在开发专供商品和自有品牌上，力求为消费者提供独一无二、价格优惠的商品，并最终为公司赢得更多的利润。

这种经营理念需要买手的参与。也许买手并没有设计新款式的经验，但是他们能够给那些实际开发专供商品的设计师带来市场化的流行趋势参考。他们的特长是发现新颖的面料、带动潮流的廓型和流行的色彩趋势等，这些都是专供商品的设计师们需要关注和跟进的重要信息（图2-3）。

关于大型零售商的产品开发话题是如此至关重要，在第十六章"开发专供商品项目"章节中将会对这个主题进行深入探讨。

各地出差

许多年以来，地区性市场是各种买手采购的主要方向。在新季节来临前，一个时装买手无论是到全美国最大的市场——纽约服装中心，或芝加哥采购成衣，又或是一个食品买手在全美国购买商品，采购通常在国内就能完成。除了到供应商所在地进行采购之外，许多买手会频繁到商品交易会了解商品并签下订单。对于时尚男女装，在拉斯维加斯召开魔法（Magic）男装交易会提供了丰富的生产商资源，并且可以快速浏览多种不同种类的商品，使采购任务更加简便。

既然有这么多设计师和生产商参加国内的展销会，为什么如今的买手还要为了采购而一年周游世界好几次？导致这种全球寻购的一些因素包括，寻找独特的商品、寻求更低价格的商品、要购买居于设计前沿的知名时装品牌等。有时，买手是为了寻找能够根据要求进行定制的生产商。除上述因素外，和美国同行相比，国外劳动力价格更便宜，全球寻购有助于提高公司的盈利性（图2-4）。在第十一章"国际市场采购"中将作进一步阐述。

图2-3 买手检查公司专有品牌服装所使用的面料
（Digital Vision/Thinkstock）

图2-4 买手参加米兰国际玩具展
（Pcruciatti/Shutterstock）

广告、促销和视觉营销

必须知道的是，如何使商品更加热卖的促销和广告活动成为一门艺术，买手对此并没有太多经验。通常，买手也不是视觉营销方面的专家。大型零售商都有自己的广告和促销人员，他们利用专业的工具向消费者传递商品的信息和形象。那些没有广告、促销人员的公司，则通常将活动外包出去，雇用专业人员设计广告、策划活动、视觉陈列，传达公司最新的商品信息和促销活动。

通常，买手会亲自参与这些活动。他们会针对促销哪些商品、如何利用促销的推介性强调商品的重要性、新一季的广告应该宣传哪些商品以及哪些商品需要在店铺橱窗和店铺内陈列展示等方面问题提出具体的建议。

与销售部门沟通

如果只有一家店铺，那么买手和店铺经理以及销售人员的沟通自然就非常简单。因为买手和大家在一起工作，每天都能很方便地进行口头交流。另一方面，如果买手需要为多家店铺进行采购，或者并不在店铺办公，买手就不能经常定期造访各个店铺。

从店铺反馈的信息能够反映出商品是否满足消费者的需求，使买手了解什么商品滞销、哪些商品好卖。通过这种及时的沟通方式，买手可以了解最新的商品信息，并采取相应的行动。

下面，我们就讨论几种信息交流方式。

造访店铺

在一些公司，尤其是小型连锁店，买手会走访店铺，并和那些每天与消费者打交道的店铺经理、销售人员进行直接交流。通过这种方法，买手可以吸取经验并将之纳入到未来的采购计划中。

电话交流

尽管电话联系在商业活动中不再像以前那么重要，但当买手和零售人员希望讨论某些特殊话题时，如追加订单等，仍会使用电话沟通。在时间比较紧急的情况下，电话交流仍然是一个效率较高的联系途径。

传真

尽管传真在零售沟通中显得有点过时，然而在某些时候，它仍具有独特的优势。例如，如果买手希望给分店或者连锁店一些陈列建议，传真陈列的图片就能够解决所有问题。店铺陈列人员可以立刻根据建议重新调整陈列。其他沟通工具可能就不能非常清楚地传递此类信息了。

电子邮件

电子邮件可以便捷地把一条信息同时传递给多人。这是一种非常经济的信息传播方式。由于买手经常都在使用计算机，因此电子邮件的使用也成为一种必然（图2-5）。

即时信息

即时信息是相对比较新的交流方式，无论何时何地，个人之间都可以通过即时消息相互联系。买手可以用即时消息联系他们的助理、商品经理、供应商以及有助于他们做出决策的人。这种革命性的即时交流工具能够帮助买手传播信息并能立刻得到反馈。

图2-5　便携式计算机尤其适合买手在办公室内外检查邮件
（John Howard/Thinkstock）

店内视频

买手工作的一个主要方面，就是要确保当新商品到货的时候，无论是实体店铺还是网络店铺的管理人员和销售人员都能够快速掌握到该商品的卖点。例如，当新一季来临时，有些公司会有研讨会来宣传商品的特性，如时尚趋势、新颜色、新面料等。当公司规模太大而不适宜进行研讨会时，会采用视频的形式把信息传递给那些能从中受益的人。有时，买手不仅会通过视频方式进行商品展示，也会通过这种互动性的交流方式交换各种意见看法。

商场管理

在大公司，商场管理工作已经由专门的管理人员负责，买手原则上只需要管理本采购部门。但在某些公司，买手还需要负责商场管理。这种差异是由于买手比以往承担了更多的职责，而这种管理工作很耗费时间。

在一些小型零售组织，如精品店和专卖店，买手常常还需要接受人员管理的挑战。

制订计划表

当人们审查买手每天必须从事的上述诸多不同任务时，会得出一个非常明显的结论，即只有对这些任务进行仔细规划才能使工作变得更有效率。面对采购商品、考虑定价、频繁出差、会见市场专家等工作，制订一个详细的工作计划表是非常必要的。但即使是最完善的时间表也不能涵盖一些无法预知的事件，它只是一个参考。因此，时间表必须为突发事件留有余地。

时间表应包含买手承担的所有不同职责，具体包括：
- 通常情况下工作周应有的小时数。
- 交流时间的分配情况，如和助理买手等下属职员的交流时间，以及和销售总经理、销售部门经理等上级领导的沟通时间。
- 在销售高峰（如感恩节至圣诞期间）到店铺进行销售工作。
- 完成店铺销售计划。
- 国内、国外出差的时间，以及各自实施采购所需要的天数。
- 联系广告经理、促销人员、特别活动策划人员和视觉陈列人员，以及在这些广告、促销等活动中应承担的具体责任。
- 买手应以此为基础建立自己的时间表，并把一些"空闲时间"作为处理未知事件的机动时间。

个人资格、素质以及从事采购职业的能力

有段时间，零售界曾流传这样一些故事，一个人从库存管理员之类的最底层职位做起，并最终被提升为买手，甚至高层管理人员。这类故事尽管讲起来很美妙，但它如今却不是业内的普遍现象。是的，从最底层职位逐步晋升，在沃尔玛和克斯克这样的公司，或者在小型、个人拥有的专卖店里还有可能发生，但是在大多数公司里已经很少见了。

如果和许多小规模以及大型零售商进行面对面的交谈，可以获得大量丰富的信息。这些信息包括零售商希望潜在求职者应当具备何种资格、素质和能力等。

教育背景

现在，大学教育被认为是从事采购职业所应具备的基本条件。对于没有受过正规教育的人，他们很少会有机会从事采购职业（图2-6）。

零售商钟情于所能找到的、受过最好大学教育的人。总体上，零售商要寻找的是毕业于零售管理、市场营销、工商管理，或时装销售等专业的人。也有例外的情况，零售商也会考虑那些对零售业感兴趣并希望从事买手职业的文科专业毕业生。

在课程方面，买手必须接受过相关课程的训练，能够看懂财务报表、库存分析、采购预算和销售报告。对于买手应受到何种程度的正规教育才能获得这份工作，每个公司的要求都有所不同。有些认为专科学历是最低要求，而有些则认为应该是本科学历。一些知名的零售商甚至希望录用那些具有工商专业研究生学位的人，但有时也录用有相关工作经验、但教育背景略逊色一些的求职者。

世上没有什么事是一成不变的。当然，教育背景越良好，成功的机会就越大。

出色的分析能力

由于在日常工作中经常需要做出决策，分析能力就成为了买手必须具备的能力。本季是应当购买保险的基本色，还是流行色？是应当对存货提价，还是应当维持价格？应当对销售情况很好的商品进行广告宣传，还是应该对更让人兴奋的新商品进行促销？应当将促销费用投放在商业电视上，还是应当将分配的全部广告预算投放在报纸上？这些，仅仅是需要买手分析的一部分问题。

只有具备出色的分析能力才能有助于做出正确的采购决策，进而获得理想的投资回报，这对于买手来说是必不可少的。

图2-6 希望从事零售采购的人必须具备大学教育背景
（Andresr/Shutterstock）

表达能力

买手每天都与上下级、供应商和消费者进行日常交流。例如，一位时装买手在评估新一季的系列时，他希望对某些款式设计进行修改，可能略微改动袖子或是调整领围线，从而使款式更加出众、更富有吸引力。此时，买手必须向供应商或者设计师清楚地表达自己的想法，以便修改工作能够顺利进行。在零售行业，买手和销售经理讨论自己的需求，或者向上级争取更多的采购预算时，良好的沟通技巧有助于买手获得令人满意的结果。买手与买手助理、商场管理者之间的有效交流则能够帮助他们更好地了解新商品（图2-7）。

买手的交流技巧不仅是口头上的，还应包括书写能力。无论这种信息是通过电子邮件还是手机短信传递，信息的接收者必须能够清楚地理解所有内容。由于买手的采购活动日趋全球化，这就要求买手必须具备全面、熟练的沟通技巧。

产品专业知识

如果没有丰富的产品专业知识，买手怎么能够挑选出达到公司标准的商品呢？因此，买手必须具备必要的相关知识，这样才能做出令人满意的决定。

图2-7 买手和助理买手讨论采购计划
（Jupiterimages/Comstock/Thinkstock）

图2-8 买手参观工厂了解纺织生产技术
（Morenosoppelsa/Dreamstime.com）

为了更好地了解生产知识，参加一些产品知识的课程是一个快捷、有效的方法。通过这个方法，买手可以学到产品设计、生产技术以及如何区分面料等技术知识。如果不方便参加正规的课程，买手可以经常和销售经理学习交流，这些经理通常也是从买手职位做起，具备了丰富的产品知识。买手也可以参观工厂，获得一手的生产技术信息，或者通过与供应商沟通、阅读行业杂志来获取有关产品方面的大量信息（图2-8）。

客观性

当为自己的需要进行购物时，感到愉悦是一个人做出最终选择的唯一依据。如果专业买手同样遵循这一标准，那么这给公司带来的后果就可能会是灾难性的。例如，一位负责服装采购的女性买手，如果根据自己的喜好挑选款式，则可能不能满足顾客的普遍需求。客观性必须是压倒一切的。应该牢记的是，过去的销售记录、向市场代理者进行的咨询结果、商业报告的预测、流行趋势预报以及其他客观资源所反映的顾客的愿望，才能作为选择的依据。

市场知识

为真正确保商场的客户能挑选到最好的商品，买手必须了解可供采购的所有资源。他们不但需要知道哪里能够实现最好的交易，还必须能够评估出哪些供应商能够按时交货，以及哪家能够提供时尚的产品、价格优惠，并能够严格按照样品交货等。如果产品质量和交货时间得不到保证的话，这就会为销售工作带来一定的麻烦。

预测

买手担负的一个更加富有挑战性的任务是预测商品趋势。对设备、食品、运动短袜之类的买手而言，他们所承担的风险很小。但对不断变化的时尚类商品，买手准确的预测是非常必要的。是该采购长裙，还是上一季一直卖得很好且有可能继续流行的短裙？什么颜色最好卖——保险的中性色还是时装杂志建议的流行色？

尽管同时尚预测师之类的业内专家相似，买手可以凭借以往的销售进行预测，但他必须具有独立判断的能力。买手可以与销售人员、店铺经理充分交流，这些人员每天和消费者打交道，奋斗在销售第一线，买手能够从中获得大量的消费者信息。因为消费者对于商品有最终决定权，所以这些信息对于买手进行准确预测至关重要。

奉献精神

通常,买手的工作时间很长且不固定。与那些一天工作5~9个小时的人们不同,买手无法预测完成任务需要多长时间。在采购高峰期间,如时装买手为下一销售季节进行采购的市场周,或者为考察新商品而参加商业展览会期间,买手的每一天都是非常漫长的。在圣诞节之类的销售旺季,买手可能需要到卖场工作,此时,谁也不知道每天需要工作几个小时。在新的分店开业之时,买手还必须花费很长时间来确保商品被陈列在卖场的最佳位置,并且商品已安排妥当。

只有那些具有奉献精神并能承受长时间工作强度的人,才能在买手生涯中不断取得成功。

图2-9 买手与销售部门经理进行讨论
(Jupiterimages/Pixland/Thinkstock)

仪表

得体的仪表是买手必须具备的外在条件,对于时装买手来说尤其如此。在下面两种场合中,适当的修饰与衣着都能使买手占得先机。在卖场中,买手会为部门经理和销售人员起到示范作用。当拜访供应商或者参加行业展会时,服饰得体的买手会给人留下积极、干练的印象。越来越多的传统零售商对包括买手在内的员工制定了相应的着装要求,以便于买手能够以恰当得体的形象出现。

买手与管理人员的关系

买手经常会与不同层次、不同部门的管理人员进行接触。

买手需要与销售部门、广告部门、视觉营销部门、公共活动部门、商场的管理部门以及人力资源部门的管理人员保持联系,以确保将统一的公司信息传递给消费者。

销售部

在大型的零售组织中,如百货商场、连锁店以及网络零售商,销售部门的管理层级较多。比较典型的是在大公司中,买手的上级是销售部门经理。销售部门经理负责分配商品预算、在时尚定位的公司中确立流行款式以及做出各种相关决策,如确立价格区间和商品定价等。由于销售部门经理通常都是从买手职位晋升而来，其采购经验非常丰富，他们能够对买手进行指导并帮助买手做出决策（图2-9）。

买手助理是买手的下一级职位，他能够多方面地协助买手开展各项工作。买手与助理的良好关系能够使助理非常明确地了解买手的需要，进而为买手提供更好的协助。

广告部

尽管通常买手并非广告领域的专家，但他们却总是负责确定最终的商品广告方案。应该采取哪类广告展示形式：摄影还是绘图，在广告中传达哪些信息，强调的商品卖点是什么等。通过与广告人员定期交流并与之建立良好的工作关系，买手就很有可能在广告宣传中占得先机，这能够确保其选购的商品以一种适合的方式展现在消费者面前。广告是零售商赢得消费者的最好方式。

视觉营销部

陈列人员负责在店铺橱窗以及店铺内展示、陈列特定的商品。然而，买手决定了应该展示哪些商品（图2-10）。视觉营销团队是展示设计方面的专家，通过营造陈列背景和氛围衬托商品，使购物者眼前一亮并被其深深吸引。恰当的商品陈列能使畅销品成为市场的赢家，并将加大买手的采购利润所得。

活动策划部

零售商经常策划特殊活动来引起消费者的关注和兴趣，并吸引其进店选购。无论是时装秀、店庆销售、烹饪演示还是试吃活动等，零售商常常利用这些特别活动来突出某些商品。很多时候买手也需要和这些活动的策划者进行交流。良好的双向沟通是这些特别活动成功的关键所在。

管理部

尽管在大型零售企业中，买手通常属于总部所管理，但与商场和部门管理人员建立一种良好而稳定的关系却是非常必要的。正是这些人最先了解消费者对商品的喜好与不满，如板型的适合程度、商品促销价格等，并将这些信息传递给买手供其调整采购计划。

图2-10 买手挑选出的橱窗陈列商品
（Franco Deriu/Shutterstock）

人力资源部

零售业保持活力的秘诀是为公司不断补充那些具有最佳工作表现的新人。买手必须从候选人中挑选出适合人选来协助他们。尽管买手在挑选助理时拥有最终决定权,但人力资源部在人员筛选过程中也扮演着非常重要的角色。经过适当的招聘手段、遴选机制和专业面试,买手会得到一个最具潜力的候选人名单。通过这种方式,买手只需花费很短的时间去做出最终的决定,并将节省出的宝贵时间用在其他工作上。

买手评估

采购是零售企业的生命线。正是这些做出采购决策的买手决定了公司在市场上的兴衰与成败。这些买手的专业度直接影响了公司的利润和扩张潜力。因此,买手通常要接受多方面的综合评估。

销售

销售总经理和销售部门经理确定了某一时段的销售目标。这一目标的确立不仅是基于总销售金额之上的,还基于单位面积的销售效率等因素。最常用的、衡量销售效率的指标是"每平方尺的销售额"。

库存水平

对库存周转率(一定时期内,库存被销售并且补充新货的次数)、销售季节结束后成为存货的商品数量,以及转到下一销售季节销售的商品数量等存货数据进行综合分析,能够使买手的监督者更加了解其工作成效。

利润水平

一些指标,如商品的计划毛利润(购进成本与零售价之间的差额)、实际毛利润(为促进滞销商品而实行的打折后实际销售价格与购进价格之间的差额)以及商场利润等,是评估买手利润水平的几个常用指标。

职业机会

随着零售业全球化的扩张,市场对买手的需求也在不断增长。美国的零售商不但在国内扩大经营,还扩张到全球一些以前从未涉足过的地方。因此,大量的采购活动需要在海外市场进行,大量繁杂的事务需要时间处理,这些都为更多想要成为职业买手的人们创造了宝贵的工作机会。

表2-1 买手薪资表

雇主	薪水范围（美元）
梅茜百货店	60000～124642
罗斯商店（Ross Stores,Inc.）	83000～142500
第五大道萨斯	60984～78627

不仅如此，除了负责传统业务的买手之外，零售商们还要为自己的商品目录销售和互联网销售业务发展独立的采购团队。这就要求更多的买手从业者加入到这个团队之中。

这些零售企业在不断扩张，未来销售也在不断增长，对于那些渴望成为买手的人来说，买手职业具有非常美好的前景。但必须明白的是，极少有人能刚从高校毕业就获得买手职位。个人必须在实习培训项目中证明自己的能力，首先成为买手助理，再一步一步发展成为商场管理人员，最终成为一名买手。

那些对买手职业感兴趣的人，对薪水也很关注。尽管和金融业的薪酬相比，买手的薪水有些黯然失色，但是每年买手的薪金基本上都能获得大幅度上涨。

网站www.payscale.com进行了买手薪水调查，调查结果见表2-1。

值得一提的是，很多零售商给买手发放奖金作为奖励，奖金金额为基本工资的10%~20%，这样使得买手的报酬更加丰厚了。和其他职业不同的是，女性买手比她们的男同事们更具有优势，73%的买手是女性。

零售采购焦点

内曼·马库斯百货商店（Neiman Marcus）

多年以来，那些希望从事时尚买手职业的人都把内曼·马库斯百货商店作为他们的首选。随着内曼·马库斯员工培训计划的顺利开展，这种方式成为了很多零售商培训买手时的参考标准。这个培训要求候选人全程参与奢侈品品牌零售管理，零售商会提供相应的技术支持并帮助候选人成为一名买手助理。

摒弃那种速成的培训方式，内曼·马库斯的培训项目要求全职，集中培训共计12周的时间。培训结合了课程训练以及买手办公室实习，强调实践教学，以便掌握成功买手必备的技能。尤其特别的是，培训强调商业实践和分析研究，以及学习买手工作时使用的系统。培训一结束，合格毕业的员工将到达拉斯/沃斯（Dallas/Forth Worth）地区担任买手助理。

公司声称："员工培训计划为员工提供了在内曼·马库斯职业发展的基础。我们整合了店铺管理、商品计划和采购的内容，让你更好地理解相关的任务和责任。分析能力、组织能力和沟通能力是走向成功的关键。"

除了获得买手职位，公司还申明："至于你能走多远，你能干什么，公司完全不设限制。"

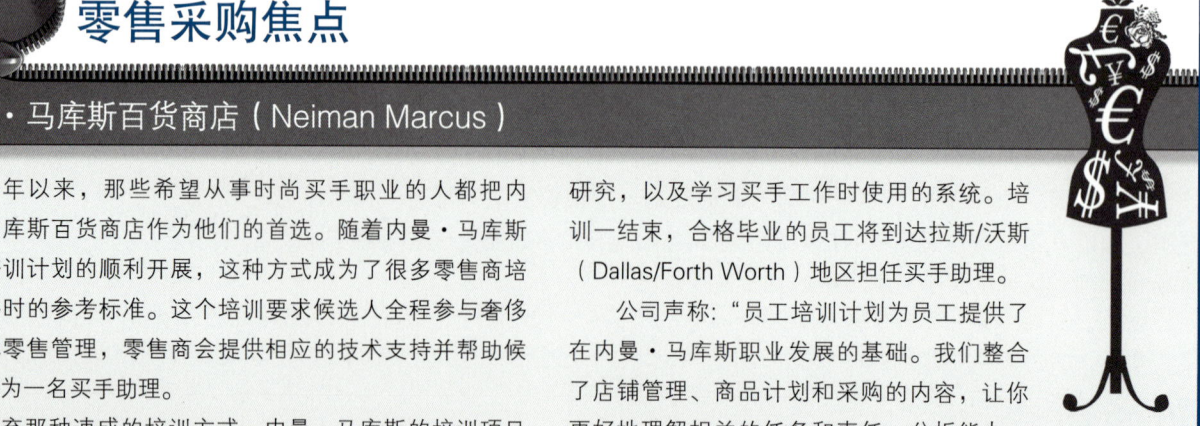

必须了解的是，无论零售商为买手职位设立了什么样的职业发展路径，你必须完成每一个阶段的工作任务才能够最终成为一名买手。

除了零售行业之外，还有其他一些类似的企业同样需要采购人员。如市场专业机构，通常被称为采购代理机构，也需要买手。他们的买手经常考察市场，了解流行趋势、热销商品等，并为零售商提供专业咨询。

和其他行业不同，零售业为男性、女性提供了同样的工作机会。女性不但承担着和男性同样的职责，获得与男性相同的收入，甚至总体而言，女性还比男性赢得了更多的买手职位。

买手职业的一个优势在于，与一些职业被限制在特定地方不同，买手能够在许多地方工作，它能使买手周游全国甚至全世界。在大量企业追求全球化扩张的情况下，买手经常需要到美国国外分支机构中工作。

正如我们将在本书中探讨的，无论在小型还是大型公司，买手工作都有很多方面和特点。那些能够直面挑战迎刃而解的人，同样也能在公司中获得更多机遇，最终晋升为销售经理。

商业词汇

买手客观性　　　　　　实际毛利润　　　　　　采购代理机构
预测　　　　　　　　　市场专员　　　　　　　每平方尺销售额
计划毛利润　　　　　　商品分类　　　　　　　特别活动
即时信息　　　　　　　产品开发　　　　　　　视觉营销

要点概述

1. 在选择商品时，为了达到目标，买手必须完全保持客观性。也就是说，当买手在做采购决策时，不能考虑个人主观感受。
2. 买手的工作范围根据每个公司各不相同。最重要的工作内容有：商品选择、定价、频繁出差，以及与各部门沟通。
3. 即时消息成为买手沟通的重要工具，它能使买手在任何时间、任何地点联系到需要联系的人。
4. 对于那些对买手职位感兴趣的人来说，专科学历是最低要求，本科学历比较受欢迎，否则他们很少有可能得到工作机会。
5. 为了使采购更富有成果，买手必须具备预测市场趋势的能力。
6. 买手的工作时间和那些每天固定工作5~9个小时的人有所不同。参观行业展览、拜访生产商、国际市场采购、开设新店铺等，都使得买手的工作时间充满不确定性。因此，买手职位必须具备奉献精神。
7. 买手必须和广告部、公共活动部门、视觉营销部门的管理人员沟通，确保进行商品促销活动时各部门工作都协调、统一。
8. 人力资源部门在为买手筛选买手助理人选时起了很大的作用。因此买手能够节省时间完成其他职责。
9. 买手的业绩通过三个方面来评估：销售、库存水平和利润水平。
10. 买手的薪水通常低于财务经理，但是他们的薪水每年都会得到较大幅度的提升。

思考题

1. 时尚类商品的不易持久因素是指什么？
2. 通常，买手不具备专业的设计经验，那么买手如何协助专供商品计划中的产品开发？
3. 为什么目前买手的采购活动不再局限于国内市场，而是在全球范围内进行？
4. 买手如何与公司内部负责广告、促销计划以及视觉营销的人员进行沟通？
5. 买手使用哪类沟通工具来与那些远离公司总部和旗舰店的分公司人员进行联系？
6. 对于希望成为买手的人来说，必须具备什么样的正规教育背景？
7. 刚入行的买手可以采取哪些方式学习与采购相关的商品知识？
8. 为什么买手必须能够预测他所负责采购商品的市场趋势？
9. 在店铺中，买手通常必须和哪些部门进行沟通？
10. 买手的业绩可以通过哪些方面进行评估？
11. 从事买手职业必须具备哪些个人资格、素质以及从事采购职业的能力？
12. 买手职业具备哪些优势？

案例1

在毕业前的3个月，莫妮卡·怀特（Monica White）的大学在她所生活的印第安纳州，为所有有潜力的毕业生们举办了招聘会。招聘会为期3天，每天的招聘领域各不相同。莫妮卡参加了一个雇主来自全国各地的商业招聘会，希望得到一份在知名零售企业担任买手的工作。她优秀的沟通技巧和杰出的学术成就使她成为有力的候选人。会期结束后，她得到了3个知名零售企业的工作机会。莫妮卡不知道该如何选择，所以她决定用一个星期的时间去考虑该如何抉择。

莫妮卡·怀特的工作机会如下：

1. 进入一家位于萨顿（Sutton）的高档百货商场的管理培训生项目，它的旗舰店位于芝加哥，并有10家分店分布在附近区域。公司专门经营男装、女装、童装、配饰、家具、化妆品及时尚珠宝。完成培训后，莫妮卡将被分配到管理或销售部。前者将从店铺经理职位做起，而后者将从买手助理做起。大约在5年内，通过这个阶段的人将被分配到集团经理或买手的岗位上。萨顿的实习生起薪是40000美元，每6个月进行个人业绩评估，并有定期加薪。

2. 约翰逊&佩里（Johnson & Perry）是美国最成功的专业折扣店之一。它有520家分店，商品的零售价格比传统零售商低20%~50%。商品以经营知名男装、女装和童装为特色，也有少数家居用品。成功的候选人起初将作为培训生被安排到一家店铺中实习一个月，以了解产品线、店铺政策等实习内容为主。培训还包括跟店铺经理了解公司运行的详情。一旦培训周期完成，莫妮卡将要到弗吉尼亚州的洛亚诺克（Roanoke）的总部去继续培训3个月。在这之后，她将成为一名买手助理，最终成为买手。她的起薪是38000美元，定期加薪。

3. Upscale.com是一个已经经营了5年的网上零售商。它的经营理念是为消费者提供比传统商店价格低10%的商品。公司保证零成本退货政策，并且每一次交易都为消费者提供免运费的服务。公司位于波士顿的郊外，从起初的只销售鞋类产品发展到目前为高端消费者提供各式各样的女装和配饰。公司的商品大多是中上阶层经常购买的知名品牌。所提供的岗位是在总部做一名买手助理，起薪是39500美元。没有正式的培训计划，在买手的指导下学习和熟悉工作。

问题：

1. 为莫妮卡列出一个标准去评估这三个工作机会。
2. 你将会推荐哪个工作给她？为什么？

案例2

巴尔加斯（Vargas）是经营了10年的专业连锁店。起初，公司只有一家店铺，而目前有18家店铺遍及圣路易斯（St.Louis）的都市和周边地区。它的创始人是苏·詹姆斯（Sue James），她开了一家小商店并自己兼任经理、买手等。经过数年的经营，她的商品从女装扩展到了男装和家居。扩张表明了苏放弃了她的采购职责而将精力集中于管理上。

这一改变需要聘用买手去购买不同的商品种类。首先，买手将按照一些指导方针去履行职责。但是很明显，并不是所有的采购活动都是值得借鉴的。

苏·詹姆斯告诉销售经理对于买手的评估是很有必要的。她决定和销售经理一起去建立一个正式的评估买手业绩的体系。

问题：
什么是评估买手最有效的标准？为什么？

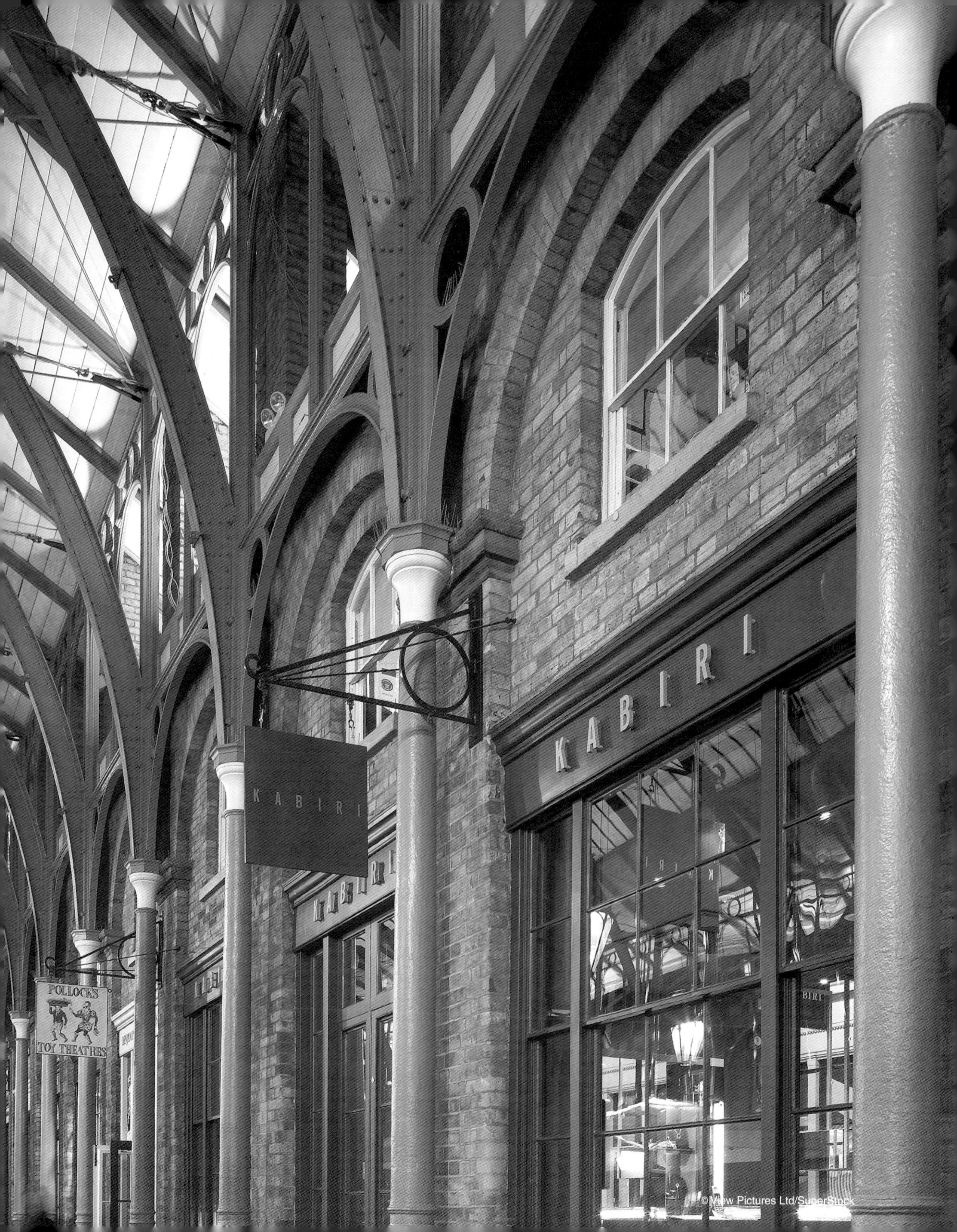
KABIRI
KABIRI
POLLOCKS
TOY THEATRES

不同类型的零售组织采购

经过本章的学习后，我们应当能够做到：
- 区分不同类型的零售组织中买手的工作职责。
- 讨论采购部门的组织结构，并列出每个层级的职责。
- 解释招聘买手助理的必要性。
- 列出不同类型的零售商组织。
- 描述买手为低价店和折扣店实施采购时所采取的不同方法。
- 讨论为什么在同一零售组织中，传统实体业务和无店铺业务分别使用不同的采购团队。
- 解释为什么广告部和视觉营销部经常需要买手协助他们的促销计划。
- 列出买手在评估商品时使用的各种评估工具。

第三章

买手为不同类型的零售组织采购时，都担负着相同的职责，这就是要为公司采购利润最大化的商品。但是，他们在实施采购行为时，方法却有所不同。例如，传统百货商场的买手和无店铺零售商的买手，他们面对的挑战和完成采购任务的方式不尽相同。

一些买手负责采购商品、商品定价、店铺管理和计划促销活动等一系列职责，还有一些买手则花费很多时间去寻找合适的商品，而很少承担管理职责。

如前文所提到的，现在的零售业已经今非昔比。例如，在20世纪50年代，百货商场和专卖店是市场的主要领导者，低价店和折扣店这样以价值为导向的零售商刚刚开始崭露头角。加入这一行列的还有无店铺零售企业，如"纯网络"零售商，它们主要关注如何满足那些没有时间到店铺购物的消费者的需求。

当我们进入20世纪末，大批的零售商开拓了多种渠道，在传统实体业务基础上，增加了商品目录、在线零售、电子邮件销售等无店铺零售渠道。随着这些业务的增长，零售行业的竞争日趋激烈，采购任务也比以往任何时候更富有挑战性。

本章将重点关注每种零售类型的采购方式以及相应的买手工作职责。在从买手的任务角度探讨零售商的分类前，我们将先讨论买手在采购前如何进行商品评估。

不同零售组织的商品评估

匆匆忙忙地浏览商品，尤其是在时装行业中，在快速浏览的基础上进行选择来为公司订货，这样的采购方式不足以充分、有效地评估商品。只有认真评估每款商品才能确保它有成为"热卖款"的潜力。

商品评估的主要要素包括以下部分：
· 商品是否具有漂亮的外观，并且足以能够吸引消费者为之驻足欣赏？
· 面料能否带来穿着的舒适感，并且具有良好的服用性能？
· 商品的设计是否独特，在零售商的店铺、商品目录和网站中能令人耳目一新？
· 在多次穿着和洗涤后，商品的品质能否保持始终如一？
· 商品能否适合多种场合？（在今天的商品营销中这一点非常重要）

以上只是买手在进行商品评估时需要考虑的几个方面。无论是在工业还是时装业领域，买手应该根据采购目的来考虑不同的评估要素。有时，如果不能确定某些要素是否合格，如面料的可靠性，买手可以借助外部专业机构进行面料的测试和评估。

传统零售组织采购

漫步在美国主要的商业街，我们能够看到很多百货商场和连锁店。这些零售商大多都非常知名，并以给消费者提供最好的商品和服务见长。在发展壮大的过程中，他们曾经是零售业的中坚力量，并不断开设分公司和店铺进行扩张。现在，这些零售商们依旧是零售行业中的翘楚，值得注意的是，买手在为这些零售商采购时需要关注不同的工作重点。

商场

现在，商场买手的日常工作内容和他们的前辈们已经有所不同。他们不但负责采购商品、管理商品销售部门，通常还承担店铺管理、拜访分店等一系列与高层管理者相关的职责。

为了确保仓库里货源充足，他们会比当季提前好几个月进行采购。这时采购的商品通常都是那些在商业报纸、消费者杂志上做广告的新商品。

买手的上级和过去一样，一直处于销售团队的最上层。一般来说，买手位于销售部门中的第三层。在最高层是销售总经理（GMM），主要负责用适当的商品体现店铺形象、为不同采购分部设立价格带、确定利润目标，并指导销售部门经理制订计划；组织结构的第二层是销售部门经理，他们管理采购不同的商品类别。例如，男装部的销售经理只负责男款大衣、西服、裤子、运动夹克、休闲装、饰品、衬衫和鞋子等服饰品类型。在一些规模非常庞大的零售组织中，男装部可能需要两位销售经理，每个经理只管理几个部门；买手位于组织结构的第三层，只负责采购某类商品。买手的数量根据公司规模、产品线数量、不同的销售价位以及市场规模的不同来决定。

一些百货商场经营全产品线，以经营品类广泛为特色，如梅茜百货；另外一些则是专业商场，如第五大道萨斯和内曼·马库斯，它们定位于销售服装和一系列时尚服饰商品（图3-1）。曾经有一段时间，商场买手的办公室设立在旗舰店中，以便他们能够随时为商场提供所需要的服务。现在，随着商场买手人数的增多，租金越来越昂贵，对店铺面积的需求也越来越大，买手到远

图3-1 第五大道萨斯（Saks）是经营服装服饰的专业百货商场
（Steve Beer/Shutterstock）

离店铺的地方办公成为一种潮流,这样能够使店铺用于销售商品的实际面积得以扩大。

在销售部,买手职位的下级是买手助理。买手助理的任务和职责很繁杂,其工作重心主要是为减轻买手的工作负担。根据商场的规模,每位买手可能会分别配备一名买手助理,如果商品组合、商品的价格带和销售额规模庞大的话,则可能同时配备几位助理。买手助理的任务包括挑选商品、跟进订单确保能够按时交货、追加热销品的订单、与销售人员交流、选择广告商品等。

在很多商场,买手负责为分店采购商品。他们经常拜访各分店店铺,获取商品销售情况的一手资料,了解如何突出商品特色,并直接和分部经理与销售人员交流沟通。

尽管旗舰店和分店的销售目标及商品有相似之处,但不同的地理位置和不同收入水平引起的价格差异会直接导致总店和分店的商品有所区别。

像梅茜百货这样大规模的百货商场,需要经常进行变革以赢得更多的利润、提高运营效率、创造更统一的商品结构。下文的零售采购焦点将关注梅茜百货如何调整组织结构以更好地适应日益庞大的商场规模。

零售采购焦点

梅茜百货

当梅茜百货并购了五百多家五月(May)百货商场、亚特兰大的瑞驰(Rich's)商场、芝加哥的玛莎(Marshall)百货,以及其他零售组织之后,它的店铺超过了八百多家。除了伯名得百货保留了自己的名字和组织结构,其他店铺都更名为梅茜百货。在并购时,整个梅茜帝国划分出4个相互独立的区域,中央控制采购、销售和管理。

2009年公司开始采取了一系列行动,组织结构调整为中央管理制,和很多连锁组织类似,商品的分配则更关注当地消费者的需求。通过这种新的方式,公司获得了更多盈利。

公司首创的"我的梅茜"计划在8个大区内划分了69个地理小区,每个小区有10~12家店铺。通过这个计划,相信梅茜百货可以很快地反映出某个特定区域的消费者需求。这个重组的重要结果是出现了23个在采购和企划方面的职位空缺。这些职位将帮助中央的采购和企划人员更好地了解当地消费者的需求。

这个新计划中的采购和销售人员是公司走向成功的至关重要的因素。在公司这种新架构下,对采购和销售职位感兴趣的人将会获得更多的工作机会。

连锁组织

连锁组织这个名称很容易引起误导，零售组织中，仅需要两家店铺就可以称为连锁。当然，我们所熟知的连锁组织通常都规模庞大，如盖普（图3-2）。连锁组织形式多样，有时装专卖店、自助式零售商如家得宝（Home Depot）和洛斯（Loews）、食品杂货商如帕布利斯（Publix）、仓储零售商如克斯克，折扣零售商如塔格和沃尔玛等。

连锁机构的组织结构和百货商场的组织结构类似。一般大型的连锁组织也包括销售部、公共关系部、管理部、人力资源部、控制部、拓展部、仓储部、供给及设备部等，买手在组织运营中起了关键性的作用。买手的首要职责是采购，这使得他们经常在全球奔波，以便更好地完成采购任务。根据连锁组织的类型，买手的采购方法各不相同。有些买手总是率先进入新的下一个季节，他们购买最时髦的商品，并把信息及时地传达给那些追逐时尚潮流的消费者。通过这个方法，他们总能够抓住销售的先机。有一些买手则是在季末买货，如折扣店买手，这样才能获得比别人更低的进货价格——在本章后面部分将更详细地讨论这一内容。连锁机构的买手是公司运营的活力源泉，没有他们，公司的形象和魅力将黯然失色。

图3-2 盖普是美国最大的连锁机构
（Naiyyer/Dreamstime.com）

根据公司规模，买手一般决定将商品运输到一家或多家仓储中心。大型的零售组织可能会设立一些地区性仓储中心，以确保商品被更加及时地运送到该地区所属的分店中。对零售组织来说，商品的配送是一个需要重点关注的问题。由于每家店的规模都不同，对商品的需求量也不同，因此买手必须仔细地分析每家店需要的商品数量，并提供详细的发货指导。

专卖店

许多对零售业感兴趣的人们都梦想着能拥有一个属于自己的零售机构。这种自我创业不但能带来自豪感，也具备从一家仅能维持生存的公司发展成为连锁机构的巨大潜力。这些创业人士中，一部分通过供职于大型零售机构获得经验，并从某个主要商品类别开始起步，如鞋子、珠宝、时装、化妆品、美食等。与折扣店、低价店不同，专卖店的目标不是那种喜欢讨价还价的消费者，它的利润至少和传统的行业利润保持一致。本章的后面部分将继续讨论此类专卖店的买手。

专卖店的经营者通常是多才多艺并能担负多种职责的人。他要购买商品、决定售价、录用员工，并需要承担经营所必需的其他各项工作。和那些大公司不同的是，专卖店买手的采购通常都局限于国内市场，他们定期拜访供应商、在市场周参加行业展览会，浏览生产商展示的下一季新品。在市场周过后，某些生产商为了扩大宣传力度，会再次推出一些新品，并派出上门推销人员专程在某些特定区域推销。这些销售人员有时被称为"市场代表"或者"销售代表"。专卖店买手有时从这些销售代表那里采购商品（图3-3）。

图3-3　购物街边的小型专卖店
（Kenneth Sponsler/Shutterstock）

价值导向零售商采购

两大主要的价值导向零售商分别是折扣零售商和低价零售商。每种价值零售商都希望为消费者提供像百货商场一样丰富的商品，但是价格却低于那些传统零售实体店、商品目录甚至是网上的售价。因此，每种商品类别都需要采取不同的采购方法。

折扣店

折扣店零售商如塔格、卡玛特、科尔士被称为折扣店中的"多面手"，经营着大量的耐用品与纺织品；专业折扣店如托得（Toy"R"Us）和家得宝，则专注经营某类或者某几类商品（图3-4）。和百货商场及连锁机构的买手一样，折扣店买手通常也提前几个季节进行采购。采购的时机至关重要，这样才能确保商品在销售当季到店，最大程度地吸引消费者。折扣店买手采购的制胜秘诀是最低的商品价格。通常只有在大规模采购的情况下，折扣店零售商才能获得最低价。因此，买手必须经常去市场出差，仔细比较商品价格，并尽可能地争取最优惠的条件。

折扣店中的商品有知名的，也有不太知名的。通常知名商品为公司带来的利润较低，许多折扣商选择了从非知名生产商那里采购商品以增加公司利润的策略。同样，折扣店零售商也越来越多地销售垄断经营的专供商品，并以此获得更高的商品加价空间。

图3-4　科尔士百货公司是折扣零售商中的"多面手"
（ⓒJudith Collins/Alamy）

低价零售店

尽管低价零售店的消费者和折扣店消费者一样,价格是其关注的首要因素,但是低价店和折扣店的采购方式却不尽相同。低价店买手采取"机动性采购",当批发市场的价格降到谷底时,买手立刻抓住机会采购商品。和那些同行们相比,通过推迟采购时间,低价店买手可以使消费者以更低的价格买到与传统零售店内相同的商品。

低价店买手成功的关键是能够以超低价格购进名牌和设计师产品,像麦克斯(TJX)、男人装和斯姆(Syms)都是低价零售商中的佼佼者(图3-5)。

图3-5 男人装是一家典型的低价零售商
(Tripplaar Kristoffer/Sipa/Newscom)

和传统零售商不同,低价零售商不会预先确定采购商品的种类。因为价格是制胜的关键,买手也不会过于关注商品的进货模式(商品种类、价格带和尺码分配)以及颜色配比。如果发现有批清仓的商品,数量充足,即使尺码和颜色不齐全,但只要价格低得令人兴奋,低价店买手通常就会以超低价全部买进。

有时买手购进知名品牌商品后,通常需要去掉商品的显著标志,以在某种程度上保护以全价购入品牌商品的百货商场或连锁店客户的利益。专营男女服装的低价商品连锁店斯姆就经营着各种被去除商标的商品,并通过对外宣称"拥有丰富商品信息的消费者是我们最好的顾客",以表示无论商品具有商标与否,其消费者都能够轻易地辨别出优质商品。因此,商标去除对低价零售商而言,实质上是以很小的代价获得了丰厚的价格优惠。总而言之,低价店买手的主要工作目标,那就是:谈判!谈判!再谈判!

图3-6 撒瓦格斯商场内驻有第五大道萨斯这样的折扣零售商
(© Gregory Wrona/Alamy)

零售采购焦点

低价位采购

多格集团成立于1946年，在公司创立者亨利·多格（Henry Doneger）先生的带领下，公司从一家小型采购代理机构起步，逐步发展成为了全美国同类企业中规模最大的市场咨询公司。长期以来，多格一直是时装行业的领先企业，受到零售买手的一致推崇。

公司迅速成长，细化了很多部门，为不同类型的零售商提供服务。低价采购部就是其中之一，他们从生产商和批发商处低价采购时装商品，为低价零售商提供一种特殊的低价采购服务。很多低价零售商使用多格集团的服务，这在很大程度上加大了他们的采购范围和市场覆盖率。由于低价采购部通常建立在批发市场内，因此可以很快地知道货源信息，并传递给他们的零售商客户。即便低价零售商也靠近批发市场，但他们也难以具备低价采购部相同的优势。该部门的工作人员每天都进行市场考察，经常和那些迫切希望甩卖库存的卖主签订合同。低价采购部在批发市场上的影响力使得他们能够获得最优惠的条件。随着他们零售服务经验的增多，低价采购部能够越来越精准地了解他们客户的需求。

与客户沟通是低价位采购部门重要的工作内容。因为时机是低价采购的重要因素，有效地沟通是成功的关键。低价位采购部门会通过多种方式与所代理客户取得联系，电子邮件、传真、即时信息和电话等，再进一步根据零售商的需求选择最佳沟通方式。

在价位（Price Point Web）网站注册后，零售商就能通过计算机查看以折扣价格销售的商品图片以及成交条件。

对于低价零售商而言，低价商品的货源至关重要。很多低价零售商雇用了专业的市场咨询公司帮助进行市场考察，寻找低价商品。在多格集团（The Doneger Group）有个低价采购部，每天都有专业人士考察市场，并以低于批发价格买下商品。通过与供应商建立良好的关系，他们总是率先知道低价货源。下面的《零售采购焦点》说明了低价采购服务的具体实施方式。

价值导向的经营理念大获成功后，美国出现了很多经营折扣店和低价店的购物中心。一些知名的购物中心如以米尔斯（Mills）冠名的商场：弗兰克林商场（Franklin Mills）、撒瓦格斯商场（Sawgrass Mills）和古尼商场（Gurnee Mills），里面进驻的商家包括第五大道萨斯、内曼·马库斯之类的大型零售机构，也有设计师折扣店如唐纳·凯伦（DKNY）、拉夫·劳伦（Ralph Lauren）（图3-6）。

无店铺零售商采购

每年，无店铺零售商的业绩增长都有目共睹。但无店铺零售商们仍面临着共同的挑战：如何才能获得具有合理投资回报率的经营业绩。

每家零售商在商品采购负责人方面都遵循自己的计划。一些零售商的买手同时负责为实体店铺和无店铺零售业务采购商品。采用同一团队负责两种不同类型的采购，对于买手来说是个巨大的挑战。当公司的网上零售和目录销售业绩飞速增长时，采购团队再进一步细分为实体店铺和无店铺零售两个部分，以更好地反馈不同的市场。通过了解不同的无店铺零售类型将有助于我们更好地理解各种采购方式。

商品目录

商品目录并非一种获得消费者的新式方法，传统零售商的商品目录业务由来已久，早期进入这个领域的传统零售商有西尔斯百货和蒙哥马利-沃德公司。

直到近几年之前，传统零售组织一直都是零售领域的中流砥柱。但现在，有些曾在零售业中占据重要地位的零售商进入了经营的低迷期。商品目录成为帮助扩大销售的重要方式，通过发放商品目录给潜在消费者，刺激他们成为公司的常客，从而提高销售业绩。因为目录销售对公司的重要性与日俱增，一些零售商把商品目录采购团队独立出来，这样买手可以更好地满足各类消费者的需要。和传统的实体店相比，商品目录的消费者范围更为广泛，因此，目录销售的买手应该能够整合各个不同地区、国家的消费者需求，商品必须具有广泛的吸引力，而不能将商品局限在狭小的市场范围内（图3-7）。

有时，商品目录以销售目录专供商品为特色。如内曼·马库斯的目录"圣诞手册"，在过去的版本中，一直以销售"为他的礼物"和"为她的礼物"为亮点，如单价超过一百万美元的钻戒。在2010年圣诞专刊中，公司以75000美元的价格销售限量版大黄蜂汽车，在3分钟内，所有75辆汽车就被一抢而空！

图3-7 消费者正在浏览商场的商品目录
（BananaStock/Thinkstock）

目录销售组织

如今，越来越多的消费者没有时间到店铺购物，随着商品目录赢得这部分消费者的作用愈加显著，一些没有实体店铺的公司借助商品目录进入零售领域。当然，商品目录并不是新生事物。作为目前全国最大的直接销售商与专业零售商，斯皮格（Spiegel）公司成立于1865年。公司的经营范围覆盖了服装、家居装饰等多种商品，所服务的美国人群也已经超过了三千万个家庭。除了常规的一年两次目录主刊，公司每年还有多种目录特刊。虽然目录销售是公司最主要的业务，斯皮格公司也提供网络零售，吸引那些爱好网上购物的顾客。越来越多的专业商品目录零售商开拓了网络销售业务。但是不同于斯皮格一应俱全的网络商品销售策略，很多商品目录零售商只提供某类专一商品，也就是类似于专卖店，只经营女装、美食和珠宝等某一特定品类。

与实体店的买手相比，目录销售的买手工作方式有所不同。他们的主要任务是挑选商品、定价，并要确保热销产品的货源源源不断。一些商品目录零售商还要求买手参与目录册的设计工作，挑选出最佳图片以传递出商品的特色。

因为消费者可能会保留商品目录很长时间，确保供货的连续性是买手签署任何订单之前必须重点考虑的一个关键问题。在全球范围内，只要消费者具有购买本公司商品的需要，公司都可能向其邮寄商品目录。因此，目录销售公司的买手必须能够挑选出具有普遍吸引力的商品。同时，他们还必须精于商业谈判并以尽可能低的价格购入商品。除此之外，目录销售公司的买手一般没有其他职责，这样他们可以集中精力在全世界范围内考察市场，挑选商品。

图3-8 伊拜（Ebay）是一家非典型的"纯网络"零售商
（Danieloizo/Dreamstime.com）

网络销售

随着网络销售额的巨大增长，很多公司在电子商务和电子零售方面投入了前所未有的关注。一些零售商把网络销售作为扩大销售潜力的多渠道方式，一些商品目录零售商通过网络销售赢得更多市场，还有一些以互联网为唯一销售平台的公司则通过网络吸引老顾客和潜在的新顾客。获取线上消费者的方式包括公司网站、电子邮件广告以及通过吸引社交网络的用户如脸谱网（Facebook）、商务人际网（LinkedIn）、推特（Twitter）进行销售。

同样，这些线上零售商能够使卖家更加精准地针对目标消费群体的需求出发，从而能够采取比其他市场营销方式更加个性化的销售方式。

亚马逊、斯多克、伊拜和美捷步是四家以互联网为唯一销售平台的知名公司（图3-8）。每家都在电子商务技术上投入了数百万美元。为此类公司采购的买手必须关注可供选择的商品是否具有普遍的吸引力，并且要具备很强的谈判能力，以获得尽可能低的采购价格。除非采购的商品是买断的库存，否则补货周期是买手在这类采购过程中必须考虑的另外一个重要因素。

其中，伊拜是和大多数"纯网络"公司有所不同的企业。在下面的零售采购焦点部分将具体谈到这一点。

零售采购焦点

伊拜网站

1995年9月3日，法国程序设计员奥米迪亚（Pierre Omidyar）在硅谷（Silicon Valley）建立了伊拜网站。目前，公司拥有9000万名全球活跃用户，并且每天把这些全球的买家和卖家联系在一起，创造了一个永不休市的市场，成为世界上最大的网上拍卖公司。2009年，伊拜的销售额达到600亿美元，平均每秒钟销售2000美元！

伊拜的理念是建立一个网站，任何用户都可以刊登、浏览、买卖物品。在网站上，用户可以买卖任何物品。它允许个人或者小型公司在网上进行拍卖。除此之外，网站也允许卖家接受最高拍卖价格或者固定价格销售。

现在，伊拜从最初的一家网站到通过并购发展成为今天的超大规模，并拓展了一系列崭新的经营业务：支付平台贝宝（PayPal），使个人和企业可以进行线上支付；斯伯网（StubHub）网站经营票务业务；公司旗下的瑞特网（Rent.com）经营公寓租赁；在线购物网（Shopping.com）提供线上购物价格比较服务，用户可以通过网站比较线上不同零售商的同款商品价格。在线购物网的用户平均每月达到2000万，全国众多零售商通过这家网站销售相同的商品。

最近，伊拜并购了瑞雷思（RedLaser），为苹果手机的条码扫描提供在线查询服务。

为了一些商品获得热销，买手必须确保商品供应的连续性，除了买断的库存商品，买手通常应该挑选可以满足立即再追单的商品，以确保消费者在一段时间内能够顺利地买到相关商品。

由于视觉展示在网络销售中具有很重要的作用，买手一般需要辅助网站美工人员准备商品推广的必要信息。商品的关键信息如特价优惠、商品带来的好处以及优美的视觉效果能够吸引消费者的眼球，进而提升销量。除非商品数量有限，买手必须考虑在很长的销售时间内供应商是否具有足够的库存。对于那些日常性商品可能不会产生任何问题，因为供应商在持续地生产商品。但对时尚类商品而言，情况就截然不同了。时尚类商品具有不可持续的时效性因素，买手很难做到及时补货。

在第十三章"网上采购"中，我们将对零售商如何通过互联网形式进行商品采购进行全面说明。

家庭购物网络

通过电视节目销售低价商品，消费者在家就可以购物，这种便利的购物方式的交易量也日益增多。通过QVC、NBC购物和HSN这几家电视台，二十四小时不间断地播放购物信息，可以在任何时间段吸引消费者的购买欲望（图3-9）。

和传统零售商买手相比，家庭购物网络买手的采购方式截然不同。买手的首要任务是选择在电视上具有"视觉"效果的商品，即商品在播出时是否具有足够的吸引力使观众最终成为购物者，以及是否有必要标出较低的售价以增加消费者的购买决心。一些知名的产品设计师，也会经常出现在此类节目中，向消费者推荐商品。如乔·瑞（Joan Rivers），著名的喜剧演员，她曾亲自在节目中推荐过自己设计的一个珠宝系列。另外一些节目则通过衣着时髦的模特佩戴华丽的珠宝首饰，向观众展示优雅的穿搭效果。一般来说，这类节目由买手和营销人员共同决定应该展示哪些商品。

商品的价格体系是家庭购物网络成功的关键要素之一。所有商品都标有原价以及他们降价后的价格。不仅如此，为了让消费者都能买得起，很多商品都可以分期付款。另外一种商品促销的方式是展示每一种商品的存货量，随着销售的不断增长，电视屏幕上显示的可供销售商品数量值会不断变化，从而促使那些犹豫不决的消费者为避免由货物售罄带来的懊悔情绪而迅速购买。

家庭购物网络的销售额不断与日俱增，随之而来的是，为无店铺零售商采购的买手走访批发市场的频率也随之增加。

图3-9 美国家庭购物网（QVC）是著名的家庭购物网络
（ⓒ David J. Green/Alamy）

商业词汇

纯商品目录零售商
部门销售经理
全面型折扣零售商
销售总经理
家庭购物网络

热销商品
独立零售商
纯网络销售零售商
低价零售商
无店铺销售零售商

线上采购
机动性采购
社交网络
专业折扣零售商
价值导向零售商

要点概述

1. 不同类型的零售商买手需要承担不同的职责。例如百货商场的买手有一系列典型的职责，而低价店的买手则通常需要花很多时间在批发市场上寻找低价商品。
2. 买手必须进行商品评估，以确保商品具有足够的吸引力并能促进消费者购买。
3. 在大型零售组织中，销售部由销售总经理领导，他的下属为部门销售经理，买手则向部门销售经理汇报。
4. 在很多百货商场中，买手通常要同时为旗舰店和分店采购商品。
5. 在大型零售组织中，买手一般负责将商品运送到物流中心，或者地区物流中心，然后商品再从这些物流中心分发到各个店铺。
6. 小型的专卖店经营者通常也是买手。
7. 由价值导向决定采购方式的零售商包括低价零售商和折扣零售商。
8. 低价店买手经常走访批发市场采购低价商品，以确保他们的商品价格低于传统的百货商场。
9. 有时，低价店买手必须接受剪去标签的商品，这样他们的供应商才能够以较低的价格把商品销售给普通的零售商。
10. 专业的低价采购代理机构将办公地点设在批发市场内，代替店铺的买手走访市场寻找商品。
11. 和传统的店铺买手相比，为无店铺零售商采购的买手工作任务相对较少一些。

思考题

1. 零售商的多渠道策略是指什么？
2. 买手在销售部门的组织结构中位于第几层？
3. 买手需要对商品的外观、耐用性以及在某些情况下对面料的稳定性进行评估，这些评估的重要性体现在哪些方面？
4. 传统连锁店买手与低价零售店买手的采购方式有哪些不同？
5. 为什么小型专卖店的买手和大型连锁店的买手在采购方式上迥然不同？
6. 低价店采购与折扣店采购之间的区别有哪些？
7. 折扣店零售商如何通过采购团队的行动来获得更高的利润？
8. "机动性采购"的具体含义是什么？
9. 为什么一些低价零售商愿意接受剪掉商标的商品以获取更低的成本价？
10. 如果低价店买手远离批发市场，他们如何获得专业的服务引导？
11. 在商品种类方面，传统零售商和无店铺零售商如电子零售有哪些不同？
12. 为什么有时传统零售商的商品目录提供与实体店铺内不同的商品种类？
13. 伊拜的经营理念和其他电子商务企业有何不同？
14. 家庭购物网络成功的关键因素有哪些？

案例1

巴尼斯·吉布斯（Barnes and Gibbs）百货商店以B＆G的店名闻名于所在的贸易区，它创始于1980年，其第一家店址位于弗吉尼亚州。现在，它已经发展成为全国最成功的百货商店之一，并拥有地处首都的旗舰店和15家分店，每322千米就有一家它的旗舰店。

公司各种商品一应俱全。时尚女装、饰品、鞋、男装、运动服装、童装、童鞋，以及包括电子产品和家居用品等在内的硬件商品。

作为一家走在零售业前沿的公司，1988年B＆G开始经营商品目录业务，并在1999年开始网络销售业务。此时，B＆G仍沿用一贯的商品采购方式，即买手为旗舰店和分店采购。现在还同时负责为商品目录和网站采购商品。

尽管CEO和管理层们相信这仍旧是最有效的采购方法，并且这个方法已经为公司带来了相当丰厚的利润，但销售部门认为，原有的采购方式不足以使买手在市场覆盖率以及在不同的零售渠道商品分配中做到最好。希望尝试采用一种新的商品采购方式以增加公司利润。

公司正在决策的过程中，应该如何调整现有的采购方式。

问题：

1. 公司是否应该坚持以往的商品采购方式？为什么？
2. 他们应该如何改变以形成一个更加高效的采购模式？

案例2

马修（Matthew）和阿曼达·菲利普斯（Amanda Philips）决定经营一家商品折扣店。他们的初始计划是在贸易区经营能立刻被消费者辨识出来的名牌商品，销售商品类别主要以女装及配饰为主。经过5年的经营，他们的业务扩展到男装。由于女性常常为丈夫和重要的朋友购买衣服，这项业务开展得非常成功，事实上店内的女性消费者的确经常为男士买东西。不久，男士们也开始常去店铺为自己购买商品，这使得销售量飞速增长。

在经营的10年中，公司从1家店铺扩展到了15家店铺。

这时，马修和阿曼达注意到了他们大多数店铺的销售额正在下降。看来他们的折扣竞争者进入了他们的贸易领域。除了原有的冠以"价值销售"的折扣零售商之外，在他们店铺附近，又新开了一家仓储折扣店和两家低价零售店。

这时阿曼达想到了一个新的经营办法来击败竞争对手，具体包括：

（1）以更低的利润经营。
（2）取消知名品牌商品。
（3）采取机动性采购方式，购买清仓的甩卖货。
（4）开始专供商品计划。

问题：

1. 还有其他值得考虑的建议吗？为什么？
2. 你将建议他们采用哪些方式经营？

Stockbyte/Valueline/Thinkstock

专业市场人士及其服务零售商的方式

经过本章的学习后，我们应当能够做到：

- 定义"采购代理机构"并探讨其对零售商的帮助。
- 解释采购代理机构向零售商提供服务的必要性。
- 讨论独立机构运作的方式并解释其向客户提供的服务。
- 解释为什么一些大型零售商更喜欢拥有专属的采购机构。
- 描述一些采购代理机构向其成员提供的专供商品项目。
- 解释采购代理机构之外的其他专业市场人士对零售商的帮助。
- 讨论时尚预测师帮助买手的方式。

第四章

有效的采购计划是任何一个买手取得成功的关键所在。在目前各种职业采购盛行、竞争异常激烈的环境里，买手必须掌握批发市场的第一手信息，借助这些信息，他才能更好地满足潜在消费者在价格、质量、功能和得体性方面的需求。而为买手提供宝贵商品信息的专业市场人士，则是辅助买手工作的众多资源中的一种。那些自我封闭、不重视这些外界资源和大量的内部指标的买手，其工作效率将会大打折扣。

毫无疑问，许多被称为采购代理机构或市场咨询组织的公司，是在采购和商品信息方面最有价值的外部资源之一（图4-1）。当然，它不是服务零售企业的唯一专业市场机构。其他专业市场机构还包括流行趋势发布机构、零售市场调查机构、时尚预测师、非时尚类商品服务、商业出版物、消费者杂志以及商业协会。

通过对这些"服务机构"的有效利用，买手就能够在无需亲临现场的情况下准确地把握市场脉搏。无论供职于何处，又或者是每年都极少进行实地市场考察，只要买手与这些代理商和服务商保持密切联系，并合理利用其服务资源，那么他可能很快就成为一名消息灵通的采购者。

本章的关注重点将放在零售机构外部的有效信息上，这些信息有助于买手在面对采购所带来的挑战时做好更加充分的准备。

图4-1　时装大道（Fashion Avenue）是位于纽约的服装中心，很多业内著名的采购代理机构总部都设在这里
〔PHB.cz（Richard Semik）/Shutterstock〕

专业市场人士代理的必要性

对当前市场形势异常敏感的买手极有可能比那些不了解最新市场动态的人们工作得更出色。大多数有经验的买手都确信，以往的销售记录对未来的采购计划至关重要，但他们同时也清楚，有效的外部信息对于任何成功的商品采购计划的实施而言同样是必不可少的。

买手与一个或多个此类外部信息资源保持联系并与其建立合作关系，主要是基于这样几个方面：远离批发市场所导致的难于对市场进行定期考察的弊端；定期交流市场变化的需要；专业市场人士能够提醒买手最畅销商品的信息，并能够评估那些会对商品采购产生影响的最新经济状况。

使买手接近批发市场

如今的批发市场都位于交通非常便利的地区，以利于买手前去采购。曾习惯于依赖最靠近公司总部的地区性市场的买手会发现，这样的市场现在已经很难满足考察市场的需求了。尽管中西部地区的时装买手一度能在芝加哥服装中心完成所有采购行为，但如今，由于那些来自世界各地，并且价格更低、款式更好的商品可能并没在此类地区性批发市场中设立代理，因此，他们就很难在那里买到此类商品（图4-2）。虽然到远距离的市场出差会增加买手发现新资源和商品的机会，但出差费用却相对较大，而且为实现采购所花费的时间也使其变得得不偿失。由于采购代理机构通常有专人考察全球市场，并安排采购和分销这些全球化的商品，因此，与其建立联系就经常能轻而易举地采购到国际市场的商品以满足客户的需要。

图4-2 很多中西部地区的买手到芝加哥服装中心进行商品采购
（ⓒ Khalilok/Dreamstime.com）

就市场变化进行交流

由于远离市场，买手们通常并不总是能够及时地了解到会对其工作产生影响的市场变化情况。例如，市场新增了一位卖主，而他所卖的商品最适合纳入到某个买手的商品组合里。这些新的市场资源在经营初期，通常会为了获得大额度的订单而与主要的零售商联系，除此之外也会联系那些可能将其介绍给客户的采购代理机构。至于那些小型的、市场份额较小的零售商却要在之后的很长时间才会知晓这些新的市场资源。独立零售商作为采购代理机构的成员，同样会较早地了解到此类新的商品资源和商品信息。另外，与采购代理机构交流还能为买手提供特定生产厂家的延迟到货信息、店铺买手经常无从掌握的信息，以及即将到来的商品趋势信息等（图4-3）。

通知销售最好的商品

在任何一个销售季节中，零售商总是试图了解市场的"热卖"商品。拥有一些这样的商品能使原本惨淡的销售季节变得利润丰厚。尽管部分这样的商品已经进入了买手视野，并被买手一再订购，但仍有很多落网之鱼未能引起买手的注意。除了采购代理机构能够发布此类商品信息之外，别的专业市场人士也能提供类似的服务。流行趋势发布机构和零售业报告机构会仔细追踪报纸广告，认真审查主要零售商的商品目录，以确定热销商品的种类。一旦确定了热销商品，他们就会通知其

图4-3 为零售商提供咨询服务的多格公司提醒买手当季的市场流行要素
(The Doneger Group)

机构成员该商品的名称、生产厂家、批发价格，以及销售该商品取得成功的商家名称。买手收到这样的信息之后，就会评估本公司对该商品的销售潜力，并决定是否将其列入自己的采购计划之中。

评估宏观经济状况

所有专业买手都明白，宏观经济状况对自己公司的运营状况会有较大的影响。尽管买手们非常留意当前的经济资讯，但总体来看，他们所能掌握的信息一般都较为笼统。由于大多数公司规模较小，不足以负担设置专门人员来审查可能会对本公司产生影响的经济因素的成本。因此，这些公司大都从外部机构寻求支持。而采购代理机构、资讯机构、商业协会等机构内部则通常有专门人员提供相关讯息。通过这种方式，商场买手就可能基于经济讯息做出成功的采购决策。如有经济信号显示消费者信心处于膨胀的阶段，买手就有可能一定程度地增加商品采购数量。而一旦经济形势逆转，买手就会相应地减少采购量。如果缺少相关信息的参考，公司的盈利状况就可能会受到影响（图4-4）。

图4-4 经济状况指引买手的采购行为
(Janaka Dharmasena/Shutterstock)

采购代理机构

显而易见，在不同类型的专业市场组织中，采购代理机构在提供市场信息方面是最为重要的。这一点对于以时尚类商品为主的零售商而言尤为突出。典型意义上，采购代理机构是为零售商提供信息服务和采购服务的机构。与坐落在闹市商业街、购物中心，以及其他环境中的零售商不同，采购代理机构通常位于大型批发市场之中，以利于迅速把握市场脉搏并按照成员的要求进行购买。目前，很多这样的机构设立在纽约的全美服装中心，其他的则坐落在达拉斯、芝加哥、洛杉矶等地区性市场中以及生产规模达到鼎盛的海外地区。其代理范围相当广泛，包括男装、女装、童装、服装配饰以及大量的家居装饰品等。

与存在不同分类的零售商一样，采购代理机构也有着不同的分类。主要分为专有机构和独立机构等，其中，独立机构是采购代理行业中最重要的组织形式。

专有机构

规模较大并有许多具体需求的零售商认为，拥有一个专门为其服务的采购机构无论在利润方面还是在效率方面都是非常值得的。尽管专有机构在零售经营中并不多见，但有人却认为它们是取得成功的必不可少的因素之一。坐落于得克萨斯州的达拉斯，并在美国许多主要城市拥有分店的内曼·马库斯就拥有这样一家专有机构（图4-5）。这可能是由其经营本质所决定的。内曼·马库斯主要是为富有的高消费群体提供款式稀奇、价位较高的商品，因此，在商品如此趋于普遍化、供货市场如此狭窄的情况下，仅仅依靠外界采购机构为其提供商品将会是很不牢靠的。

有时，我们也会用"公司总部"来指代"专有机构"。例如，梅茜百货就用"总部"来指代它的采购机构。

这种类型的采购机构并不局限于为经营特殊商品的零售商所拥有，通常以经营大量商品为特色的零售商，如塞尔斯，也会设立这样的采购机构。

图4-5 一些高端零售商，如内曼·马库斯常常拥有自己的采购机构
（Camilla Zenz/ZUMA Press/Newscom）

独立机构

美国的大多数零售商由于规模过小，难以通过拥有专有的采购机构来满足自身需求。而"独立机构"，作为目前采购代理机构的最普遍形式，为单一店、小型百货公司和连锁店的经营者提供了很多必要的代理服务。如此一来，这些小型零售商无需投入大量资金来建立专有或者部分专有的采购机构，而只需要支付与自身需求相匹配的成本就能够享受到专业市场人士的服务。

通过付费，零售商就能够使用采购代理机构提供的各项服务。费用标准由所提供的服务种类以及成员店的特殊要求决定。付费标准通常按照邮费、通信及传真

> 尊敬的零售商：
>
> 　　经双方同意，自_____至_____期间，本公司所有人员将真诚为贵公司服务。我方将以贵方名义从事按照惯例由采购代理机构承担的诸项工作，包括贵方的商品订单和提供市场信息。
>
> 　　对向贵方提供的服务，我们将收取_____美元的年费，每月预先支付____美元。邮费另付。
>
> 　　为了贵方利益，除非双方之一至少在每年合同到期之日前60日内对合同提出另外的书面约定，我方将持续履行本合同。
>
> 　　　　　　　　　　　　　　　　　　　　　　　　　　　　公司代表
>
> 合同接受方：
>
> 零售组织代表：

图4-6　采购代理机构合同范例

费，以及所选择的买手的职位决定。独立机构按照零售商的要求进行采购，并在购进价格之外以佣金形式额外收取一部分费用。

图4-6介绍的就是独立代理机构与其成员之间的一份简易合同。应当指出的是，零售商与采购代理机构之间签署的合同通常都是内容非常详细的，而上面的范例合同仅仅是简易版本。

随着零售业竞争的日趋激烈，零售商全面了解会影响本公司运营的市场状况和商品变化情况是至关重要的。对零售商而言，尽管定期去考察所有的批发市场将会对其大有裨益，但很多零售商却负担不起进行此类全面考察所必须投入的时间与金钱。因此，采购代理机构对这些零售商而言非常重要。通过采购代理机构，零售商就能在无需占用自身内部工作时间的前提下，进行理智的市场规划并做出明智的商品采购决定。

与采购代理机构合作的一些优势包括以下八个方面。

（1）能够充分提高所采购商品的适销性，从而使小型零售商能够理智地与规模庞大的百货商场和连锁组织进行竞争。这些大型零售商通过拥有专有的或合作式的采购机构来持续了解市场变化。小型零售商则需要通过一个独立的采购代理机构的代理，也能够及时掌握同样的市场信息。如果缺少这样的代理，那些不能频繁考察市场的小型零售组织的买手就很容易错过市场中的一些重要信息。尤其是在出现一种新的流行元素就可能会根本改变当前销售状况的时尚类商品行业，远离市场的买手往往会由于信息的延迟而使此信息失去价值。另外，买手也可能会失去当季流行色或流行款式等方面的信息，并进而导致公司利润的损失。

（2）与非竞争商场间的信息交换能够为零售商提供同类零售企业的信息。在采购代理机构体系下，来自全国各地的零售商能够聚合在一起讨论各自的采购经验。因此，北部地区的买手可以见到南部地区的买手并汲取后者对当前销售季节泳衣种类的观点。因为南部地区整年都在销售泳衣，所以通过交流，北部地区的买手就能在其泳衣销售季节开始之前知道什么才是最适宜采购的泳衣种类。

（3）通过加入采购代理机构，小型零售商能立即在供应商面前变得更为重要。生产商与批发商通过加入独立采购代理机构的成员数量来判定其地位的重要程度。如果小型商户与组织内的其他成员协同行动，供应商对其的关注就会显著提高。同理，在采购代理机构中设有代理人的零售商通常会比那些单枪匹马的零售商工作开展得更为出色。例如，如果一个零售商由于商品的大小不合适等方面的原因而决定向生产方退货时，生产方必须决定是否接受退货。如果退货方属于一个机构的成员，那么与单独的零售商相比，退货就会更加容易。造成这种不公平的原因非常简单：因为心生不满的零售商可以向其在采购代理机构里的代理人投诉此供应商，这就可能导致整个代理机构对产生此不合作行为的供应商进行联合抵制。而单独零售商的不满虽然会使其今后不再向该供应商采购，但对其他零售商是否采购此供应商的商品不会产生较大影响。通过成为采购代理机构中的成员，这些单独经营的商家就能够提升经营地位使之与大型零售组织所享有的地位旗鼓相当。

（4）巧妙使用采购代理机构所提供的服务能够显著降低独立零售商所面临的风险。独立零售商会面临多种风险。其中买手工作中最常见的一项，就是如何挑选合适的商品。尽管单一店可能会依赖于其买手的专业技能，但采购代理机构却能凭借其丰富的阅历、熟练的交易，以及对市场的敏锐触觉而向商场买手提出采购建议，并指出其采购过程中需要规避的风险。采购代理机构通过缩小合适商品的范围以及商品种类来帮助买手避免采购失误。除挑选商品之外，买手还非常关注商品的交货期限。由于采购代理机构向供应商提供了大量的业务，其所代理的零售商就能比非关联的独立零售商享受到更优越的交货期限。在合适的时间里得到合适的商品，能够显著提高零售组织的运转效率。

（5）能采购到为自家店量身定制并贴有自家商标的专供商品是大型商场和连锁店所能享受的采购优势之一。由于经营专供商品需要庞大的采购量作为支撑，因此，小型零售商通常就不能够参与此种类型的采购活动。但由于代理机构通常会代理上百家商场，其购买潜力与大型零售商不相上下，因此，它就能够、并且的确在为其成员店提供专供商品的采购并由其独家经销。在采购代理机构组织生产的专供商品仅向其所代理的成员提供的情况下，这些成员就能在享受专供商品所带来优势的同时，排除了来自竞争者的压价风险。

（6）对采购代理机构成员而言，其最初的订单规模不必达到像单一店、小型商场那样的额度。独立零售商所准备的商品数量必须满足下一次市场采购或供应商送货之前的经营需要，尤其对于那些远离批发市场的独立零售商而言，情况更是如此。拥有市场代理的商场则可以通过销售手册、电话、传真以及电子邮件等形式及时获得新的商品信息。在这种情况下，零售商就能享受到签署小额订单、保持最少库存规模、掌握市场所有热卖商品种类等方面的益处。通过市场代理机构的采购像商场买手直接购买一样，实现采购的高效率。

图4-7 采购代理机构的买手在国际时装展示会上预选款式以便给零售商传达最新的时尚讯息
（Natalia Mikhaylova/Shutterstock）

（7）通过内在的各项服务，采购代理机构能够在提供可获得商品的采购与推荐信息之外，对零售商进行多种支持。采购代理机构所提供的多种服务能够显著提高整个零售组织的经营效率，对其中的大部分内容，我们将在接下来的内容中进行针对性探讨。由于采购代理机构向其成员提供体系化服务，与其他渠道相比，这种服务方式能使零售商用相对较低的费用享受同等价值的服务。

（8）近年来，在美国零售商的销售计划中，国际市场商品的重要性逐步增强。但有条件能与国外生产商进行直接谈判的美国零售商却寥寥无几。反而，大型采购代理机构却拥有常驻国外的分支机构，或者定期向偏远地区派出代表以考察可供购买的商品。通过代理机构，小型零售商在无需支付国际市场出差费用的情况下，就可以随时留意国际市场的商品信息和实现商品购买，进而能够在更高层次上与商场、连锁店等大型零售机构之间展开竞争（图4-7）。

挑选采购代理机构

显而易见，大型零售商不必从可供选择的采购代理机构中挑选代理。它们通过自己的专有机构或通过合伙经营形式获得服务。但对于那些不具备这方面优势的零售商而言，加入独立代理机构却是它们获得服务的唯一途径。

面对在大型批发市场中经营的众多不同类型的采购代理机构，零售商会面临如何选择的问题。在最终签订合同确立代理关系之前，零售商应该要考虑到许多因素。

客户目录

零售商面对备选代理机构时，所考虑的一个非常重要的问题就是哪些零售商已经纳入了该机构的代理范围。之所以会对此方面进行考察，是多种原因所致。

当采购代理机构向成员推荐商品时，就会产生在每一个商场都能购买到同样商品的可能性。如果其中两家商场距离非常近，那么，这不但导致经营商品的雷同，还可能成为双方进行价格竞争的直接诱因。零售商绝不愿意其商品与距离最近的竞争对手所经营的商品相同，而是希望拥有各自的特色并树立独特的企业形象的商品。在这种情况下，为避免此类问题，零售商就应该选择和那些已有会员中与其没有竞争关系的采购代理机构进行合作。

所提供的服务

与所代理的零售商一样，各采购代理机构的服务项目互有差异。其中的一些仅提供采购代理服务，这部分采购代理机构除了搜寻新商品并提出采购建议外，很少承担其他职责。另外，也有一些代理机构能为会员提供不同程度的服务项目。其中，经营全方位代理业务的代理机构会为其成员提供一系列服务，包括广告与促销提议、商品控制咨询、通过录像进行销售培训，当然，还包括商品采购建议和代为采购等。也有一些机构仅向客户提供其中几种服务。

由于有些代理商所提供的服务项目并不都为零售业务运转所必需，因此盲目地向这些代理机构支付代理费是很不划算的。为了更好地运用代理机构资源，零售商必须首先评估一下自己的服务需求，然后以此为基础来挑选所提供服务最贴合自己需求的采购代理机构。

入会费用

各采购代理机构收取的费用互有差异。零售商应衡量所有纳入考虑范围的代理机构的费用收取情况。正如前面所指出的，不同机构提供不同的服务，因此，其收取的费用也会随服务水平的提高而有一定幅度的增加。一般情况下，零售商的判断标准是，所选择的代理机构是否能确保其会员在可支付范围内享受到适当的服务。

采购代理机构提供的服务

正如前面简单介绍过的，各采购代理机构所提供的服务种类各不相同。最小的代理机构仅拥有很少的人员与设施，他们可能只是简单地提供商品采购方面的信息，并按照成员的指令进行商品购买。规模更大、经营范围更为多样化的机构则为其成员提供从商品采购到促销计划等一系列服务。这些服务通常包括以下几项。

购买商品

通常来讲，商场买手负责商场自身的采购。但是，他们的代理合作伙伴也能依照商场买手的指令来实施商品采购行为。采购代理机构具体实施的采购行为一般是"追加订单"和"特殊订单"，而"初始订单"一般是由商场买手来签订的。当然，这也不排除存在由代理机构买手来签订"初始订单"的特殊情况。

追加订单

签署追加订单的目的是补充已售罄货物。那些幸运地拥有大量可追单的买手极有可能会度过一个成果丰硕的销售季节。当一种商品在某商场具有很好的销售态势时，它也很可能同时受到其他商场的欢迎。在这种情况下，想要按照需求顺利地追加订单有时会变得异常困难。而且，追加订单的及时到货，也对商场实现追单商品销售的持续成功非常关键。续单商品的延迟到货会极度影响商品的销售并导致利润的降低。采购代理机构由于坐落于批发市场之中，且因其代理许多商场而处于相对强大的地位，因而易于使供应商优先处理他们的订单。于是，通常情况下，成员企业会要求其采购代理机构为其签订追加订单。例如，相对于坐落在美国明尼苏达州德卢斯市的独立零售商而言，采购代理机构的追加订单则更有可能得到供应商的迅速回应。

特殊订单

正如名称所表示的，特殊订单涉及的是不经常被商场经营的商品。"特殊"可能包括不经常备货的尺码、商场存货之外的其他颜色，又或者是目前手中无货的商品等。例如，如果一位商场的老客户想为女儿买一件结婚礼服，买手也想满足他的这一要求，但为此专门到市场采购却不切实际。此时，买手就能向采购代理机构发出信息明确的特殊订单。采购代理机构可能在经营这种特殊商品上有更多的经验和专业知识，所以让代理机构的买手负责特殊订单更易于实现订单的要求。

初始订单

商品第一次被订购的订单叫"初始订单"。许多商场会亲自完成初始订单，但有时他们也会要求代理机构从事这项工作。如果商场买手希望通过新商品来刺激消费者的购买欲望，却不能亲自到市场进行挑选，也没有销售代理人到商场推销其新商品。在这种情况下，通过告诉采购代理机构有关价格、款式、颜色、质地等诸如此类的信息，其采购代理机构就能帮助零售商实现这些商品的采购。随着采购代理机构对完成此类工作的出色表现，商场就会对其判断产生依赖感并把更多的初始订单交给代理机构完成。

在非常有限的情况下，也有一些小型商场不雇用自己的买手，而是完全依靠采购代理机构完成所有的初始订单。

取消订单

当买手签署订单的时候，他就要准备按照订单所指定的日期来收货。订单就像是一份合同，交易双方都必须遵循它的交易条款。但在某些情况下，商场不得不取消其订单。取消的原因可能是由于经济衰退所导致的商品库存过多而引起的，也可能是由于对订单商品的重新评估。

供应商当然不是非得接受这种订单情况的变化。在零售商是大型超市或连锁店的情况下，其规模优势通常会迫使卖方接受取消订单的要求。相反，一般情况下，小型零售商的此类要求却会被拒绝。但如果小型零售商通过其采购代理机构提出取消订单的要求，情况就又会不一样了。如果代理机构的客户不满意供应商对取消订单要求的拒绝，那么采购代理机构的买手就会介入直到最终获得令零售商满意的结果。与大型零售组织一样，采购代理机构由于其巨大的购买潜力而同样拥有着很强的话语权。

寻找新资源

成功销售的关键之一是能够提供给消费者令人满意的商品。能使商品供应商的供货组合与零售商的采购需求相结合是采购代理机构的重要功能之一。寻求发展机会的零售商总在为满足消费者要求而到处寻找新的商品。虽然他们通常会将大部分采购预算投放在已被证明为适合销售的原有商品方面，但为了增加购物者的兴奋感并实现商品的多样化，零售商们也需要采购新的商品。尽管零售商可以亲自考察市场以寻找新的商品资源，但却没有人能比采购代理机构更有能力成功地实现这一目标（图4-8）。

采购代理机构能够发现新的商品种类，这不仅是因为与供应商联系紧密，还因为新的商品生产商会自动找到采购代理。如果生产商能够使采购代理了解到自己储备有大量新潮、时尚、具有吸引力的商品，那么他的客户马上就会遍布世界各地。相对而言，如果生产商想要自己花时间一家一家地寻找新客户，那将会是巨大的工作量，而且很可能会因为成本问题而无法继续。因此，采购代理机构既能为供应商提供潜在的购买者，也能为零售商提供新的商品资源。通过对这两种功能的有机结合，采购代理机构就能使零售商经营得更为成功。

推荐热卖商品

热卖商品可被理解为，由于消费者的巨大需求而使买手难以滞留在手中的商品。所有买手的最初采购计划都希望所购买的商品能够实现成功销售并被再次订购。但事实上，即使是最能把握潮流趋势的买手，他们所购买的商品同样总会有一部分是不合时宜的。因此，买手们必须对一些商品进行降价销售以便迅速处理掉它们。可见，为确保拥有一个成功的销售季节，买手都非常积极地寻找一种或多种热卖商品，以抵消滞销商品带来的利润损失。可以说，热卖商品正是帮助买手实现成功销售目标的有效途径。采购代理机构通过成员店以及供应商所提供的报告，能够了解销售形势很好的商品，并将这种信息以信函、传单、传真以及电子邮件的方式反馈给成员店。在特定情况下，采购代理机构还会为了使商品能早日发货而一同发出订购表格给成员店。

跟踪订单

一份订单有时并不能保证商品的准时交付。即使最仔细、最完整的交货指令也不能确保买手能够在约定交付日期内收到商品。对买手所供职的商场而言，能够在一个适当的时间收到商品是最为重要的。对于这种重要性的认识，最好的说明莫过于涉及广告行为的实例了。例如，一名买手特地签订了一份采购数量异常庞大的订单用来配合宣传，但在宣传开始之后商品却迟迟没有到货。可以设想一下，这将会对商场产生什么样的灾难性后果。商场不但会失去销售机会，连商场信誉也会一损俱损。消费者可能会将这种情况误认为是商场为了聚集人气而进行的刻意安排。

图4-8 采购代理机构的买手在考察批发市场以挑选新的商品资源

(ⓒ David Grossman/Alamy)

采购代理的买手助理会承担跟踪订单的职责，用以确保商品能在特定时间内到位（图4-9）。采购代理机构对生产商来说十分重要，因此该方可向生产商施加压力，以确保商品的准时交付。对于一个小型的独立零售商而言，要实现这一点就会比较困难。零售商与供应商之间的距离，以及独立零售商发言权的相对偏弱，都会使其很难获得满意的结果。在这种情况下，订单中的商品就可能会为商场销售带来一定的影响，而采购代理机构对订单的跟踪则有助于避免这一问题的出现。

集团采购

在一些特殊情况下，采购代理机构也能为零售商节省资金。在把所有订单集中起来后，采购代理机构就可能以相对较低的价格购买多张订单上重复出现的商品。通常小型零售商由于规模原因，是享受不到这种大规模购买才能得到的数量折扣的。然而通过订单合并，采购代理机构就能帮助这些小型零售商享受到这种折扣。

另外一种限制小型零售商采购行为的情况是，规定最低购买数量的订单。一些供应商对某些商品设有最低采购数量的标准，这就影响了小型客户对此类商品的采购。在这种情况下，采购代理机构就会把这些小订单捆绑起来形成一个大的订单以适应供应商有关最低购买数量的要求。

图4-9　采购代理的买手助理在为小型零售商跟踪订单
（Jupiterimages/Thinkstock）

处理纠纷并进行商品调整

买手要花费大量的时间和精力为其商场采购商品。勤奋的买手会仔细审查可供选择的商品并做出选择。但商场买手也经常会发现，一些供应商会不按照订单要求发货，包括颜色、规格错误，甚至是用比原样品质量低劣的商品来交货等。

这些情况在小型商场中多由买手亲自处理，而在大型商场中则多由买手助理具体负责。无论是哪一种，经验丰富的买手在日常工作中就会非常密切地关注即将到期的订单。他们会认真审查到货商品以确定其质量完好、配箱正确等。在发现问题的情况下，坚持"约定商品"的买手通常会退回那些不符合要求的商品。在这个过程中，尽管是供应商违反了合约，但他们经常会以一种不负责任的态度来对待买手的抱怨并拒绝进行商品调整。此时，采购代理机构通常又能依据商场买手的意愿让供应商调整商品。对于此类事务，如果单纯依靠买手自身的力量来解决，相信很难会得到满意的结果。除此之外，零售商的投诉还可能包括剪裁不合体、交货时间延迟、交付费用过高、竞争者降价以及商品包装过于简陋等种种问题。

实施市场周帮助

每年，各式不同种类的新商品会周期性地展现在买手面前。在市场周期间，尤其在新商品展示之后，买手总是非常忙碌的。此时，为了辅助买手工作，采购代理通常会提供大量服务以便买手在市场内更有成效地开展工作。

例如，代理机构会预约供应商，召集商场买手讨论新季节的商品趋势并向其提供新商品的名称等。

通常，此时去市场考察只需要一周时间，有的考察甚至仅需几天，因此，在进行考察之前，对采购工作进行仔细地计划是非常必要的。在这个方面，采购代理机构的工作会使买手的市场考察更有成效。

计划促销活动

通常来讲，小型零售商总想尽力模仿大型商场的促销活动。但与零售业巨头不同，小型零售商既无特设的专业人员办理促销活动，也无雄厚的财力获得大量的外界帮助。

大型采购代理机构一般都会提供很多促销服务，范围从视觉营销建议到时装展示布置，不一而足。例如，采购代理机构可能会向其成员店提供窗口展示或内部商品陈列等方面的建议。他们也经常会与报纸广告商联系，请其在促销特定商品或新销售季节开始的时候提供帮助。有时，电台的时尚广告也能被采购代理机构用来向成员店提供促销支持。

提供全球市场信息

出于对国际市场商品的强烈兴趣，大型的采购代理机构会向其客户提供国际市场以及所经营商品的相关信息（图4-10）。大型的全方位代理机构通过在国际

图4-10 代理机构买手在中国看时装表演以了解国际市场流行款式
（BartlomiejMagierowski/Shutterstock）

市场设立分支机构，能够不间断地为其成员提供所有欧洲和亚洲市场的最新商品信息。在时装产业，采购代理机构会报道设计师系列和成衣的登场信息。在其他诸如家居装饰之类的产业，代理机构会为客户定期考察市场，并做出与实际情况相符的评价。

通过采购代理机构的服务，小型零售商就能够得到以前被大型公司所垄断的部分商品。

发展专供商品

为提高商品售价与利润，并向消费者提供独有商品，大多数大型零售商都会为拥有仅供自己销售的商品做出安排。通过这种凸显优势的竞争方式，大型零售商就能在不必担心别的商场进行价格竞争的情况下为该商品定价。由于专供商品的生产要求庞大的订货量作为支撑，因此在过去的很长时间里，仅有那些零售业巨头才能够销售这类商品。

对于那些希望拥有此类商品，但却没有资金也没有必要的庞大订货规模作为支撑的零售商而言，采购代理机构的出现满足了他们这方面的需求。大多数大型代理机构目前都拥有以自己的商标生产的专供产品，并将其出售给自己的成员店（图4-11）。由于同一代理机构中的各成员店之间没有竞争关系，因此，就不存在成员店之间价格竞争的问题。

多格之类的大型代理机构为客户提供了多种此类商品。其买手以及公司的其他人员都积极进行着发展公司专供商品的活动。

调研

作为专业市场人士，采购代理机构明白为使其服务更加及时且更具意义，一定的市场调研活动是非常必要的。例如，代理机构能够凭借问卷、专访和小组讨论等典型调研方式所获得的信息，为客户提供一些远期规划建议。

凭借代理机构的调研服务，小型零售商能够了解所关心的问题。而此种便利一度只能为那些拥有自己调研团队的大型零售商所获得。

其他咨询服务

除了采购代理机构之外，零售组织的买手还可以获得多种其他的咨询服务。每一种服务都能为买手提供大量的商品信息，并帮助他们更好地挑选商品以满足消费者的需求。在这些服务项目之中，有一些需要买手加入特定组织后才能享受，而其他的则不需要大量花费就能获得。

图4-11　正如图片所展示的，采购代理机构常常参与专供商品的设计工作
（Jupiterimages/Thinkstock）

在这些服务中，比较重要的有时尚流行预测机构、时尚咨询服务机构、零售报告代理、时尚预测师、非时尚类商品服务、商业出版物、消费者杂志、商业协会，以及一些公益性非营利组织。

时尚流行报告机构

所有买手都必须时刻了解会对商品产生影响的流行趋势。显而易见，商品变动得越频繁、越剧烈，了解其变化趋势就越重要。在变化无时无刻不在发生的时尚商品领域，买手每日必须投入大量精力以掌握最新动态。为了满足这一需求，购买男女服饰以及儿童服饰的买手，经常会使用到时尚流行报告机构所提供的相关信息。此种机构主要是就色彩、款式、面料等方面的最新趋势提供日常信息报告。其中最主要的两家服务商是流行面对面（Faces Fashion Report）和时尚服务（TFS—The Fashion Service）。

时尚咨询服务机构

与上述时尚报告服务机构类似，时尚咨询服务机构为各种规模和形式的时尚类商品零售商提供更加深入、完善的服务。其中比较主要的服务商是托布（Tobe），在下面的零售采购焦点中将对这家公司进行详细介绍。

零售报告代理

许多零售商都是依靠零售报告代理来获取零售产业的重要信息。由于大多数报告都集中在时尚类商品方面，因此，其服务对象也直接针对的是经营时尚类商品的商家。

零售采购焦点

托布（Tobe）公司

托布是时尚服务行业里最出色的公司之一。它隶属于多格集团，为零售商们提供国际时尚和零售咨询服务。公司的客户包括很多知名的商场和专卖店、大型零售商、连锁组织、时尚新闻报道，以及时尚采购、设计和零售方向的教育机构。托布公司主要为客户提供深入的时尚和零售分析、商品、品牌的发展和流行趋势的预测、营销策略、商业规划和各种时尚市场的新闻报道。公司成立75年来，托布拥有大量的零售业专家，这些专家能够客观地对全球时尚市场进行追踪报导。

下面要谈的是具有极其重要意义的《托布报告》，它被时尚界人士视为零售业最为重要和最受重视的出版物。

《托布报告》为电子商务零售商和多渠道零售商提供包括男装、女装、童装、饰品、家居时尚、纺织品和色彩等业内每一个方面的最新信息。通过收集这些信息，他们就能把注意力集中在顶尖零售商和其他业内佼佼者的项目上。这种服务的最终结果是针对许多时尚公司所面临的问题提供战略性解决方案。大多数情况下，托布公司所提供的策略都使公司的业绩得到提升并最终盈利。

托布公司一直保有最高的行业标准和道德准则，这使得它成为业内最具影响力的时尚咨询服务公司之一。

零售报告代理领域的主要参与者是零售报告机构（Retail Reporting Bureau），这是一家公正的保密组织。它通常按月向客户收取费用，费用额以零售商的规模及其分支机构的数量为依据。作为交换，该机构每月向用户提供30~35条商品信息，包括销售状况最好的商品名称以及这些商品的销售地点。该公司之所以能够做到这一点，就是由于公司每天派出一些工作人员在许多商场中进行考察，并定期到许多批发市场进行调研。与此同时，零售报告机构还会每天研究报纸上刊登的广告，并能够从数百名买手那里得到覆盖整个市场的信息。

时尚预测师

全世界有许多比典型的采购代理机构和报告服务商更为专业的时尚预测师。例如，分支机构遍布全球的普斯达（Promostyl）、艾特时尚咨询（Alta MODA Fashion Consultants）、色彩与流行委员会（Committee on Color & Trends）、菲斯时尚报告（Faces Fashion Report）等几家提供此类服务的公司都有一些优秀的时尚预测师。早在采购季节到来之前，时尚预测师通过预测时尚的流行趋势向买手提供帮助，从而有助于买手制订长期、准确的采购规划。

在全球闻名的时尚类商品预测师中，多格（D3 Doneger Design Direction）的创作主管戴维·沃尔夫（David Wolfe）是其中之一。

《零售采购焦点》是这样评论沃尔夫先生及其在这一产业中的作用的。

零售采购焦点

戴维·沃尔夫（David Wolfe）

作为多格的创作主管，戴维·沃尔夫享有着"美国首席时装预测师"的盛名。他有着在销售季节开始之前准确预测时装趋势的敏锐能力。沃尔夫的这种能力可以帮助设计师用正确的款式、适当的色彩与面料设计出很可能会吸引买手眼球的商品，同时这种能力也能指导买手设计采购规划。沃尔夫对所钟爱一生的时装，他将其称之为"款式、经济、历史、政治、气候、科学、情感，以及幽默感的迷人结合"。

作为土生土长的美国俄亥俄人，戴维·沃尔夫的时装生涯开始于一家坐落在小城的商场。在那里，他所从事的工作是复合型的，同时肩负时装协调员、买手、复写员、引导员，以及广告管理员的职责。在获得时装零售方面的丰富经验后，他开始大展宏图，并将工作重心放在了最为热爱的领域——时装艺术方面。在20世纪60年代，他到了伦敦，并在那里奠定了顶级时装艺术师的地位。到伦敦后不久，他就同时获得了老佛爷百货（Galeries Lafayette）、自由伦敦（Liberty of London）、海威（Harvey Nichols）和塞弗斯（Selfridges）的邀请，并最终选择了塞弗斯所提供的职位。在1969年，沃尔夫成为了首批进驻时装服务产业的人士之一，并最终成为了I.M.国际的创作主管。在那里，他一举成为世界闻名的顶级时装预测专家。在这家公司里，他还是最早发现阿玛尼（Armani）、拉格菲尔德（Lagerfeld）、莫塔那（Montana），以及范思哲（Versace）等天才设计师的人员之一。回到美国之后，沃尔夫帮助建立了时尚服务，并担任了该公司主席，直至成为多格集团的创作主管。

目前，沃尔夫还担任《时尚》栏目的时尚顾问。该栏目每周通过卫星转播，在全球拥有3000万观众群。他还通过与国外时尚出版物联盟的联系，向时装杂志撰写稿件。与此同时，他也是（Men and Mode Couture）的国际时尚编辑。

戴维·沃尔夫会定期做时尚演讲。他的演讲诙谐幽默并且使人增长见识。他还出现在大量的时装录像与电视节目中，所有这些，都使他成为了时装业舞台上不可或缺的重要人物。

非时尚类商品服务

"**非时尚类商品服务**"为买手提供并不指向特定商品的综合性信息。多样化交流公司（Diversified Communications, Inc.）目前为遍布全美的150多家商场和专营连锁店提供服务。其中，被称为"自助项目"的服务，是借助光盘为零售商提供销售培训。它是专为配合每半月举办一次的销售会议而产生的。每月，商场都会收到一张用于管理人员培训和两张销售人员培训的光盘。光盘由一个专业的制作公司、众多零售培训主管和一名行为心理咨询师共同精心设计的。这些光盘能让销售人员在销售商品时做好充分的准备，从而使买手采购来的商品易于取得更好的销售形势。

商业出版物

买手想要成功履行其职责的最保险与花费最少的方式之一就是阅读商业报刊。这些定期出版物雇用了众多编辑，他们的责任就是要考察不同的市场并分别做出相应评估。时尚类报刊上的信息，可能包括新的款式、受人喜爱的面料以及色彩流行趋势等。对于那些必须每天关注市场信息的买手而言，这些报刊是非常宝贵的信息来源。除了报道时尚类信息的报刊，还有另外一些商业报刊，它们主要报道零售业的综合方面信息。这些报刊会向买手提供有关商品的技术进步、营销计划和会对消费者购物产生影响的经济状况等方面的信息。

时尚类报刊主要包括《女装日报》（Women's Wear Daily）、《日常新闻版》（Daily News Record）、《加利福尼亚服装报》（California Apparel News）、《童装业务》（Children's Business）、《恩肖斯》（Earnshaw's），以及《鞋履信息》（Footwear News）等。更为综合的商业报刊包括《连锁时代》（Chain Store Age Executive）、《折扣采购商》（Discount Merchandiser）、VM&SD、《市场报》（Marketing News）、《商场杂志》（Stores Magazine）等。

消费者杂志

想要了解时下消费者知道哪些新商品和流行趋势方面的信息，最可行的方式之一就是阅读消费者杂志。通过浏览消费者杂志，买手就能将关注重点放在那些被出版物大量报道的商品上面。对时装类买手而言，比较重要的杂志有《世界时装之苑》（Elle）、《时尚芭莎》（Harper's Bazaar）、《十七》（Seventeen）、《魅力》（Glamour）等（图4-12）。

商业协会

零售商都会加入一个或多个商业协会。这些协会能向其提供多方面的中肯意见，如产业趋势、影响零售商的经济形势、商品销售方向等。通过加入这些旨在帮助成员做出正确经营决策的协会，零售商就得到了另外一个了解如何协调客户关系的全新视角。

图4-12　买手通过浏览时尚杂志来了解需要向消费者展示的时尚信息

（ⓒ Oleksiy Maksymenko Photography/Alamy）

美国最大的零售业协会是"全国零售联盟",被其成员普遍简称为"NRF"(National Retail Federation)。通过演讲、小组讨论、展览、电影展示以及发表定期刊物等方式,该协会致力于解决零售业总体面临的大多数问题。"全国零售联盟"协会关注零售行业方方面面的问题,并对大型与小型零售商具有同样的吸引力。

另外,其他一些商业协会同样为买手设计采购计划提供不同的视角。其中包括全球时装协会、美国皮革产业协会、鞋业零售商联盟、全国大型零售商协会,以及装饰材料协会等买手想从中获得信息和支持的商业协会。

商业词汇

咨询服务	独立机构	采购代理机构
时尚预测师	初始订单	零售报告代理
时尚报导机构	市场咨询组织	特殊订单
跟踪订单	市场周	专营采购代理机构
全方位采购代理机构	非时尚类商品服务	不按订单要求发货
服装中心	专有机构	商业协会
集团采购	专营商品的发展	批发市场
热卖商品	追加订单	

要点概述

1. 拥有一种或多种专业市场代理机构的协助对零售商掌握市场信息是不可或缺的。
2. 不同于零售商,专业市场人士位于批发市场中,且能时刻了解具有新闻价值的信息。
3. 采购代理机构是最重要的专业市场代理。
4. 采购代理机构分为专有机构和独立经营机构,后者更为普遍。
5. 只有那些规模特别庞大或者商品需求不同寻常的零售商才能拥有自己的专有代理机构。
6. 多格集团是最大的独立采购代理机构。它是一家提供全方位服务的代理机构,代理着全球800多家零售组织。
7. 当零售商加入一家独立代理机构,这就意味着其签订了一份条款明确的会员合同。
8. 采购代理机构提供给会员的优势包括定期发送批发市场的行情报道,满足其对特殊商品的采购需求,处理采购纠纷,代理采购商品等。
9. 想要正确选择采购代理机构就要对其现有的零售商成员所提供的服务以及涉及的费用等因素进行考察。
10. 很多采购代理机构都有自己的专供商品,这使只有通过加入代理机构才能采购到专供商品的小型零售商更具有竞争力。
11. 时尚报导机构为时尚类商品零售商提供了大量的时尚信息。
12. 商业出版物是买手掌握市场行情的成本低廉的途径。

思考题

1. 商场买手所用的外界信息资源中,哪一种最重要?
2. 阐述采购代理机构时为什么要用到"咨询服务"这个术语?
3. 采购代理机构一般设置在哪里?
4. 专有采购代理机构和独立采购机构有何区别?
5. 采购代理机构的主要类别是什么?
6. 当商场买手在市场上进行采购时,为什么他们中的大多数人都认为加入采购代理机构是必要的?
7. 采购代理机构的信息交流服务能够为会员商店带来哪些优势?

8. 缺少生产专供商品实力的小型零售商们如何参与到销售专供商品的业务中？
9. 除了寄小册子、打电话、发传真外，还有什么方式可以使采购代理买手与他们所代理的商场之间进行快速、有效的交流？
10. 商户选择采购代理机构时通常会考虑到哪三种主要因素？
11. 全方位采购代理机构和专营代理机构有什么不同？
12. "追加订单"和"特殊订单"有何区别？
13. 什么是"热卖商品"？
14. 采购代理机构给小型零售商提供的"集团采购"服务有哪些优势？
15. 相比较零售商而言，为什么采购代理机构能更有效地处理采购过程中遇到的纠纷？
16. 采购代理买手如何帮助商场买手提高市场考察效率？
17. 什么是时尚报导机构？
18. 时尚预测师们是如何协助商场买手的？
19. 为什么买手定期翻阅消费者杂志很重要？
20. "NRF"是如何服务其零售商会员的？

案例1

亮点（Spotlight Shops）是一家小型连锁专卖店，旗下共有5家分店，主营女装和童装。从12年前开业以来，公司的销售额持续增长，所销售的商品种类也有了显著增加。导致销售量增加的原因在于最近的一个新的销售策略。除了公司正常的销售之外，它通过定期的促销活动成功地促进了商品的销售。每个销售季，买手都要为持续三天的热卖活动准备好商品。然而，若想将由此获得的巨大成功持续下去是很困难的，这是由于买手无法获得热卖活动所需要的充足商品。买手工作繁杂，生产商距离较远，这些都决定了买手没有那么多的时间去寻找促销活动中的所有商品。

目前，公司正在考虑是通过聘请驻外代表来解决这个问题，还是用增加买手的方法来解决。

问题：

1. 该公司应该采取哪种方案？
2. 如果要选择地区采购代理机构来合作的话，应该选择哪种类型？

案例2

在过去的45年中，考德威尔（Caldwell）百货商店在美国中西部成功地经营着它的旗舰店和18家分店。这些年来，它的地位在当地稳固提升。竞争者和非竞争者都认为它是在零售业中取得了最大进步的公司之一。

起初，考德威尔是一个独立采购代理机构的会员。随着不断的成长与扩张，公司决定为了经营的持续成功而开设公司的采购办事处。

现在，公司正计划另一个扩张项目。管理层计划在未来的10年内开设12家时尚女装精品店。与种类齐全的中档大众类商场不同，精品店的目标市场是向富裕阶层提供最时尚的高档商品。

一些高层团队成员认为现在正是实行扩张计划、开设公司采购办事处的最佳时机。他们认为，扩张计划有助于公司的需求得到满足，尤其是在新扩张的项目上。相反，部分成员则认为继续使用采购代理机构的服务才更为明智。

问题：

公司应该使用高质量的采购代理机构服务还是应该开设专属的采购办事处？

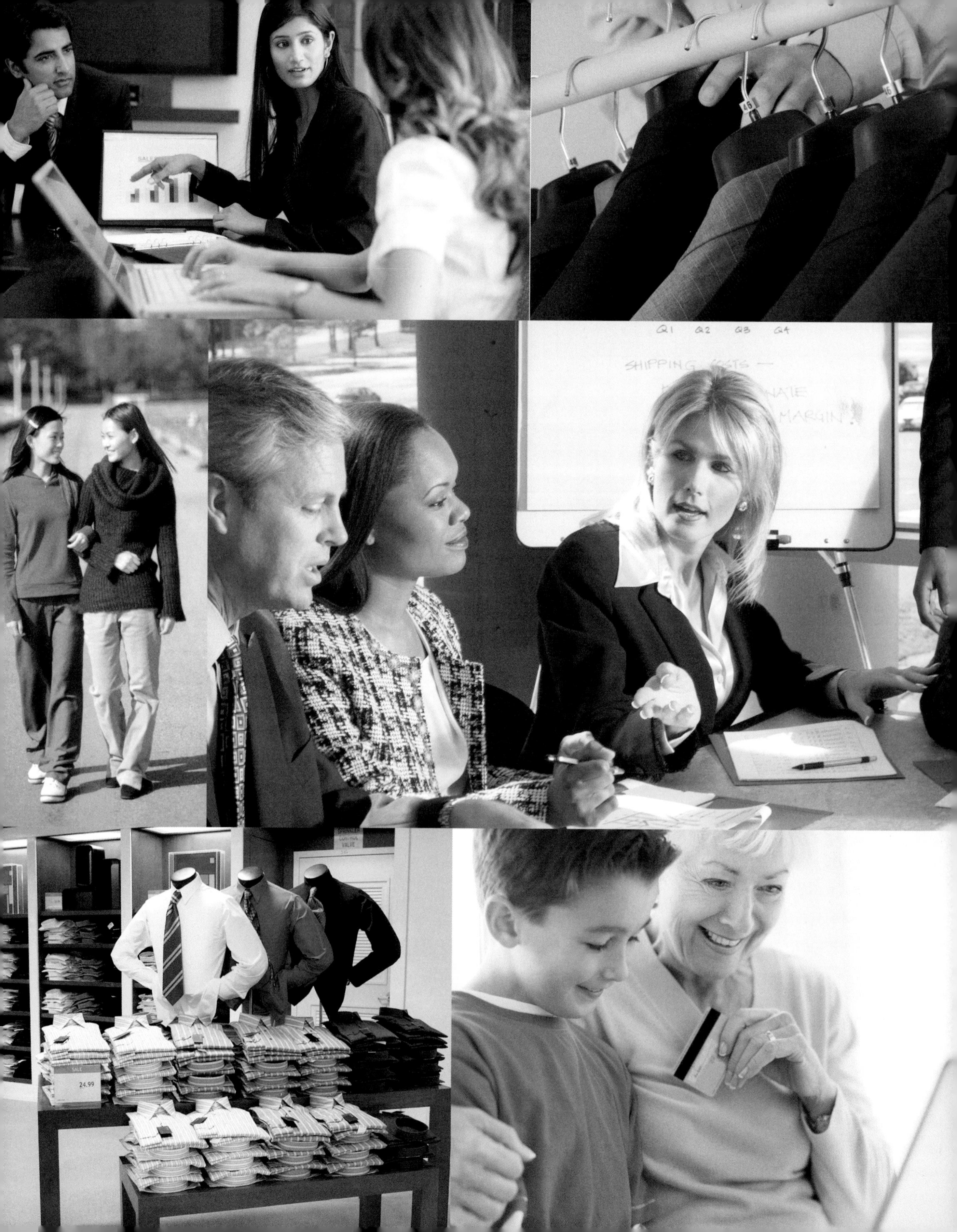
Q1 Q2 Q3 Q4
MARGIN!
24.99

采购计划

第二部分

进行商品采购之前，买手必须对采购工作进行充分的计划。缺少了这项准备工作，商品采购的后果很可能会很严重。

为了按照需要的数量和质量来给商场采购适当的商品，并挑选出最适合的供应商，买手必须制订出完善的战略性采购计划。在为新开业的商场进行采购时，买手为了完成商品的采购任务，必须具备一份目标市场的详细报告。在制订采购计划之前，他们必须了解其服务地区的人员状况以及潜在消费者的具体需要。对此，我们将在第五章中进行探讨。即使对那些开业很久的零售商店铺来说，不断研究已拥有的消费群以了解其变化情况也是非常必要的。

一个影响采购计划的重要因素是不断变化的各族裔人口所占的比例。多元文化的差异性影响了消费者的商品偏好和购买方式。从食品到服装，买手在决定商品组合时已经没有万全之策了。因此，在第六章将重点关注地理因素对多元文化的影响、不同族裔的购买力、零售商如何挖掘各族裔群体的需求以及采取何种媒体来吸引这些群体。在消费者分析的基础上，明确了多元文化现象之后，买手就可以开始制订采购计划了。

通常情况下，买手先制订"半年采购计划"，即买手为今后6个月内公司需采购的商品种类所制订的采购计划。"半年采购计划"包括对以往销售情况的调查，为处理滞销商品应确定的降价金额，以往销售状况最好的商品种类等。买手必须制订的另一层次采购计划是进货模式（Model Stock），买手需要对款式、价位、尺码以及色彩等给予直接关注。采购计划中另外一个重要概念是采购限额计划（Open-to-buy），即买手要在整个采购过程中随时知道自己可以使用的采购资金量。由于库存过多必然会导致降价处理，而库存太少的话又不能满足销售的需要，因而了解这一点对买手来说是非常重要的。完成了这些工作计划之后，买手就更易于确定所采购商品的质量、款式和数量，也更易于挑选备选商品并确定采购时间。无论是供职于大型或小型零售组织，经验丰富的买手都不会在缺少采购计划的情况下实施商品采购。

© OJO Images/SuperStock

消费者分析

经过本章的学习后,我们应当能够做到:

- 讨论零售商了解目标人群需求的不同方法。
- 描述问卷调查中进行信息搜集的不同方法。
- 辨别市场调研中问卷调查法与观察法的区别。
- 定义"人口状况",并描述其在调研者收集信息过程中所发挥的作用。
- 解释"VALS"的定义,并描述其在帮助零售商区分不同消费群的过程中所发挥的作用。
- 辨别社会各阶层的不同以及每一消费群各自所具有的特征。
- 指出不同家庭生活圈的分类及其满足自己消费需求的方式。
- 列出三种采购动机及其帮助买手和零售商进行决策的原因。
- 讨论马斯洛需求层次论。

第五章

与以往消费资源相对偏少的情况不同,今天的消费者有着太多的选择。他们不仅能到商场进行购物,还可以通过商品目录、家庭购物网络、互联网等形式进行采购。特定情况下,一些人还可以指定专业人员到办公室为其量身定制服装。

无论消费者选择哪一种购物方式,买手都必须承担起挑选并购进满足消费者需求商品的职责。

不论是刚刚开业还是历史悠久的零售商,了解老顾客与潜在消费者的最新需求都是至关重要的。通过对收入、家庭构成与规模、年龄结构、职业、地区人口密度,以及其他"人口状况"进行调研,商品采购就会以客观数据为依据,而不是一时冲动下的盲目选择。

在竞争激烈的零售领域里,客观的计划是取得成功的关键所在。不论是对于潜在消费者还是老顾客,只有那些脚踏实地地进行系列调查的买手和零售商,才能为他们提供最适合的商品,才能最大程度地满足他们的购物需求,进而实现公司利润的最大化。

除了公司内部和专业的市场调研机构外,买手们还有多种途径来获取最终的调研信息,如目标人群、实施采访、问卷调查以及观察法等。所有这些调研方法都能够帮助你做出正确的采购决定。当然,即使调研是在商场内部进行,买手也不会做此类工作,他们只是调研数据的使用者和借助这些数据做出采购决定的决策者。

了解情况之后,我们可以将关注的焦点转移到采购计划的数量与质量方面。

消费者评估

如上文中指出的,零售商所关注的消费人群比起以往已经大大增加。在互联网已广泛运用于全美国乃至全世界的情况下,零售商的贸易领域也变得越来越庞大。正因为如此,消费者评估就成为了目前必须研究和关注的重点问题。当然,每一个零售商的潜在市场规模都各不相同。跨国型大型商场、规模庞大的邮寄目录销售商和互联网营销商必须从事大量细致的调研分析。与之相对应,小型零售商则仅需对较小的贸易领域进行考察。但无论是何种情况,细致地开展调研工作都会为零售商带来令人满意的积极效果。

调研工具

调研项目的广度和深度决定着调研所需的经费和研究手段。如果目标是考察整个公司的商品,那就应当使用多种调研工具。如果目标仅是考察某一特定商品,那可能用一种调研方法就足够了。对于所有的调研项目,无论是商场内部还是委托外部机构进行,专业调研人员都会用适合的调查方法来开展工作。

《零售采购焦点》讨论了第一调查（First Research）公司在市场调研中的作用以及其采集信息的手段。

采购零售焦点

第一调查（First Research）公司

第一调查（First Research）公司是市场调研行为的龙头企业，公司成立于1998年，以专业的服务为零售商等客户提供领先的市场咨询。正如公司简介中所宣称的那样，"零售是一件复杂的事"，零售业的销售业绩波动比任何行业都要大。也正因为如此，零售商将从公司的市场调研服务中获益良多。

公司为客户提供精准的市场调研和市场分析服务，在此基础上，客户公司可以最有效地组织广告、促销、营销和销售管理工作，从而最大限度地提高投资回报率。

该公司还对最新的顾客消费趋势以及趋势演变进行前瞻性分析，为时尚定位的零售商提供市场预测。

第一调查公司还为客户提供"产业介绍"，重点关注画廊、书店、时装店、便利店、百货商场、折扣店、超市、家具建材商店、鞋店等零售组织。通过产业介绍，零售商可以了解特定的市场特征、市场变化的驱动因素，以及市场变化对公司发展的影响。

焦点小组访谈

许多买手将焦点小组访谈看作是了解现有客户与潜在消费者的最好手段（图5-1）。焦点小组可以是从公司现有消费者中选出，或者从公司目标消费者的个人中随机挑选。这些小组成员会对公司提出的大量问题做出迅速答复。如果认识到目前是一个买方市场而非卖方市场的年代，那么，我们就会非常明确地知道，第一手信息对于买手设计采购计划与实施采购行为将是多么宝贵。

焦点小组有多种表现方式。一种是根据面临的特殊需要临时组建。例如，如果一个新商场的销售情况不尽如人意，那么，该商场就可能会在适当的时间组织

图5-1 焦点小组访谈调查
（Jupiterimages/Thinkstock）

消费者分析

焦点小组访谈，以听取参与者意见。买手也能从中了解到自己采购计划的正确与否。另外一种方式是定期组织焦点小组访谈，并让其对公司所有商品的流行、种类、价位以及尺码分配情况进行评价。这种方式能向公司买手和销售人员提供连续的信息流，从而定期对商场的商品进行调整。

一些百货商场也会将大学生组织作为焦点小组访谈参与者。这类访谈小组由商场服务范围内的不同高校的学生组成。通过邀请这些学生加入，买手就能更为深入地了解可能吸引大学生消费群体的商品，从而剔除其采购计划中的臆断因素，并将注意力集中在最能吸引大学生的商品上来。代表们提出的价格、色彩、流行、价位、材料等信息会为买手实施采购提供一个良好的开端。一些商场甚至将这种调研方式拓展到青少年阶层，将高中生代表也纳入到其服务范围。

对零售商而言，这种访谈最重要的作用在于受访者是零售商客户的真实代表，而使用这些成员所提供的信息能使零售商以一种公正的态度评价客户。在目标明确的情况下，这种活动的最终结果将会对买手制订采购计划产生不可估量的积极影响。

无论是仅仅参加一次还是持续参与，焦点小组访谈成员通常会获得一定的报酬。通过这种方式，商场管理层就通常能够确保参与人员进行意见反馈的及时性和准确性。

问卷调查

问卷调查是最古老的信息收集方式之一。它是一种通过信息采集来解决问题的方法。就其对买手的作用而言，问卷能通过提供信息支持的方式，帮助买手确定商场未来的采购方向，并解决所有有可能导致销售不畅的问题。

问卷调查方法有多种表现形式。邮寄问卷是调研项目的主要工具，直至目前，它仍然是获得信息的重要渠道。另外，个人采访、电话调查同样是采集信息的传统方式，直至今天仍被人们广泛运用（图5-2）。随着电子邮件的广泛使用，问卷又多了另一种表现形式。在为实行折扣销售采集必要信息的时候，许多零售商会索要消费者的电子邮件地址。由于许多人能够熟练运用计算机并养成了每天数次查看电子邮箱的习惯，因此这种电子邮件分发问卷的方式会比其他传统形式取得更令人满意的结果。

买手在为实现特定目的而选择一种或两种最合适的调查方法时，必须在做出最终决定前了解每一种方式的优缺点。例如，邮寄问卷可能会被直接扔进废纸篓；电话调查对许多人来说费时过多；直接的面对面采访对某些人可能较难适应。任何一种问卷调查方式都不可能完全保证一定会获得需要的信息。向专业机构进行咨询，将有助于确定最佳的问卷调查方式。

问卷调查需要考虑的另外一个问题是目标人群的选择。这些人可能是商场的老主顾，也可能是潜在顾客。

为促进被调查者对问卷及时做出反应，零售商通常会对其进行金钱或其他方式的回报。如为老主顾的下次采购提供折扣等。

问卷调查是一些大型商场用来获取以往销售信息以及设计采购计划所需其他信息的常用方式。

观察法

尽管观察法不是如今调研的主要工具，但是一些买手发现它也能为采购计划提供一定程度的信息支持。与其他需要人员参与的信息收集方式不同，这种方法只需观察特定环境里的人们并记录下所观察到的情况即可。

支持这种方法的人们通常从事的是评估流行趋势的工作。他们坚信，人们更喜欢购买与正在使用的商品相类似的新商品，如衣服等。因此，如果看到一个人穿着一套非常时髦的行头，那么观察者就可以得出结论——他再次购买此种商品的概率很大。

观察计划应首先在指定地点设定"记录者"，并要求他们观察目标人群进而填写完成表格（表5-1）。完成这项工作之后，接下来就可以对数据进行归纳与分析了。

人口分析

研究不同人口特征的学科被称为人口统计学，其内容包括人口规模、年龄、聚居地、教育程度与收入等。通过调查这些指标，零售商就能为一定范围内的消费者提供合适的商品。掌握这些情况的买手，也能够将其应用于采购商品过程之中，并判断什么样的商品才可能是消费者所需要的。

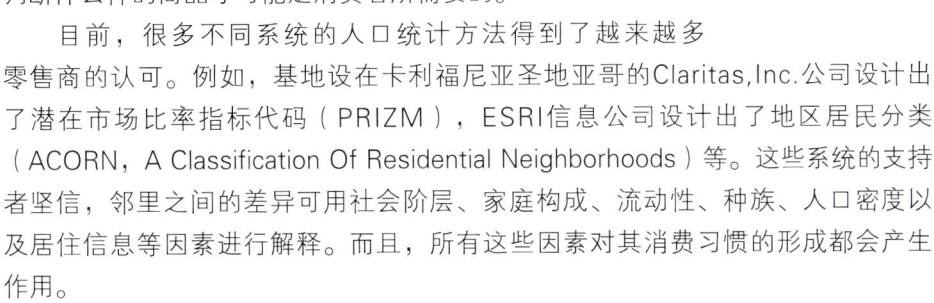

目前，很多不同系统的人口统计方法得到了越来越多零售商的认可。例如，基地设在卡利福尼亚圣地亚哥的Claritas,Inc.公司设计出了潜在市场比率指标代码（PRIZM），ESRI信息公司设计出了地区居民分类（ACORN，A Classification Of Residential Neighborhoods）等。这些系统的支持者坚信，邻里之间的差异可用社会阶层、家庭构成、流动性、种族、人口密度以及居住信息等因素进行解释。而且，所有这些因素对其消费习惯的形成都会产生作用。

有关每一系统的更多信息，可通过www.claritas.com和www.infods.com网站获得。

图5-2 个人访问调查
(ⓒwdstock/l Stockphoto)

表5-1　男装时尚数据调查表

上衣款式	裤子款式	裤脚款式	面料	主要颜色
两粒扣	有褶	平脚	单色布	黑色
三粒扣	无褶	平脚，卷脚	格子布	海军蓝色
双排扣			条纹布	棕色
			毛呢	褐色
			粗花呢	白色
				驼色
				绿色
				紫红色
				浅灰色

注　在所选项目后"×"。

人口因素

分析商场服务地区的人口集中度是一个非常重要的人口统计项目。尤其在公司拥有固定经营地点的情况下，这种重要性就更为明显。由于闹市区居民与郊区居民的具体消费需求有着较大差异，因此，买手必须掌握商场潜在消费者的居住地点之类的信息。通常情况下，郊区居民会比闹市居民更倾向于购买临时性商品，相应的，商场也就需要采用不同的进货模式。

对于同时在城区与郊区拥有分店的零售企业，买手必须确保每个店都经营最适合该区居民需要的商品。如果各店商品过于相似，很可能出现的情况是，许多店铺会在季末发现许多不适合自身销售的商品，并必须对其进行降价处理。

在互联网销售之类的无店铺经营方式中，由于其销售范围的无边界性，因此，根据人口状况选择进货模式的需要就表现地不那么明显。

年龄因素

为选择合适的服饰商品，开展年龄构成方面的调研是至关重要的。通过这种方式，买手就能做出最能吸引其客户群的采购计划。显而易见的是，青少年通常不会与年轻的已婚人群具有相同的服装需求（图5-3）。尽管妙龄少女和她们的母亲都会购买裤子，但前者会倾向于购买更为前卫的款式，而后者则偏向于比较保守的款式。

不同的调研方法对年龄构成的划分各有差异。一些机构将消费者分为生育高峰期人群（1946~1964年间出生的人群）、X

图5-3　孩子常常购买在电视上看到的商品
（BananaStock/Thinkstock）

表5-2 商业部年龄划分方式

划分方式	年龄	偏爱商品
儿童	出生~12岁	电视广告商品
青少年	13~19岁	相对低价位的前卫商品
年轻的成年人	20~34岁	相对青少年，价位更高、更时髦的商品
年轻的中年人	35~49岁	奢侈商品，包括高价位时装、贵重珠宝、原创艺术品、旅游、高档车等
年老的中年人	50~55岁	出国旅游、专门设计的服饰（服务富裕阶层）、降价出售的高价商品
老年人（退休人员）	56岁以上	保健商品，一些时尚商品

注　"年龄"一栏使用的是商业部的划分方式；"偏爱商品"随着不同经济状况会有很大的差异。

时代（20岁左右人们的统称）、Y时代（青少年人群）等（图5-4）。尽管这些划分能够为买手提供有价值的信息，但通常情况下，大家更倾向于使用商业部的年龄构成划分方式，如表5-2所示。

气候因素

在进行采购时，考察一个地区的气候条件是非常重要的。如果一个小型连锁公司坐落在如佛罗里达州那样的温暖地区，泳衣可能是一种需要全年销售的商品种类。但在北方地区，买手却必须只能在气候转暖之前以及气温较高的几个月里考虑是否需要购进该类商品。在巴纳瑞克之类的大型连锁公司，由于分店遍布全国且各店季节状况不尽相同，买手必须根据实际需要将特定商品分配下去。地处温暖地区的分店，除非有大量经常光顾的游客，否则一般不适合经营厚皮毛类商品。当然，各分店也会经营一些相同的商品，如卡其裤等应用范围较广的服装品类。

图5-4　青少年是流行服装的最佳消费群
（Oliveromg/Shutterstock）

图5-5　职业如律师，在服装购买中有特定的需求
（Stockbyte/Thinkstock）

图5-6　大学生通常都喜欢追求有着装要求的职业
（Andresr/Shutterstock）

职业

在影响人们消费需求的因素中，人们所从事的职业发挥着重要作用。尤其对于服装类商品，这点表现得尤为突出。例如，尽管一名律师和一名工厂管理者处于相同的收入水平，但其服装需求却截然不同（图5-5）。前者为了工作，可能需要套装、衬衫、领带以及高档皮鞋；而后者在工作过程中，简单的牛仔裤和运动衬衣却是最适合不过的穿着。

在家工作的趋势同样要求买手重新考虑一些采购计划。随着目前家庭办公人数的增多，牛仔服与T恤逐渐成为了这部分消费群的标准工作装。

不断更新对目标消费者工作岗位和工作方式的认识，将使买手在制订采购计划时处于领先位置。

收入状况

根本而言，收入状况决定着人们的消费规模。如果以往服务于中产阶层的公司现在要增加高价位的商品，那么他们必须要确认消费者是否有能力购买这些商品。同样，如果一家食品连锁店希望增加精美的高价食品，那么，它首先要关注的是其消费群中能够负担此种变化的大致比例。

人们希望消费高价位商品并不意味着他们拥有着为满足这种需求所需要的充足的可支配收入。收入状况在决定实际消费的过程中发挥着非常重要的作用。

如果在制订采购计划过程中未能对潜在消费者的收入状况给予必要关注，买手就可能购进在价格方面与其收入水平不符的商品，并最终导致公司的利润损失。

受教育情况

即使两个人拥有同样的收入水平，他们各自的教育背景也会在其消费过程中发挥作用。拥有高学历的人们通常供职于着装要求较严格的行业，而受教育程度较低的人们则通常供职于没有固定着装模式的行业（图5-6）。例如，银行家就更倾向于购买套装而不是便装。

因此，调查目标消费者的受教育情况并以此为依据准备适合其需要的商品也是非常必要的。

生活方式

人们的生活态度与生活方式通常会影响到他们的个人需要。潇洒面对人生的人们与经常以关注社会事件为乐的人们相比，购买华丽服饰的可能性就会小很多。例如，对人生有很强预期的人可能会更倾向于购买最新款家电之类的高新产品。

目前，虽然有许多有关生活方式影响消费行为方面的言论，但在影响力方面，VALS报告却居于最显著的位置。作为SRI咨询公司智慧的结晶，该报告的研究重点是影响消费行为的心理系统。该系统将消费者分为八种，即实施者、履行者、实现者、体验者、信仰者、奋争者、制造者和努力者。这一特定的分类方式分别揭示了不同消费者的兴趣、动机以及消费习惯。例如，收入困窘的努力者可能会用礼券购买杂货并选择商品折扣期间进行采购等。

表5-3简要描述了消费者不同类型的具体特征。

通过了解这一分类，买手就能更好地采购商品以满足不同人们的实际需求。

有关VALS报告的详细内容，可登陆www.sric-bi.com/VALS做进一步了解。

社会阶层

我们在阅读报刊、看电视或者收听广播的时候，总会接触到"社会阶层"一词。这个名词虽然被世界各国共同使用，但其具体含义却在不同国家有着显著区

表5-3　VALS报告中消费者不同类型的特征

类型	特征
实施者	凭借自尊与充足的资源"控制"人们的成功，久经世故且有活力的人士
履行者	重视秩序、知识与责任，成熟、满足、舒适、勤于思考的人士
实现者	拥有成功的事业，能控制自己生活的事业型人士
体验者	年轻、有生机、热情、冲动、有叛逆意识，寻求多样性与刺激感，欣赏新生事物，有反传统思想，富有冒险意识
信仰者	根据家庭、教堂、社区以及国家的传统，用固有模式确立自己具体信条的保守、传统人士
奋争者	从身边世界寻找动力，能够自我定位与承认，以寻求安全生活方式的人士
制造者	拥有建设性技能与自我满足心理，生活在传统生活背景之中的实践人士
努力者	无社会关系的长期贫困，受教育不当，低技能人士，以及老年人、疾病缠身的人

别。在美国，社会阶层的划分标准包括收入水平、受教育程度、个人目标、生活态度，甚至有时还包括与生俱来的权利等具体指标。因此，两个收入水平相当的人可能分属于两个不同的阶层。那些拥有遗产并能自动从先辈那里继承较高社会声望的人属于顶级阶层。其他拥有相同财产的人属于亚上流阶层。两者之间的消费特点有着一定的区别：前者更可能购买简约而高档的商品，后者则更倾向于购买奢侈铺张的商品。

通过考察顶级、亚上流和底层这三个主要的社会阶层及其各自的高低分类，买手就能更好地了解消费群的消费动机和需要，进而更好地购进商品供潜在消费者选择。

上流阶层

这一阶层是美国最富有的人群，大约占总人口的3%。如今，社会上出现了越来越多的亿万富翁，至此这一阶层的规模超越了以往任何时期。

顶级阶层：一些如洛克菲勒家族（Rockefeller）、范德比尔特家族（Vanderbilt）之类的古老家族是自动进入美国社会精英阶层的人群。这些人口中的极小部分居住在最著名的聚居区，接受世界名校的教育，在高档餐厅进餐，赚取金钱从不会成为其生活目的。

向这一阶层服务的商场必须能提供质量最佳，但却不必是最奢华的商品。由于顶级阶层经常在阶层内部活动，没有"显示"成功的必要，因此，与具有超常购买需求的亚上流阶层不同，他们所选择的商品不一定必须通过外在形式表现出富裕。

亚上流阶层：通过艰苦的奋斗，这一阶层的人们有时甚至比顶级阶层还要富裕。包括经常通过向外界展示其富裕程度并从中获得满足感的电影明星和商界大亨，大手大脚通常是其购物过程中的主要特点。就范围而言，这一阶层的采购商品包括豪华汽车、私人飞机、名师专门设计的服装、高档珠宝等（图5-7）。与顶级阶层一样，他们居住在最富有的地区，并不时光顾世界上顶级的商场。但与那些生来富贵的人们不同，他们不会被邀请参加一些俱乐部的活动。

图5-7 亚上流阶层喜欢通过开法拉利（Ferraris）品牌跑车来彰显自己的成功
（Ben Smith/Shutterstock）

中产阶层

美国社会中，大约42%的人群属于中产阶层。这一阶层同样可划分为高、低两个层次，这两个层次虽然同属一个阶层，但各自的采购需要却截然不同。

高级中产阶层：许多零售商将这一阶层视为最好的消费群。尽管其货币收入水平无法与顶级阶层相比，但他们却在许多奢侈品上有很多支出。其购买的商品种类涵盖了各个方面，从定制服装、精美珠宝到进口汽车和海外旅游，不一而足。他们一般会选择拉夫·劳伦、爱丝卡达（Escada）、唐纳·凯伦（Donna Karan）这样的高级品牌时装，并到伯名得、第五大道萨斯等高档商场购物。

将商品定位在这一人群上的买手不必担心商品的价位，而应将注意力集中在如何为他们提供能显示其品位和地位的商品上来。

低级中产阶级层：根据相对中等的收入水平，这一阶层的人们通常更为关注支出水平。与高级中产阶层相同，他们也会购买知名品牌商品，但一般会到玛莎（Marshalls）、圣马特（Stein Mart）和T.J.麦克斯等低价商那里购买。同时，他们还经常光顾塔格和沃尔玛等折扣商场购买价廉物美的商品。

这一阶层通常是体育爱好者，因此，他们同时还是运动服饰的绝佳客户群。

社会底层

这一社会阶层大约占美国总人口的55%，其中的一半左右是美国零售商的主要目标人群。

境况较好的社会底层：价格因素是该阶层考虑的最主要方面。由于扣除必要家庭开支后所余甚少，他们会非常仔细地安排可支配收入的使用方式。因此，这些人就成为了消费人群中的讨价还价者，并通常会选择降价商品、折扣商品、清仓商品满足自身需要，克斯克和山姆斯（Sam's）之类的批发商场是其经常光顾的场所。他们同样会利用家庭购物频道来购买服装和廉价珠宝。

境况较差的社会底层：求得生存是最能描述这一阶层生活状况的词语。食品与必不可少的衣服是他们要购买的唯一商品。旧货店与二手市场是他们进行购物的主要场所。

家庭生活方式

零售商为采集信息除了要开展前面提到的几种调研活动，还应将注意力放在家庭生活方式上面。根据消费者的年龄与社会地位，家庭生活方式可分为传统与非传统两种类型。这种分类假定，每一类型的家庭对服装、饰品、家居装饰用品、食品、汽车、住宅、运动装备、就餐场所、休闲方式和旅游等消费具有某种程度的相似性。

尽管许多家庭模式很稳定，但如今也出现了许多新型的家庭构成模式，如多成员共居家庭等。

45岁以下的无子女独身家庭

由于无需赡养其他家庭成员,这类家庭通常拥有相当规模的可支配收入,以供消费服装、饰品、休闲、美食、旅游等多种商品。自然,与其他所有家庭模式一样,此类家庭的收入差异很大。其中较高收入者由于能够负担希望购买的所有商品,享受高层次消费,因此,他们是零售商偏爱的最佳消费群。此类家庭经常购买拉夫·劳伦、卡尔文·克莱恩这样的设计师品牌,光顾高档、时髦的餐厅,在高级的健身中心锻炼,并钟情于各种昂贵的汽车。将商品定位在这些家庭上的买手只需要重点考虑哪些才是最能满足其需要的商品,而基本不用考虑其他因素。

但并非所有45岁以下的无子女家庭都拥有无限的财力资源。因此在购物过程中,他们也会有些许的谨慎意识,但在付清了房租和日常开支的前提下,他们也具备按自己的意愿支配收入的能力,尤其是在购买名牌时装、频繁外出旅游、经常性地到中档餐厅就餐等方面具备一定的消费潜力。

45岁以上的无子女独身家庭

与前一类型家庭相似,这种家庭在购物时重视需要的自我性。无论任何商品,只要确信对自己的生活地位和福利重要,他们就会购买。由于财富的不断增长以及担负责任的相对有限,他们会购买质优价高的商品、高档时装、珠宝、家居装饰品、度假住宅等,并会享受所有的奢华生活方式。因此,与45岁以下的无子女独身家庭一样,他们同样是零售商的梦幻客户群。

单亲家庭

如今的很多家庭都属于单亲家庭类型。由于离婚率居高不下,这种家庭的数量有不断增长的趋势。此类家庭要在负担自己生活成本的同时,担负起抚养孩子的责任——无论孩子是否与其一起生活。因此,这些家庭每天的目标就是支付生存所必需的开支。通常情况下,单亲家庭中都是母亲在从事本职工作的同时,担负着抚养孩子的责任,但由于女性的薪水一般都低于男性,因此,在支付房租与日常开支之后,她们手中通常只能剩下为数不多的可支配收入。

对于必需的生活用品,大部分此类家庭一般会选择低价商品。他们常到低价商场如玛莎、圣马特、T.J.麦克斯,折扣店如塔格、沃尔玛等,仓储商场如山姆斯、克斯克等商场购物。对此类家庭而言,外出就餐与旅游只能是偶尔为之。

多成员共居家庭

在如今的美国社会,由于生活成本不断膨胀到了令人难以负担的地步,因此,许多人为生存不得不与没有家庭联系的人们共同居住。目前,这种多成员共居家庭方式的家庭模式也在不断增长。具体而言,这种家庭模式包括单身共居、同性恋共居、柏拉图式异性共居,以及两个有孩子的家庭共居等。

与组成元素的多样性一样,每一共居成员的消费也有多种类型。没有婚姻意图的单身共居者由于能够通过费用分担来显著降低生活开支,因此,他们通常拥有较多的可支配收入；同性恋共居者要互相向其伙伴提供一定的支出，且没有赡养家庭的潜在负担，因此，他们通常会消费得比较自由；两家庭共居者的手头一般都比较紧，一般仅限于生活必需品之外，将其作为商品的目标消费群是不切实际的。

有孩子的单一收入家庭

从趋势上看，由于生活成本的压力，夫妻双方在孩子出生后不久就必须重回工作岗位，因此这类家庭的绝对数量是不断下降的。这种模式的家庭只占较小比例，并一般会面临费用支出方面的问题。这类家庭会选择在低价商场购物，并一直保持这种方式直至最小的孩子上学为止。因此，夫妻双方通常要同时工作，并随着收入状况的好转而提升消费能力。

有孩子的双收入家庭

这类家庭的购买力很大程度上取决于孩子的年龄以及孩子是否与父母同住。例如，那些孩子尚在幼儿园的家庭与孩子已经在公立学校上学的家庭相比，可支配收入自然会比较少。显而易见，双收入家庭与单收入家庭相比，其财政状况要好很多，能负担必需品之外的许多商品采购。其中的高收入家庭还能到一些高档商场购物，他们是专卖店如巴纳瑞克的常客，但其中的低收入家庭却一般更倾向于购买盖普或者老海军（Old Navy）商场的商品。

在孩子上大学后，高昂的学费致使家庭的可支配收入会急剧下降，并重新步入谨慎购物者的行列。

无孩子的已婚家庭

大多数此类家庭的夫妻双方都有工资收入，他们只需考虑家庭自身的愿望与需要。其中的年轻夫妻通常会无所顾忌地进行商品采购，满足感与舒适感是其关注的主要方面。年龄相对较大的夫妻则一般会将大部分收入花在旅游以及其他休闲娱乐活动方面。

空巢家庭

孩子独立生活后，父母亲就不用再担负抚养孩子的重担。当由于孩子在家的时候，他的需要是家庭消费的主要部分，孩子独立后，父母亲就拥有了大量满足自己需求的开支。通常情况下，夫妻双方仍会继续工作，这样他们便具备了同时购买生活必需品与奢侈品的能力（图5-8）。

图5-8 继续工作的空巢老人能够买得起曾经负担不起的商品
（Comstock/Thinkstock）

消费者分析

表5-4 家庭生活方式与商品销售的关系

家庭生活方式	典型的采购模式
45岁以下的无子女独身家庭	知名品牌、高档化妆品、高档汽车；经常光顾的商场类型：知名商场与专卖店
45岁以上的无子女独身家庭	知名品牌、高档汽车、高消费度假；经常光顾的商场类型：高档时装店与高消费商场如伯名得、第五大道萨斯
单亲家庭	降价商品、折扣商品、清仓商品；经常光顾的商场类型：玛莎、T.J.麦克斯、沃尔玛、塔格、山姆斯、克斯克
多成员共居家庭	商品包括单亲家庭需要的必需品以及单身共居者需要的奢侈品。经常光顾的商场类型：从低价商场到高档奢侈品商场
有孩子的单一收入家庭	降价商品；经常光顾的商场类型：玛莎、沃尔玛、塔格、卡玛特、山姆斯、克斯克、伯灵顿制衣厂（Burlington Coat Factory）
有孩子的双收入家庭	理性对待高消费商品，经常光顾的商场类型：巴纳瑞克（Banana Republic）、盖普、梅茜百货、迪得、劳德&泰勒
无孩子的已婚家庭	高档产品；经常光顾的商场类型：第五大道萨克斯、伯名得、拉夫·劳伦、内曼·马库斯
空巢家庭	以往认为过于昂贵的产品与服务，在孩子独立后便有能力购买；经常光顾的商场类型：梅茜百货、劳德&泰勒、托伯特

注　由于家庭模式的多样性，多成员共居家庭一栏的商品范围比较广泛。

随着年龄的增长，空巢家庭在药品与服务方面的开支不断增长，借以确保今后的生活更加舒适。但随着夫妻任何一方退休或早逝，家庭收入水平就会急剧降低，可供购物的资金也会随之下降。

人的一生中，任何人都不会长期处于一种特定的家庭模式之中。例如，没有孩子的单身者可能会结婚；有孩子的双收入家庭可能会离婚；离异的共居成员可能会再婚等。因此，对家庭生活方式的考察必须意识到这种潜在的变化，也只有如此，买手才能做出正确的选择。不同的家庭生活方式与商品销售的关系见表5-4。

消费者行为

除了研究不同消费者类型的消费方式之外，消费动机的研究同样是非常重要的。只有尽量多地掌握人们的消费动机，买手才能具备更好的采购能力。

购物动机

如果你手中有需要出售的商品,并希望消费者对其产生购买冲动,那么你会采取哪些举措呢?你是否会将销售卖点放在价格、安全性能、满足感或其他因素上面?无论从自身来看,还是相互对比,所有这些因素通常会对消费者购物产生刺激作用。例如,拉夫·劳伦衬衣可能带给人满意的质量或时髦的款式等。一些人购买奔驰之类的汽车是因为它们的可靠性,还有一些人购物的目的纯粹是为了获得较高的品位等。但无论购物动机到底如何,零售商都要尽量加以了解,并由此挑选出最合适的商品以赢得最大的潜在市场。

购物动机具有多种形式,如理性动机、品位动机以及惠顾动机等。

理性动机

理性动机的消费者主要考虑价格、质量、产品维护、功能、实用性以及耐用性等人们在准备购物时所重点考虑的因素。那些经常光顾折扣店或降价店的消费者对商品的评价,基本上都是出于对这些因素的考虑。

一些零售业巨头,如山姆斯和克斯克等经营大量折扣商品的商场以及塔格、沃尔玛、卡玛特等在促销活动期间大幅度降价的商场,或者伯灵顿制衣厂、玛莎和T.J.麦克斯等重点进行价位销售的商场,都将营销重点放在了以理性动机吸引消费者方面,并由此获得了关注价格的消费者群体(图5-9)。

在经济动荡时期,随着收入的相对减少,许多人都会比较谨慎地进行消费,价格与质量因素就成为了人们考虑的重点所在。此时,理性动机就在人们的购物过程中处于支配性地位。

图5-9 理性动机的消费者通常在仓储店如山姆斯会员店购物
(ⓒ Judith Collins/Alamy)

感性动机

另一种购物动机,是在购物过程中单纯顾及自己的主观因素。对于汤米·海菲格(Tommy Hilfiger)是否真能为购买者提供最好的质量,或者为吸引人们的注意力而陈列在显著位置的知名品牌是否对提高个人形象会产生巨大作用,这些都是难以确定的问题。难道普拉达(Prada)手袋果真能为使用者带来特殊的功能和作用,或者知名设计师设计的服装真能使身边的人感到嫉妒么(图5-10)。卡尔文品牌牛仔服最初是将其商标绣在后衣兜上,这种做法难道真能提高商品的质量,或者将商标

图5-10 感性动机的消费者通常选择普拉达
（Alessandra Santarelli and Joeff Davis (c) Dorling Kindersley）

放在那个位置仅仅是为了使穿着者有种特殊的心理感受？

美国的很多家庭更倾向于购买能为其带来某种声望或显示某种地位的商品，并宁愿为此花费更多的收入。无论是服装、配饰、家具装饰、汽车，还是其他诸如此类的商品，品牌通常对消费者的购买动机起着关键性作用。

零售商的销售团队必须全面掌握影响消费者的消费动机，如果研究显示价格比商品所能带来的社会地位更重要，那么，商场的专营商品就必须体现这一特点。另一方面，如果商品的声望起着根本性作用，那么，要采购的商品就应集中在知名品牌方面。

惠顾动机

与以往相比，如今的消费者对购物场所有了更多的选择。最终选择哪家商场以及进行购物的最终方式，受到商场提供的服务、便利性、公司返利政策、商品种类以及价格等一系列因素的制约。这种动机不但适用于商场，还同样适用于目录销售商、互联网销售商以及有线电视购物网络等。

零售商通过不断提供满足消费者需求的商品以及一系列被预期的服务，会显著增强消费者对商场的忠诚程度。而消费者因此一再到商场购物，则相应为商场提供了经常惠顾的长期客户基础。

马斯洛需求层次论

除了上述动机之外，马斯洛需求层次论同样可以用来进行消费者行为分析。该理论将个人需求分为五个等级，其中第一需求为人们最基本的生理需求，最后一个层次的需求为自我实现需求。这些需求之间具有层级性，只有在上一层次需求得到满足的情况下，人们才会产生后面层次的需求。表5-5显示了理论的五个层级。这里需要说明的是，第一层次的需求，即生理需求适用范围最为广泛，其他层次需求的适用范围渐次缩小，实现的难度也越来越大。

当买手和销售人员比较好地理解了马斯洛需求层次论以及其他研究消费者行为的理论之后，他们就能挑选出更适合销售的商品，并更大程度地满足目标消费群的需要，从而有利于实现利润最大化的目标。

表5-5 马斯洛的等级需求理论

需求种类	需要的商品
生理需求	食品、水、居住地、衣服
安全需求	健康与生命保险、配备气囊、安全带等安全装置的汽车
社会需求	化妆品、珠宝首饰、高档轿车
尊重需求	定制服装、知名品牌、豪华轿车、名流乡村俱乐部
自我实现需求	交响乐、博物馆会员、高层次学历等

商业词汇

实现者	家庭生活方式	问卷调查
地区居民分类系统	焦点小组访谈	理性动机
实施者	履行者	社会阶层
信仰者	制造者	奋争者
大学生组织代表	马斯洛需求层次论	努力者
人口分析	观察法	青少年代表
感性动机	惠顾动机	VALS消费者分类
体验者	潜在市场比率指标代码	

要点概述

1. 由于无店铺经营模式如商品目录和网络销售的发展，零售商的贸易领域日益扩大，因此，对于消费者偏好的分析也比以往任何时候都弥足珍贵。
2. 焦点小组访谈对零售商的重要性越来越大，通过这个方法，零售商可以更好地了解消费者。
3. 问卷调查通常是通过电话、邮寄信件、个人采访，以及电子邮件等方式来收集有关消费者信息的消费者评估方法。
4. 相比问卷调查和焦点小组访谈，观察法不是主要的调研工具，但仍可以服务于某些零售组织。
5. 人口分析的内容包括人口规模、年龄、气候、聚居地、收入、教育和生活方式。
6. VALS消费者分类方法主要针对于生活方式以及八种特定的消费者心理分类。
7. 社会阶层可以分为三个不同阶层：上流阶层、中产阶层和社会底层。每种阶层又可以进一步细分为上级阶层和下级阶层。
8. 顶级阶层是规模最小的社会阶层，大约占总人口的3%；规模最大的社会阶层是社会底层，大约占美国人口的55%。
9. 消费者的年龄与家庭生活模式决定了其家庭生活方式的类别。
10. 一种新的家庭生活方式分类是日益壮大的多成员共居家庭模式。这种家庭模式包括单身共居、同性恋共居、柏拉图式异性共居，以及两个有孩子的家庭共居等。
11. 消费者行为分析关注理性动机、感性动机和惠顾动机。
12. 马斯洛需求层次论将需求种类分为五类：生理需求、安全需求、社会需求、尊重需求和自我实现需求。

思考题

1. 焦点小组访谈的定义是什么？这种市场调研方法如何帮助零售商做出决策？
2. 请说出大学生组织代表的具体含义。
3. 为什么说问卷调查是一种非常重要的市场调研工具？
4. 电子邮件问卷调查在更好地为零售商服务方面有何具体表现？
5. 收集信息的观察方法与观察技巧有何不同？
6. 简述由Claritas.Inc公司设计的潜在市场比率指标代码"PRIZM"的概念。
7. 人口分析包括哪些方面，它如何帮助买手和销售人员为顾客挑选出更适合的商品？
8. 列出人口分析中不同的年龄构成划分方式。
9. 由SRI咨询公司研究的VALS报告重点关注哪些方面？
10. 根据VALS消费者分类方法，实施者和体验者有何区别？
11. 既然上流阶层是美国最富有的群体，为何研究者还将这一阶层划分为两个部分？
12. 哪个社会阶层是美国人口最多的阶层？它所占的人口比例是多少？
13. 在根据家庭生活方式划分采购模式时做了哪些假设？
14. 为什么对于市场调研者来说，多成员共居家庭模式变得越来越重要？
15. 理性动机和感性动机的区别表现在哪些方面？
16. 经常惠顾某些零售商的老顾客主要会考虑哪些方面的因素？
17. 请描述马斯洛需求层次论的具体内容。

案例1

Pot Pourri有限公司主营女性产品十年有余，前八年中主要的消费群是那些比较富有的女性，并且每年业务量都有增长，去年的销售额为550万美元。

15个月前，公司决定通过扩大销售空间和增加商品种类来增加业务，同时它还开拓了男装和童装业务。之所以会有这样的扩张计划，就是因为消费者对这两类商品有着不断增长的需求。经过一番调查，公司按计划执行，并且在6个月之前，开设了新的店铺来实现上面谈到的业务。

为这个新店采购的买手是阿曼达·马修斯（Amanda Mitchell），她是该公司的女装助理，另一位是马可·瑞特（Marc Richards），他以前是一位中等价位男装商场的买手。

目前，Pot Pourri有限公司对新店的业务非常失望，销售量比预期的低，但是问题并不是出在客流量上，因为来商场的客流量非常大，问题似乎是和商品种类的选择有关。

为了改变这种情况，管理层计划进行一项调查，希望调查结果能够有助于改善目前的状况。现在管理层唯一担心的是费用问题，尽管他们这种想法是可取的，但是公司的规模和预算的限制制约了调查的进行。

问题：

1. 你觉得公司扩张的决定正确吗？
2. 讨论最有效、最可行的调查方法，但必须把公司状况和财务状况考虑在内。

案例2

男性意识（Male Ego）是一家男装连锁店，聘请了乔伊·格林（Joy Green）作为他们的运动装销售经理。一直以来，她都很享受多年来担任折扣店男装买手的工作经历。她在公司的任职期将帮助公司成为该零售领域的领导者。

虽然格林小姐此前的工作经验和在Male Ego的工作职责并不相同，但公司认为凭借她在这个领域丰富的经验已经足以胜任了。并且她在与其合作的供应商那里拥有良好的信誉。

当担任一个新职位时，如果对消费者市场没有一个透彻的了解是难以胜任的，格林小姐制订了一个计划来帮助她更好地了解新客户的想法和需求。起初，她走访比较重要的连锁店卖场，观察消费者的穿着，并且试着去建立第一个商品系列的标准。同时，她也深层挖掘公司过去的销售记录以了解最富吸引力的商品。经过认真的考察后，她仍然不能完全满意。她想要去更深入地了解Male Ego当前消费者和潜在消费者的生活方式。

格林小姐仍在不断收集着有用的信息，但她并没有请市场调研公司来做此项工作。

问题：

1. 你认为格林小姐应该选用哪种公认的研究去对消费者生活方式进行分类？
2. 一旦决定了对公司消费者的分类，格林小姐将如何获得这个群体的直接描述和评价？

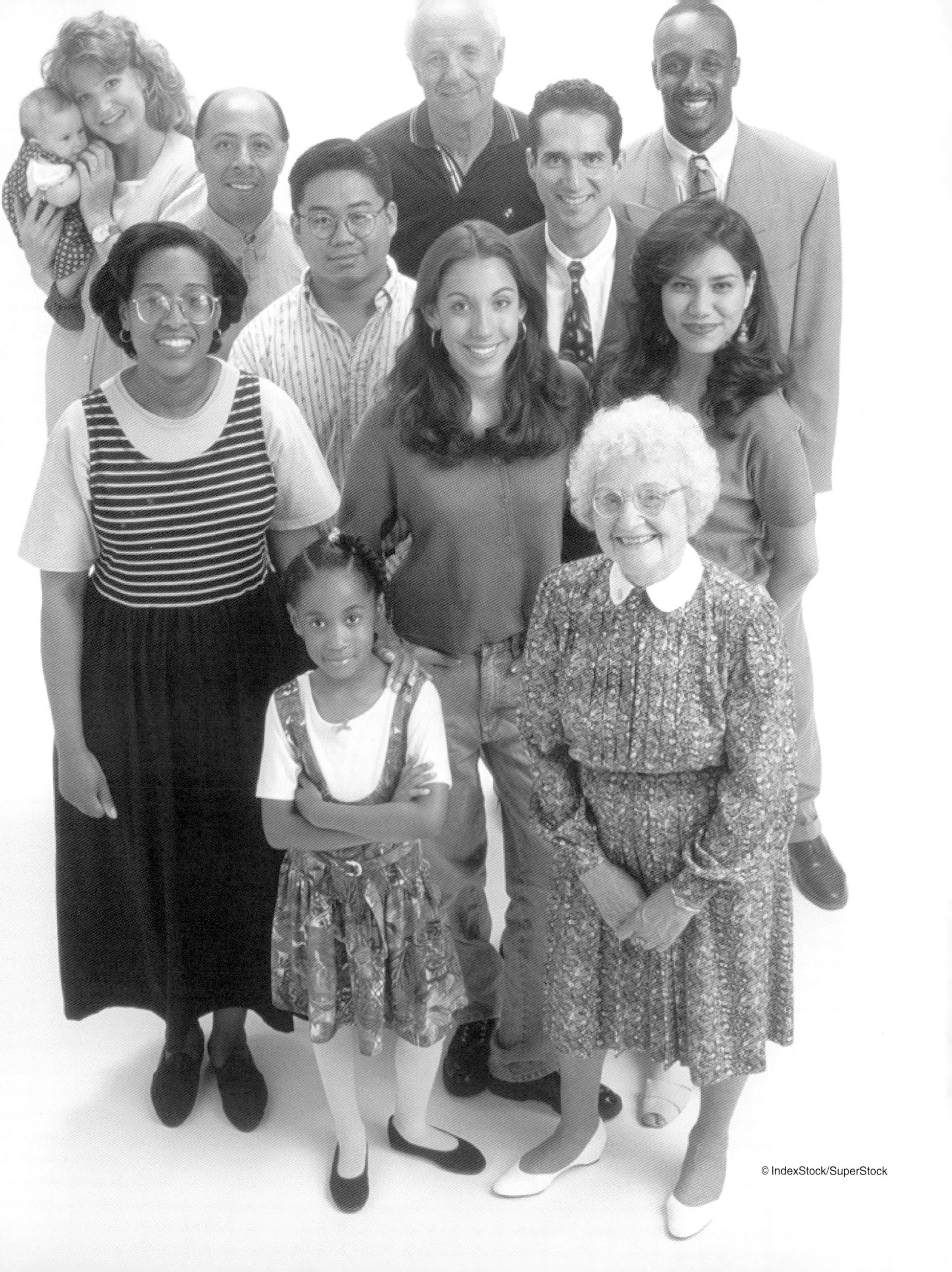

多元文化：评估美国主要族群的商品需求

经过本章的学习后，我们应当能够做到：

- 从购物需求方面研究、分析美国主要族群人口统计数据的意义。
- 分析非裔美国人、西班牙裔美国人和亚裔美国人的购买力。
- 分析美国三大少数族裔在服装、化妆品、香水以及食物方面的需求增长潜力。
- 描述塞尔斯（Sears）如何改变以吸引不同文化背景客户群的更多关注。
- 讨论用来吸引美国少数族裔人口的媒体状况。

第六章

正如我们在前一章所学,消费者分析对于确保买手能够在正确评估需求之前,对方方面面都做出有效把握是极其重要的。尽管收入、职业、学历、年龄和生活方式等是买手在做出最终采购决策之前必须考虑的首要因素,对有着更多独特需求的多种族裔群体所拥有的购买潜力给予关注也是必不可少的。过去"一刀切"的思维方式已经不适于今天的社会了。无论是食物、化妆品、服装还是其他商品,每个族裔群体都可能有着与众不同的喜好,如果买手能很好地处理他们各自的需求,那销售量就可能会稳步攀升。

各种类型的零售商都比以前更加重视文化多元性带来的影响。零售业巨头塞尔斯、杰西潘尼(JCPenney)、沃尔玛、塔格、寇式(Kohl's)等都竭尽全力以抓住购买力日益增长的各族裔群体(图6-1)。他们取消了每家店铺里统一的商品搭配方式,并且调整库存,新增了那些对某些地域的消费群更具吸引力的独特商品。更有甚者,塞尔斯为了吸引各种不同种族背景的消费群还对旗下约100家商场进行了重新打造,这种做法在过去的零售业竞技场上被认为是毫无必要的。

美国少数族裔群体所拥有的店铺数量正在迅速增加,这反映了零售商为什么会突然对美国少数族裔群的需求产生兴趣。非裔美国人和西班牙裔美国人所拥有的企业数量正在以显著的速度增长。据美国商务部2010年9月得出的报告,非裔美国人所拥有的公司增长速度比美国全国平均水平要高出四倍多。同期,西班牙裔美国人所拥有的企业增长速度为44%。此外,非裔美国人占美国总人口数的13.5%;据估计截至2050年,美国的四分之一人口将会是西班牙裔。

这两种少数族裔人口对企业的拥有率显示出他们的财富和购买潜力将会持续增长。此外,再加上预期人口总数的增长,这都表明了他们将很快成为美国主要的

图6-1 寇式做出极大努力来抓住少数族裔购物群
(ⓒ Eric Carr/Alamy)

采购力量，与此同时零售商们也会对他们进行研究，以更好地满足他们特有的商品需求。

除了非裔美国人和西班牙裔美国人外，亚裔美国人的人口数量也在增长。据预测到2015年，亚裔美国人的购买力将会增长42%左右，约从5440亿美元增加到7750亿美元。亚裔美国人也代表着一个过去一直被忽视的市场。亚裔美国人的总人口数，同其他族裔群体一样，增长速度显著，需要对其进行研究，明确他们的特殊需求。

尤为突出的新现象是，多元文化的营销策略已经蔚然成风。在正确看待这一问题的同时，必须做出多种不同的评估才能在这种族裔多元化的市场中达到利润最大化（图6-2）。这些评估包括：对族裔多元化社会的人口统计特征研究；某些特定商品在某些族群中的增长潜力；零售商在这种细分市场中吸引消费者的方法；买手在采购到能满足不同族群需求的商品时所起的作用；广告在吸引少数族裔消费群关注时所扮演的角色等。

图6-2 族裔多元化的商业团队
（Yuri Arcurs/Shutterstock）

人口统计特征

研究这些少数族裔人口的特点或人口统计特征等，对于买手评估他们的商品需求是至关重要的。从研究commerce.gov网站所搜集的数据入手，这将会是一个很好的开始。人口普查局实施的人口普查每十年进行一次，最近一次是2010年，其结果还没有公布。这些数据的重要之处在于帮助人们了解：美国的总人口，这些人口是如何细分为白人、非裔美国人、西班牙裔美国人、亚裔美国人的；从人口总数上看哪些是最重要的群体；这些群体的购买力；每个群体的平均家庭收入水平等。通过对每一个少数族裔群体的仔细研究，零售商和他们的销售团队就能够衡量出这些群体在商品需求方面对采购决策的潜在影响。

尽管了解总体的人口细分很重要，但是分析主要族群所特有的特点更为重要。因为销售人员和买手们在决定那些他们希望能够吸引上述人群的商品的广度和深度时，正需要对此做出仔细的评估，所以，仔细研究统计人口的特点对于零售商制订全面的采购计划至关重要。

具体说来，下面的图表为销售团队提供了足以影响他们采购计划的真实数据。以下信息由commerce.gov和blackdemographics.com网站以及美国佐治亚大学特里商学院的塞利格经济增长中心提供。

人口

按族裔细分为：（单位：百万）

白人	240
非裔	41.1
西班牙裔	47
亚裔	13.5

购买力

各族裔群体2010年的购买力为：（单位：十亿美元）

白人	10717.8
非裔美国人	957
西班牙裔美国人	1000
亚裔美国人	544

尽管美国有很多族裔，但只有三个族裔是影响零售商库存的主要因素。塞利格经济增长中心（Selig Center for Economic Growth）是提出购买力以及其他各项对消费者消费有影响的重要参考因素的机构之一，它也是下面《零售采购焦点》的主要话题。

零售采购焦点

塞利格经济增长中心

塞利格经济增长中心成立于1990年，它是由建立于1940年的佐治亚大学的相关研究部门发展而来。塞利格经济增长中心得到了美国国内的认可，其研究项目包括经济影响、经济预测、出版物、人口、社会问题以及对零售商尤为重要的文化多元化经济报告，该报告调查了美国各人种和各族裔群体购买力的预估情况。塞利格经济增长中心的主要拓展项目是在亚特兰大举办佐治亚经济展望午餐会，该会旨在召集全美经济专家对经济的发展形势进行展望并为他们提供一个相互交流的平台。

该中心不仅为佐治亚州的政府部门编写研究报告，它还同时为私营部门提供研究成果。

该中心在其编写的有关购买力的最近一次的年度研究报告中，公布了大量对零售行业尤为重要的数据。其中包括：

（1）美国总体购买力增长了约52%，其速度远高于通货膨胀。

（2）预计西班牙裔美国人的购买力到2015年将上涨50%左右。

（3）预计亚裔美国人的购买力到2014年将上涨42%左右。

（4）预计非裔美国人的购买力在未来的一段时间内将上涨25%。

为了便于理解，请看预测图6-3~图6-6。

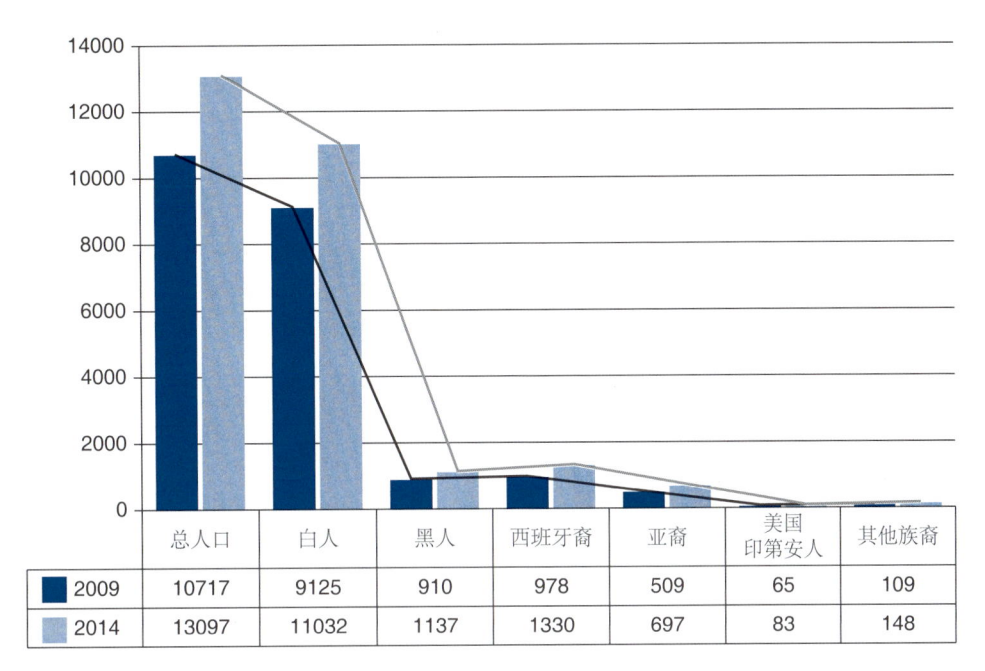

	总人口	白人	黑人	西班牙裔	亚裔	美国印第安人	其他族裔
2009	10717	9125	910	978	509	65	109
2014	13097	11032	1137	1330	697	83	148

图6-3 各族裔和西班牙裔人群的购买力(单位:十亿美元)

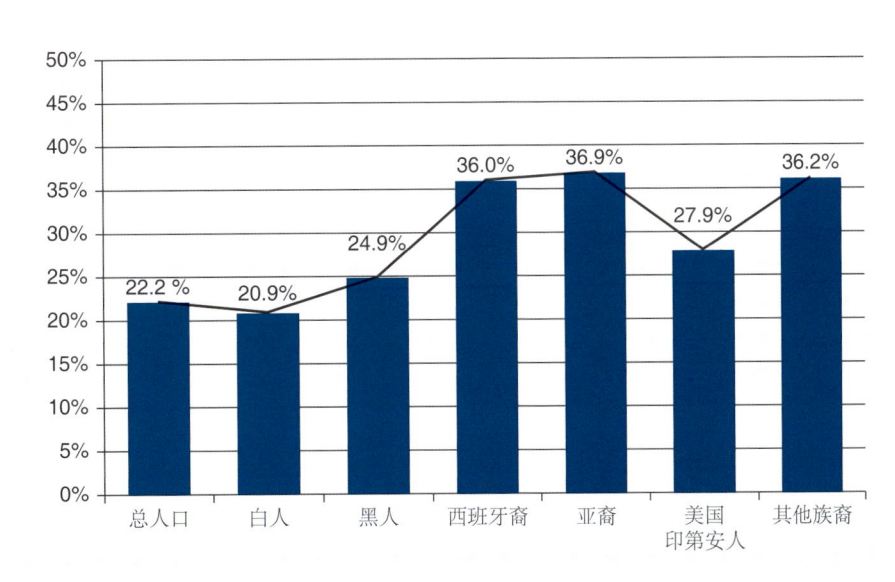

图6-4 2009~2014年购买力的百分比变化

(continued)

多元文化:评估美国主要族群的商品需求

图6-5 各族裔和西班牙裔人群的购买力市场份额

图6-6 2009~2014年市场份额的百分比变化

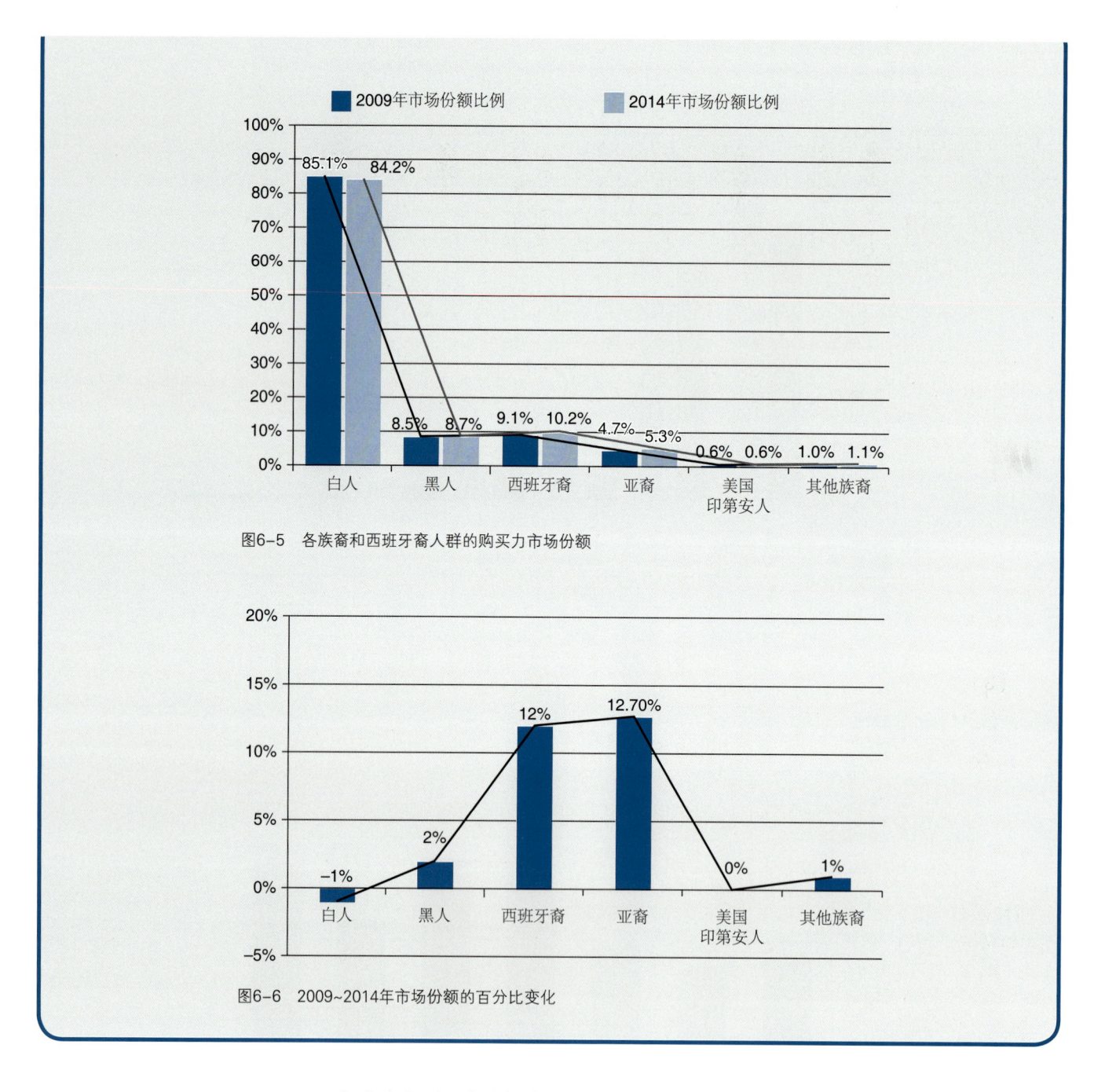

市场占有率的变化

多项指标表明，少数族裔的总人口数所占比例一直都在上升，正如之前在本章中所提到的那样，到2050年美国每四个工人中就会有一个是西班牙裔，这就是一个很好的例子。

买手和零售商在制订采购计划时应该考虑到一些人口结构的变化及其影响，这主要包括以下内容。

（1）西班牙裔或者常被称为拉丁美裔的人口数量首次超过了非裔美国人的人口数量。

图6-7　族裔多元化的毕业生群体
（Andresr/Shutterstock）

（2）到2010年年底，美国少数族裔的总人口数将达到美国总人口数的三分之一。由于这一人群在很多方面的购物需求不同于一般人群，所以对于他们的商品需求应当予以充分考虑与研究。

（3）尽管黑人作为一个受教育程度相对落后的群体，但事实上他们已经取得了实质性的成果。在2000年，81%的黑人已拥有高中以上学历，同期，白人中该比例约为84%。通常，教育状况的提高往往意味着更高的薪金和随之产生的强大购买潜力。同样，140万黑人拥有高等学历的事实也会产生相应的积极效果（图6-7）。

（4）西班牙裔消费群体在2001年的购买力是4520亿美元，到了2010年已达到10000亿美元。

（5）目前，很多不同类别的产品设计中都有非裔、西班牙裔或者是亚裔的设计师参与其中，并逐步得到越来越多少数族裔消费群体的欢迎。（其中很多设计师将会在本章后面的内容进行介绍。）对于零售买手来说，仔细研究设计师们对消费者消费行为的影响是必需的。

（6）从现在起至2020年，预计美国三大主要少数族裔人口的增长速度约为非少数族裔人口的6倍。以百分比来说，少数族裔人口将增长36%左右，而非少数族裔人口增长仅为6%上下。

（7）虽然这些增长数字预示着少数族裔人口的数量激增，但增长地区将主要集中在下列城市，这又意味着相应地区的零售商需要解决少数族裔的需求变化问题：

迈阿密	81%	达拉斯	43%
洛杉矶	68%	华盛顿	43%
纽约	61%	芝加哥	42%
休斯敦	54%	亚特兰大	40%
旧金山	47%	费城	30%

（8）从人口总数上来说，如果将美国主要的少数族裔看成是一个独立国家的话，它将成为世界上第四大经济体。

少数族裔所购商品的增长潜力

针对主要族裔人口增长的考察显示，此类族裔人群将成为主要的生活消费品购买者。但是这些不同的群体并不一定会用零售商早就提供的单一标准来满足自己的需求。相反，越来越多的人选择购买适合自身特定生活方式的商品。最终，零售商们认识到有针对性的销售方式将会吸引到更多不同的消费群体光临他们的商场，翻阅他们的商品目录，浏览他们的网站，进而提升商品的总销售量。

在下面的讨论中，我们会逐一探讨美国三个最重要的少数族裔在服装、服饰品，化妆品，香水、护肤品，以及食品等方面的购买力。

非裔美国人

虽然非裔美国人的纯人口数量几乎与西班牙裔相同，但他们被认为具有更高的购买力。非裔美国人最重要的支出是服装、饰品，其次是化妆品和香水，再有是食品，他们是各类型零售商们在制订销售计划时都必须要充分考虑到的一个销售市场。

服装和饰品

美国黑人女性作为一个群体，在她们吃饭和住宅等最基本的需要得到满足之后，服装和饰品采购成为她们最重要的支出。根据美国棉花公司所创办的生活方式调研系统所提供的数据显示，美国黑人女性中有38%的人群声明她们喜爱购物，该比例高于美国白人女性和西班牙裔女性中同样热衷于购物的人群所占的比例。另外，黑人女性在零售业中的重要性得到进一步证明，有约28%的黑人女性在接受调查的前一个月花费超过200美元，而该比例在西班牙裔女性中仅为14%，在白人女性中是12%左右（图6-8）。

《精华》（Essence）杂志是美国黑人出版物中的领先者，据其时尚总监所说，面向黑人女性的服装饰品市场因其有着显著的销售潜力正被零售商们逐步挖掘。以电子邮件和信函所搜集的调查信息为根据，该杂志总监总结说，在此市场上不存在价格问题。与该观点相一致的是，美国棉花公司的调研系统显示，64%的黑人女性愿意花更多的钱去购买质量更好的服装饰品，该比例在白人女性中是57%，在西班牙裔女性中是54%。

呈现此发展趋势的并不局限于女性细分市场，黑人男性也正在成为服装饰品消费市场的主力军。随着男性非裔美国人人口数量的日益增长，他们在服装饰品上的花费也有了较大幅度的提高，并且其所购商

图6-8　非裔女主管是极佳的服饰品消费者

品的价格也持续呈现出螺旋式的上升态势。对于一些设计师品牌，尤其受到非裔男性人士的关注。这其中像吹牛老爹（P.Diddy）设计的肖恩·约翰（Sean John）和由罗素·西蒙斯（Russell Simmons）创建、现在是凯尔伍德（Kellwood）旗下的范特时尚（Phat Fashions）时装系列格外吸引性非裔美国人的关注（图6-9）。除此之外，皮革制品在该市场中也特别具有吸引力。

另外，能够对服装饰品市场产生影响的还包括青少年。随着说唱艺术和嘻哈音乐的流行，青少年不惜花费大量的金钱来模仿他们偶像的穿着打扮。尤其是牛仔系列，成为这个群体主要的购买商品。与西班牙裔或者白人青少年相比，非裔青少年会购买更多的牛仔产品。

非裔美国人的服装饰品购买力还体现在儿童服装上的大笔支出。无论在哪个类别里，款式都无可厚非地成为吸引消费者购买的最重要因素。

化妆品，香水和护肤品

化妆品，香水和护肤品对非裔美国人的重要性仅次于服装和饰品。此类商品品种繁多、数量巨大，从墙绿（Walgreens）和CVS等药店销售的平价商品到百货商场和专卖店销售的高价位商品，一应俱全。这些不同品类的商品一起创造了前所未有的高销售额。业内人士估计，在目前高达60亿美元的美容产品销售总额内，由少数族裔创造的部分高达15亿美元，而这其中非裔美国人的花费占最大数额。

那些针对非裔美国人的品牌主要是由专供民族产品的公司或者是由包括艾德里安·亚佩尔（Adrien Arpel）和芭比·波朗（Bobbi Brown）等在内的大型主流公司专门创建的。这些家喻户晓的品牌和那些专门面向黑人女性的品牌处于直接的竞争状态中。上述及其他公司意识到有色人种需要用特制的彩妆产品和护肤产品来提亮肤色，他们一直不断地在开发新产品，并正实现着前所未有的辉煌业绩。

图6-9 如同罗素·西蒙斯一样的非裔时尚大亨吸引了男性非裔美国人的关注
(Helga Esteb/Shutterstock)

食品

非裔美国人的主要消费品还包括食品。亚裔美国人和西班牙裔美国人钟爱大量的特色食品，但非裔美国人对特色食品的需求却并不强烈，他们喜欢的农产品如羽衣甘蓝（很多菜肴中的一种常见食材）等，在美国绝大多数的大型食品店均有销售，而在黑人的聚集地更是货源充足（图6-10）。

西班牙裔美国人

尽管西班牙裔美国人和非裔美国人的人口数量大致相同，但他们在对可支配收入的支出上却有所不同。虽然西班牙裔美国人也大量地购买服装、饰品和洗化用品，但相比较而言，他们把更多的收入放在食物的开销上。

图6-10 老年非裔美国人是民族特色食品的主要购买者
(Lofoto/Shutterstock)

服装和饰品

虽然西班牙裔美国人对服装饰品的总体消费要低于食品类的花费，但由此产生的总购买额也不容小觑（图6-11）。越来越多的明星姓名被作为营销手段以吸引西班牙裔美国人前来购买服装和饰品。在这些商品中，明星们更是被经常性地用来提高销售。例如：时尚模特和本章《零售采购焦点》的话题人物黛西·福恩特斯（Daisy Fuentes），时尚模特、设计师兼作家露西·佩雷达（Lucy Pereda），吉他手兼歌手卡洛斯·桑塔纳（Carlos Santana），以及影视界最炙手可热的女演员之一詹妮弗·洛佩兹（Jennifer Lopez）都参与到品牌设计中，并很受西班牙裔美国人的欢迎。除了让这些名人参与到服饰品设计方面，很多明星还被用来吸引消费者的注意。例如，根据《女装日报》（Women's Wear Daily）所述，歌手克里斯蒂娜·阿奎莱拉（Christina Aguilera）就被视为影响青少年采购的最重要的营销"工具"。在辛迪·克劳馥（Cindy Crawford）、泰瑞·海切尔（Teri Hatcher）、希拉里·达芙（Hilary Duff）和詹妮弗·洛佩兹等众多明星引导消费的排名中，克里斯蒂娜居第一。

图6-11 西班牙裔美国人的服装饰品市场正在不断增长

化妆品、香水和护肤品

西班牙裔美国人在此类商品的消费上仅次于非裔美国人。因为他们的肤色最接近白人，因此大多数西班牙裔美国人会选择面向大众的商品。但是，在化妆品市场上有一种新趋势正在兴起，那就是要发展专门针对拉美裔人群的系列商品。目前，业内领头羊扎利亚（Zalia）就生产出完全以西班牙裔女性为目标客户的成套化妆品和饰品系列。这个系列是由莫妮卡·拉米雷兹（Monica Ramirez）开发的，她是来自秘鲁的第二代南美裔移民，因在选美活动中获胜并成为一名美容师而出名。因为不满意市场上的商品主要都是针对白人女性的体质特征，且没有迎合西班牙裔肤色的彩妆系列，所以她开发了这种专门针对拉美女性的化妆品。

这个市场才刚刚起步，但是随着萨夏化妆品（Sacha Cosmetics）等新公司的加入，该市场每一年的销售业绩会不断上升。

零售采购焦点

黛西·福恩特斯（Daisy Fuentes）

黛西·福恩特斯出生于古巴的哈瓦那，并最终在美国安家。她的职业生涯始于在附属于美国环球电视台（Univision）的WXTV电视台做天气预报员。黛西对观众的吸引力使其知名度迅速攀升，后成为特莱蒙多电视台（Telemundo）纽约的新闻主播。随后，黛西在西班牙语广播网中人气大增，并最终为她开启了一番新事业，使她成为了《MTV拉丁人》节目中的主持人。在热烈的赞美声和大量的西班牙裔粉丝的追捧中，她成为了一名超级名模。后来黛西接受了寇式（Kohl's）的合作提议，开发新的服装和饰品类别。寇式是一家总部在威斯康星的零售商，在全美49个州拥有1000多家商场。

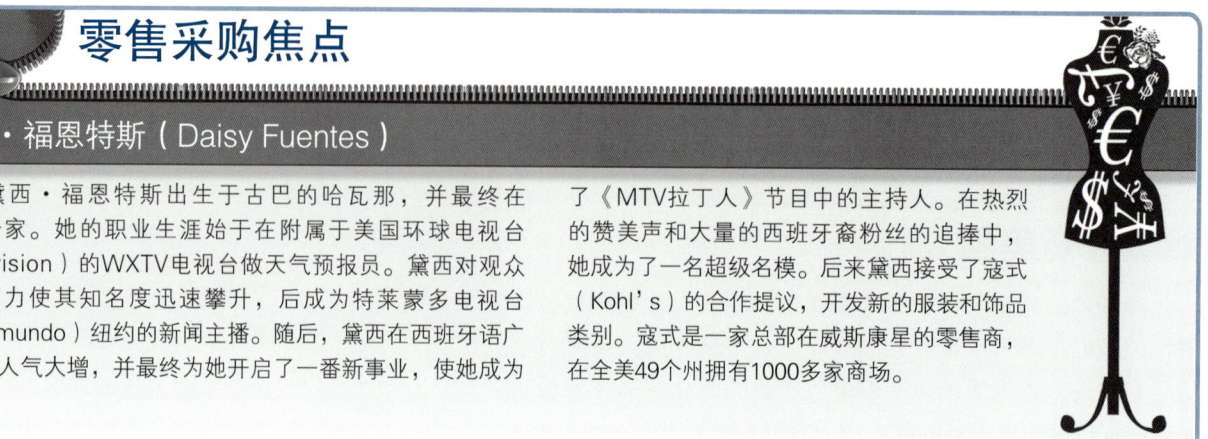

她从女装开始做起，不久又加入了其他商品，这使得黛西成为寇式销售组合中一个重要的组成部分。接下来，她又加入了珠宝和皮包的销售。随着多种商品的成功销售，黛西又加入了泳装系列。她首先提出了赋予新商品"组合与搭配"的概念，这样女性消费者就可以自行搭配组合服装与饰品，以穿出最适合自身身材的搭配风格。

她的时尚系列产品不仅为寇式带来了巨大的销售额，还为这家公司带来了更多的西班牙裔客户（图6-12）。

图6-12 黛西·福恩特斯
（Getty Images,Inc.）

食品

在食品这一类别中，西班牙裔美国人比其他族裔的美国人花费要多。因为他们更倾向于大家庭的生活方式，所以他们平均要花掉收入的17.5%用于面粉、大米、白糖、肉类和油类等食物的采购上（图6-13）。

他们经常去当地的西班牙裔便利店购物。这些便利店普遍规模较小，是由西班牙裔独立经营的，在这里能够购买到他们所需要的大部分食品。此外，即使是和传统超市与食品杂货店销售同样的食品，这里的包装食品上也通常都贴有西班牙文标签。因为国家级别的生产商们都认识到，想要成功地与大多数拉美裔消费者交流，就必须要"定制"西班牙文的商标。很多大型食品连锁店的买手也都通过采购各式各样带有此特色的货品以满足西班牙裔人群的购物需求。

亚裔美国人

人口数量排在非裔美国人和西班牙裔美国人之后的第三大少数族裔就是亚裔美国人。由于他们的平均家庭收入最高，所以尤其受到众多零售商的青睐。从人口增长率来看，亚裔美国人和西班牙裔美国人的数值在所有族裔中最高。据一家研究机构——媒体审计机构报导，亚裔美国人的购买力是非常强大的。媒体审计机构在近期对美国86个市场的调查中发现，56%的亚裔美国人拥有70000美元以上的家庭年收入。他们收入高且喜爱购物，并逐渐成为许多商家梦寐以求的消费群。据《零售业务》（Retail Traffic）杂志报道，亚裔美国人是所有少数族裔中最爱面子的人群。

图6-13 西班牙裔在食物的购买上领先于其他所有族裔人群
（Jupiterimages/Thinkstock）

服装和饰品

亚裔人群是最先出现世界著名设计师的少数族裔人群之一。作为高级时装设计师的森英惠（Hanae Mori），曾一度是业内唯一的亚裔设计师，发展至今有越来越多的著名设计师加入到此队伍中来。其中包括，萧志美（Anna Sui）、谭燕玉（Vivienne Tam）、王薇薇（Vera Wang）等，她们中的每个人都多次获得过设计大奖（图6-14）。获得荣誉的新人还有Maki Doherty-Ryoke、尤金伲亚·金姆（Eugenia Kim）、珍妮·余（Jean Yu）等。

虽然他们的追随者中有很多亚裔消费者，但这些亚裔设计师品牌在白人消费者中同样大受欢迎。例如，王薇薇（Vera Wang）设计的新娘礼服在白人眼里一点也不"民族化"，而且对能消费得起的上层社会颇具吸引力。这种类别的服装是买手们梦寐以求的商品，因为它们能同时满足两个消费者市场。

在文化多元化的零售业市场中，亚裔美国人是最不受零售商们重视的。但是有些精明的买手正在寻求能够吸引更多亚裔消费者的方法。例如，由于亚裔人群的身材一向较为瘦小，因而有些买手就在尺寸选择上偏向于小号区。

随着如康李（Kang & Lee）等亚裔广告公司的出现，塞尔斯等大型零售商期望借此时机来增加自己在亚裔美国人市场中的份额比率。

图6-14　王薇薇（Vera Wang）是一名亚裔高级时装设计师
（Stocklight/Shutterstock）

化妆品、香水和护肤品

除了几个商品系列外，很多公司在面对那些想要购买能够提亮肤色的化妆品的亚裔女性时都捉襟见肘，而兼具实体店销售与网上销售模式的真（Zhen）系列化妆品则是一个例外，这家公司由苏珊·伊（Susan Yee）创立，并占有大部分亚裔市场。另外一个专门针对亚裔美国人市场的化妆品公司是亮肌化妆品有限公司（Skinlight Cosmetics Ltd.），它坐落在英国萨里，是一家邮购店（图6-15）。

食品

在食品方面，华裔美国人的需求得到了最大的满足。在全美亚裔人口聚集的地区，专卖店和超级市场里充斥着丰富的货品。例如在法拉盛和纽约等地，聚集着相当多的华人家庭，这些地方都有着以销售多种品类的亚洲食品和传统佳肴为特色的大型超市。此外，一些遍布全美的大型超市不仅在货架上摆放着这些特色食品，而且在其包装上还特别标有多种亚洲文字。

随着来自中国、韩国、越南以及其他亚洲地区的人不断地涌入美国，他们对"传统"食品的需求也在增长，形成一个正在不断扩张的市场。特色食品供应商们和那些想要销售更多种类民族食品的大型商户似乎应该给予这一现象以更多的关注。

去评估这部分潜在市场并销售那些能够吸引亚裔人群关注的货品，对于零售买手来说是相当重要的。

图6-15　化妆品制造商正开始接触亚裔消费群体
（Brand X Pictures/Thinkstock）

多元文化销售及运营方法

为了吸引美国日益增长的各种族裔群体，越来越多的零售商正寻求策略以激励这些族裔群体通过他们的实体店、商品目录和网上店铺来满足自己的购物需求。杰西潘尼、沃尔玛、塞尔斯等零售商正把更多的注意力转移到多元文化市场上（图6-16）。

除了上述零售商的主动出击外，其他吸引各族裔购物群体的销售和运营方法还包括梅茜百货引进了由派瑞艾力斯国际公司（Perry Ellis International）生产的库伯瓦瑞（Cubavera）品牌系列服装，这一系列的主要特色就是以西班牙裔女性为目标客户群；卡玛特扩张了自己的专供商品业务，涵盖了多种产品线，其中包括由墨西哥女演员兼歌手莎莉亚·索迪（Thalia Sodi）设计的同名系列服装；寇式（Kohl's）也新增了一个新的服装系列，是由模特兼MTV《时尚家庭》节目的前主持人黛西·福恩特斯（Daisy Fuentes）设计的。

图6-16 塞尔斯是接近多元文化消费者的领头人
（ⓒ Oleksiy Maksymenko Photography/Alamy）

通过广告接近族裔群体

正如将在第十八章看到的，零售商的采购代理有责任参与到多种促销行为中，而其中他们对广告宣传活动的参与是相当重要的。

想要吸引主要族裔群体的注意力，就要了解服务于这些不同市场的媒体，这对于买手来说是极其重要的。虽然零售商可以很轻松地通过传统电视节目、广播、报纸、杂志、直接营销、商品目录和网络等方式将信息传达给美国的消费者，但这些信息多是用英语表达的。随着少数族裔人口的增加以及他们购买力的显著增强，市场经验丰富的商家们，纷纷通过采用除英语外的其他语言来传达信息和聘请少数族裔模特作为广告宣传等手段去尽力满足这个市场的特殊需求。

尽管很多广告商意识到了用非洲裔、西班牙裔和亚裔模特做广告的好处，但商家们通常只是简单地用这些模特来替代原本广告中白人模特的位置。如果不对原来的广告文案进行调整，那么这些广告在少数族裔市场上的影响力有可能会大大降低。为了在这些不同文化的市场上实现潜在利润的最大化，很多零售商都和专营的广告代理商签订合约以开展广告促销活动。其中，有一些非常知名的少数族裔广告代理商，包括佛罗里达州珊瑚阁的爱森特营销公司（Accentmarketing），纽约的布拉沃集团（Bravo Group）和将要在本章《零售采购焦点》中介绍的如美（NuAmerica）代理公司，德州达拉斯的迭斯特合作公司（Dieste & Partners），纽约的康李广告（Kang & Lee Advertising）和加州纽波特比奇的狄龙联合公司（Dillon & Associates）（图6–17）。

零售采购焦点

如美代理公司

这是一家具有创新意识的公司，它抓住了城市多元文化的真正本质，并为那些想要与曾经炙手可热的人群——嘻哈一族沟通的公司做出了示范。

这家公司的CEO，布雷特·莱特（Brett Wright）是广告营销领域的佼佼者，他和西海岸的唱片公司与电影公司的管理者安德烈·哈勒尔（Andre Harrell）一同创立了该公司。凭借着在音乐、网络、出版业、广告、电影和时尚行业等领域的丰富知识与亲身经历，他们在将创新元素运用于品牌的城市文化推广方面颇有建树。如美不仅为很多知名公司策划广告宣传活动，还能够提供营销策略和咨询业务。它的专营业务是为企业制定总体目标和全方位的品牌规划，开展市场促销活动，建立最前沿的网络平台，组织焦点小组座谈以便在市场活动中更好地运用相关文化"语言"。面对不断变迁的都市文化，如美的出色应对能力吸引了百事、拉斯特（Luster Products）、拿破仑（Courvoisier）、洛卡薇尔（Rocawear）、阿波罗（Apollo）剧院、AND1、《上城》杂志（Uptown）、斗牛犬自行车（Bulldog Bikes）、娱乐时间电视网（Showtime Networks）、奥斯特（Oster Products）、汤米·席尔菲格（Tommy Hilfiger）等公司前来合作。

如美是第一家以纽约哈林区为营业场所，且专门服务于少数族裔市场的广告代理公司。正如莱特（Wright）称此地为"新文艺复兴时期"的起点，前总统克林顿也选择在这里设立办公室。

如美的成功来自于它能找到解决客户日常问题的良方，包括创建合适的市场营销信息，指导企业制定策略，把广告设计得更美观、更专业，以及判断企业和消费者之间是否存在有效的交流和沟通。

如美最自豪的时刻是它接受挑战，为阿波罗（Apollo）剧院提供服务。它的目的并不是为了赚钱，而是为了和一家正在考虑重塑愿景和战略的机构结盟。

少数族裔传媒在最近几年不断扩展，买手想要确保选用到合适的媒体渠道，就必须要对所有的少数族裔传媒有所了解。以下是少数族裔传媒的概况。

（1）西班牙语报纸的总发行量超过170万，超过35种报纸。

（2）全美有两家西班牙语电视网络，分别是特莱蒙多（Telemundo）和环球（Univision），前者有15家电视台和35个下属机构，而后者拥有50家电视台和43个下属机构。

（3）美国有200家非裔美国人期刊，有1700万读者。主要的报纸有《奥姆斯特丹新闻报》（Amsterdam News），《纽约城市报》（New York City），《费城新观察报》（The Philadelphia New Observer）和《密歇根人报》（Michigan Citizen）。

（4）虽然亚裔出版物的数量也在不断增长，但由于亚裔语种繁杂，导致各种出版物的读者群相对较小。其中比较主要的出版物有《世界新闻报》（The World Journal），它是一份在纽约市出版的中文报纸，有250000的发行量。另外，还有《洛杉矶韩国时报》（Korea Times of Los Angeles），有43000的发行量。

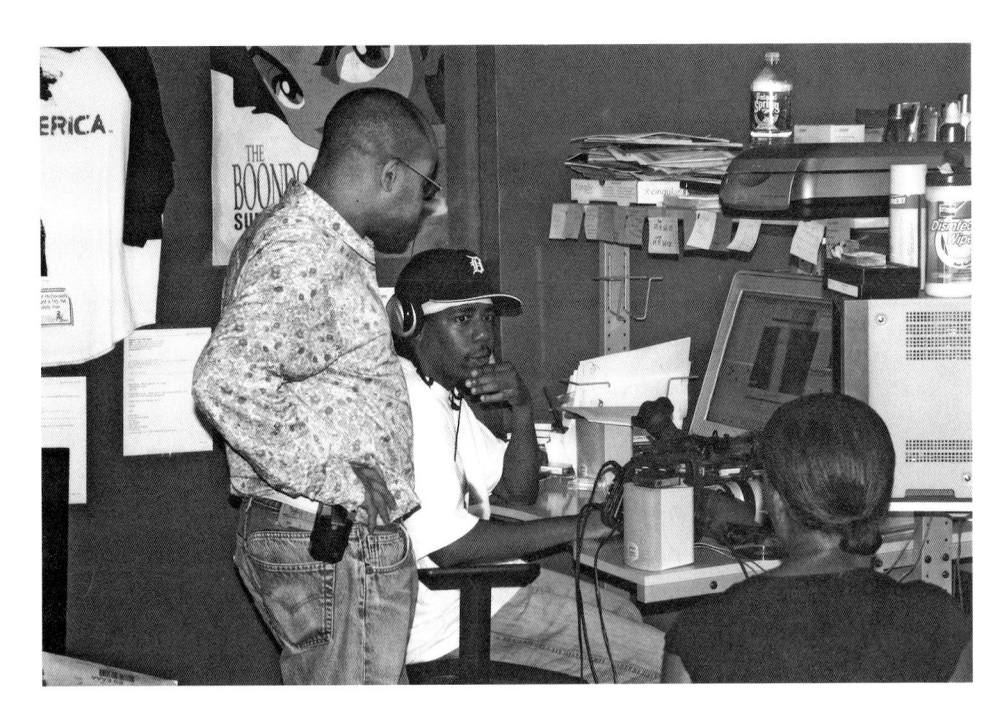

图6-17　如美代理公司CEO布雷特·莱特
（Brett Wright）

（5）在传统的少数族裔社区里，少数族裔的传媒受众达4000多万人。

目前，有越来越多的服务于这些消费群体的杂志问世。例如，西班牙裔消费者期刊的订阅量正在以比预期更快的增长率不断上升。如今，非裔美国人也能够阅读到大量不同的、符合他们生活方式的杂志。《上城》（*Uptown*）就是其中新近出版的杂志之一，它主要以都市非裔美国人的生活方式为焦点。尽管和其他两个少数族裔相比，面对亚裔市场的杂志数量还相当有限，但这些杂志数量也正在呈现上升的趋势。下面的图表列举出了一些针对于美国主要的少数族裔所出版的杂志。

非裔美国人[a]	西班牙裔美国人[a]	亚裔美国人[b]
Jet	People en Espanol	*Jade*
Essence	Latina	*Hyphen*
Ebony	Ser Padres	*Audrey*
Black Men	TV y Novelas	*Asiance*
Black Enterprise	Vanidades	*aMagazine*

[a] 按销售量排序
[b] 任意排序

多元文化：评估美国主要族群的商品需求 | 117

买手在吸引主要族裔消费者方面的作用

买手除了要参与到广告宣传之中,同时还必须确保自己了解主要族裔消费者的特殊需求,以及如何满足这些需求,并且要达到销售额最大化。以下是一些充分满足这一市场需求的方法。

(1)利用少数族裔的名人品牌。世界知名的网球冠军塞雷娜·威廉姆斯(Serena Williams)和西班牙裔女星詹妮弗·洛佩兹(Jennifer Lopez),为她们各自设计的系列商品都极大地吸引了追捧者的关注。

(2)阅读大量的、面向这些主要族裔消费细分市场的报纸杂志。这类报纸杂志里面载有关于时尚的评论,更确切地说,是那些正被评论吹捧的时尚。读者继而将这些文章评论作为他们未来购物的参考指南。

(3)尽可能地安排好规格尺寸分配。在有大量亚裔美国人的地方,亚裔女性的身材通常要比白人女性身材娇小,因此存放一些小尺码的服装将会是一种更好的选择,它将有可能带来更多的销售。

(4)在视觉陈列中摆放具有少数族裔特征的橱窗模特。现今,几乎每一位人体模型制造商都在生产肤色、发质和面部特征具有非裔、西班牙裔、亚裔人种特色的人体模型。因为这样做能使展示品与少数族裔购物者之间联系更加紧密。

(5)在时装表演中启用少数族裔模特。此举是为了使少数族裔观众感觉所展示的商品与他们息息相关(图6-18)。

图6-18 少数族裔时装模特常常能为时装表演带来少数族裔观众群
(Mark III Photonics/Shutterstock)

商业词汇

广告文本
人口普查局
人口统计特征
族群
多元文化

要点概述

1. "一刀切"的思维方式已经不适用于当今社会的发展需求。
2. 美国少数族裔群体所拥有的企业数量不断增长,极大地增加了他们的购买力。
3. 到2050年,美国四分之一的人口将会是西班牙裔美国人,这使他们成为对商家来说极其重要的细分市场。
4. 有很多进入时尚领域的设计师凭借着他们的民族风格而获得明显的收益。
5. 非裔美国女性把在服装和饰品方面的消费行为作为她们基本需求得到满足之后的最重要的支出。
6. 西班牙裔美国人用于食品上的支出在其收入中所占的比重大于用于其他物品的消费。
7. 亚裔美国人的平均收入在所有少数族裔中最高。
8. 仅仅在原先针对白人市场的广告中插入少数族裔的面孔,这种做法是一种无效的营销方式。
9. 很多零售商雇用专业广告代理帮他们在少数族裔市场上盈利。
10. 全美有超过200多家非裔美国人期刊,这显示了该细分市场的重要性。

思考题

1. 为什么"一刀切"的销售方法对今天的零售商不再适用?
2. 美国少数族裔群体所拥有的企业数量在不断增长,这一事实对零售业有什么益处?
3. 为什么研究少数族裔的人口统计特征很重要?
4. 到2010年,预计少数族裔的人口数占总人口数的百分比是多少?
5. 少数族裔人群所接受的教育要比以往任何时候都更好,为什么这一事实对零售商而言很重要?
6. 何种类别的商品对于非裔美国女性来说,是在她们的基本需求得到满足之后最重要的商品类别?
7. 什么导致非裔青少年人群成为零售销售中一支重要的采购大军?
8. 哪三个主要的族群占有特制彩妆产品类的最大销售额?
9. 为什么在针对亚裔美国人群体的食品上贴标签要比为其他族裔困难?
10. 哪一家大型零售商引进了西班牙语的《我们自己人》杂志(Nuestra Gente)以吸引更多的该少数族裔消费者前来购物?
11. 仅仅更换少数族裔广告中的面孔而对其他内容原封不动,这一做法是否有效?
12. 美国主要的西班牙裔电视台分别是哪两家?
13. 哪一个少数族裔群体拥有更多的面向他们的媒体渠道?
14. 亚裔美国人的服装尺码集中区域与其他族裔人群的有何不同?

案例1

当"成熟的年轻人"(the Sophisticated Junior)在密歇根州开第一家店的时候,正值女装市场服务水平低下之时,直到20世纪50年代初期,市场上的大多数服装都是按照女性的号型生产,很少有适合矮个子身材的衣服,通常顾客都需要经过修改后才能适合自己的身材穿着。

此时,"成熟的年轻人"开了一家专门针对身材瘦小女性的服装店。店铺中的商品不同于该地区的其他服装店。不久,公司就开始看到它的销量和利润远远超乎想象。随着第一家店的成功,公司逐步发展成连锁经营,店铺开到了密歇根州的其他城市。商品种类最初以款式独特的连衣裙为主,后来逐渐加入了运动装和大量的配饰。

在多年的经营中,"成熟的年轻人"采用了不同的零售模式去迎合消费者和潜在顾客的需求。公司起初采取了商品目录的直销形式并很快取得了成功,近年来,互联网的普及给公司带来了新的销售形式和销量。此时,公司一共有了32家店,每年出版5季商品目录,并且还有一个特色网站。

为确保继续成功经营,公司的管理团队非常注重市场调研,这样他们能更好地了解消费群的变化,并以此为方针指导他们的行动。市场调研的深化,导致了他们营销方向的变化,促销方法的更新,以及店面陈列设计改变等。最新的市场调研数据也显示出不同的营销策略能影响公司未来的发展趋势。管理团队在市场调研中发现他们的很多店铺消费者种族越来越呈现出多样化的发展态势,但他们没意识到一段时间后这个趋势已经影响他们的发展了。非裔美国人,西班牙裔美国人和亚裔美国人的人口数量增长尤为迅猛。

现在大家关注的是是否有必要重新考虑他们的营销策略并调整进货模式,选择满足其他族裔顾客想法和需求的商品。公司是继续选用"一刀切式"的理念还是有必要做出一定的改变才能继续成功之路?店面陈列设计应该调整吗?视觉营销应该改变吗?需要采用新的广告吗?网站需要重新设计以获得更多的市场份额吗?这些都是需要解决的问题。

管理部门在市场调研公司的帮助下探索研究问题的关键所在,并提出了解决方案:

(1)调整商品组合,其中至少50%的特定产品对于各种少数族群特别有吸引力。

(2)评估每家店铺,并根据店铺中的种族人口比例调整库存。

(3)改变所有广告宣传以集中在不同种族的主题上。

(4)使用不同种族的服装模特来呈现视觉上的不同效果。

(5)除非销量严重下降,不然很容易忽略调研显示的变化。

问题:

1. 你会同意管理层的哪条解决方案?说明理由。

2. 假如你是管理团队中的一员。你将为"成熟的年轻人"选择哪个方案去应对可能的改变?请以逻辑性的思维来进行分析。

案例2

芭芭拉·简·安德森（Barbara Jean Anderson）和贝蒂·迈耶斯（Betty Meyers）在过去的5年中一起在完美（Perfect Fit）专卖店工作。公司自1985年开始运营，已经在时装和配饰上取得了很大的成功。安德森女士是年轻运动装买手，而迈耶斯女士是各种配饰，包括腰带、时尚珠宝和新奇商品的买手。她们都在同一个商品部门，并且定期碰面以确保她们的采购商品有着同样的商品理念，如色彩、价位等。

如同很多零售买手一样，每个买手都有创业的欲望，拥有自己的生意，或是彼此合作，一起拼搏是他们的梦想。安德森和迈耶斯的工作合作已经经过了时间的检验，这让她们相信她们可以在这次创业中做一对完美搭档。

在开始创业前，她们和财务顾问碰过面，以确保她们有足够的资金来周转。在此基础上，她们开始寻找店址，几个月后，她们找到了一个既符合计划又适合租用的地方。建立业务的所有基本要求都要考虑到，如建立信用、决定初期运行的雇员数量等。她们现在准备选择一种最有可能成功的营销方法。美丽女人（Fabulous Female）准备开业了。

在统计了店铺所在地区的人口数据后，她们发现这是一个多文化交融的环境，有50%的顾客是由三大种族组成——非裔美国人、西班牙裔美国人和亚裔美国人，其余的都是白人。她们的问题是应该针对所有文化背景的消费者提供混合商品，即一半商品卖给白人、另一半卖给多元文化种族，还是只为地区的少数族群提供专有商品。

这时，她们仍在考虑想要成功的最佳方案。

问题

1. 她们应该只提供满足大多数人需求的普通商品吗？
2. 她们应该采用混合商品策略，即50%的商品吸引白人，50%的商品吸引少数族裔吗？
3. 她们应该限制商品只面向三大主要族群销售吗？

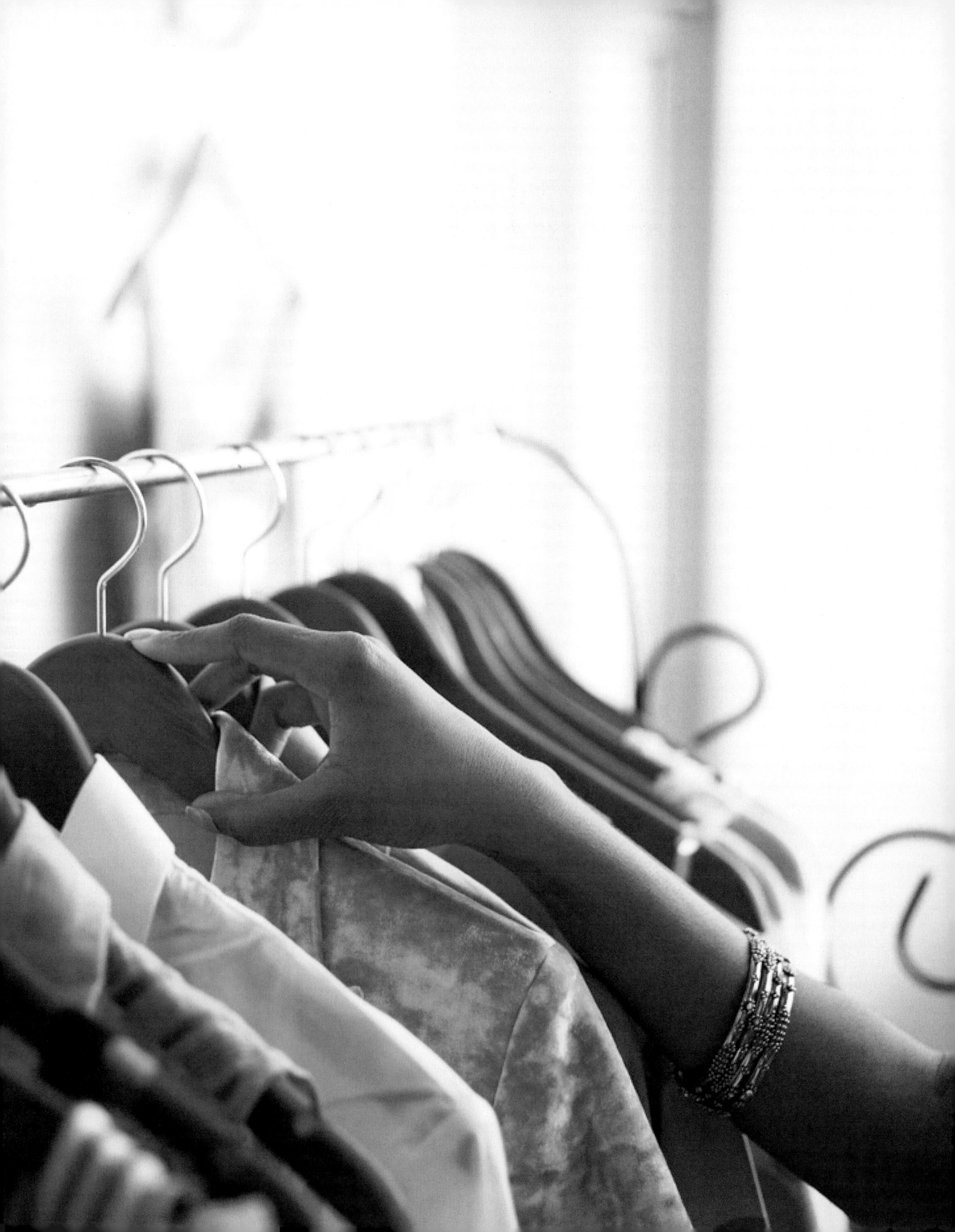

采购种类

经过本章的学习后，我们应当能够做到：
- 就商场的销售政策对买手选择商品产生的影响展开讨论。
- 解释了解以往销售商品的价格、色彩、尺码以及款式等方面信息对买手的重要性。
- 讨论计算机帮助买手做出正确采购决定的方式。
- 描述能为买手提供有助于做出未来采购决策的多种调研手段。
- 解释销售人员与商场管理者帮助买手评估消费者需求的方式。

第七章

大多数零售人员都非常肯定地认为，无论是百货商场、目录销售商或电子零售商，商品才是企业生存的生命线。零售企业的销售团队，尤其是买手，承担着选择商品以满足消费者需求的重要责任。由于消费者会重复购买满意的商品，因此，了解消费者对商品的喜好以及他们能够接受的价位，将会有助于买手稳步提高商品的销售量，进而提升企业获利的可能性。

与以往相比，如今的商品种类繁多，令人眼花缭乱。对任何商品，无论是时装、家居品或食品等，都可从遍布全球的供应商那里采购，而且供应量几乎可以说是无限的。在这种情况下，买手必须能够从中挑选出最具销售潜力的商品，并且能够顺利地将之购入。也唯有如此，他才能真正成功地完成自己的使命。

买手会用多种渠道的信息来实现公司交予他们的工作任务。对这些渠道，依据它们与公司的关系可将其划分为公司内部与公司外部两大部分，其中公司内部的信息至关重要。公司内部信息包括以往销售记录、销售管理人员提供的信息、与销售人员和商场管理者的交流、消费者调查，以及商品需求系统等

图7-1　买手根据以往的销售记录决定未来的采购种类
（Comstock Images/Thinkstock）

（图7-1）。由于这些信息对确定采购何种商品发挥着至关重要的作用，我们遂将其作为本章讨论的重点所在。公司外部信息具体包括采购代理机构、产业报告、时尚预测师、商业协会等，针对这一部分，我们已在第四章对其进行了详细说明。

尽管买手在商品采购过程中被赋予了很大的自由度，但他们却绝不可以随心所欲。每个公司都制订了商品采购的政策，买手必须在这些政策框架内制订采买计划并实施采购。

商品政策

无论是小型独立店，还是零售业巨头，企业能否取得成功，都必须依赖于买手对公司政策的了解与执行程度。

公司制定商品策略的根本目的，是为了使消费者对本公司商品的价位、质量、特点、供货、定价等形成一个稳定的认知和印象。

这些商品策略被制定出来后，买手必须严格遵循，并以此为依据来采购最适合的商品。

价位

为吸引特定范围内的消费者到商场购物，零售商通常会首先制定公司的价位政策，以明确本公司的主要营销对象。价位是由零售商制定的、最核心的零售价格带。例如，零售商多会以中等价位来吸引中产阶层的注意力，或以高价位赢得富有阶层消费群等。至于最终要确定哪种政策，则应以商场的覆盖区域以及区域内人群的收入状况、生活方式等为主要依据。

这里应当说明的是，价位不应局限于很窄的范围内，而应该包含多种不同的价格。以鞋子为例，中等价位可能包括售价从50~120美元不等的多种商品。通过制定并执行价位政策，那些不具备购买能力或者不愿购买此价位的消费者就不会到那些实体商场购物，从而更有利于确保进入商场的多数消费者都具备一定程度的消费意愿与消费能力。

由此可以认为，只要买手在商品采购过程中遵循了商场价位政策，就为实现公司的目标奠定了必要的基础。

商品质量

对于大多数商品而言，如服装、配饰、家居饰品等，买手总会面临多种质量方面的差异。例如，由于面料、工艺等方面的显著区别，款式相似的两个沙发售价可能会相差几百美元。同样，两件外观几乎相同，材料却迥异的成衣价格也会有天壤之别（图7-2）。

在这种情况下，零售商就要明确最适合目标消费群的产品质量水平。

商品独特性

一些商家经常以独有的专卖商品来凸显自己。如内曼·马库斯和萨斯之类的公司就坚持为有需求的客户提供专供商品，并借此实现了高于公司其他商品的利润率。

专供商品是与独特商品相关的另一经营理念。在这种理念下，公司必须通告买手此类商品应占总商品的比重。应当牢记的是，由于专有商标商品不涉及价格比较问题，因此，商家能对其进行更高的商品加价。

虽然一些零售商将注意力集中在了专供商品方面，但仍有很

图7-2 买手检查商品质量
（Jupiterimages/Thinkstock）

多零售商更倾向于实行其他的经营策略，如大量购进多种在全国进行广告宣传的商品等。

就买手而言，无论零售商采用了哪种策略，他们都必须严格在公司既定政策的指导下进行采购。

商品范围

商场经营商品的范围同样取决于管理层的决议。例如，家具商场是仅经营时髦的款式，还是经营多种不同风格的商品，只能由零售商来决定。而商品范围一旦被确定，消费者就能迅速了解该商场是否经营着能够满足自身需要的商品。

采购时机

能够率先推出新商品的零售商总会在竞争中占得先机，尤其对那些销售时装的零售商而言，情况更是如此。这些商家会成为时尚的引领者，并借此推动客户群购买那些正被重点宣传的商品，以使他们成为第一批穿着这些时装的人。其他的零售商出于安全考虑，会等到供应商大量供货时才实施商品采购。这虽然避免了由于较早购进所产生的更高售价和销售风险，但也同时放弃了成为"时尚领导者"的机会。

最后一种情况是，低价零售商会等到售价大幅度降低后才购进商品。由于进货价格是此类商场的决定因素，因此，购货时机对低价零售商而言，就相对而言不是那么重要了。

商品深度

所经营商品的深度是必须明确的另一销售政策。应该购入较少品种的色彩和款式，还是严格限定更少的品种数量？应该购入新颖的商品，还是将采购重点放在基本商品方面？诸如此类的问题，都需要根据具体的政策进行明确，以使买手准确了解商场的经营重点。而且，一旦这种政策被确定后，买手就必须在商品采购过程中严格遵循。

定价政策

零售商可选择的定价政策有多种具体形式。例如，商家可选择以正常价格销售所有商品，即对商品标出行业平均的利润加价；可实行折扣定价策略，即以较低的价格销售商品；可将经营重点集中在以较低的批发价格购进的商品方面，从而实行既能够标出正常加价而售价仍偏低的定价政策。

通常，一些公司多单纯执行一种定价政策，但也有一些公司由于既要使某一分店凭借价格打折来应对挑战并以此作为竞争力，又要在特定时期购进低价商品以满足销售特殊商品的需要,同时还要经常在大部分分店中执行正常的价格策略,因而这类公司会选择综合使用上述所有形式的定价政策。

与前面情况一样,无论公司选择何种定价政策,买手都必须不折不扣地予以执行并在采购过程中充分体现出政策意图。

买手要认真研究公司内部的信息

为了对任何一种采购形式制订恰当的计划,买手必须仔细评价来自公司内部的大量信息。在这些信息中,虽然人们普遍认为以往的销售记录是最重要的,但其他的一些重要信息,如管理层的指导、商场管理人员与销售人员的建议,以及消费者调查等,同样是买手做出采购决定前必须认真参考的。所有这些信息,都可通过不同的方式为买手提供中肯的采购意见。

以往销售

相比以往任何时期,如今是买手获得以往销售信息最便捷、最丰富的时期。然而,即使是最近期的销售记录,也不如当前零售经营中经常出现的情况对买手更有价值。由此决定了,零售商需要经常、及时地更新以往的大量销售记录,从而为买手进行采购决策时提供正确信息。

随着计算机的出现,永久性地保留所有信息成为了可能。但在此之前,令人很难想象的是零售商必须依靠手工进行信息采集处理工作。他们可能使用最简单的存货单来记录从不同卖家那里购进商品的款式、进价与售价、颜色、尺码等信息。同时,他们还要对每件商品做出标价,并在商品售出后去除相应的标记。例如,店员可能会用"X"标示售出商品,用"y"标示未售出商品,借此告诉零售商哪些商品还未实现销售。买手要仔细审查各供应商的商品销售情况,并对哪些商品可为商场带来利润,需要再购进哪些商品,应购进商品的款式,以及哪些商品会吸引消费者等情况做出判断。如今,即使是最小规模的零售商也会用计算机来处理各类销售报告,并通过多种软件记录和分析销售情况,从而为买手进行采购决策提供可靠依据。

大型零售组织会录用多名计算机程序员来根据公司的具体需要开发设计多款计算机软件,并以此协助买手和销售人员履行职责。通过这些软件,公司能在很短的时间内完成以前需要大量时间才能处理完成的文件。不仅如此,在计算机快捷、准确的帮助下,买手也可在最短时间内完成所需要的销售分析报告,以利于进行准确的采购决策。由于这些信息对商品采购至关重要,买手不仅在办公室使用它们,很多人甚至到批发市场采购商品时也会随身携带,以便随时参考。

具体而言,买手需要使用的分析报告主要包括:不同尺码与颜色商品的销售状况分析;商品种类与价格报告;热销商品报告;半年计划;采购情况;基本的存货更新;价格调整;分店销售概要等。本章将主要讨论其中与采购决策直接相关的部分,其余部分将在本书其他章节给予具体说明。

需要说明的是，尽管报告看似提供了无穷的商品信息，但最终，只有买手的分析才是最具决定意义的。

对以往销售信息的分析

和其他产业的管理者与执行者一样，买手在进行决策之前，同样必须仔细分析手中的各方面信息。然而，即使两个经营者分析的是同一信息，由于对数据的不同理解，他们所得出的结论也可能存在很大差异。因此在零售行业，那些经验丰富并受过系统培训的人相比其他人而言更可能做出正确的决策。

对于以往销售分析的重要性，无论怎么强调都不为过。它能反映出过往购进商品在消费者中受欢迎的程度，以及这些商品对公司盈利所作出的贡献等。

具体而言，买手应分析的以往销售情况主要包括以下几个方面：

商品种类。商品应根据所划分的种类进行归类，且每一类别中又可能包括多种子类商品。如在男式成衣这一商品分类中，"西裤"就是其中的一种商品子类。

对主要商品或基本商品而言，它们的商品种类基本不会发生变化，只需经常保持一定的库存量即可。例如，男式白手帕、三轮童车以及雪地防滑轮胎等。这些商品是零售商赖以实现稳定销售与稳定利润的基础。不仅如此，由于销量的稳定性，买手可经常使用"自动补货"方式采购这些商品。计算机会在商品低于预定存货水平时，自动打印出补货订单供买手使用。在自动补货系统中最具有革命性意义的是电子标签（Radio Frequency Identification, RFDI），这是一种无线射频识别技术，已经在应用中被证实了其重要价值所在。无论何时，它除了能够随时显示商品的库存情况，令补货成为一项轻松、简单的任务，还可以追踪、定位运往零售商途中的货物情况，使得库存管理和实时问责成为现实。

与上述基本商品不同，由于时尚类商品会持续流行一段时间，并随着人们兴趣的减弱而逐渐消失，因此，买手需要高度关注时尚类商品，对此类商品信息的分析也成了买手经常需要进行的一项工作。以男装为例，19世纪90年代初，星期五便装出现了，此类休闲类服装曾一度在工作场合中被拒之门外，现在却可以在工作日中穿着，为该类商品带来了巨大的变化。由于无论购买数量超过或低于消费者的实际需求，都可能严重影响公司的利润，因此，买手必须在采购实施前仔细评估这种变化，并对休闲类服装给予密切关注。这类商品虽然不存在以往的销售信息供买手参考，但买手却必须借鉴其他商品的历史销售情况，并以此为参照来制订此类商品的采购计划。

这里需要指出的是，即使是时尚类商品，其商品种类也很少会发生变化。当需要做出合理的改变时，采购决策通常由整个销售团队共同制定，而并非由买手单独决定。

价位。向目标消费者提供适当价格的商品是销售过程中一个非常关键的方面，商场的价位形象，如"高价"、"低价"或"价格适中"等，也会在消费者中广为传播。但无论具体情况如何，商场采购的商品都必须能满足商场执行既定价位政策的要求。

尽管销售管理人员会非常仔细地说明商场的价位政策，但实践中，买手的理解仍可能会存在一定程度的偏差。通过分析历史销售记录，买手会对销售情况最好的价位水平产生非常直观的感性认识。有时，买手甚至能通过分析提供给商场应当进行价位调整的依据。

例如，许多年前，梅茜百货就遇到了这种情况。当时，公司主要经营的是中等价位的商品。但管理层通过仔细分析后发现，需要这种价位商品的消费人群数量将来必定会出现萎缩。于是，为实现公司的长期发展，公司必须对价位进行必要调整。通过分析以往销售的价格数据，并综合考虑外部的大量相关信息，管理层做出了向经营高价商品转型的决定。而公司目前在该领域所取得的巨大成功，则有力地证明了当时所做出决策的正确性。

当然，许多公司的价格调整不会像梅茜百货表现得那样剧烈。在大多数情况下，商场要做的只是对价格的微调。以针织衫为例，通过分析过去三年的销售记录，买手会发现高价位针织衫的销量更高一些，而低价位针织衫则更易于出现降价出售的情况。如在35~85美元的价格区间内，售价在65~85美元的商品占了全部销量的绝大比重。那么，这可能就意味着不应再购进标价35美元的商品，而将进货重点放在售价为50~100美元的商品上面。但显而易见的是，这只能说为价位调整提供了一个信号，至于调整可能会达到什么样的效果，就只能依靠时间来进行最终检验了。

款式。需要指出的是，"款式"与"流行式样"意义并非等同。前者表示的是商品的轮廓或外观，而后者指的则是目前被消费者所接受的"款式"。"款式"一词不只单纯用于服装和饰品，其他一些商品，如家具、器具、餐具、床上用品等，也涉及款式问题。例如，我们可以说，一款现代沙发、一款车载皮箱、一款对开门冰箱等。因此，不仅时尚类商品买手应考虑商品的款式，耐用品买手也经常会面临此类问题。

买手需要定期浏览购进商品的销售情况，以了解销路最好的款式、特定款式的流行趋势、销售不畅的商品款式等具体情况。

图7-3　对时装款式的以往销售记录进行分析可以指导未来的采购计划
（Franco Deriu/Shutterstock）

采购种类　**129**

无论是单纯出于是否应再购进同类商品的考虑，还是为下一销售季节做准备，买手通过考察以往销售记录了解商品款式方面的信息都是至关重要的。那些认真进行此项工作的买手不但能及时掌握热卖商品情况，还能掌握许多长期有效的信息，以为将来的商品采购奠定坚实基础（图7-3）。

以往的销售记录虽然能够提供"老"商品的销售状况，但却不能用于判断未曾销售过的"新"商品信息，那么，买手又是如何判断是否购进那些与历史商品截然不同的新品呢？现实中，买手做出这种判断的依据之一，就是考查公司相关新商品方面的记录。例如，如果以往的销售情况显示部分消费者有尝试新商品的意愿，那么，消费者接受其他新商品的机会就会显著增大。同样，如果一名买手在迷你裙刚开始流行的销售季节就成功实施了采购，其后第二年采购的长裙同样获得成功，那么，他做出的所有有关尝试时尚新品的采购决定很可能都是正确的。另一方面，如果销售记录显示消费者的购买意愿仍维持在基本款式方面，那么，此时购进新款商品就很可能并非明智之举。

因此，季节性商品买手都明白，有关款式信息方面的销售记录不会直接告诉他们批发市场正在经营什么商品。只有对这些销售记录进行仔细分析，才能帮助季节性商品买手做出正确选择。

颜色。商品的颜色是所有买手进行采购决定时都需要考虑的另外一个因素。无论是服装、家居装饰品，还是旅行包等，都有多种颜色供买手选择，但受库存量与预算的限制，买手却不能购进所有颜色的商品，而只能从中挑选出最可能迎合消费者需要的少数几种。此时，买手就需要考虑，是普通的黑色鞋子销路较好，还是暖色调的粉红色能够引起更多的关注？是应该购进无色的玻璃器皿，还是该采购有色彩的玻璃器皿？消费者是喜欢有花色的晚礼服，还是倾向于纯色的晚礼服等（图7-4）。

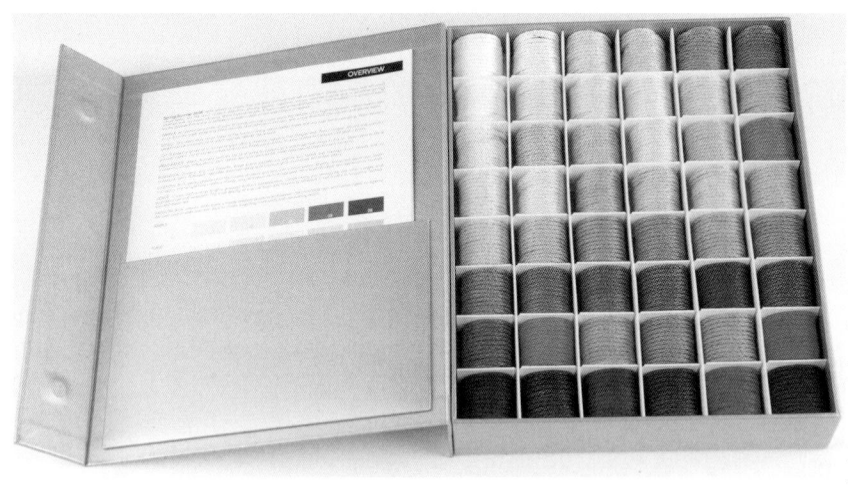

图7-4　颜色是选择时装商品的一个重要因素
（The Doneger Group）

与其他因素一样，买手同样会仔细记录并认真考察有关商品颜色方面的销售情况。如果仅考虑某种商品的款式或外观而忽略了消费者必然关注的颜色因素，并以此为依据做出采购决定，其结果很可能是灾难性的。不可否认，在一个销售季节里，某一商品确实存在特定的流行色。但是，消费者的喜好才是决定商品销售的最终决定因素，即使是同一家公司，不同的分店对商品颜色的要求也可能不尽相同。因此，单纯以流行色为依据进行采购未必是明智的。

考察销售记录不但能告诉买手该商品的何种颜色最便于销售，而且在进行适当分析的情况下，还能向买手提供所有有关颜色方面的信息。例如，如果消费者去年购买最多的是当时的流行色——粉红色，且在前年购买最多的是那时最流行的颜色——黄色，那么，买手就可以假设该消费者基本是追逐流行色的消费群体。在这种情况下，买手选择购进被认为是未来流行色的颜色就是一种相对安全的策略。与之相反，如果买手通过考察销售记录发现，消费者保持对"基本色"的稳定喜好，且不具备购买"新颜色"的意愿，那么，坚持购进基本色商品就应成为买手采购决策的首选。

尺码。20世纪50年代以前，美国消费者在购买服装时，会发现可供选择的尺码范围非常有限。在当时的条件下，他们虽然也会根据喜好挑选商品，但当该商品尺码不能满足自己的要求时，他们也只得被迫另外选购其他合身的商品。当时的买手也不用像今天这样，要考虑每一商品所需尺码的采购数量。如今，商场经营的服装不但色彩多样，而且尺码齐全。例如，男装可能包括基本码、长款、短款、加大、加长等多种类型。而衬衫的情况则更为复杂，颈围可从14.5~17码，袖长可从32~37码。女装买手在采购少女装、年轻女性服装、小码和大码的服装时，同样也会面临尺码的问题。通常情况下，公司仓库的容量是买手必须考虑尺码问题的主要原因，尤其对连锁公司的分店与小型商场而言，情况更是如此。

商品采购过程中，如果买手简单地使用购入"所有尺码商品"策略，而没有关注销售记录显示的销路最好的尺码，那么，尽管商品的款式可能具有相当的吸引力，但总会有一些尺码难以实现销售，从而造成商品的积压与滞销。通过检索销售记录有关尺码方面的信息，买手就能够了解什么尺码的商品最适合消费者的需要以及应少量购进哪些尺码。有时销售记录还会显示，对某些款式的商品有意识地舍弃掉一两种尺码可能会是比较好的选择。

对于尺码问题，尽管探讨起来似乎比较枯燥乏味，但一旦对此加以充分关注，却有助于买手提高采购成功率，使商场减少存在较大降价销售可能性的商品库存。

材料。现在，买手面临的材料选择比以往任何时期都要多样化。市场上，有成百上千种新型材料和传统材料，以及无数的由混合材料制成的多种商品可供选择。需要注意的是，"材料"问题并非仅涉及纺织材料，它还包括玻璃、塑料、木材、金属、石料、人造石材等多方面内容。家具、箱包、礼服、玻璃器皿、毛毯等多种商品的买手与服装类商品的买手一样，都会面临到商品的材料问题，并需要对多种材料制成的商品做出自己的选择。

通过对涉及材料信息的销售记录进行适当分析，买手能够了解到消费者在材料方面的购买意愿。与款式和色彩因素一样，材料的选择也应以消费者的需要为最终决定因素，而销售记录则正是揭示特定时期这种需要的主要方式。与此同时，零售商还可以掌握商品的退货情况，通过仔细检查此类记录，买手就能了解什么材料制成的商品最容易造成退货问题，并在未来采购过程中减少此类材料商品的购进数量。

最后，买手还必须认识到，市场中没有一种材料能够绝对满足所有消费者的需要。因此，买手在决定采购商品种类过程中，除了要考虑那些经过市场检验、接受程度较高的材料，还必须考虑一些行业中逐步流行的新材质，以满足消费者的不同需求。

采购频率。买手与销售人员记录的历史销售情况还能为买手提供商品采购频率方面的信息。除了某些特殊情况，如需要购入某种商品以配齐商场对该商品的经营种类，买手一般很少购进销售频率较低的商品。例如，买手有时会采购一两件能够吸引人们注意力的泳衣，但其主要目的却并非是为了实现销售，而是要增加商场经营的泳衣种类。对这类商品，我们通常称之为"展示商品"。但总体而言，这只是一些极少发生的情况。由于经常会遇到本书第十五章中有关"商品定价"的周转问题，买手要尽量减少可能导致积压并占用库存和资金的商品采购。然而，在现实运作过程中，世界上没有一个买手能确保每次都能采购到恰当的商品。因此，要想完全避免对此类商品的采购是非常困难的。然而，销售记录中蕴涵的充足信息却能明确显示出哪些是获利能力较差的滞销商品，以助于买手将其从采购计划中去除。

消费者退货。有时候，买手会产生这样的疑问，即在到了处理存货的时候，为什么还有一些看似应该很热销的商品仍然积压在手中。出现这个问题，可能并非价位、颜色、款式等方面的原因。买手检查销售记录后会发现，可能消费者喜爱并实际购买了这些商品，但由于尺码不合适或材料等各方面的原因，却最终向商场进行了退货。在退货过程中，商场通过咨询退货原因而保留的记录能清楚地向买手提供退货的相关信息。通过了解哪些是经常被退回的商品，买手在未来的商品采购过程中就获得了明确的指示，并借此修正采购计划，将那些存在问题的商品或供应商排除在选择范围之外。只有经常性地查阅销售记录提供的退货信息，买手才能真正修正曾经在采购方面做出的错误决定。

销售管理人员的帮助

正如第一部分所介绍的，在一些大型零售组织中，买手会受到两个层次的销售管理人员的监督与指导，即销售总经理与销售部门经理。在晋升到高层职位之前，这些人员都从事过买手工作，并可凭借由此获得的丰富经验向晋级后所监督与指导的买手提供帮助（图7-5）。

销售总经理

作为零售组织销售部门的最高主管，销售总经理（GMM）由于曾先后从事过买手与销售部经理的工作，因而通常具有丰富的工作阅历。刚开始工作的时候，他们会首先被分配从事某一特定商品种类的采购工作，并由于业绩卓越，为公司赚得了巨额利润，进而被提升为销售部门经理。在这一职位上，他们又获得了夯实采购技能的机会，并能够帮助下属的买手做出正确的采购决定。

在销售部经理之中，那些工作开展得最为成功者，将最终晋升到销售总经理的职位上，并直接决定公司采购的商品种类。

图7-5 销售总经理和销售部门经理帮助新买手提高采购技能
（Dean Mitchell/Shutterstock）

尽管销售总经理并不经常与买手发生直接联系，但他们可以通过参与制定公司的销售理念，并通过销售部门经理向买手传递销售理念的具体信息。自然，经验丰富的销售总经理都非常了解买手应该具有一定的商品采购自主权，因此，他们对买手的管理通常也是开放性的。

销售部门经理

销售部门经理（DMMs）是直接向买手提供帮助的人员。他们不但会为其下属买手提供各类采购信息，还会在市场周期间的大宗商品采购过程中，与买手一起到批发市场进行直接采购。

由于曾从事过买手工作，销售部经理对商品采购的任何环节都有着丰富的经验。凭借对不同批发市场、供应商、产品信息等相关情况的了解，他们足以成为那些新买手的优秀老师。

同样的，对于那些手中掌握大量采购预算的买手而言，他们在酝酿进货模式以及其他采购计划的时候，也经常会寻求销售部门经理的帮助。

销售人员与商场管理者的帮助

在有固定店铺的零售组织中，销售人员与商场管理者是在经营一线与消费者经常发生联系的人员。因此，买手都非常乐意与他们进行经验交流，只是由于条件的限制，彼此交流的方式会有一定区别。例如，那些办公地点设在旗舰店的买手可与他们进行面对面的交流，而那些不在商场办公的买手则需通过电话、传真、电子邮件等形式与他们取得联系。

由于零售经营的自身特性，销售人员的商场管理者能够了解到消费者不购买商品的一些原因。因此，买手通过与他们的联系可获得计算机等方式所无法获得的消息（图7-6）。这些信息主要包括：

（1）商场中缺少的目标消费者所需要的商品品种。
（2）消费者所需商品的缺货登记。
（3）商品缺少需要的尺码，需购进较大或较小的尺码。
（4）商品颜色种类不全。

无论是亲自交流，还是借助前面提到的联系手段，这些信息都应引起买手的必要关注。缺少了这一点，买手所设计的未来采购计划必定是不完整的。

为了加强买手与销售人员、商场管理者的联系，一些零售组织还建立了"需求卡"体系。零售商会为销售人员准备一个表格，供其在不能满足消费者特定要求时填写。之后，这些表格被递交给买手，供其审查并决定如何调整采购计划以满足这些要求。

尽管与销售人员、商场管理者的交流并非一种硬性的制度规定，但此种交流对商场的成功经营能够起到十分重要的作用。

图7-6 买手借助沟通工具与销售人员保持密切联系是非常重要的
（Lstockphoto/Thinkstock）

商业词汇

自动补货
传统实体店铺
销售部门经理
流行式样

时尚领导者
销售总经理
价位
专供商品

商品种类
销售分析
款式
需求卡

要点概述

1. 一旦公司管理层确定了销售目标，买手就需要通过各种渠道加以实现。
2. 有助于买手更好地制订采购计划的重要信息来自于公司内部。
3. 商品政策必须明确几个特定的因素：价位、商品质量、商品独特性、采购时机、商品种类和定价政策。
4. 为了吸引特定的消费群体，零售商必须制定价位政策，即最核心的零售价格带。
5. 很多买手都参与专供商品的开发，为公司提供一定比例的独特商品。
6. 以往的销售记录可以为买手提供很多信息，如不同尺寸和颜色的销售分析、热销商品报告、采购情况等。
7. 在采购基础商品时，一些零售商通常采用自动补货系统来协助买手完成这方面的职责。
8. 仔细检查以往的销售记录可以帮助买手了解商品的销售情况。
9. 除非需要某款商品来配合促销，否则一般情况下买手没有理由来订购这些慢销商品。
10. 对于买手来说，那些也曾担任过买手职位的销售总经理和销售部门经理对他们的采购决策提供了极大的帮助。
11. 那些活跃在销售一线的销售人员和商场管理者，能够把消费者对商品的需求信息传递给买手。

思考题

1. 当买手制订采购计划时，可以从哪些地方获取重要信息？
2. 在零售组织中，谁负责制定公司的商品政策？
3. 价位是指什么？为什么零售组织一定要制定价位？
4. 买手如何确保他们的商品中含一定比例的独特商品？
5. 在零售组织中，谁制订了专供商品在整体采购计划中的比例？
6. 买手总是在下一销售季节前尽可能早地采购时尚商品吗？
7. 为什么现在的买手工作效率大大高于他们的前辈们？
8. 请明确商品种类的含义。
9. 请描述自动补货系统是如何运作的。
10. 价格分析报告如何帮助买手调整商品价位？
11. 请说出"款式"和"流行式样"的区别。
12. 如果流行色每季都会发生变化，那么以往的销售分析如何为买手在未来的颜色选择决策中提供帮助？
13. 为什么仅在很少的情况下，买手采购的商品会被认为是滞销品？
14. 查阅退货信息对买手制订未来的采购计划有何帮助？
15. 为什么说在买手制订采购计划时，销售经理是他们的重要帮助者？
16. 商场管理者和店铺销售人员对于买手的帮助具体表现在哪里？
17. 当买手距离店铺较远时，他们通过哪些方式和销售人员、商场管理人员进行沟通？
18. 销售人员可以为买手提供哪些计算机无法提供的信息？
19. "需求卡"体系具体指什么？

案例1

时尚王国（Fashion World）是专卖女装和配饰的小型连锁店。1995年开了第一家店，其实际经营比预期成功许多。公司规模逐渐扩大，现在已达到5家，销售额也在不断攀升。但此时，公司注意到其中的3家店铺销量稍有降低。

公司的规模相对较小，没有内部调研团队来调查问题所在。搭档杰克·斯劳特（Jack Slaughter）和山姆·雅各布森（Sam Jacobson）决定雇用市场调研团队去找出问题所在。他们选择了一家名为聚焦目标（On Target）的专业零售调研公司。经过3个月的调查后发现，问题主要在最近新开的低价店Fashion For Less上。另外，在该地区还有3家低价店。经过仔细观察和分析，这些店以更低的价格销售部分相同的商品，并且在这3家店里，知名品牌如卡伯尼、拉夫·劳伦和卡尔文·克莱恩都有更加充足的商品。

虽然时尚王国（Fashion World）想选择放弃销售知名品牌以避免商家之间的竞争，但最终决定还是保留这些品牌以完善他们的商品种类。因为缺少设计师品牌，很多消费者可能会去其他商家那里寻找这些品牌的系列产品。

经过充分的讨论后，斯劳特先生认为拥有自有品牌是解决问题的关键，可适当增加一些公司的专供商品，以弥补下降的销售量。由于专供商品的独特性，消费者将不能在其他店铺找到相同商品。然而，曾作为一家大型百货商店的时尚协调员的雅各布森先生则认为，自有品牌的概念只适合大商家。因此，两人还没有达成解决问题的共识。

问题：

1. 自有品牌能成为公司的解决方案吗？为什么？
2. 时尚王国（Fashion World）能以何种方式不投入生产即拥有专供商品？

案例2

珍妮特·伊斯特兰德（Janet Eastland）是一名童装买手，去年她所服务的公司利润是5500万美元。其中童装占了440万美元。该公司拥有一家旗舰店和8家连锁店，它们都是分布在旗舰店半径约24千米的范围内。伊斯特兰德女士的办公室就在其中的一家连锁店内。

这是一家在不断发展中的公司，在旗舰店管理方面有最先进的管理方式，买手会定期收到许多报告，如款式和颜色分析、价格分析、号码情况等。

伊斯特兰德女士非常善于利用她所得到的一切信息来为自己的采购服务。如今，她对自己在公司的作用感到失望，由于公司的卖场之间距离较远，使得她不能到各个分店去充分了解商品信息，直接与相关人员进行很好的交流，伊斯特兰德认为这对她的采购工作有较大的影响。

目前，公司正在尝试怎样才能满足她的这一愿望。

问题：

公司采用什么样的方法才能够使伊斯特兰德女士更好地发挥作用？

Stockbyte/Thinkstock

采购数量

经过本章的学习后，我们应当能够做到：

- 解释半年商品计划的重要性并探讨其结构。
- 定义"进货模式"，解释其在零售活动中的重要性。
- 定义"种类"与"子类"，并解释它们在存货设计中的使用方式。
- 使用采购限额计划确定任一时期商品采购的可用资金额。
- 讨论自动补充存货的重要性。

第八章

在前面的章节，我们已经讨论了应购买何种商品以满足未来经营的需要，那么接下来，这些被选定的商品应采购的数量就成为了我们必须关注的另外一个重要问题。由于采购数量过多就很可能导致商品未来的库存积压并降价处理，而采购过少则会导致销售损失，两者都会影响公司的盈利水平。因此，商品采购数量问题是制订采购计划过程中的一个非常重要的方面，买手必须加倍小心，以确保对每种商品做出正确的数量决策。

虽然大多数专业买手都知道，即使是最慎重的采购计划也不能确保万无一失。但买手通过与销售部经理的有效沟通而详细制订出的计划草案，却有可能完善成为最有效率的采购计划。

如同计划商品种类一样，买手在确定采购数量过程中，也必须依靠大量与以往销售相关的信息报告以及外部的信息支持。通过仔细审查这些报告、咨询市场专业人士以及浏览商业期刊与其他的商业杂志，买手制订计划就有了坚实的前提保障。

在第七章讨论过的各种计算机分析报告，同样会被运用于确定商品采购数量的过程中，这里就不再赘述。本章的讨论重点将集中在与存货数量直接相关的因素，主要包括半年商品计划、设计进货模式以及采购限额计划等。

半年商品计划

买手在做采购资金的预算时，首先必须解决的任务之一，就是要制订一个商品采购计划或资金分配计划。大多数大型零售商都要求买手制订六个月的采购计划，因此，半年商品计划是大多数买手必须重点关注的计划之一。

对于买手所能够支配的采购资金量，首先会由负责采购预算的销售总经理确定出各部门的份额，再由销售部门经理分别对部门内的每位买手进行具体分配。根据所分配的资金份额，买手必须填写一些必要的表格，将今后六个月计划采购的商品分别以具体数字表示出来。大多数买手主要使用的表格类型包括两种，第一种是商场已经经营且打算继续购进的特定商品，表格中主要包括对该商品计划增加或减少的购进数量，第二种表格则只是涉及全部采购资金的计划使用情况，而并不针对特定商品。这里需要说明的是，虽然在制订半年商品计划的过程中，销售记录通常是买手进行采购决策参考的主要指标，但前面已经提到的外部信息，同样会对买手的资金分配计划提供帮助。不仅如此，有些指标如联邦储备银行发布的经济状况报告等，也经常作为买手进行采购决策时的重要参考。例如，如果预测的结果是经济繁荣时期即将来临，那么买手就有动力将采购资金更多地用于高档珠宝与皮裘制品等高端商品方面。与之相反，如果经济前景比较悲观，那么，减少此类商品的采购就会成为一种比较明智的选择。

商品采购计划非常重要，如果在制订该计划的过程中，买手仔细分析了每一项指标，那么，他所制订的商品计划的获利潜力就会得到显著提高。

表8-1是一份半年商品采购计划，对其中的一些不同的种类与标识，我们可能不是很了解它们的具体含义。这主要包括：

表8-1 半年商品采购计划

部门：355　　2011年春季计划标高价格幅度：58%

	一月	二月	三月	四月	五月	六月	七月	八月	季节合计	
销售率		12.0%	17.0%	19.0%	14.0%	27.0%	11.0%			
降价率		35.0%	35.0%	35.0%	35.0%	35.0%	35.0%			
分店：		100							1.19	周转率
销售额（美元）		36	51	57	42	81	33	25	300	
降价率（美元）	8.2	12.6	17.9	20	14.7	28.4	11.6		105	
采购资金（美元）		59.2	69.6	59.9	101	47.7	53.4		390.7	
需要存货量（美元）		250	260.6	261.4	244.3	288.5	226.9	235.7	252.5	
分店：		101							1.17	周转率
销售额（美元）		14.4	20.4	22.8	16.8	32.4	13.2	15.8	120	
降价率（美元）	3.9	5	7.1	8	5.9	11.3	4.6		42	
采购资金（美元）		24.3	27.8	23.9	40.4	19.1	27.1		162.7	
需要存货量（美元）		100	104.9	105.2	98.3	116	91.4	100.7	102.3	
分店：		102							1.16	周转率
销售额（美元）		12	17	19	14	27	11	11.3	100	
降价率（美元）	3.1	4.2	6	6.7	4.9	9.5	3.9		35	
采购资金（美元）		20.1	23.2	20	33.7	15.9	20.8		133.6	
需要存货量（美元）		85	88.9	89.2	83.5	98.2	77.7	83.8	86.6	
分店：		103							1.16	周转率
销售额（美元）		8.4	11.9	13.3	9.8	18.9	7.7	5.6	70	
降价率（美元）	1.4	2.9	4.2	4.7	3.4	8.6	2.7		24.5	
采购资金（美元）		13.3	16.2	14	23.6	11.1	12.2		90.4	
需要存货量（美元）		60	62	62.1	58.1	68.5	54.1	55.9	60.1	
总量										
销售额（美元）		70.8	100.3	112.1	82.6	159.3	64.9	57.7	590	
降价率（美元）		24.8	35.1	39.2	28.9	55.8	22.7		206.5	
采购资金（美元）		116.9	138.9	117.7	198.4	93.8	113.5		777.3	
需要存货量（美元）		495	516.3	517.8	484.2	571.2	449.9	475.8	501.5	
									1.18	周转率

（1）Stores：对于拥有超过一家分店的零售组织来说，每一家分店都有一个代码，且各分店之间货品的差异清楚地显示出买手对各分店资金需求的估算。

（2）降价率：表示每一时间段内买手预计需要降低售价的商品比例。

（3）需要存货量：表示买手对所需商品月初存货量的意见。

（4）平均存货水平：表示六个月时间里的平均存货水平。

（5）周转率：表示存货周转率，即某分店在某一时期销售平均存货量的次数。对此，我们将在第十五章"商品定价"中进行详细说明。

表8-2 2011秋季个人品牌半年计划 355部门

明年——（2011年）秋季采购计划
今年——（2010年）秋季采购计划

针织衫将在1月份展示
本计划数量为预计数量

种类	供应商	品名	成本	零售价	批发折扣价	6月 明年	6月 今年	7月 明年	7月 今年	8月 明年	8月 今年	9月 明年	9月 今年	10月 明年	10月 今年	11月 明年	11月 今年	12月 明年	12月 今年	小计 明年	小计 今年
3,530	SADDLEBRED	单色磨毛斜纹	$10.75	$36.00	$24.99	0	0	0	0	2646	300	1578	144	2442	384	2790	876	0	0	9456	1704
	SADDLEBRED	印花斜纹	$10.75	$36.00	$24.99	0	0	0	0	972	0	0	0	0	0	0	0	0	0	972	0
	SADDLEBRED	单色牛仔	$10.75	$36.00	$24.99	0	0	0	0	0	0	684	144	0	0	372	456	0	0	1058	600
	SADDLEBRED	条绒	$10.75	$36.00	$24.99	0	0	0	0	0	0	0	0	1104	480	0	624	0	0	1104	1104
	SADDLEBRED	花式色织	$10.75	$36.00	$24.99	0	0	0	0	780	0	0	0	0	0	984	0	0	0	1764	0
	ANDHURST	棉涤面料	$8.00	$26.00	$17.99	0	0	4056	1488	0	2358	1728	2070	2718	4452	3552	1668	0	0	12054	12036
	ANDHURST	法兰绒	$0.00	$0.00	$0.00	0	0	0	0	0	0	0	1746	0	744	0	1182	0	0	0	3672
	SADDLEBRED	仿麂皮绒	$0.00	$0.00	$0.00	0	0	0	0	0	288	0	0	0	288	0	384	0	0	0	960
TOTALS	*种类3530——长袖梭织*					*0*	*0*	*4056*	*1488*	*4398*	*2946*	*3990*	*4104*	*6264*	*6348*	*7698*	*5190*	*0*	*0*	*26406*	*20076*
3,540	SADDLEBRED	短袖涂料染色珠地布	$28.00	$17.99		1200	0	672	0	0	90	0	0	0	0	0	0	0	0	1872	90
	SADDLEBRED	短袖涂料染色T恤	$16.00	$11.99		1200	0	672	0	0	0	0	0	0	0	0	0	0	0	1872	0
TOTALS	*种类3540——短袖针织*					*2400*	*0*	*1344*	*0*	*0*	*90*	*0*	*0*	*0*	*0*	*0*	*0*	*0*	*0*	*3744*	*90*
3,550	SADDLEBRED	单翻领针织衫	$19.99	$28.00		0	0	0	0	0	0	0	0	0	0	1000	966	0	0	1000	966
	SADDLEBRED	花式亨利领针织衫	$19.99	$28.00		0	0	0	0	0	600	1400	600	0	792	0	0	0	0	1400	1392
	ANDHURST	长袖混纺毛衣	$0.00	$0.00		0	0	0	0	0	0	0	0	0	630	0	720	0	0	0	1950
	ANDHURST	高翻领	$0.00	$0.00		0	0	0	0	0	0	0	0	0	0	0	360	0	0	0	360
TOTALS	*种类3550——长袖针织*					*0*	*0*	*0*	*0*	*0*	*600*	*1400*	*600*	*0*	*1422*	*1000*	*2046*	*0*	*0*	*2400*	*4668*
GRAND TOTAL	个人品牌所有种类					2400	0	5400	1488	4398	3636	5390	4704	6264	7770	8698	7236	0	0	32550	24834

表8-3 每月库存计划

商品代码	种类名称	种类占比例	1月 3.1%	2月 2.9%	3月 3.6%	4月 12.0%	5月 12.3%	6月 12.6%	7月 8.5%	8月 10.9%	9月 7.9%	10月 8.2%	11月 6.2%	12月 11.9%	平均
A	配饰	11.0%	7695	8245	8794	13191	14840	14840	14840	13741	13741	13741	11028	13741	12370
C	球棒	33.7%	7585	15009	20260	59207	60148	52018	40762	30485	24685	23443	19094	16625	30777
E	装备	15.9%	11206	11917	12855	18233	19552	19792	17494	17713	16794	16384	15437	18513	16324
F	鞋类	6.2%	1859	1859	6556	17122	19528	18255	10567	10057	8199	5028	2915	3717	8805
H	帽类	2.6%	1838	1969	2100	3151	3545	3545	3355	3283	3117	3236	2447	3283	2906
L	女装	4.8%	5273	5426	4331	5230	5518	5253	5253	4884	7805	8602	8952	10461	6416
M	男士配饰	1.1%	188	202	215	322	363	363	363	336	336	336	336	336	308
M	男士夹克	9.1%	1601	1715	1829	2744	3087	3087	3087	2858	2858	2858	2676	2858	2605
M	男士衬衫	56.0%	9847	10551	11254	16881	18992	18992	18992	17585	17585	17585	14702	17585	15879
M	男士短裤	7.9%	1385	1484	1583	2375	2671	2671	2671	2474	2474	2474	1959	2474	2225
M	男士阔腿裤	3.9%	688	737	786	1179	1326	1326	1326	1228	1228	1228	1089	1228	1114
M	男士毛衣	22.1%	9940	9940	4970	2982	994	994	994	994	9940	12922	14910	29819	8283
S	袜子	6%	417	447	476	715	804	804	692	744	643	667	506	744	638
	总计		59522	69501	76009	143332	151368	141940	120396	106382	109405	108504	96051	121384	108650

表8-2是计划采购专供商品的每一种特定款式的半年商品采购计划。在这种情况下，我们通过仔细审查其中的数字就可以发现，某些商品的采购数量显著增加，而其他商品的采购数量则相应急剧减少，甚至某些商品会在某一个时期内被取消。为更好地理解该表格，我们需要对其中的一些标识进行说明：

（1）NY：明年。

（2）TY：今年。

（3）CLASS：某种款式商品的归属种类。

（4）OTD$：Open-to-date金额。目前价格。

在一些零售企业，全年计划替代了传统的半年商品计划。这样，买手和他的上级（销售总经理、销售部门经理），可以进行规划分析以及合理的调整。当然，提前一年做计划，对于时尚商品来说时间过于长远，其间可能会产生变化。表8-3是一份全年计划案例。

在完成了半年商品计划或全年商品计划之后，买手接下来要进行的就是负责商场的进货模式设计工作。

进货模式设计

如果买手希望为公司带来利润，对商品种类进行适当规划是非常必要的。为满足消费者的需要，商场的存货种类必须达到一定的规模。因此，买手必须进行进货模式设计，仔细规划准备购买的商品种类、该类商品的不同子类以及每种商品的价位、尺码范围和颜色选择等。

需要注意的是，日用必需品的进货模式设计与时尚类商品的进货模式设计有着显著差异。由于采购的连续性，日用必需品的进货模式设计相对比较简单。例如，在不同的销售季节，男用手绢与袜子的变化就非常小，而它们又都是商场经营范围的必然组成部分。因此，对这类商品，买手只需关注为满足未来销售所需要的采购数量就足够了。而与之相对应，由于加入了款式与消费者喜好等方面因素，时尚类商品的买手在设计进货模式的过程中就面临了更大的挑战，需要认真对待其中的各项因素。因为这两种模式截然不同，我们有必要对其进行分别说明。

日用必需品

零售商的相当一部分利润是通过所经营的日用必需品实现的。由于这类商品不会受到销售季节的限制，因此，换季甩卖的情况很少发生。从种类上看，这类商品主要包括贺年卡、日用杂货、基本款胸衣、男式平角短裤、优质瓷器等。也正因为消费者对这类商品需求的永久性，买手在采购过程中不需要进行复杂的计划（图8-1）。

图8-1　日用必需品如贺卡等永远都是应季商品
（RL Productions/Thinkstock.）

自然，日用必需品同样是买手设计半年商品计划时必须考虑的组成内容之一。在确定采购预算后，买手只需对这些商品在计划期内的销售量做出预测，并以此为依据确定商场的存货水平。在此基础上，虽然买手还必须将每种商品的种类、色彩、材料之类的因素纳入计划，但由于日用必需品的颜色与材料的选择趋向基本稳定，因此，这方面工作开展起来并不是非常困难。

为更好地理解日用必需品的进货模式设计，表8-4给出了某一商场糖果部以历史销售和目前趋势为依据所进行的1~6月的简单计划。

由表8-4我们可以看出，由于情人节的原因，糖果的销量在二月份达到了高峰。同时，四月有复活节，五月有母亲节，从而引致这两个月的糖果销量也比较高。与预期相同，一月则是销量最少的月份。需要注意的是，在设计该类商品进货模式的过程中，也有一些值得注意的重要因素。例如，在复活节期间，应购入巧克力蛋和兔子糖，在情人节前，应购入盒装心形巧克力等。根据以往的经验，买手几

表8-4　糖果部进货模式

月份	月初存货	销售额（美元）	降价数量（总量）
一月	12000	4000	100
二月	50000	30000	300
三月	26000	12000	500
四月	33000	16000	400
五月	35000	17000	400
六月	23000	12000	300

乎总能预计出每一种商品的进货数量。通过表格我们同样可以发现，降价的商品数量非常少，而这也是日用必需品明显区别于时尚类商品的方面。

对如糖果类不受季节与节日因素影响的商品，许多商场会简单地使用自动再订货系统进行补货，对此，我们将在本章的后面部分进行说明。

当买手完成了此类商品在特定时间段的采购计划之后，设计进货模式进而实施最终采购就成为了一件水到渠成的事情。

时尚类商品

在每一个销售季节，时尚类商品买手都会面临一个共同的任务，即确定需要的商品存货量。对买手而言，决定哪些商品需要大宗采购，哪些商品需要少量购进，并不是一件容易的事情。对此，虽然以往的销售记录能够提供一定的帮助，但相对于完成进货模式而言，这种帮助显然是远远不够的（图8-2）。

每年，供应商都会提供一些新的款式。其中的一部分与当前的热卖款类似，也有一些商品与之款式相同，但材料与颜色却有显著区别，还有的商品则在设计方面完全不同于当前的流行款式。由于这些商品对买手而言是全新的，因此，买手一般要通过咨询专业市场人士、查阅商业报纸与消费者杂志，以及参加研讨会等方式，获取确定每一款式商品采购量的信息支持。当然，这并非意味着，买手不会为所供职的时尚类商场采购最新款设计的

图8-2 流行变化太快，因此很难预测消费者对此类商品的喜好
（Eriana/Shutterstock）

商品。事实上，买手此时面临的主要问题在于确定应购进每一款式商品的数量。例如，如果当前的销售趋势是迷你裙，而新系列中却有多款及膝裙，在这种情况下，买手通常就很难确定这些商品的各自采购量。

商品越时尚，计划越复杂。如果商品是每年都销售的常规品种，则需要根据下一季节的颜色趋势来调整色彩。同样，依据以往的销售数据，零售组织中的每家店铺各自所需要的商品数量也不尽相同。

在拥有多种新流行趋势与商品样式的销售季节，制定进货模式会变得更加复杂与困难。买手必须将进货模式分解为商品种类、商品子类、款式、价位、尺码和颜色等部分。下面，我们将对此进行分别说明，并最终归纳出一份总体的分配方案。

商品种类

商品种类是指某一商场所经营的特定商品类型。例如，家具商场可能会经营装箱商品（卧室用品、餐桌等）、无包装商品等多种商品。男装商场的经营范围可能会包括套装、运动衫、礼服、休闲服等。表8-5~表8-10中表示，青春运动装买手根据款式、价位、尺码、颜色等因素为所供职的商场制定的各商品种类的采购数量设计总分配方案。为便于理解，我们对表格中的数据进行了简化处理，而现实中的相关数据会比表格中的数字要高出许多。

表8-5　青春运动装商场经营商品种类情况

种类	销售额（美元）		存货价值（美元）		存货数量（件、套）	
	2011	计划	2011	计划	2011	计划
厚运动衫	17000	21200	42800	44000	1512	1540
运动衬衣	7000	8400	15200	16000	760	800
运动裤	22000	24000	54000	58000	1350	1400
运动裙	7800	9000	20600	22000	502	525
外穿夹克	15600	1460	34000	30000	156	140
两件式套装	12800	9200	40000	18000	128	90
运动夹克	3600	3600	12000	12000	150	150
总计	85000	90000	218600	200000		

表8-6　青春运动装商场的运动裙款式情况

款式	销售额（美元）		存货价值（美元）		存货数量（件）	
	2011	计划	2011	计划	2011	计划
短绒裙	1800	3000	4800	8000	147	230
法兰绒短裙	1800	2400	4800	5400	140	170
及膝绒裙	1200	1400	2800	3000	40	50
法兰绒及膝裙	1400	1400	3200	3200	42	50
混色长裙	1600	800	5000	2400	133	25
总计	7800	9000	20600	22000	502	525

表8-7　青春运动装商场价位细目——短绒裙

价位（美元）	销售额（美元）		存货价值（美元）		存货数量（件）	
	2011	计划	2011	计划	2011	计划
50	600	780	1800	2150	36	43
60	1200	1800	3000	4800	50	80
70	—	420	—	1050	—	15
总计	1800	3000	4800	8000	86	138

表8-8　青春运动装商场尺码分析——60美元短绒裙

尺码	销售额（美元）		存货价值（美元）		存货数量（件）	
	2011	计划	2011	计划	2011	计划
5			360	540	6	9
7			480	720	8	12
9			540	960	9	16
11			720	1200	12	20
13			540	840	9	14
15			360	540	6	9
总计	1200	1800	3000	4800	50	80

表8-9　青春运动装商场颜色细目——60美元短绒裙 （单位：件）

颜色	尺码					
	5码	7码	9码	11码	13码	15码
黑色	3	4	5	6	4	3
棕色	3	4	5	6	4	3
紫色	2	3	4	6	4	2
绿色	1	1	2	2	2	1
总计	9	12	16	20	14	9

表8-10　青春运动装商场的商场分配方案——短绒裙（选录）

款式	价位（美元）	数量（件）	颜色	尺码					
				5码	7码	9码	11码	13码	15码
短裙	60	80	黑色	3	4	5	6	4	3
			棕色	3	4	5	6	4	3
			紫色	2	3	4	6	4	2
			绿色	1	1	2	2	2	1

在这些表格中，"种类"一栏表示的是买手列出的不同种类商品。标示"2011"年份的栏目说明的是该年的销售额、存货价值以及存货数量。"计划"一栏表示的则是买手对下一销售季节的采购意向。通过仔细分析这些表格，我们可以发现，买手在特定时期对不同种类的商品关注程度存在一定差别。具体而言，该买手增加了厚运动衫、运动衬衣、运动裤与运动裙的采购量，减少了外穿夹克、两件式套装的购进量，并始终保持运动夹克采购量的基本稳定，而之所以会产生这些变化，除了以往的销售情况外，还参考了时尚预测师、市场专业人士、商业出版物等对商品流行趋势所做出的预测（图8-3）。

图8-3　男装百货商场是一个能够体现商品种类的例子
（Losevskyavel/Shutterstock）

款式

在完成了表8-5所示的种类分析之后，买手接下来就必须对每一种类或子类的款式准备一份详细的明细计划。例如，仅仅计划要采购525件运动裙是远远不够的，计划中还必须包括对该种商品的所有类型的说明内容，为此，就要进行进一步的计划设计。表8-6以运动裙为例对该类商品的进货模式进行了进一步说明。

零售采购焦点

菲尔查德出版公司（Fairchild Publications）

约翰·菲尔查德（John Fairchild）很久以前就创办了一份以时尚类商品为主的商业杂志。经过不断发展，该杂志目前已经成长为业内最具影响力的杂志之一。设计师、生产商、材料厂家、采购代理机构、零售商、买手、销售代理，以及诸如此类的人们，都会订阅一份或多份该杂志，并坚持以杂志所刊登内容作为工作开展的主要依据。

作为康得·耐思特（Conde Nast）分公司之一的高级出版物的组成机构，菲尔查德出版公司出版多种出版物，且每一种出版物都会涉及一个专门的时尚领域。在这其中，《女装日报》（Women's Wear Daily）是最具代表意义的。其他出版物还包括主要涉及男装的日常新闻报（或被业内人士简称为"DNR"，即"Daily News Record"）、《童装业务》（Children's Business）、《沙龙信息》（Salon News）、《运动风格》（Sport Style）、《鞋履信息》（Footwear News）、《家居》（Decorative Home）以及《家具》，即（HFN，即Home Furnishing Daily）。

这一商业杂志王国并非仅涉及该行业的国内市场，它还会定期考察全球市场，以便为读者提供全世界范围内的时尚革新与流行趋势最新信息。杂志的编辑与摄影师会出现在全球各主要时尚类商品市场中，并发回商品能否热销的报道。如果杂志没有对商品做出令人满意的介绍，许多设计师都会为此表示强烈不满。例如，由于《女装日报》的编辑对其商品做出了赞誉不足的报道，杰弗瑞·比恩（Geoffrey Beene）就禁止菲尔查德公司对其任何一件商品做出评论。

除了介绍设计师与制造商所生产的产品之外，该杂志还会报道发生在市场中的时事。如新商场的开业、零售商销售策略的转变、零售商与制造商的扩张、经济条件、时尚组织的改组，以及其他能使读者了解市场情况的信息等。

作为许多人了解时尚商品的主要依据，该杂志的不同出版物一直在仔细审查并认真研究最新的时尚趋势与零售经营信息。

根据不同款式对商品进行明细划分，买手就能对各款商品的采购数量做到心中有数，而不会盲目处理商品采购量问题，从而有助于买手进一步完善进货模式计划。例如，本书给出的例子就明显表明短裙受到了消费者的普遍青睐，而买手由此增加该款商品的计划采购量也表示出他对该类商品的需求将会继续扩大有着充分的信心。不仅如此，从以往的销售量来看，由于一些消费者常会固守自己的消费习惯并可能继续选择购买长裙，因而选择不再继续购入长裙对买手来说就是不明智的选择。因此，我们可以轻易地得出结论，买手计划购入的短裙数量会有较大幅度的增长，从而使商场的短裙存货量增长显著。

价位

为进一步制订详细计划，采购计划下一步要涉及的就是价位了。可以想象，如果商场都以同一价位出售同类商品，进行这一步骤将会多么容易。但现实中，商场的价位策略却并非如此，它们总会对这些商品提供几种不同的价位以供消费者选择。

为进一步完善采购计划，买手会准备一份价格明细表。在经济面临通货膨胀的情况下，原材料价格会持续上涨，此时，买手就要为商场的进货模式增加一个附加价位。也就是说，如果以前的计划仅包括两种价位，新计划就需要有三种价位。需要再次强调的是，这只是大多数商场销售情况的简要说明。表8–7是青春运动装商场短绒裙的价格明细表，由于原材料价格上涨，买手增加了一个价位，通过分析表8–7可以发现，价位因素必须与表格8–6列出的短绒裙种类相对应。由于买手过去没有购进价位为70美元的商品，存货价值与存货数量一栏只能是买手根据经验判断的结果。

尺码

完成价位分析之后，买手接下来就要确定对这些商品的不同尺码应分别购进的数量。通过对表8-8的分析，买手不仅是要购进80件价位在60美元的短绒裙，而且还需要考虑如何对这80件短绒裙进行尺码分配的问题。

由于消费者对尺码的需求即使是在不同时期也是基本固定的，因此，尺码分配的主要依据是以往商品的销售情况。但是，如果特定商品最适合某一尺码，买手对通常采用的尺码标准进行调整也是非常必要的。例如，在某款商品极度强调消费者个人体型的情况下，从采购计划表中去除大号尺码就是一个比较明智的选择。由于款式没有改变，表8-8中的计划尺码范围与去年的尺码范围完全相同，只是存货价值随着计划采购数量的增加而相应有所提高。

颜色

最后，买手还必须将上面涉及的所有数字分类归入到不同的颜色之中，以适应下一销售季节的需要。由于每年的流行色各不相同，因此，买手不能简单依照过去一年每种颜色商品的销售状况来确定自己的采购计划，而是必须根据消费者对流行色的接受情况来对商品采购做出一个总体决定。例如，如果销售记录显示消费者受流行趋势的影响较大，那么，买手根据下一销售季节的流行色进行商品采购就是比较安全的。实际运作过程中，买手对颜色的感悟以及采购决策的最终制定，经常是咨询专业市场人士与时尚预测师，仔细阅读时尚杂志、信息报告，约见销售管理者与时尚建议师，加之自身经验积累的综合产物。颜色不仅对商场经营的商品至关重要，还会对商场本季的整体外观色彩显示发挥重要作用。因此，如果对颜色做出了正确的选择并实现了与所在商场环境的色彩兼容，消费者就能适当地进行服装采购。此外，在重点考虑颜色搭配问题的情况下，商场所有时尚商品的销量就可能获得显著增加。表8-9显示了买手对前面分析的60美元短绒裙的不同颜色计划情况。

需要注意的是，计划采购的商品总量是表8-8列出的80件。其中，买手计划购进的黑色与棕色商品较多，且相对集中在商场销量最好的尺码——中间码商品方面。紫色是商场本季新增并极力宣传的颜色，因此，买手对紫色商品的计划购进量仅比黑色与褐色略少一点。绿色商品存在一定风险，为此，买手在确定其购进量时表现得较为谨慎。由于这只是根据经验所进行的尝试，因此，只有时间才能检验其正确与否。当然，这只是一份进货模式草案，随着销售情况的变化，买手也会适当地调整部分的商品颜色。

分配方案

为更清楚地把握表8-5~表8-9所列出的数字信息，我们可通过表8-10以一种更紧凑的表现形式对其进行概括说明。该表格仅举例说明了80件价位在60美元的短绒裙在不同颜色与尺码之间的分配情况，其他商品分配方案的表现形式与此基本类似，这里不再具体说明。

在建立了这一采购计划之后，确定供货方与明确的交货时间就成了买手需要进行的下一步工作。对此，我们将在第九章"寻找商品与确定采购时机"中进行具体说明。

采购计划

在完成半年计划或全年计划并制定完成进货模式之后，买手必须制订出商品采购计划，以便于根据现有商品与已订货商品情况来调整自己的采买活动。

在商品采购过程中，买手尽可能地遵循既定采购计划是非常重要的，但这并不意味着买手没有任何的灵活性与变通性。一旦有新发现的合适商品但又没有被纳入采购计划时，买手就应该及时调整计划并改进已确定的进货模式。但在进行调整时，买手必须注意，既不能轻易被供应商左右，又要仔细考虑原计划的合理性。通常情况下，只要在设计过程中做到了明智、理性，日后就没有对计划进行大范围调整的必要。

经验丰富的买手会认识到尽早地订货与购货可以确保商品在适当时间到货的必要性。意识不到这一点，商品的销售时间就会相应缩短，从而使商场在竞争中处于不利地位。

由于商场一般都会要求严格执行采购预算，因此，在实施采购计划时，买手必须不断了解并认真考察涉及可买商品与应买商品之间差异的存货变动情况。

采购限额计划

了解在某段既定时间内买手所掌握的采购资金量是至关重要的。如果买手发现了一种新商品并希望实施采购，他必须有资金方面的支持。因此，有经验的买手永远不会将手中资金全部分配出去，而是要留出一定余地以供采购新商品来更新存货。通常情况下，一种热卖商品可能正是买手提高盈利水平所必需的，但这种商品却可能并未包含在最初的采购计划之中。如果供应商在推出新系列之后需再增加一些新的款式，在这种情况下，买手必须经常性地留出一定的备用资金以供采购此类商品使用。

为应对这种情况，关键是要拥有采购限额预算。从技术层面上讲，这个被业内人士称为"OTB"（Open-to-buy）的专有名词，指的是买手在一段时期内为实现既定的销售目标所需要的资金减去为采购商品已支付的资金的差额。

对于零售商来说，采购限额计划极其重要，因为无论库存是过多还是过少，都会对毛利、现金流以及投资回报产生影响，而这些都与利润有着相当重要的关系。

采购限额预算曾经一度是由手工计算完成，对于买手来说这种数学计算绝不是一件富有成效的事。现在，这项工作可以利用计算机在几秒钟内更加快速、准确地完成。

尽管计算机程序能够迅速为买手与销售经理提供此方面的计算结果，但了解手工计算的过程对买手进行采购决策同样是非常重要的。通过手工计算，一系列原本由计算机计算的案例都变得更容易理解。

下面的例子说明了机动资金预算的基本原理，并解释了计算过程中的相关变量。

案例

8月1日，盖乐普（Gallop's）商场供零售的鞋类商品存货为30000美元，且其8月31日的计划存货为40000美元。8月，鞋类的预计销售额为14000美元，预计降价额为1000美元。买手为本月销售已与供应商签订了12000美元的订单。那么，机动资金为多少？

计算公式

某一时期需要的商品−已有商品=OTB

答案（单位：美元）：

需要的商品（8月1~31日）

月末计划存货	40000
预计销售	14000
计划降价额	1000
需要商品总计	55000

已有商品（8月1日）

存货	30000
已订购商品	12000
已有商品总计	42000
机动预算	13000

这一案例说明的是一个典型的月初采购限额预算的计算公式。

通过调整步骤，买手还能计算出一个月中任何一天可供使用的采购限额预算。在确定是否有充足的资金以备立即购入某种商品时，可能会用到这种计算方式。

案例

米歇尔（Michael's）商场的毛绒衫买手亚历克斯·利特（Alex Litt）为了1月的销售，正策划一笔需要立即交货的大宗商品采购。为确保手中有足够的采购资金，他必须计算出当日，即12月19日的采购限额预算。其相关数据如下：（单位：美元）

当前存货（12月19日）	8000
订货商品（12月19日）	1200
月末计划存货（12月31日）	18000
计划销售	6500
实际销售	5200
计划降价	175
实际降价	150

答案（单位：美元）：

需要的商品（12月19~31日）

月末计划存货		18000
计划销售	6500	
减实际销售	5200	
差额		1300
计划降价	175	
减实际销售	150	
差额		25
需要商品总计		19325

采购数量 | 149

已有商品（12月19日）

当前存货	8000
订货商品	1200
已有商品总计	9200
采购限额预算	10125

这里要再次说明的是，上述案例只是给出了采购限额预算的计算过程。而现实中，有大量的计算机软件可为买手进行这方面的计算。下面的采购限额预算报告由精灵零售预测软件（Wizard Retail Forecasting Software）完成。

表8-11 采购限额预算

品类	品类名称	2月	3月	4月	5月	6月	7月	8月	9月	10月	11月	12月	1月
A	配饰	9654	5353	5206	3646	3735	1421	3231	2342		4269		
C	球棒	20690	23554	9929	3110	2690	1188	2327	1687	1751	1324		66
E	装备	10506	635	4340	4278	1899	1713	3881	1148	1997	6298	137	1983
F	鞋类	2588	5296		1567								
H	帽类	2339	991	1381	821	366	627	731	768		1230		
L	女装	5157	134	582	453	464	220	1871	2164	1882	2962	0	120
M	男式衬衫	12859	-1123	4624	-4319	-1590	-1634	4397	4371	1654	6314	-1153	1265
M	男式毛衣	7041	-953	-2319	-2112	-1905	-1698	7455	5053	4680	18016	-13667	-11596
M	男式夹克	2090	1238	1422	1106	1133	536	980	710	556	739	-187	206
M	男式阔腿裤	892	525	587	300	461	213	399	289	162	366	-105	58
M	男式短裤	1797	449	-1092	-2410	-1481	-1052	-248	334	90	972	-211	117
M	男式配饰	242	-300	-147	-600	-481	-427	-324	-249	-172	-113	-149	-106
S	袜子							113	185	6	364		7
	店铺总计	75856	38176	28070	15282	10748	5916	25386	19052	12776	42853	137	3822

对采购限额预算同样重要的是订货商品汇总，见表8-12。

表8-12 订货商品汇总

订单号	下单日期	供应商	交货日期	交货数量	到货数量
Fj11男鞋	09/06/2010	福特乔伊（Footjoy）	02/01/2011	5544	186.48
Fj11手套001	09/06/2010	福特乔伊	02/01/2011	1815	
Fj11袜子	09/06/2010	福特乔伊	02/01/2011	957.6	
Fj11手套004	09/06/2010	福特乔伊	02/01/2011	1635.6	
Tit2011（高尔夫球道&铁木杆）	12/15/2010	泰特伊斯特（Titleist）	02/01/2011	594	
Tit2011（高尔夫球道&铁木杆）	12/15/2010	泰特伊斯特	02/01/2011	1312	
Tit2011球001	12/15/2010	泰特伊斯特	02/01/2011	883.2	
Bjones2011女装	11/04/2010	芭比·琼斯（Bobby Jones）	03/01/2011	1986.5	

续表

订单号	下单日期	供应商	交货日期	交货数量	到货数量
Call2011球棒/球	12/16/2010	卡拉威（Callaway）	03/01/2011	5499	
Cobra2011球棒	10/30/2010	寇布拉（Cobra）	03/01/2011	3661	
Ecco2011男鞋	11/03/2010	艾寇（Ecco）	03/01/2011	1888	
Ecco2011女鞋	11/03/2010	艾寇	03/01/2011	1598	
F&G2011男衬衫006	11/07/2010	法尔威&格林尼（Fairway & Greene）	03/01/2011	2739	
F&G2011男衬衫007	11/07/2010	法尔威&格林尼	03/01/2011	1440	
F&G2011女羊毛衫001	11/07/2010	法尔威&格林尼	03/01/2011	731	
F&G2011ladgroup001	11/07/2010	法尔威&格林尼	03/01/2011	1620	
Fi11女鞋	09/06/2010	福特乔伊	03/01/2011	1191	
Fi11袜子003	09/06/2010	福特乔伊	03/01/2011	296.4	
Gear2011	12/22/2010	吉尔（Gear）	03/01/2011	355.2	
Nike2011ou/osumen鞋	10/30/2010	耐克	03/01/2011	420	
Pm2011四角裤	10/30/2010	彼得·米拉（Peter Millar）	03/01/2011	442	

通过了解每位供应商的现有订单报告，买手可以评估每个特定商品类别的情况，见表8–13。

表8–13　订货商品分类汇总

类别	次级目录	子类别	供应商	备注	2月	3月	4月	5月	6月	7月	8月
男装	M1	男衬衫	法尔威&格林尼					1874			
						2132					
						1440					
			保罗拉夫·劳伦			687					
							699				
								675			
							2304				
								1696			
						1540					
			彼得·米拉			1946					
								2300			
									1304		
										2132	
										1208	
								1906			
			Straight Down 高尔夫服装					1345			
									829		
						997					
	M4	男士运动夹克	保罗拉夫·劳伦					150			
	M5	男士短裤	法尔威&格林尼			608					

续表

类别	次级目录	子类别	供应商	备注	2月	3月	4月	5月	6月	7月	8月
							1818				
			Polo/RalphLauren			99					
								456			
								2008			
			Peter Millar					216			
	M6	M服饰	Peter Millar					570			
						442					

自动补充库存

我们可以发现，许多零售商的多种商品库存都非常相似，如贺年卡、袋装食品、男袜以及其他日用必需品等。另外，购进这些商品并非是由于流行款式的变化，而是因为消费者对其具有经常性的需要。由于这些商品通常是公司利润的重要来源，因此，出于利润最大化的考虑，公司必须确保其在任何时候都要保持货源充足的状态，以满足消费者的购物需求。由此也根本决定了，如果公司没有这些商品的稳定供货渠道，那么，公司就会寻找新的供应商，或在某些情况下，为获得这些商品而搭配购进其他商品。

为确保日用必需品的存货水平能够经常性地维持在预期水平，零售商所凭借的主要手段之一，就是使用计算机自动补货系统。这一系统会分析任何一种日用必需品的销售状况，并确定每一种商品均处于实现公司利润最大化所需要的理想存货水平。通过每日实际存货水平与理想存货水平的对比，一旦实际存货水平低于安全存货水平，计算机就会得出一个需要补货的数量，自动打印出对该商品的补货订单供买手或买手助理审核，并最终通过信件、传真、电子邮件、甚至计算机共享的方式，将订单传递给供应商。

正确使用自动补货系统，不但能为买手节省出从事其他工作的时间，还会使买手的工作效率最大化。为确保维持合适的存货水平，买手还必须定期考察商品的销售情况，以根据销售需要确定增加或减少补货数量。

目前，由于所经营的商品多属于日用必需品，因此，超市是自动补货系统的最主要使用者。其罐装食品、美容美发品，粮食以及其他类似的商品一般会通过这种方式实施具体采购。自然，除了超市之外，其他类型的零售商也会使用这一系统。

时尚类商品补货

除了日用必需品之外，时尚类商品也是零售商的经营范围之一。但相对前者而言，由于通常与时尚趋势相联系的个人喜好因素所带来的复杂性与挑战性，买手确定时尚类商品的需要数量要困难许多。例如，虽然数据显示需要更多地购进一种热卖商品，但却可能由于商品到货过晚而影响其盈利能力，而且，为售清所有的积压品还可能必须实行降价策略。与之相反，如果未能及时进行再订货，也同样会由于没有满足消费者需求而导致利润损失。在这种情况下，许多买手都尽量限制补货规模，并仅关注那些似乎最具持续销售潜力的款式。在现实中，由于流行趋势的稍纵即逝，一款热卖的单品经常很快就黯然失色。

　　一些买手使用自动补货的打印清单，每周对特定的商品进行分析，以确保补货的商品仍然名列在商场的热卖榜单上。

　　最后要说明的一点是，无论是采购日用必需品还是时尚类商品，如果买手没有对补货商品数量问题给予高度关注，那么要实现商场管理层所规定的盈利水平将是非常困难的。

商业词汇

自动补货	资金分配计划	商品种类
采购计划	进货模式	半年商品计划
商品种类汇总	采购限额计划（OTB）	日用必需品
分配方案	价位	商品子类

要点概述

1. 在计划采购金额时，买手非常注重内部及外部的商品信息。
2. 对于制订新一季商品采购计划的买手来说，最重要的信息来源于以往的销售情况。
3. 六个月是商品计划中常见的时间范围，但也有零售商使用其他时间段的商品计划，这主要取决于零售商的类型及其运营模式。
4. 美国联邦储备银行发布的经济状况报告非常重要，经常作为买手进行采购决策时的参考。
5. 有多家店铺的零售商必须分析每家店铺的以往销售情况，以确保各家店铺都具有合理的库存水平。
6. 进货模式是对采购商品种类、商品子类、商品价位、尺码分配和颜色选择所进行的详细规划。
7. 日常必需品和时尚类商品的进货模式有所不同。
8. 日常必需品的销售期通常具有延续性，所以买手对订货数量不需要进行复杂的计算。
9. 时尚类商品的流行周期较短，因此时尚类商品的进货模式更加复杂和难以制定。
10. 商品种类是指在百货商场中各种特定商品类型。
11. 商品子类是指实际每种商品的款式。
12. 以往的价位分析报告可以显示哪些价格段最重要，哪些价格段次之，以及哪些价格段最次要，它还可以帮助买手决定是否需要进行必要的价位调整。
13. 尺码的分配比例在进货模式中通常比较稳定，但买手必须注意，有些特定的款式是否最适合某一尺码，进而进行尺码分配的调整。
14. 由于流行颜色每季都有所不同，买手在制订采购计划时需要加倍注意。
15. 采购限额预算是指为实现既定的销售目标所需要的资金减去为采购商品已支付的资金的差额。
16. 采购限额预算可以在每月的任意时间进行计算。
17. 随着计算机软件的使用，采购限额预算的计算已经变得非常简单。
18. 零售商经常使用自动补货系统采购日常必需品，这样可以很简单地使商品库存处于理想的库存水平。

思考题

1. 讨论半年商品计划的重要性。半年这个时间范围对每个零售商来说都是必要的吗?
2. 制订半年商品计划最重要的依据是什么?为什么?
3. 除了最重要的依据,买手还采用其他哪些指标来规划半年商品计划?
4. 美国联邦储备银行是如何为买手采购计划提供决策参考的?
5. 为什么半年商品计划中同时需要"今年"和"明年"两组数据?
6. 请释义"进货模式设计"。
7. 为什么设计进货模式是商品采购计划中的一个重要部分?
8. 哪个商品种类在设计进货模式时有一定的难度?
9. 为什么时尚类商品在进货模式设计时需要加倍注意?
10. 商品种类和商品子类两者之间的区别是什么?
11. 商品种类的同义词是什么?
12. 买手经常根据价位分析报告检查销售情况的重要性表现在哪些方面?
13. 对某类商品而言,是否可以根据尺码分配标准来采购所有的商品?
14. 对于时尚类商品,买手如何利用颜色销售分析报告来判断下一销售季的流行色?
15. 商品的分配方案是指什么?
16. 请释义"采购限额计划"。
17. 为什么采购限额计划对于买手来说非常重要?
18. 采购限额预算可以在何时进行计算?
19. 自动补货系统如何进行工作?
20. 为什么零售商经常使用自动补货系统?

案例1

艾米百货(Amy's Emporium)拥有5家分店,已经经营了35年,在此期间经历了美国的经济危机。在那些饥荒年代,商家们都勒紧裤腰带,谨慎地实行采购计划。

然而从历史来看,公司从来没有面临过像现在一样的危机。经济萧条,行情暗淡,管理层担心买手们制订的采购计划过度乐观。尤其是奢侈品部门,主要销售皮草、珍贵珠宝、手工玻璃器皿和其他高成本商品。

所有店铺的买手们聚集到一起,召开了一个气氛严肃的会议。此时,买手们必须要着手制订6个月的商品计划,因此了解行情是很重要的。奢侈品尤其要加倍注意。尽管近5年来,百货店的平均销售增长率为5%,而皮草以每年10%的增长率远超其他部门,管理层仍告诫皮草买手需要谨慎地考虑采购计划。

问题:

1. 如果你是皮草买手,你会调查店内的哪些指标来制订采购计划?
2. 你会调查哪些外部信息?

案例2

凯瑞恩时装店（Caryn's Boutique）5年前开业，并且迅速发展壮大起来。刚开始的时候，它仅仅占据一家男装店的一角，但随后很快就发展起来，成为一家独立的店面。凯瑞恩时装店第一年的毛利润是147000美元。目前，该店的年销售额已经达到了675000美元。

这家店的成功应当归功于店主凯瑞恩（Caryn）的努力工作。但在经营中也出现了很多问题，最大的问题是她所采购的商品并没有经过认真核算，而是凭着一种模糊的感觉在增加商品，随着店铺的开业，所有的经营费用都大大提高了。凯瑞恩发现虽然销售量有了明显的增长，但是积压的库存商品也越来越多。在此之前，由于没有存货空间，她在进货的时候非常谨慎。当有了独立店铺后，过度的采购成为一个很严重的问题。由于不习惯预先制定进货模式，凯瑞恩发现店内有的商品缺货，而有的商品却积压很多。显而易见，要想使经营获得成功，应该在进货前有一个整体的商品规划，即进货模式。

随着夏季的即将来临，凯瑞恩已经开始进入市场选货，她决定购入诸如泳衣、裙子、衬衫、短裙、长裤和短裤、配饰以及其他的应季商品。

凯瑞恩面临的问题是必须制定出这个季节的进货模式。她已经意识到以前仅凭自身的主观感觉来进货不仅不切实际，而且有可能会付出惨重的代价。因此，她现在愿意听取更多的建议。

问题：

1. 简单描述凯瑞恩采购计划中首先要考虑的是什么。
2. 如何根据重要性来对以上提到的夏季商品进行排序。
3. 请列出凯瑞恩在真正实施采购行动之前应该准备完成的工作步骤。
4. 在初始投资阶段，凯瑞恩应该详细计划所有的资金分配方案吗？请解释原因。

案例3

R&L商店是一家位于美国南部的最大型连锁超市，公司在当地经营55年以来可以说是家喻户晓，但现在却遇到了一些困境。公司传统的运营模式无法与当地的折扣零售商进行价格竞争。问题在于经过多年一帆风顺的发展与成功，公司的运营成本实在太高了。

R&L的董事会委派一个团队去调查公司各个部门可以节俭开支的地方。

在销售部门，调查团队认为很多采购部门可以进行合并，并由一名买手主管来领导。这将会在很大程度上起到节省开支的积极作用，因为很多采购工作都可以被简化。他们建议扩大自动补货系统的应用，如饼干部、蛋糕部、面包部和谷类食品部都采用由一名买手负责的全自动化补货系统。如此一来，买手薪资开支也会节省下相当大的一部分。

问题：

1. 自动化补货系统能起作用吗？
2. 解释说明"自动化补货系统"及其应用。

Comstock/Thinkstock

寻找商品与确定采购时机

经过本章的学习后,我们应当能够做到:
- 明确各种规模类型的公司买手与供应商建立良好关系的必要性。
- 描述选择商品供货渠道时供应商必须满足的六个重要特征。
- 解释定期评估供应商的重要性以及为履行买手职责而记录商品情况的必要性。
- 列出并定义商品来源的四种类型。
- 请分别解释使用下列资源的优缺点:生产商、商场商品、批发商以及超市批发商。

第九章

如前所述，买手肩负的一项最基本职责，就是向能够为消费者提供最满意商品的供应商采购商品，以便为零售商带来最大化利润。

在这个过程中，买手不但必须在国内与国外、甚至从某一程度上来讲是无限范围内的供应渠道中做出选择，还必须决定是从生产商那里直接进货或是从批发商等中间人那里实施商品采购。与此同时，买手还必须决定实施具体采购的确切时间。在进行这些决策的时候，买手并不能单纯依赖于自己的个人判断，而往往是要受到一系列因素的制约。例如，对于某些行业如器皿之类的商品，即便对零售商巨头来说，从生产商那里进货也是不现实的，所有的买手必须到批发市场采购这些商品。而对于时尚类商品而言，由于此类商品的自身特征，在条件允许的情况下，即使是小型零售商也多会选择从生产商那里直接进货。当然，如果小型零售商的采购数量达不到生产商设定的最低数量标准，或者由于信用限制等方面的原因使其不能从生产商那里直接进货，买手也必须从销售条件相对宽松的批发商那里完成采购任务。

总体而言，买手在商品采购过程中，必须考虑进货渠道的类型及选择某一类型的原因，以选择更适合自己的进货渠道。与此同时，买手还必须对商品采购的具体时机给予重点关注。

选择最优进货渠道

买手的成功很大程度上取决于其对进货渠道的选择。他们必须时刻认识到，自己的工作能否取得成功，事实上依赖的是商品的实际销售所带来的利润，而不是所选择商品的吸引力。也就是说，买手不能仅凭借商品拥有成为热卖商品所必需的各项特征就购入某种商品，如果供应商不能及时供货，或难以满足采购需要，买手仍然不能签署订单。因此，在选择供应商的时候，买手必须综合评价一系列因素。理论上，采购商品的绝大部分比例应集中在一些主要供应商身上，并拿出一部分订单留给新供应商作为考察性尝试。在确定了主要供应商之后，零售商就成为了这些供应商的重要客户，并能凭借这一点要求供应商对自己的订单多加考虑。当然，事实上，由于许多零售商需要大量供应商来满足自己的商品需求，供应商有时并不能满足零售商的要求。根据商场的规模以及经营商品的种类，各公司选择的主要供应商以及尝试新供应商的数量都各不相同。

高科技创新

如今，零售商开始在经营中使用一系列技术革新手段，以通过使供应商提高供货反应速度来增加公司的经营利润，并最终达到改善服务的目的。

大量的革新实践正在帮助买手满足采购需要。仅仅为了改变而改变可能会导致不必要的成本开支，而不会为公司经营带来任何新意。因此，对于每天都会出现的革新项目，零售商必须对其进行认真评价，以确保这些项目比目前正在使用的更有利于公司发展。

电子数据互换技术（Electronic Data Interchange，EDI）是改善零售商采购效果的绝佳工具。这种技术可以通过标准化的格式在两个公司的计算机之间进行交换机读数据，从而使买手和零售商不必再用纸质文件通知供应商交付商品。一旦到了订货、开具发票和货物交运的时间，这些工作都可被迅速完成，从而节省了大量的时间与精力，并最终达到了节约成本的根本目的。通过激光扫描仪、卫星电话以及无线网络等技术，零售商与供应商之间就可以进行以前所不能实现的沟通与交流（图9-1）。

供应商管理存货（Vendor-managed Inventory, VMI）是另外一项能使买卖双方联系更为紧密的有效技术。通过使用零售商一方的扫描仪，生产商就能了解自己的商品通过商场、商品目录以及互联网等多种销售形式实现的销售情况，并借此不断更新自己的存货水平，进而积极参与到为零售商确定存货更新决策的过程之中。目前，频繁使用此项技术的大型公司主要包括JC潘尼、卡玛特以及沃尔玛等（图9-2）。

由于上述技术以及其他新技术在交易过程中的频繁使用，买手就有了更多的时间在全球范围内寻找新的供货渠道，以便更好地计划商品种类，并帮助开发本公司的专供商品。

与供应商的关系

买手与供应商的相互尊重、信任与合作对确保双方获得长期利润是必不可少的。但遗憾的是，现实中却并非总能实现这一点。当供应商手中持有热卖商品时，他可能由于需求量过大而不能满足所有的订货要求。此时，选择迅速给哪家发货并拒绝哪些零售商的订货要求，则通常取决于各商家在忠诚度与盈利水平方面的相对重要性。如果必须要得罪某些商家的话，与西尔斯之类的大型零售商相比，小型零售商被选中的可能性会更大一些。在商品退货时，情况也是如此。商场规模越大，其获得的退货自由度就会越高。虽然难以超越零售巨头所拥有的大额采购力优势，小型商场却能够通过限定少数几家主要供应商来提高自己的相对地位。这种策略对规模较大的零售商同样适用。在供应商手中商品数量不足的情况下，订货最多的客户通常会受到优先对待。

为确保获得公正待遇，小型零售商采用的另一有效方式是与供应商建立良好的个人关系。在很多情况下，供应商会从大型客户的订单中"偷"出部分商品以满足小型零售商的需要，尤其对那些被供应商认定属于忠诚客户的小型零售商而言，由于商品采购的总数量较大，加之双方建立的长期良好关系，就更易于发生类似事情。

在很大程度上，买手与供应商的关系是建立在供应商在以下方面所拥有的可依赖性以及诚信度之上的。如发货商品与样品的一致性，供应商不会未经同意就更换商品颜色、尺码和款式，以及接收合理的退货要求等。

无论是大型零售商还是小型零售商，只要将绝大部分商品采购限定在少数几家供应商身上，都会有助于改善与供应商的关系。但需要注意的是，这种做法需要

图9-1　零售商和供应商纷纷采用高新技术手段提高送货效率

（Stephen Coburn/Shuttershock）

寻找商品与确定采购时机

图9-2 JC潘尼公司使用供应商管理存货技术来完成补货
(ⒸFrances Roberts/Alamy)

图9-3 对于知名的时装零售商来说，唐纳·凯伦的商品是必然之选
(ⒸDiffused Productions/Alamy)

保持一定的限度。买手必须留出部分采购预算用在新供应商身上，以购买能够增加公司盈利水平的商品。

供应商的特征

在选择供应商的过程中，买手还必须考虑其他许多因素。这主要包括供应商销售的商品类型、供应商的分配政策、商品促销政策、广告补贴、运输与存货费用、与供应商的合作关系、竞争价位以及对采购订单具体要求的守信程度等。

经营商品

显然，对于那些所经营商品在价位、款式以及消费者喜好等方面不适合公司要求的供应商，买手都不会加以考虑。但是，适合本身就存在程度上的差别，而且选择供应商首先要判断的是商品的可销售性。对大多数商品而言，买手要考虑的因素远非仅仅适合公司销售要求这一个方面（图9-3）。例如，对时尚类商品，买手还要考虑其独特性与首创性。为此，产品的设计、性能，甚至包装等都是买手需要考虑的因素。

买手需要考虑的另一个至关重要的因素是，在需要的时候是否能够及时获得商品。如果在销售需要的时候却不能够及时收到商品，那么，即使商品本身非常好，对公司又会有什么作用呢！通常，供应商的销售季节与零售商并不完全吻合。为减少必须降价的商品数量，一些供应商会在零售商的购买需求结束之前提早很长时间就缩小产品生产量。而在消费者仍具有购买意愿的情况下，商品的缺货自然就难以满足消费者的需求，因此，保持对旺销商品的连续采购是非常必要的。

一个合格的供应商应该做到灵活机动，并能根据市场需要进行适时调整。在早期推出的商品系列中缺少某些款式，而这类款式受到了市场的追捧，供应商应当主动增加此类商品的数量。做不到这一点，买手就可能会考虑从其他渠道实施采购。供应商必须明白的一点是，单纯固守自己的原始商品种类就可能提供不出在销售季中能够大获成功的商品。

如果说全国知名品牌商品是零售商取得经营成功的关键所在，那么，其对供应商的选择就没有那么多了。对时装类零售组织来说，拉夫·劳伦、托米·海菲格、卡伯尼、卡尔文·克莱恩和DKNY等品牌是必不可少的。在这种情况下，买手不需要考虑是否应该购进此类商品，而需要考虑如何从这些品牌中挑选出最有可能吸引消费者的商品。由于这些知名品牌本身并不能确保成功并获得最终利润，因此，买手就要像对待其他商品一样，仔细考察这些名牌商品以确保做出正确的选择。

如今，越来越多的零售商倾向于拥有满足各自具体要求的专供商品，且通常会在这些商品上贴上商场自有的商标。为购进这些商品，买手必须选择那些能够满足所有要求的供应商。通常情况下，由于较大的需求量，此类商品一般由大型零售商拥有，且其种类也呈现出了稳步增长的态势。由于此类商品的排他性特征，供应商通常会为零售商提供使其免受竞争威胁的价位。在本书第十六章"开发专供商品项目"中，我们将对其给予更多关注。

供应商的分配政策

除了被进行密集广告宣传的商品、品牌"便利商品"（即无需花费太多努力就可购得的商品），以及时尚类零售企业必须拥有的设计品牌商品外，没有任何买手希望购进与竞争对手相似的商品。因此，在选择供应商时，买手应尽量寻找那些同意将特定款式商品的供货范围限定在特定区域的供应商（图9-4）。但美国的法律却明确规定，任何企业只要拥有良好的信用资质等条件，其采购要求就必须得到满足。因此，供应商不能仅依据自己的判断而设置排他性的分配策略，这就使得想要实现上述目标的买手面临更多的困难。

限定供货范围有助于使零售商签署规模更大的订单，因此，供应商也会采取多种手段解决这一问题。他们可能会设定一个最低进货标准，以将不符合条件的零售商排除在供货名单之外。供应商也可能会限定生产量以根据意愿或双方关系选择供货对象，晚下订单的零售商将会失望地发现商品的准时交付不能得到保证，进而难以满足销售的需求，可能因此自动放弃采购。最后，许多供应商还会制定专门的配货政策，将特定商品在限定的零售商中进行分配，这样零售商对此商品就能获得某种程度的独占性。由于其他零售商可能仍在经营这一品牌的商品，因此，供应商并未因此而触犯法律，同时，由于其他零售商所经营的商品与限定分配范围的商品有所不同，因而也不会对拥有限定商品的零售商造成竞争。

商品促销政策

现在，越来越多的零售商开始实行限期销售降价商品的策略。在此期间，商场会推出降价的滞销商品与买手专门以低于正常批发价的价格所采购的商品，并通过两种商品的混合销售来提升整体加价率，进而获得更高的利润。

图9-4 一些供应商，尤其是经营高级时装的供应商，经常限定某些商品的配货区域以体现商品的独特性
（Debby Wong/Shuttershock）

几乎所有的生产商都会有一些销售状况并不尽如人意的商品。因此，与零售商一样，供应商也必须对其进行降价处理。一些供应商通过自己的工厂折扣店处理这些商品或将商品出售给专门从事低价零售的商家。另外一些供应商则制定了专门的促销政策，并由其老客户享有购买这些商品的优先权。例如，在女式泳装行业，态度鲜明的生产商通常在出清库存前，由老客户先决定是否购进这些商品。供应商一般会在零售季节中期进行商品降价，这样零售商就有机会得到更低的价格，一旦零售商实现了这些商品的销售，其利润率将会是非常可观的。

实行此类特殊销售的零售商需要确保的是，必须有多家与其进行交易的供应商向其提供处理商品。只有如此，其盈利水平才会有充分的保障。

广告补贴

在如今的零售行业，经营的促销费用变得越来越高。持续上涨的印刷与播出广告的费用使一些零售商难堪重负，为节约公司的广告预算，他们经常会尝试着要求供应商提供部分广告补贴。这也就是通常所说的"合作广告"概念。通过这一项目，供应商会与零售商各自承担50%的广告费用。因此，如果零售商拥有100万美元的广告预算，那么他们就可实际支出200万美元。

但并非所有的供应商都会参与这一项目，对那些小型供应商而言，尤其如此。在这种情况下，买手就必须认真评估购买其商品的必要性，并在可提供广告补贴的供应商不能提供同类商品的情况下，才选择从该供应商那里进货。当然，如果该供应商的商品能为零售商带来可观的利润，这种采购还必须一直持续下去。

有关合作广告的详细内容，我们将在第十八章"买手在广告企划、特别活动和视觉营销中的作用"中做进一步充分说明。

运输与存货保管

与零售企业相似，供应商的规模也差异很大。部分供应商仅从事大宗货物的经营，而其他规模较小的供应商则无力承担规模较大的订单。因此，买手在选择供应商时，必须充分考察其供货能力与交易意愿。

供应商的货物交付行为具有多方面的重要性。首先最重要的一点是，买手必须确认供应商能够在交货期限内发出货物，以确保在需要这些商品时有货可卖。如果做不到这一点，消费者就会转向其他地方进行购买。

订单与追加订单货物的交付速度同样是一个非常重要的因素，对时尚类与保鲜类商品而言，情况更是如此。交货速度越慢，零售商在预期销售周期内销售货物的时间就会越短。

与货物交付速度相关的另一个重要问题在于零售商的库存与财力状况。越来越多的零售商认识到了存储商品所引致的额外费用，且在库存的限制下，他们经常不能购进希望达到的商品量。也正因为如此，迅速、便捷的商品交付对商场充实商品并满足消费者需求就显得尤为重要。就财力状况而言，大型订单通常意味着较高的财务费用，而这往往又是许多零售商所难以承受的。在这种情况下，小批量订购并能够根据需要再追加订购多种商品就成为了减少财务负担、有效发挥资金效率的有效手段。

难以实施大宗采购的零售商通常会选择从批发商那里进货。尽管批发商的价格一般会高于生产商，但他们手中一般都持有大量能及时满足客户需要的商品。不仅如此，从批发商那里进货可能只需要一天的交货时间，非常适用于那些购货量较小的零售商。

现实中，买手会迅速掌握供应商在货物交运方面的信誉。因此，在准备购买新商品的时候，买手应首先考虑那些在交货方面表现良好的供应商。

与客户的合作

供应商能在众多方面给予买手最大化帮助。这主要包括真诚的销售代理服务、提供促销帮助的意愿、出席特殊活动如时装新品展、提供视觉营销支持、培训某些产品的使用方法以及商品标价服务等。

当买手准备实施既定商品的采购时，总会有多种款式供他们选择。买手必须谨慎判断并从中挑选出最具销售潜力的商品。尽管在这一过程中，买手掌握着最终的决定权，但他们却经常需要就挑选何种商品这一问题咨询销售代理机构的意见。由于这些销售代理完全掌握其他零售商所选择商品的种类，并了解什么款式的商品销路最好，因此，通过将这些信息传递给买手，销售代理对买手的实际运作起到非常大的促进作用。当然，也不能排除一些销售代理可能会为了销售滞销商品而欺骗买手的情况发生，这就要求买手在做出任何采购决定之前，应根据以往的经验谨慎考虑销售代理提出的所有建议。如果实践证明，销售代理以往所提供的建议都是正确的，那么买手就应认真考虑其今后提出的意见。相反，如果销售代理以往提供过错误信息，那么买手就应加倍小心地对待其今后提出的建议。

需要说明的一点是，采购过程中完全依赖销售代理的意见是相当危险的。买手应在其中起到最终的决定作用。

除了前面提到的合作广告补贴外，供应商还可以通过提供促销津贴的方式与买手进行合作。例如，一些供应商可能会负担店内时装展示的费用。而此类活动如果由零售商自己安排的话，零售商可能会由于高昂的费用而难以负担。在零售行业日益激烈的竞争环境下，零售商总在寻找多种方式以求在竞争中脱颖而出。同样，供应商之间的竞争也非常激烈，因此，越来越多的供应商开始向客户提供促销津贴以拓展业务。这就要求买手在选择供应商时充分考虑这一因素，在商品差异不大的情况下，能够提供此类津贴的供应商应当成为买手的首选。

利兹·克莱伯恩（Liz Claiborne）是提供促销津贴的供应商之一，下面的零售采购焦点对此进行了具体说明。

内部新品展销（Trunk Shows）是买手为使消费者对特定商品产生更为积极的反应而采取的方式之一。所谓"内部新品展销"，就是由设计师或公司代表带着自己的商品到商场进行展示，以便消费者近距离了解并掌握有关商品的第一手信息。由于有时设计师或厂商代理会用旅行箱携带这些商品，所以人们称这种展销活动为"箱式展销"。虽然买手通常只能挑选参与展销的部分商品用于实际销售，但在展销活动中，人们却可以购买到参与展销的所有商品，同时商场也经常会邀请消费者试穿不同款式的商品以促进销售。在特殊情况下，商场还会根据消费者的需要与颜色偏好调整商品，但这一般只针对高价位商品。St. John's与Bob Mackie是两家经常采用内部新品展销模式的公司。

一些供应商，尤其是经营化妆品的供应商，会免费向商场提供一些供商场陈列的展示材料，如指示牌以及商品容器等，以达到吸引人们对商品的注意力的效果。由于人们通常是出于一时冲动购买化妆品，因此这类视觉展示经常会起到促使消费者购买的作用。为进行视觉感受促销而使用的陈列材料会耗费商场的大笔开支，买手从供应商手里免费获得这些材料自然能有效减少商场展示的费用。

零售采购焦点

利兹·克莱伯恩

利兹·克莱伯恩是美国时尚类商品的著名生产商之一。该公司由他本人和另外两名合伙人共同创办于20世纪70年代末期。如今，该公司已经发展成为了历史上经营时尚类商品最成功的公司之一。起初，公司仅经营一类商品，但随着经营的巨大成功，公司拓展了经营商品的种类并创设了自己的品牌。其男装品牌Liz&Company、Dana Buchman、Lizwear，以及Claiborne等仅是公司所有商品的一小部分，如鞋子和眼镜等其他商品通过授权经销，进一步提升了公司的知名度。

在发展的早期阶段，公司意识到，与零售客户合作，并帮助他们销售商品对双方都大有裨益。因此，公司像很多其他公司一样，给零售商提供合作广告补贴，而且还借鉴高档时装屋的经验，参与时装的店内展示活动。起初，公司是在推出新款时装后再开展此项活动。这种方式使购物者对商品产生了一种动态的直观感受，并从中听取了公司设计人员对不同商品的具体评价，因此，这种促销活动马上就获得了成功。

如今，为保持产品在业内的领先位置，公司开始与零售商客户建立了全方位的合作关系。尽管公司自身已不再经常开展时装展示活动，但这种由利兹·克莱伯恩公司首创的店内时装展示方式已成为公司进行公共关系的重要方式之一。公司会定期指派受过专业培训的人员造访商场并参与到店内时装展示活动之中，并由他们对公司商品进行说明，在展示总结会上会见消费者代表，回答消费者提出的有关商品的各种问题。

通过这种方式，公司不但能改进与零售商的相互关系，同时还会提高公司自身以及零售商的销售额。

对于销售一些如小型器具、计算机、传真材料、复印机之类的商品，进行商品演示活动是非常必要的。随着科技的进步，这些商品的具体操作方法可能会非常复杂。因此，为确保这些商品最大限度地发挥效能，就必须向客户展示其具体的操作过程。许多供应商会提供此类服务。通过对商品使用程序的详细说明，零售商就能在消费者中树立更积极的形象。

通常情况下，如果供应商在发货前能给商品预先标价将带来令人满意的结果。它能确保商场抓住商品的经营时机，并有效节省经营空间与人力。预先标好价格的商品可被直接运到店铺，从而极大地拓展了商品的销售时间。尤其是对追加订单的商品必须尽快到店以实现销售，这一点就显得尤为重要。预先标价能够减少对经营场地的需求，并为其他商品腾出更多空间。由于零售企业的场地费用通常要高于厂商的仓储费用与厂房的费用，因此，随着零售商租金费用的不断增长，能否为商品预先标价成为了零售商必须考虑的重要问题。

尽管买手与供应商的合作关系对任何零售商成功与否都发挥着至关重要的作用，但对零售商而言，商品才是最关键的因素。因此，只有在确保供应商的产品适合买手采购需求的前提下，才应考虑与供应商建立紧密的合作关系。

竞争性价位

显而易见，买手只能在零售商预先设定的价格范围内选择商品。但在每一价位水平下，总会有多家供应商经营着同样的商品。因此，买手必须经过比较后确认哪家的商品可为商场获得最佳的盈利水平。例如，如果买手预先设计的存货模式需要购进一批中档价位的毛衣，零售价范围为35～40美元。根据商场的加价率，这些商品的进价就应在15～17美元。在全面考虑商品的款式、质量、色彩种类以及质地等方面因素的前提下，买手就会选择价位最适合的商品。即如果一种商品的进价为15美元，而另一种商品的进价为16美元，虽然1美元的差价对消费者来说无关紧要，但在采购数量较大的情况下，由此导致的附加利润将对零售商产生相当的积极意义。因此，买手应选择15美元的商品。可以想象，如果是沃尔玛或塞尔斯这样的零售巨头，每种商品的采购数量都可能达到数万件，这1美元的差价就可能导致数万美元的额外收入或额外损失。

需要再次强调的是，只有在所考虑的各种商品不存在显著差异的情况下，竞争性价位才应纳入买手的考虑范围。毕竟，价格并非买手需要考虑的唯一因素。

遵守采购订单要求的程度

买手签署订单时，会详细注明要采购商品的款式、颜色、尺码、交货日期、折扣条款等一系列情况。这些对于买手提前设计的半年计划以及存货模式都是非常重要的。因此，订单只有得到有效的执行才能确保销售的商品组合能够满足消费者需求。

买手认真进行商品规划只是确保销售成功的一方面因素。为确保经营成功，买手选择进行签署订单的供应商还必须严格执行订单内容。虽然这看起来是一件理所当然的事情，但现实中，订单的执行却经常出现偏差。一些供应商会使用多种借口偏离订单的具体要求，如交货商品的颜色不符或任意调换商品颜色，交货的尺码与要求不一致，交货商品的材质不是样品所使用的材质，商品生产时间比预期延长进而延误交货日期等。

由于买手了解什么商品最能满足消费者需求以及何时购进最有利于满足这些需求，因此，任何偏离订单要求的行为都因可能严重影响零售经营而难以为零售商所接受。

买手最了解消费者的需求，以及如何满足这些需求。这些和原采购订单不相符合的商品将会严重影响销售，并且不能被买手所接受。严格遵守订单是供应商必须承担的一项责任。对于那些违反订单要求的供应商，买手一般都不会再将其列入未来实施采购计划的考虑范围之列。

盈利水平

最后，准备购买的商品还必须具有获利性的重要特征。供应商是否会严格遵照买手公司的质量要求生产商品，能否按时交付商品，商品能否适应消费者的需求？如果对这些问题的回答是肯定的，那么零售商就极有可能获得成功运转公司所必须达到的盈利水平。

对供应商的定期评估

买手必须对自己所负责的每一价位商品的供应商进行定期评估，以将那些未能达到预期要求的供应商从未来的采购计划中剔除出去。为此，买手应填写多种不同的表格，以便迅速评估每一供应商对本公司的盈利贡献能力。

评估方法

零售商所设计的供买手用来评估供应商的表格有许多种。现在，这些表格和记录都可以方便地存储在轻薄的便携式计算机或者掌上电子设备中，如黑莓和智能手机。在此之前，买手一般采用传统的评估方式，如随身携带着供应商日志、基本供应商名单以及供应商分析表进行市场考察。尤其是那些为小型零售商采购的买手，他们仍然偏好这些传统的评估方式。

供应商日志

供应商日志是一本涉及所有供应商的简明手册。它通常是由计算机打印的活页组成，每一页都用来记录一家供应商的基本情况。这种活页形式能使买手随时添加新供应商或删除不再合作的供应商。在进行市场考察的过程中，买手通常会随身携带供应商日志，以便于快速查询每一家供应商的基本情况。

如今，许多买手已经不再使用这种传统方式来记录供应商的基本情况，而是采用便携式计算机等电子设施完成这一任务。通过这些电子设施，买手只需键入供应商的名称，就可从商场数据库中调出该供应商的基本情况。但无论采用何种方式，买手所获得的信息是完全一致的。

典型的供应商日志列明了每一位供应商的重要相关信息，如经营商品的种类、公司地址、联系人、对商场的重要性、过去的进货条款，以及其他可能为日后采购所需要的信息等。

供应商日志最重要的一个特征在于，其记录的是供应商最新的信息。由于联系人员、销售地点、对零售商的重要性、广告补贴以及信用支付率等各方面可能会发生变化，因此及时更新这些信息才能确保决策制定得真实可靠。

许多季节性商品买手在脑海中存储了大量老供应商的信息,但是那些新进入行业的供应商就无法享有这样的待遇了。在买手制订采购计划时,这些供应商记录将会对新供应商的选择起到重要的提示作用。

供应商分析表

该表格涉及的是任何一家供应商所提供商品的毛利润情况。本质上,该表格是一份收入情况细则,其数据主要来源于店内的计算机记录。

其他评估手段

如今,计算机程序生产商不断推出越来越多的软件,对买手更好地进行采购决策提供了多方面的帮助。无论是IBM等计算机行业巨头,还是一些小型计算机公司,都研发出了多种不同的计算机程序供零售企业使用。一些大型零售企业甚至还雇用了专业计算机人员为本公司开发专用软件。无论采取哪种方式,买手都可凭借这些软件迅速获取制定决策时所需要的几乎所有信息。

具体而言,除了前面提到的,买手评估供应商时所需要的信息还主要包括:

(1)商品发货数量与结算的准确性。
(2)供应商确保准时交货的能力。
(3)价位的准确性。
(4)换货记录。
(5)退货记录。
(6)处理变更情况。
(7)采购条件。
(8)广告与促销补贴。
(9)遵守发货条款的程度。
(10)满足特殊要求情况。
(11)再订货的时间结构。
(12)保证商品专供方面的可靠性。

除了上面提到的这些外,零售企业还会根据各自具体需要来记录其他供应商信息。

与供应商建立联系

与各供应商建立良好的相互关系会给买手带来许多益处。由于大多数供应商,尤其是经营知名品牌商品的供应商会同时服务于多家客户,因此买手一般都希望确认是否在商品交付、价格等方面得到了适宜的贸易条件。买手为达到这种合作目标,做到以下几点是非常必要的:

(1)应尽早地签署订单以为供应商交付商品预留出充分的时间。
(2)除非特殊情况,应尽量避免取消订单行为的发生。

（3）不能过分地要求合作广告补贴。
（4）迅速结算货款。
（5）除非有正当理由，应尽量避免退回商品。
（6）设计采购计划时，应优先考虑目前正在经营的商品。
（7）应避免可能会给供应商带来麻烦的不公正降价要求。
（8）不得将有关供应商的商业秘密泄漏给其他竞争对手。

供应商的类型

可供买手选择的供应商有多种类型，且每一种供应商所提供的服务也各不相同。因此，买手在制订采购计划时，应对此予以充分考虑。这其中，比较重要的供应商类型包括生产商、生产商代理、批发服务商、有限功能批发商，以及超级市场批发商。除此之外，许多零售商还通过公司旗下的供货机构为其提供所经营的商品。

生产商

显而易见，从生产商直接进货具有多方面的优势，但买手却并不经常采用这种进货方式。其原因在于，无论零售商的采购规模有多大，许多生产商都拒绝直接向零售商供货，而是选择通过批发商实现产品的销售。这种情况经常发生在食品、部分工具以及香烟等便利商品身上。

如果条件允许，直接从生产商那里进货主要具有以下优势（图9-5）：

（1）生产商的销售人员一般比批发商更了解商品，并能借此提出在广告宣传、店内商品陈列、商品销售等方面更具建设性的建议。

（2）对于交货速度发挥着至关重要作用的时尚类商品，如果从中介机构那里进货会放慢商品的销售过程。而买手通过直接从生产商那里进货，就可以迅速实现商品到货的目的。

（3）一般情况下，生产商能根据零售商的特殊要求生产商品，如缩短样品的袖长或加长衣服的衣长等。

（4）由于没有中间环节，商品的价位一般会更具竞争力，从而有助于零售商实现更高的边际利润。

尽管具有这些优点，但有时零售商却可能由于采购规模的限制而不能直接从生产商那里进货。如大型生产商通常会设定最小订单数量，在这种情况下，只有那些具备相当规模的零售商才能享受到从厂家直接进货的优势。为此，小型零售商也可将订单集中起来形成采购集团，进而向生产商直接采购商品。由于出现了这种集团采购模式，许多生产商就具备了直接满足小型独立零售机构的商品需求的能力。

图9-5　零售商从生产商直接进货具有多方面优势
（Felipe Dupony/Thinkstock）

生产商代理

尽管许多生产商一般会通过自己的销售机构或产品展示来实现商品的直接销售，但也有一些生产商囿于财力有限以及销售场所偏小等方面的原因，需依靠销售代理或者生产商代理（Reps）进行销售。通过这两种方式，生产商就能将注意力集中在产品的生产方面，而将销售事宜交由专业人士打理。如此一来，虽然买手不能与生产商直接联系，但同样具有一些优势，主要包括：

（1）能使买手同时采购多种商品。由于大多数销售代理经营着相互兼容的多种商品，买手就可以同时考察其所有商品，避免了在不同生产商间的来回奔波，从而为买手节省了大量的时间与精力。

（2）由于销售代理所经营的商品兼容性较强，买手能够轻易寻找到相互搭配的商品。以牛仔服为例，销售代理所经营的其他公司的毛衣可能正好与之完美搭配，进而刺激消费者成套购买。如果没有销售代理所提供的这种便利，买手可能就需要走访多家厂商来寻找搭配款毛衣。

（3）通过销售代理，生产商就能在全国各地拥有多家商品展示机构。这种安排使买手有时可以就近挑选商品，而不必像去那些远离公司所在地的批发市场一样需要经过一番长途跋涉。

（4）由于销售代理的唯一业务就是商品销售，其报酬通常是来自生产商的代理费，因此，向客户提供服务就成为了其经营的必要组成部分。在这种情况下，销售代理通常能够向零售商提供比生产商更为优质的服务。

服务批发商

批发机构主要包括两种类型，即服务批发商与有限功能批发商。对于前者，其业务正如其名称所显示的，主要是向客户提供多种服务，而有限功能批发商则与销售代理极为相像，其业务被限定在了销售生产商的产品方面。

服务批发商在市场中占主导地位，它是连接生产商与零售商的中介机构，并通过开展各项活动分别满足两者的需要，以实现双方的互惠互利。对生产商而言，服务批发商能使其从商品销售活动中抽身而出，而只需关注产品生产方面的事宜。另外，由于服务批发商的采购规模巨大，通过服务批发商这一环节，生产商还能有效节省产品的仓储费用。与此同时，服务批发商还能向生产商提供必要的产品信息，以有效降低生产商直接向零售商供货可能导致的风险，并简化生产商的财务环节。于是，这些优势对各批发商等中介机构的成功经营都是至关重要的。

同样，服务批发商也能对零售商提供多种帮助，其中主要包括：

（1）实施小额采购。由于服务批发商手中持有丰富的商品，零售商就能根据实际需要进行采购，从而有助于使零售商保持较低的存货水平。

（2）能使零售商同时采购多种不同类型的商品。这一优势可使买手轻易地进行商品比较并从中挑选出最合适的商品。

（3）由于服务质量是该类批发商获得成功的关键因素，这种采购方式能够确保买手得到便捷的商品交付，自己的特殊要求也能得到更多关注。

（4）通常情况下较为宽松的支付条件。与直接从生产商那里进货相比，大多数服务批发商会给予零售商更大的赊销额度，并可适当延长货款的支付时间等。

（5）由于需要的订单规模较小，许多零售商能够相应改善其存货周转率。对此，我们将在第十五章"商品定价"中进行全面分析。

（6）由于能否满足零售客户的需要是决定服务批发商经营成败的关键因素，服务批发商通常会愿意向零售商提供最新的市场信息、采购计划帮助，以及促销帮助等各项服务。

尽管存在上述诸多优势，但这种采购方式仍存在一些缺陷，主要包括：

（1）由于服务批发商同样需要实现利润，因而通过服务批发商采购的商品价格通常比较高。

（2）由于进价较高，零售商就只能标出较低的加价率并相应获得较低的利润率。

因此，通过服务批发商采购商品时的一个首要原则是，只要具备从生产商那里直接进货的条件，就尽量不要选择此种进货模式。

有限功能批发商

正如该类批发商的名称所暗示的，有限功能这种批发商所提供的服务非常有限。他们首先是作为多家生产商的销售代理机构而出现的，因此，有时人们又称此类机构为"商品经纪"。与服务批发商不同，这些机构自身并不存储商品。由于买手不要求从这些机构中得到服务，因此，其经营商品的价格一般也低于服务批发商所经营的商品价格。

对一些商品而言，是否选择此类机构并非出于零售商的决定，而是依据特定商品的采购惯例决定的。如果可以选择的话，零售商就必须对两类批发商进行对比，并从中挑选出更适合自己需要的那一类。例如，如果商品的交货时间非常重要，那么，零售商就应选择从手中掌握库存的服务批发商而非有限功能批发商那里进货。

超市批发商

事实上，超市批发商是批发商的一种。但与其他类型的批发商不同，这些机构提供了一项独特的服务：即保存他们所销售商品的库存。以平装书为例，超市批发商会提供陈列平装书的货架，并将他们认为最具零售盈利能力的书籍陈列在这些货架上。此时，这些机构不会向零售商收取任何费用（图9-6）。超级市场批发商会定期到零售商场考察商品存货，并只在商品实现销售后才收取费用。对销售良好的商品，他们会向零售商补充商品，对销路不好的商品，他们会全部收回并替代以其他商品。在此过程中，零售商基本无需保留任何商品库存。超级市场普遍采用了这种进货模式，除了一些日用品、肉类食品、家禽制品、农产品等之外，还有多种商品会使用这种模式，如前面提到的平装书、贺年卡、针织品等。

从超市批发商手中进货所具有的主要优势在于：

（1）直至商品出售，零售商无需支付任何费用。如此一来，零售商就能够腾出更多资金来购买其他商品。

（2）商场员工不必耗费精力用于商品的展示活动。

（3）由于滞销商品可由旺销商品替换，因此，商场不会存在利润风险。

（4）无需为购进商品花费时间。这方面工作完全由超级市场批发商完成。

确定采购时机

制订了采购计划，考虑了采购商品的数量与质量因素，并确定了选择哪家供应商之后，何时购进商品就成为了买手下一步需要考虑的问题。所有零售商不会选择在同一时间内同时购进商品，而需要根据各自公司的政策来确定何时才是最佳的采购时机。以全价购进商品的传统零售商与在商品降价时才采购商品的机会主义零售商在选择采购时机方面采用了两种不同的方式。

图9-6 买手通常从超市批发商那里采购平装书
（©West1/Dreamstime.com）

传统零售商

所谓"传统的零售商"，主要包括百货商场、专业连锁店，以及其他奉行尽早购进商品经营理念的零售机构。时尚定位的商场，如内曼·马库斯、伯名得、梅茜百货、萨斯、劳得·泰勒（Lord & Taylor）以及玛莎等，这些仅仅是此类公司的一小部分。此类公司贯彻"领先时尚"的经营理念，即必须成为产品被生产出来后的第一个经营者。而此类商场所拥有的那些同样只关心时髦而基本不考虑价格因素的消费者，也通常会选择提前购买商品。因此，市场周一开始，这些公司的买手就会迅速购入卡尔文·克莱恩、DKNY、拉夫·劳伦、托米·海菲格、卡伯尼以及约翰斯·纽约（Jones New York）等品牌的商品。通常，这种提前订购商品的方式也能确保公司尽可能早地获得商品。

对于时尚类商品以及产自国内的其他商品，零售商应提前销售季节6个月的时间就实施商品采购。随着目前商品生产的国际化，国外采购甚至可能需要提前1年左右时间订货。在这种采购时间与商品到货时间存在巨大差异的情况下，买手就必须认真进行采购计划的制订。时尚商品色彩和款式的难以预测，加之公众对时尚消费的特殊偏好，这些都为提前采购带来了相当大的困难。此时，即便是最有经验的买手也可能做出错误的决定。

经营非时尚类商品的零售商一般不需要提前采购商品。这些零售商通常选择在商品被广泛宣传后的销售季节的稍晚阶段购进商品。例如，当供应商开始推介一种商品时，他手中可能有100件样品。随着商品进行宣传后不久，买手很快就能依据对商品的初步印象购进其中的50件。由此我们可以认为，较晚购进商品避免了提前采购所必须进行的预测工作。

选择从批发商那里进货的零售商可以在需要商品的几天前购进商品。这些零售商通常采用的是一种"即买即卖"的经营模式。自然，任意零售商都必须根据所经营商品的特征确定自己的采购时机，并适时对其进行适当调整。

低价零售商

低价零售商是指以尽可能低的价格向消费者销售商品的零售组织。他们使用的是一种机动采购的经营方式，即批发市场准备大幅降价处理商品之际，就是此类组织准备实施商品采购之时（图9-7）。

低价零售商一般不会像传统零售商那样对特定款式、色彩以及质地的商品制订严格的采购计划，而会根据手中的采购预算确定所需商品的总体种类。为此，低

图9-7 作为低价零售商，玛莎会机动地采购设计师品牌商品

价零售商组织的买手几乎每天都会考察市场以寻找合适的降价商品。与此同时，与主要在市场周期间采购商品的传统零售商不同，低价零售商的买手每天都会带着购买清货商品的愿望出没在不同供应商中间，并通过电话、传真、电子邮件等形式与供应商频频联系。必须早于竞争对手获得处理商品——这一点上看，采购时机对低价零售商也同样是至关重要的。

需要说明的是，低价零售商通常经营着与传统零售商相同品牌的商品，只是销售时间稍晚于传统零售商。拉夫·劳伦、DKNY以及卡尔文·克莱恩等品牌通常会出现在T.J.麦克斯、圣马特（Stein Mart）、罗满（Loehmann's）、玛莎、伯灵顿以及其他低价零售商的商场内。只是，这些低价零售商仅仅在供应商因尺码不全或颜色不齐而降低批发价的情况下，才会得到这些商品。当然，对于那些希望低价购买商品的购物者而言，一旦他们在商场欣喜地发现这些知名品牌的超低价格时，尺码与颜色等方面的缺陷通常就显得无关紧要了。

这些零售企业的经营实践会使买手实际掌握何时才是签署订单以及购进货物的最佳时机。

商业词汇

盈利水平　　　　　　　　生产商代理　　　　　　　超市批发商
出清库存　　　　　　　　知名品牌　　　　　　　　供应商日志
便利商品　　　　　　　　机动采购　　　　　　　　基本供应商名单
合作广告　　　　　　　　专属订单　　　　　　　　服务批发商
电子数据交换技术　　　　提前标价　　　　　　　　内部新品展销
工厂折扣店　　　　　　　专属商品采购　　　　　　供应商分析表
"即买即卖"采购　　　　　采购时机　　　　　　　　供应商管理库存
有限功能批发商

要点概述

1. 买手不但需要在无限的供应渠道中做出选择，还必须决定是从生产商那里直接进货，还是从批发商等中间人那里采购，以及何时实施具体采购。

2. 在采购实施过程中选择供应渠道时，买手必须要考虑公司目前有哪些高科技技术可以加以利用。

3. 买手必须和供应商保持良好的关系，以确保能够得到优质的服务。

4. 供应商的可信赖性可以从几个方面来衡量：商品是否严格按照样品进行生产？订单是否按照要求进行执行？以及是否有公平的退货政策。

5. 供应商能否严格按照零售商的要求进行产品生产，是买手选择供应商时最重要的考虑因素。

6. 零售商必须确保供应商不会将同样的商品销售给他们的竞争对手。

7. 供应商提供的广告补贴可以降低零售商的广告预算。

8. 诚信的供应商是值得信赖的，当买手签订采购订单时，买手必须认真考虑他们提出的采购建议。

9. 促销活动，如内部新品展销，能够帮助零售商扩大公司知名度。

10. 对于买手来说，供应商能否严格按照订单生产产品至关重要，这决定了他们的进货模式能否得到顺利实施。

11. 买手必须做好与供应商相关的记录，如供应商日志和供应商名单等，以协助买手进行供应商评估工作。

12. 可供买手选择的供应商有多种类型，范围包括从生产商到超市批发商。

13. 从服务批发商那里采购的零售商，可以从"即买即卖"的经营模式中受益。

14. 实际上，有限功能批发商也是销售代理机构，但是他们不存储商品，仅仅作为生产商和零售商之间的中介桥梁。

15. 超市批发商为零售商提供了独特的服务：即保存他们所销售商品的库存。

思考题

1. 可以在两台计算机之间以标准化格式交换机读数据，该项重要的技术革新工具名称是什么？
2. 供应商管理存货技术如何帮助大型零售商管理库存？
3. 对于零售商来说，为什么供应商严格按照样品交付商品至关重要？
4. 买手把大部分采购数量集中在少数主要供应商身上，这点对于零售企业非常重要吗？
5. 在选择最佳供应渠道时，最重要的考虑因素是什么？
6. 在什么情况下，哪些供应商是零售商的必然之选？
7. 对于供应商来说，为什么不能把他们的商品只销售给那些他们愿意与之合作的零售商？
8. 供应商应该采取什么措施，才能既把商品销售给那些相互竞争的零售商，又能保持各个零售商的商品具有一定的独特性？
9. 清货是什么意思？
10. 讨论合作广告的含义。
11. 内部新货展销的具体促销方式是什么？
12. 为什么买手在签订订单时，标注出"不接受替代品"非常重要？
13. 举出两种买手主要使用的供应商评估工具并加以详细阐述。
14. 供应商日志具体指什么？
15. 供应商分析表的实质是一种什么表格？
16. 买手从生产商处采购和从批发商处进货会有哪些不同？
17. 服务批发商是哪类批发商？
18. 有限功能批发商和服务批发商有哪些区别？
19. 为什么有些生产商使用外部的销售代理销售其商品？
20. 哪种批发商是超市批发商？

案例1

布朗（Brown）百货商场是一家规模庞大的零售组织，它只有一家店铺，经过多年的经营，后逐渐成为商业区中的佼佼者。在过去5年中，尽管商场业绩增长良好，但从同地区的另一家百货商店的销售报告来看，布朗的盈利水平却低于这位竞争者。受此影响，布朗的管理层雇用了一名新的销售总经理，并要求她对各采购部进行评估来找出弱势所在。

在研究完所有报告之后，新任总经理指出，女运动装是业绩最差的部门。她的评语如下：

（1）尽管女运动装的计划利润率很高，但是过多的打折活动导致整体利润很低。

（2）尽管整个百货商场的销售额每年都有所增长，但女运动装部门的业绩却一直在原地踏步。

（3）与销售额相比，库存数量非常大，从而导致了极低的库存周转率。

当看到这些信息后，买手气愤地辞职了。商场按照制度在公司内部提升一位买手助理担任新买手。管理层分配给她的首要任务就是评估过去使用过的供应商资源。

问题：

1. 新任买手应该评估哪些供应商特征？
2. 她评估时需要哪些信息？
3. 她在哪里可以找到所需数据？

案例2

品高食品（Quality Foods）拥有二十家大型连锁超市，这些超市都位于城市的郊区。公司的所有者年轻而富有进取心。由于经营有方，公司已经发展得相当成功。公司扩张的速度也比预期要好得多，如果说有问题的话，那就是发展得太快了。对于相对保守的管理者来说，只有在拥有了足够的利润之后，才会投资于业务的拓展。然而品高食品则凭着自身的成功，以贷款的方式获得资金并开设了新店。这些新店的扩张和库存的增加使得公司目前的流动资金较为紧张。

店中所有的商品都是自己来经营。公司在最近的董事会上出台了两个和非食物类商品有关的缓解资金紧张的方案，非食物类商品的销售占公司相当一部分利润。

这两个方案是：

（1）向传统的批发商采购非食物类商品。

（2）用超市批发商的方法来对非食物类商品进行分类。

问题：

1. 指出使用批发商来经营的优缺点。
2. 指出用超市的方法来分类的优缺点。
3. 若要做出最后的选择，还需要什么信息？

FASHION AV
7 AV

美容室
신·나·는·체·험!
조성기
美容室
COFFEE
•COFFEE
•DRINKS
•BEER
브이익스체인지
미용실
이청미용실
전당포
POEM
₩3,000

第三部分

实施采购

和以往相比，如今的零售业发展欣欣向荣，可供买手选择的商品也极为丰富。买手不但能在美国市场实施商品采购，而且几乎全球各地都在经营着种类繁多的商品。也正是由于商品的多样性，时装、鞋子、珠宝、餐具、地毯、食品，以及其他类商品的买手就必须经常性地考察全球市场，寻找最好的商品来满足自己客户的需要。

在纽约（美国最重要的时尚类商品市场）、芝加哥、洛杉矶、旧金山、达拉斯和亚特兰大等城市，买手几乎能寻找到所有不同质量与价位方面的商品。无论是要采购高级时装、高级成衣还是相对平价的商品，买手总能在这里得到令人满意的成果。

对大型零售组织而言，跨国采购已经成为了一项经常性的工作。买手不但能挑选产自欧洲和亚洲的知名商品，他们同时还能为本公司寻找生产专供商品的供应商。如今，能够满足买手特定需要并能提高质优价廉商品的生产商俯拾皆是。在这种情况下，为了能在当前激烈的零售业竞争中立于不败之地，从国外开发并进口标有本公司品牌的商品就成为了解决大部分问题的唯一手段。

一旦找到能够提供最合适商品的供应商之后，买手接下来必须马上进行的工作就是通过谈判获得最合适的价格并签署订单，从而为公司带来更高利润。正如在本部分要说明的是，这种价格谈判需要相当的技巧并必须在本国法律框架内具体实施。

在签署订单的过程中，买手必须加倍小心，以确保供应商充分理解谈判条款。也只有如此，买手才能最终在约定的交货日期、按照约定的价格收到正确的商品。

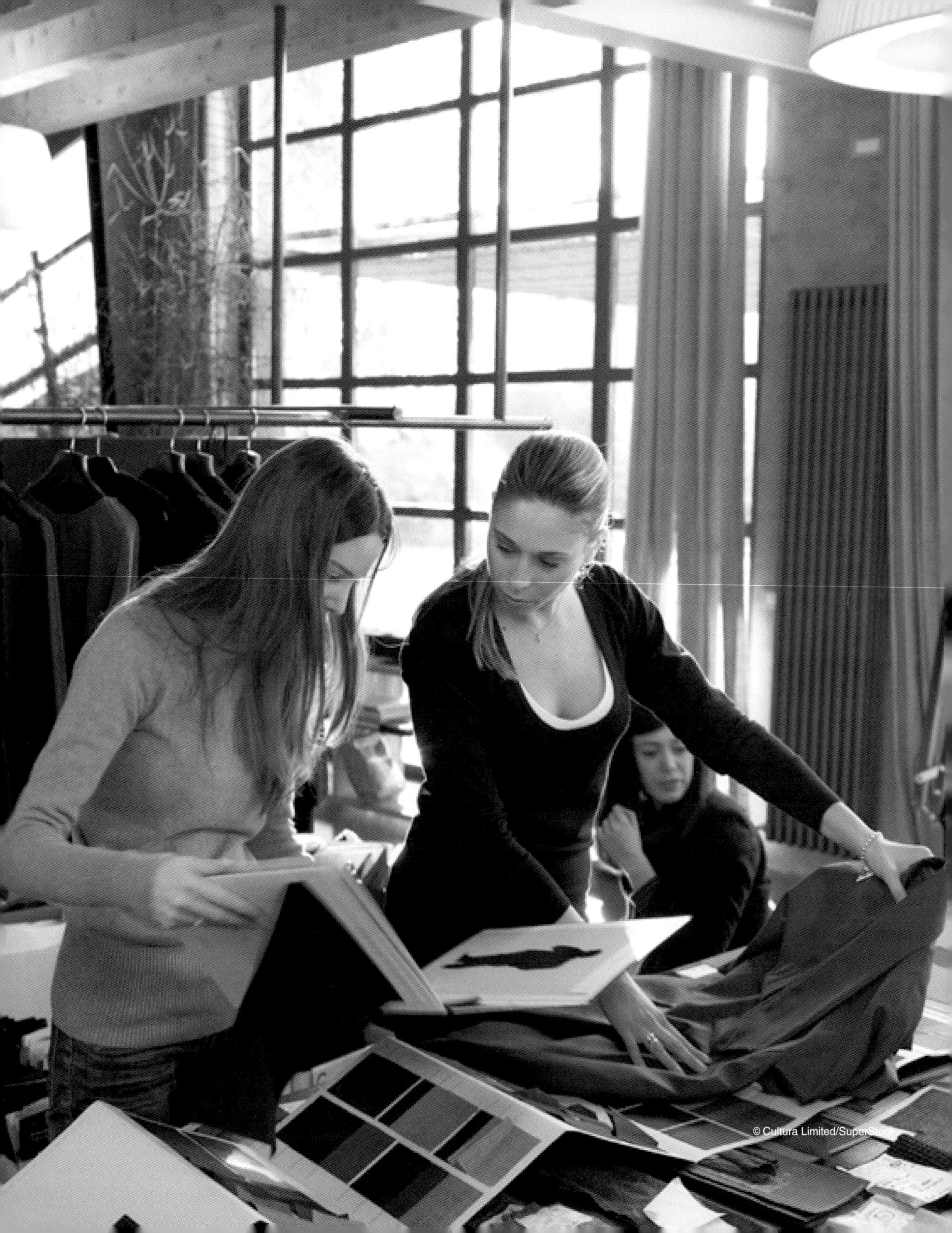

美国市场采购

经过本章的学习后，我们应当能够做到：
- 讨论买手选择不同采购的优缺点。
- 探讨市场周期间的市场考察计划。
- 描述买手进行最初选择的不同市场类型。
- 解释买手经常在返回公司后才签署采购订单的原因。
- 讨论为什么一些采购会发生在零售机构所在地。
- 讨论买手选择商品目录进行商品采购的原因。

第十章

在采购美国供应商所提供的商品时，买手在实施采购的手段方面有着多种不同的选择。他们可以亲自到批发市场进行考察，也可以购买销售代表上门推销的商品，或通过生产商和批发商提供的商品目录实施采购。同时，买手还可以通过网上采购，在第十三章"网上采购"中将对此种互联网采购方式进行详细说明。

在所有这些手段中，有的买手仅使用其中一种，有的则会使用所有的采购方式。至于买手最终会选择何种方式，则取决于零售组织的规模、存货模式需要的商品种类、公司与批发市场的空间距离，以及买手除商品采购外所具体承担的职责等。

在实际运作过程中，任何一种采购方式都不具有绝对优势。通常来讲，当新的采购季节来临时，就时尚类商品而言，买手会认为市场考察是实施商品采购的最佳手段。通过考察，买手能亲自看到供应商所经营的大量商品，买手可以花费较少的时间与精力，并对不同的商品进行比较。另一方面，由于所经营商品的连续性，超市通常依赖供应商到商场进行商品交易。此时，买手需要关注的唯一问题就是从供应商那里获得最优的交易待遇。具体到每位买手，具体哪种采购方式才是最优的，则需要遵循业内专家的指导。

在批发市场实施采购

对服装、配饰、家居装饰品、家具以及其他具有季节性或流行性特征的商品而言，市场考察对于买手的采购决定是至关重要的。适当的市场考察能确保买手在商品一上市就立即把握新款商品的第一手信息，并使其尽可能早地获得商品。这一点无疑对许多零售组织来说都是非常关键的。

所有的行业都会有自己的商品展示周，以供买手考察老客户的商品种类，并据此了解新的供应商（图10-1）。在表10-1中，我们介绍了一些美国的市场周情况。

图10-1 国际玩具交易会是重要的行业展览会
（Pcruciatti/Shutterstock）

表10-1 美国市场周

市场	地点
家用电器展销会	内华达州拉斯维加斯市
东南男式用品市场	佐治亚州亚特兰大市
家用器皿	伊利诺斯州罗斯蒙特市
男装与童装市场	德克萨斯州达拉斯市
家庭装饰市场	佐治亚州亚特兰大市
儿童电动玩具	路易斯安那州新奥尔良市
日用品展示	纽约州纽约市
图珀洛家具展示市场	密西西比州图珀洛市
国际玩具交易会	纽约州纽约市

续表

市场	地点
JA国际珠宝展示会	纽约州纽约市
知名运动装展示会	佛罗里达州坦洛市
旅游用品及皮毛饰品展示会	华盛顿市
NAMSB	纽约州纽约市
女装及童装市场	佐治亚州亚特兰大市
迈吉可（Magic）	内华达州拉斯维加斯市

具有典型意义的是，市场考察是买手进行商品采购的最佳手段。它有助于买手预留出充分的时间考察所有已进行过交易的供应商与初入市场的供应商，并能使买手对不同供应商的同款商品进行比较，以选择本公司最具销售潜力的商品。从根本上看，除此之外没有任何地方能比这些批发市场更利于买手把握市场脉搏。

制订考察计划

买手进行市场考察的次数以及间隔时间各不相同，这主要取决于买手准备购买的商品特征、商场与市场的距离、年度销售季节，以及公司的经营状况等。例如，由于拥有业内最多的市场周，女装买手一般是进行市场考察最为频繁的。而将男装和家居装饰品买手与之相比，他们进行市场考察的次数就相对较少。这里需要注意的是，买手并非仅在市场周期间进行市场考察，而是在所有需要的时候都要进行此项工作。一些商场的买手由于距离批发市场较近，他们可能一周会进行几次市场考察。在考察过程中，买手不必非要购买商品，可以只是观察一下市场中出现了哪些新商品。由于一些供应商会在销售季节前不断增加新的商品，因此，那些能够经常造访批发市场的买手就能通过此种方式发现并购进销售季节开始前并未被列入计划的热卖商品。

但是，对大多数零售商而言，市场考察通常被严格限定在实施大规模采购的时期。因此在进行市场考察之前，为了获得最佳的采购效果，制订多种考察计划就成为了一项必不可少的工作（图10-2）。

应考察的主要因素

在进行市场考察之前，买手必须完成前面章节中所提到的半年计划与存货模式，并对其中的价位调整、价格政策的变化、供应商分析、商品预算分配以及其他的数量与质量因素做到心中有数。

在完成了上述准备工作之后，买手接下来还必须向公司的主要管理人员与其他相关职员进行一系列的咨询活动，以获得他们的专业意见。其中，销售总经理与销售部门经理对公司运营有着全局性的整体把握。因此，他们能提出买手可能未作考虑的且十分值得注意的因素。作为大多数百货商场重要职员的时尚预测师，则能为买手提出时尚商品产业的总括性意见，并通知买手下一销售季节应具体购买的商品种类。由于时尚预测师在买手进行市场考察之前，就已经通过研究发现了款式、

图10-2　买手在市场考察前制订最终计划
（Ablestock.com/Thinkstock）

色彩以及材质等方面的流行趋势，因而他们的建议对买手实施正确的商品采购将起到不可估量的作用。

对小型商场的买手来说，商场的所有者通常就承担着买手的职责，且商场有限的资金也不允许雇用专业人士。因此，此类小型商场一般不具备上述来自管理层的建议支持。在这种情况下，买手制订计划所依据的就只能是以往店内的销售信息以及买手自身的专业技能。如果小型商场的买手属于店内职员，他们在制订采购计划时还要考虑店主的意见。一般情况下，采购预算的分配由店主决定，而商品的选择则由买手决定。

无论公司规模大小，买手才是最终做出商品选择决定的人员。如果计划采购的商品规模较大，需要亲自到市场进行考察，尤其是在与所选择的商品供应商第一次打交道的情况下，公司管理层可能会陪同买手、买手助理一同前往。在某些情况下，时尚预测师也会被要求加入到这一采购团队之中。

除了定期的市场考察之外，由于商场可能临时需要一种特殊商品促进销售，或者商场希望调查商业周刊所宣传的新供应商情况，在日程允许的前提下，买手还会进行随机的市场考察。对那些距离批发市场较近的买手来说，这种随机的市场考察并不需要花费很长时间，但对其他买手来说，仅交通就可能要花去很长时间。但无论何种情况，这种随机考察都不会涉及为新季节所事先设计的采购计划。

专业市场人士的帮助

正如前面已经谈到的，买手在制订采购计划与实施采购过程中，可从不同的专业市场人士那里获得有力支持。在这其中，采购代理机构（RBO）作为最常用的外部信息来源，能为准备进行市场考察的买手提供多种帮助。尤其是在市场周期间，成千上万的买手聚集在市场中，并且都必须在有限的时间里完成预订的各项工作，这时，采购代理机构的帮助就显得尤为重要。采购代理机构所提供的帮助包括，能帮助买手和可能一同前往的买手助理安排私人事宜，或在重要的商业杂志上刊登启事通知买手的到来，并能在买手到来之前对买手需要购买的商品进行事先考察等。通过采购代理机构的帮助，买手的市场考察可能会收获颇丰并进而为公司带来更多的利润（图10-3）。

图10-3　采购代理机构买手和她的助理在为商场买手制订市场考察计划
（Creatas Images/Thinkstock）

安排私人事宜。无论是在纽约、达拉斯、芝加哥、拉斯维加斯，还是其他主要市场，一种新款商品的上市都会吸引诸多买手的前往，并相应引起酒店床位的极度紧张。尤其是在市场周期间，住宿紧张的问题就更为明显。在这种情况下，买手为确保住宿，就必须早做准备。采购代理机构有时会为自己的客户准备大批房间，并在得到买手申请后为其提供预订服务。采购代理机构还会保证所提供的酒店位置便于买手前往供应商的展室或展览会进行活动，并提供传真和计算机上网等各项服务。由于采购代理机构本质上属于一种服务型机构，因而这种安排仅是他们协助客户的手段之一。

通告买手的来访信息。无论买手何时进行市场考察活动，使供应商了解其到达日期以及准备逗留的时间都是非常必要的。通常情况下，买手在开始市场考察之前，会事先通知正在合作的供应商。有时，买手并不了解其他新供应商，而这些新供应商可能也具有适合公司需求的商品。因此通过商业杂志通告买手的来访信息就成为达到采购效果的有效手段,这样做既有助于感兴趣的供应商或销售代理与买手取得联系,也可以帮助买手了解新款商品的具体特征。

事先考察商品。由于买手进行市场考察的时间非常有限,而有关下一销售季的商品信息对买手进行商品选择至关重要,为了使效率最大化,采购代理机构通常会事先考察一些重要商品并为买手准备好必要的信息。采购代理机构的这项服务,既可以通过口头形式,也可以通过书面形式在市场考察之前或到来之后提供给买手。

借助采购代理机构的相关服务,买手就能事先了解什么颜色可能成为流行色,哪种款式最可能引领潮流,商品会使用哪种新材质,下一销售季的价格趋势,以及其他与买手制订采购计划相关的信息。通常情况下,采购代理机构会通过邮件形式通知零售商市场上将会出现的商品情况。

美国市场

在美国各地,遍布着众多销售不同种类商品的地区性市场。其中一些属于特定商品的专门市场,其余则经营着种类繁多的各种商品。无论是时装、电器、家居装饰品、美食,还是其他商品,大多数买手几乎都能在美国国内采购到。当然,正如我们将在第十一章"国际市场采购"中将要谈到的,买手也会定期考察全球市场以选择合适的商品。由此可见,商品采购已经成为了一项全球性活动。

虽然商品采购的全球化趋势持续增长,大多数买手也意识到,商品的美国国内采购仍具有诸多的优势。如覆盖市场相对容易,市场考察的花费较少,商品交付一般比较快,商品购买的灵活性较大,以及运输费用较低等。

前面已经提到,许多商品都可以通过美国市场购得。其中,美国最具优势的是时尚类商品,如各式时装、珠宝、箱包等配饰,以及家居装饰品等。除此之外,其他的商品种类则从家电到食品应有尽有。鉴于时尚类商品在美国市场的重要性,这里将介绍重点主要放在时尚类市场方面。

美国的时尚中心

纽约是美国的时尚之都,且全国各地还分散坐落着许多区域性的时尚类商品市场。这些市场都经营着丰富的商品,充分满足了零售买手的需求。至于买手最终会选择哪个市场进行考察,则主要取决于需要购买商品的种类以及市场与公司总部的距离。

纽约:在纽约市的很多地方,都经营着男装、女装、儿童服饰以及家居商品买手选择。无论在服装中心还是在第七大道,或者其他地区如苏荷区,众多买手都会到那里将采购计划转变为实际的采购行动。全国主要的设计师与生产商的总部都坐落在纽约(图10-4、图10-5)。那里的供应商不但拥有供买手检查商品与签订订单的产品展室,其中许多供应商还在纽约进行设计活动并从事直接生产。随着生产成本的不断上涨,许多公司也开始选择将生产场所迁出纽约市,到生产成本较低的地方或国际市场进行商品生产。

在纽约,你可以找到各种不同类型与规模的公司。这里既有拉夫·劳伦、比尔·布拉斯(Bill Blass)、唐娜·凯伦及卡尔

图10-4 纽约服装中心的针与线雕塑

(©Richard Levine/Alamy)

文·克莱恩等品牌设计公司，也有如约翰斯·纽约和丹娜·布奇曼（Dana Buchman）之类的中档商品经营商。在市场周这一全年最旺的销售季节，公司的展室会被前来考察商品并签署订单的买手与零售商挤得水泄不通。

加利福尼亚：洛杉矶与旧金山是美国西海岸最重要的时尚类商品中心。如同纽约一样，这里的市场也经营着种类繁多、价位齐全的各类商品供买手选择。除了本地公司之外，许多纽约的供应商也会到这两座城市设立展室，以满足到这里进行商品采购的买手的具体需要。

就商品交易量而言，作为仅次于纽约的美国第二大时尚类商品中心，休闲装是洛杉矶市场经营的主要商品。就这一地区的生活方式而言，休闲服饰取得这一地位是一件理所当然的事情。当然，在这里，人们也经常可以见到鲍勃·玛可（Bob Mackie）之类的设计品牌服装。

旧金山是美国第三大时尚类商品中心。许多著名的品牌生产商，如埃斯普利特（Esprit）、杰西卡·麦克林托克（Jessica McClintock）以及兰维·施特劳斯（Levi Strauss）等品牌的总部都设在这里（图10-6）。旧金山具有如此重要地位的一个原因是，作为美国最大的生产自己专供商品的连锁组织之一，盖普将公司总部设在了这里。

其他时尚商品中心：除了上面所提到的，美国各地分布的诸多区域性时尚商品市场也同样生产并销售着时尚商品。例如，迈阿密就已经成长为南部公司的买手进行商品采购的著名商品生产地与区域性市场。达拉斯不但是许多本地设计师与生产商的总部所在地，许多供应商也会在这里设立自己的销售机构。同样，亚特兰大作为许多时尚商品公司的总部，主要经营家居装饰品。密尔沃基则主要生产与经营皮鞋、钱包、提包等服装配饰。

图10-5　纽约服装市场的信息中心可供买手查询信息
（Ellen Diamond）

图10-6　兰维·施特劳斯的公司总部位于旧金山
（©Helen Sessions/Alamy）

市场考察

一般来讲，买手进行市场考察的时间取决于所承担的任务。如果是在市场周期间需要考察下一销售季节的商品，那么，买手可能需要花费一周或更多的时间。但如果考察的目的在于寻找市场上的新商品，那么可能一两天就足够了。不论时间长短，买手都必须对考察时间进行事先分配，以合理安排时间会见不同的供应商。同时，如果预约零售商和采购代理机构等专业市场人士会面，将有助于买手了解市场行情。

联系专业市场人士

在新的销售季节开始的时候，买手通常会比市场周开始的时间提前一天到达市场，且一般是在周日。在买手到达的第一天早上，他们的第一通电话就会打给采

表10-2　市场考察日程安排

公司名称：　　　　康斯特布尔公司（The Constable）
商品主管：　　　　菲利普·斯特恩（Philip Stern）
买　　手：　　　　约翰·理查德（John Richards）
买手助理：　　　　迈克尔·弗雷迪克（Michael Fredick）
商品种类：　　　　男装

日程安排

周一（在办公室）

9:00~10:00	商品总体通报会　议题：下一销售季节的流行趋势（所有商品）
10:15~11:00	时装展示　主题：男式秋冬装
11:15~中午	出席商品展示会　考察：价格、材质、流行方向
中午~13:30	午餐
13:45~14:45	个人约谈 采购代理：卡尔·曼（Carl Mann）
15:00~17:00	用分配给自己的工作间回顾会谈情况，进行计划调整等

周二/周三

9:00~17:00	到NAMSB考察 与计划进行个人约谈的公司约定时间

周四

参观生产商与设计师展室

周五
9:00~中午　　使用工作间总结可能购买的商品情况

13:00~14:00　　会见采购代理：卡尔·曼

购代理机构等专业市场人士。虽然任何一家采购代理机构都会根据客户的具体需要制定出了一份详细的方案，但总体而言，这些方案的拟定方式却是基本相同的。

在进行市场考察之前，每一名买手都会收到一份标明所有约会安排与活动的时间表，以及根据买手的具体需要设计的日程安排。具体而言，这些时间表的内容主要包括商品总体通报会、个人约谈、出席时装展示以及市场考察等。表10-2具体列出了一位男装买手的日程安排。根据这份日程表，该买手就能在限定的时间内考察尽可能多的市场情况。在日程表中，我们可以发现买手进行市场考察的第一天，或第一天的大部分时间都用在了约见采购代理机构以熟悉市场情况方面。为使买手了解市场周期间市场内商品的情况，采购代理机构会为所有客户店铺的销售团队举办一次商品总体情况通报会。出席此类会议的人员主要是各公司的销售副总裁或销售经理，会议的主要议题包括价格变化情况、市场状况、可能发生的进口政策的变化、采购代理机构提供的专供商品等具体商品的总体方向，以及时尚类商品在款式、色彩与材质等方面的流行趋势等。如果采购代理机构有专门的时尚预测师，那么，预测师们也会为客户提供业内流行趋势变化的前瞻性意见。由于这是一次针对所有种类商品的总括性会议，因此，参加会议就成为了一种必然性选择，并能使所有的买手与零售商获益良多。

通报会结束之后，与会人员会依据所需要的商品种类组成若干不同的小组。对男装和女装之类的重点商品，采购代理机构有时还会组织一次非正规的时装展示活动。这就意味着，采购代理机构会向男装买手展示一系列的男式服饰，而女装买手也可以借此机会寻找可能适合本公司的商品。

在展示活动中，采购代理机构提供的是一系列准备进入市场销售的商品样品。采购代理机构总在努力增加所展示商品的款式，如对零售商的经营起着至关重要作用的必备基本款，不知名供应商所经营的款式，采购代理机构生产的专供商品，以及任何可能适合即将到来的销售季节的商品等。在这一过程中，采购代理机构会非常谨慎，以确保所提供的商品系列涵盖了所有价位，并且系列中不但包括引领潮流的商品，还包括传统的款式、颜色与材质的商品。

这种商品展示活动能使买手为即将进行的商品采购做好充分的准备。在参会过程中，买手们会记下所展示商品中可能要采购的商品情况。表10-3列出了部分涉及全方位服务的采购代理机构供买手参观商品时使用的典型表格情况。需要说明的是，此时记录的商品并非是买手实施采购的最终选择。

这种特殊的商品展示活动结束之后，买手们总会有一些时间用于考察被选中的商品。通常，采购代理机构会提供各种颜色的样品供买手作为实际参考。对买手来说，这一段时间也是非常重要的。它可以使彼此间不存在竞争关系的买手相互交流，讨论双方都感兴趣的所有问题。正如前面所谈到的，由于采购代理机构的客户之间基本不会产生竞争，因此，这种意见交换经常是在一种轻松自由的氛围中进行的。在这种情况下，有经验的买手都将其视为了解其他商场在处理本公司所面临类似问题的宝贵经验。

交流活动结束之后，采购代理机构有时会为所有买手提供午餐，还会邀请业内人士进行演讲。此时，买手同样也能与其他公司的买手做进一步交流，以获得宝贵的商品信息资讯。

按照惯例，午餐后都有一段专门与采购代理机构人员进行直接交谈的时间。买手可以借此机会深入了解被展示的商品款式和新供应商情况，专供商品与品牌商品的进货比例，以及任何与之相关的问题。如果这段时间过短，不能满足买手获取信息方面的需要，那么，买手还可以在市场周的后面几天与采购代理机构的人员进行进一步交流。

在第一天活动的后半部分，买手还可以在采购代理机构为其准备的工作室里考察预定的工作安排，并根据会谈期间所获得的信息来调整自己的采购计划。

会见供应商

根据上面男装买手的时间表，该买手在市场周接下来的两天将联系在NAMSB这一重要的男装展览会参展的具体供应商。NAMSB通常在纽约的杰维斯中心（Javits Center）举行，除了有超过1200家的生产商同时在那里展销自己的商品外，还有大约25000家来自全国各地的零售商会来到这里寻找适合下一季节销售的商品（图

表10-3 欧文斯&拉仕尔，秋冬季商品

供应商	价格（美元）	内容
卡布里亚有限公司（Cambria Ltd.）	125.75	D/B 苏格兰格子套装
O&L公司专供商品（O and L—Private Label）	92.5	D/B 细条纹套装
皮尔·卡丹（Pierre Cardin）	135	法兰绒三件套
棕榈滩（Palm Beach）	89.5	运动外套——条纹
简·巴恩斯（Jhane Barnes）	110	粗花呢夹克
卡文制衣（Calvin Clothes）	115	粗花呢套装
O&L公司专供商品（P/L）	69.5	运动外套
O&L公司专供商品（P/L）	95	皮夹克
	95	皮裤
TFW	139.5	三粒扣套装

10-7）。除了NAMSB外，男装买手也会参加在拉斯维加斯举办的全国最大的商品展览会迈吉可（Magic），并到诸如在芝加哥服装中心举办的中西部男装展览会等会场进行市场考察活动。

需要说明的是，其他商品种类的买手同样可参加这种类型的商品展览会。如女装、童装、礼品以及家居装饰品等，都有规模很大的专门展览会。这类活动中最重要的展览会之一，就是我们将在下面的零售采购焦点中会具体说明的迈吉可女装展览（WWDMAGIC）。

在NAMSB商品展览会上，买手会与那些曾经预约过的供应商联系，

图10-7 杰维斯中心是纽约的主要展览会举办地点
（Leungphotography/Dreamstime.com）

并且花费一定的时间浏览每一种商品。至于每种商品需要的具体时间，则主要取决于商品的广泛性以及该类时装是否通过人体模特或悬挂的方式进行展示等。

每种商品都会有买手感兴趣的特定款式。对此，买手们会记录下相关信息以供最终采购时选择。在实际采购过程中，除非是出于补充存货的需要，否则很少会有买手一看到商品就立即买进。这期间的间隔就能使买手对市场中的所有商品进行比较，并最终确定何种商品最适合既定存货模式的需要。通过分析所有感兴趣的商品，买手就易于找到更具获利潜力的商品。在这一过程中，所记录的商品情况将为最终的购买商品决策提供参照与依据。在时间允许的情况下，大多数买手会选择考察多个供应商，以权衡哪种商品最适合自己的需要。因此，只有在多家供应商聚集的展览会上，买手才能比较容易并相对快捷地考察以前从未购买过的新商品。

零售采购焦点

迈吉可女装展（WWDMAGIC）

迈吉可女装展是美国最重要的女装展览会，由美国最大的国际商业咨询传媒公司阿凡思达（Advanstar Communications）旗下的展览公司主办。阿凡思达传媒公司组织了众多不同种类商品的展览会，包括美国最大的男装展览会迈吉可，出版了上百种商业杂志，并为零售、时尚等目标行业提供直接营销、数据支持以及相关产品与服务。

当阿凡思达传媒公司收购了很多流行趋势展览会的举办者——拉肯集团（The Larkin Group）之后，加上公司组织的迈吉可系列展会，阿凡思达公司能够为14000多名参展商提供服务，并同时吸引超过300000名零售商。

迈吉可女装展览会于每年2月与8月分别在拉斯维加斯的拉斯维加斯会展中心和希尔顿酒店举行，展会由《女装日报》和迈吉可展览公司合力举办。展会的主要参展人员包括百货商场、专卖店、数量众多的买手以及世界各地汇聚到展会来采购各种价位时尚女装商品的个体商人。

迈吉可女装展览会的主要优点在于，通过参加展览会，零售商可以同时看到丰富的商品系列，从而节省大量的时间；可以与非竞争对手的同行们直接进行交流沟通；可以通过参加各种研讨会了解流行趋势；可以在各种类似的商品系列中进行比较。

总之，迈吉可女装展览会能够为买手提供实际采购决策时所需要的一切便利条件。

图10-8 买手巡访市场的内容之一是参观如纽约时装大厦这样的供应商样品间
（ⒸFrances Roberts/Alamy）

由于并非所有供应商都会参加展览会，因此，上面举例说明的男装买手将在第四天去拜访那些没有与会的供应商。这些供应商之所以不参加展览会，可能是因为商品价格高于或低于展销会上的典型商品，也可能是其经营的是独特设计的、并不适于在展览会上进行销售的商品。

无论是使用临时性摊位，还是拥有一个长期展室，大多数供应商为促进商品销售，都会通过各种方式尽力向买手提供便利。如一些供应商会制作标有本公司标志的纪念品供买手收藏，还有一些供应商会向买手分发记事表供买手记录感兴趣的商品等。在一些供应商的展位上，还会提供宣传册供买手日后订货使用。无论采取哪种方式，供应商的主要目的都在于促进买手选择购买本公司的商品（图10-8）。

在市场周的最后一天，买手通常会回到采购代理机构那里，重新整理市场上所销售商品的资料。此时，买手还可以回顾供应商的一些专营商品情况并进行评估，以满足进货的需要。由于买手不会购进所有记录的商品，因此，这也是买手对所记录的商品进行优中选优的机会。在进行这些工作的过程中，采购代理机构人员可为买手提供中肯的意见并提出进一步建议。

经过这个阶段之后，买手重新整理了在市场周期间所收集的全部信息，并带着这些信息回到公司总部。只有在回到公司总部以后，买手才会做出最后的采购决定，并在销售经理与买手助理等关键人士的帮助下，最终向供应商发出商品订单。

在公司所在地实施商品采购

尽管大多数商品采购的专业人士坚信,没有任何地方能比批发市场更利于考察新销售季节需要购进的商品,但他们有时也会考虑在公司所在地进行商品采购活动。

在任何销售季节与大宗商品采购期间,供应商一般都会派遣公司的销售代表到各个城市拜访没有参加市场周的零售商,或上门推销最近刚推出的新商品(图10-9)。由于这些销售代表可能会提供一两种在市场周期间遗漏的商品,因而大多数买手都会对他们的到来持欢迎态度。同时,买手还可能有比市场周更多的时间来关注这些商品。

在公司所在地实施商品采购的缺陷之一,就是销售代表为向尽可能多的零售商推销自己的商品,往往需要花费大量时间用于在所分配的区域来回奔波。他们会逐店咨询,并尽量促成零售商采购自己的商品。通常,销售代表准备推销商品的商场之间是一种直接的相互竞争关系。在销售代表的努力下,每一家商场可能会购进相同的商品。因此,如果各零售商都拥有最终制定各自零售价格的权利,通过这种方式进行的商品采购就可能给零售商带来灾难性的后果。

在通过这种方式进行商品采购的过程中,买手必须确保商品具有某种程度的排他性。首家购买商品的零售商应当在所签署的订单上,加入确保所选择的款式只能由本公司经营的附加条款。自然,销售代表可以向公司的竞争对手销售此种商品的其余款式。如果在通过此种方式采购商品的过程中没有注意到这一点,许多意料不到的问题就可能会接踵而至。

在一些如超市之类的零售组织中,供应商的登门造访是经营过程中经常会发生的事情。他们可能会向这些零售组织介绍一款新产品或与产品相关的商品,也有可能向零售商提供一个特殊的促销价位等。超市经常会举行这种特殊的促销活动,并由此刺激庞大规模消费者的购买力。

与供应商共同合作

无论买手是在展览会、生产商的样品间还是在零售商的所在地实施采购,买手和供应商代表都非常有必要建立密切的合作关系,以确保做出正

图10-9 店主在自己的店铺中浏览、挑选推销样品
(Jupiterimages/Thinkstock)

图10-10 买手和供应商讨论新款式的色彩选择
(Ellen Diamond)

确的采购决策（图10-10）。尽管零售商的买手准备了关于总体商品需求、商品种类要求、预估数量等方面的计划，但还必须依靠销售代表在各方面完善订单，使其更能够满足零售商的消费者需求。

专业的供应商拥有所有新商品系列的信息，并且能够做到需要的时候信手拈来。通常，供应商都会做好充分的准备，和买手讨论流行色、流行趋势、最新款式、材质等问题。同时，供应商还会预先做好计划，这主要包括以往与零售商的合作业务内容如追加订单、总体消费额、商品的促销活动以及任何可能会出现的问题等。通过回顾与客户公司的合作历史，供应商能够为即将进行的采购活动提供指导。

供应商对客户的了解与熟悉有助于彼此之间建立信心和信任感。买手不仅可以依靠自己的直觉来评估新商品，还可以借助供应商这个"搭档"的帮助来做出最终决策。例如，应该从现有的颜色组合中挑选出哪些颜色？哪些款式可以入选到采购系列中？对某个特定的款式应该主要采购哪些尺码为主？商品在店铺中应该如何陈列等，这些问题都可以和供应商共同探讨。

当买手和供应商进行合作时，正是这种紧密的合作关系，更有可能在完善采购订单的同时，使双方获得共赢。

商品目录采购

许多供应商，尤其是那些所经营商品的种类基本保持不变的供应商，会向预期的购买方提供包含其所有商品的商品目录。一般来讲，那些生产或批发耐用品、书画、照明设备、细木家具、毛巾、地毯以及家用器皿之类商品的供应商经常会使用商品目录进行销售。这种经营方式可能是公司商品展示与人员销售之外的附加手段，也可能是供应商采用的唯一销售手段。对零售商而言，通过商品目录进行商品采购具备一系列的具体优势，这主要包括以下三个方面。

（1）能使买手随时考察供应商的商品。买手亲自到市场考察可能会由于时间紧迫而导致商品采购方面的决策失误。同样，销售代表至商场推销商品的时间也可能与买手从事别项工作的时间出现冲突。

（2）供应商的建议可能带有一定的误导性并因此导致买手做出错误的采购决策，目录销售则不会出现来自供应商方面的影响。

（3）通过这种方式可同时考察多个商品目录，从而使买手有机会全面分析那些存在竞争关系的供应商商品。

当然，目录采购难以保证买手可以得到与考察实际商品同样的积极效果。在这种情况下，就可能出现商品图片没有真实展示商品情况，颜色与实际商品存在差异，质地不能达到预期设想，以及商品质量达不到目录所宣传的要求等问题。

无论采用何种方式进行商品采购，买手都必须确保所挑选的商品是手头所有商品中能够满足消费者需求的最佳选择。

互联网采购

如今,通过互联网获得商品日渐成为买手选择使用的主要渠道。这种方式不但能以正常的批发价和处理价向买手提供种类繁多的各种商品,还能在新商品出现之后进行经常性更新。在第十三章"网上采购"中,我们将全面阐述这种有效的附加采购手段的普遍程度。

商业词汇

买手来访信息　　　　　　　NAMSB展览会　　　　　　采购代理机构(RBO)
美国市场周　　　　　　　　商品记录表　　　　　　　销售代表
服装中心　　　　　　　　　预筛选　　　　　　　　　第七大道
迈吉可展览会　　　　　　　市场脉搏

要点概述

1. 买手从供应商那里实施采购可以有几种选择方式——考察批发市场,购买推销商上门推销的商品,通过商品目录进行采购,互联网采购。
2. 对于时尚类商品,考察市场是评估新商品的最佳方式。
3. 在美国,有近百个市场周用于介绍和提供新一季商品。
4. 考察批发市场需要做很多计划,如供应商分析、费用如何分配、价格政策的变化以及数量和质量决策等。
5. 采购代理机构将帮助店铺买手预订酒店,并安排与必须走访的供应商预约会面。
6. 采购代理机构有时会在商业报纸上通告买手的来访信息,以便于供应商联系买手。
7. 市场专业人士经常在买手来访之前预先考察新商品,这样他们就能够通告买手市场上不同供应商的具体情况。
8. 美国主要的时装中心是纽约市的服装中心,也被称为第七大道。
9. 就时装供应的数量来说,加利福尼亚州是继纽约之后的第二大时装市场,洛杉矶和旧金山也是主要的时尚类商品中心。
10. 美国重要的时装中心包括迈阿密、亚特兰大和达拉斯。
11. 考察市场是一项繁杂的任务,需要仔细筹划,这样买手才能在最短的时间内走访尽可能多的供应商。
12. 无论是在贸易展览会上,还是在供应商的长期展览室中,买手都可以拜访他们的供应商。
13. 一些零售商从上门推销的销售代表那里进行商品采购。
14. 对于某些商品种类,供应商为他们潜在的零售商客户提供包含其所有商品的商品目录。
15. 互联网已经成为买手采购商品时的一种极具价值的渠道选择。

思考题

1. 买手在进行商品采购时,有哪三种主要采购方式?
2. 为什么说相比其他两种方式,考察批发市场是买手实施采购的最佳手段?
3. 哪种商品种类在美国各种市场周中最具代表性?
4. 当买手进行市场考察时,周密、细致的计划将如何帮助买手更好地开展工作?
5. 在开始实际的市场考察之前,买手需要做好哪些计划?
6. 在店铺买手到达所要考察的市场之前,采购代理机构买手将从哪些方面协助他们的工作?
7. 通告买手来访信息服务的目的是什么?
8. 市场专业人士在会见零售商买手时,预先进行新商品筛选是否有必要?
9. 美国最重要的时装中心位于哪里?其次的两个主要的时装中心分别位于什么地方?
10. 在买手会见供应商之前,为什么要首先拜访采购代理机构?
11. 在市场周期间,买手一旦到达市场,是否有必要制订市场考察日程计划?
12. 为什么买手会推迟实施采购订单,直到他们考察完市场上所有的商品?
13. 简要列出市场周期间买手典型的考察日程安排。
14. 为什么有些零售商更倾向于在他们的店铺中向那些销售代表采购商品,而不是去批发市场进行采购?
15. 请解释为什么在有些行业中,供应商会使用商品目录来向零售商买手销售商品?
16. 通过互联网比通过供应商商品目录采购商品的优势具体体现在哪些方面?

案例1

柯林斯和福勒斯特(Collins and Frost)是位于德克萨斯州东北部的中等规模的百货商店。它有1家旗舰店和3家分店,都在方圆113千米(70英里)范围之内。在商业领域和消费者中,它以"C&F"而闻名,其销售部门位于旗舰店内。艾米·布罗斯基(Amy Brodsky)是销售部总经理,她领导着3位销售部经理,其中一位是男装部的销售经理贝弗利·纳德勒(Beverly Nadler)。公司每一位销售经理都管理着一些买手。公司现有20位买手,其中有5位负责男装部采购。

过去的3年里,男装买手杰夫·史蒂文森(Jeff Stevenson)注意到了设计师套装和运动外套的巨大需求。因此,每年他都会适量增加设计师产品的订单量。在上一次的部门会议中,史蒂文森表示希望扩大他的部门,并以设计师精品作为部门特色。他认为此类商品稳固的需求增长足以使之成为一个新的发展方向。纳德勒女士同意这个想法并汇报给最终决策人布罗斯基女士。

现在,销售部最终同意建立男装精品店。销售部总经理和销售经理希望在最终决策前能够获取更多的信息。他们指定买手史蒂文森先生走访批发市场,以收集更多关于部门新方向的相关信息。

问题:
1. 谁应该陪同史蒂文森先生一起去市场?
2. 他们应该拜访哪些人员以获取相关信息?为什么?
3. 他们应该走访设计师供应商吗?为什么?
4. 你建议他们开精品店吗?为什么?

案例2

阿曼达·劳伦（Amanda Lauren）是一家以销售服饰和配饰的小型连锁专卖店，目标客户是22～35岁的消费群。店内商品的价位处于中等水平。在它所拥有的6家分店中，商品的种类有很多都属于流行品牌。

自10年前开业以来，这家公司的发展呈现稳定上升的趋势。每年随着商品种类的增加，新的供应商不断出现。绝大部分的供应商已经被证实是相当优秀的商品供应者。最近出现一批以销售低价位商品为主的商店，并且这些低价商店都与阿曼达·劳伦的店铺距离不远，这样就带来了一些问题，如某些同类商品在那些低价店中价格非常低。尽管有时这些同类商品在店铺中会出现断货现象，还会导致某些消费者的抱怨，但如果公司把这些与低价位商店同类的商品取消的话，又会带来店内的商品不全的问题。

针对这个情况，公司提出的策略是在店内增加一些专有品牌商品的销售，这也许是一个解决问题的方案。但是，由于自身的经营规模所限，阿曼达·劳伦公司却无法生产属于自己的商品或者无法找到生产商为其生产专有商品。但管理层仍在考虑关于专有品牌商品的问题。

问题：
阿曼达·劳伦公司怎样才能既不从事生产也能够拥有自己的专有品牌？

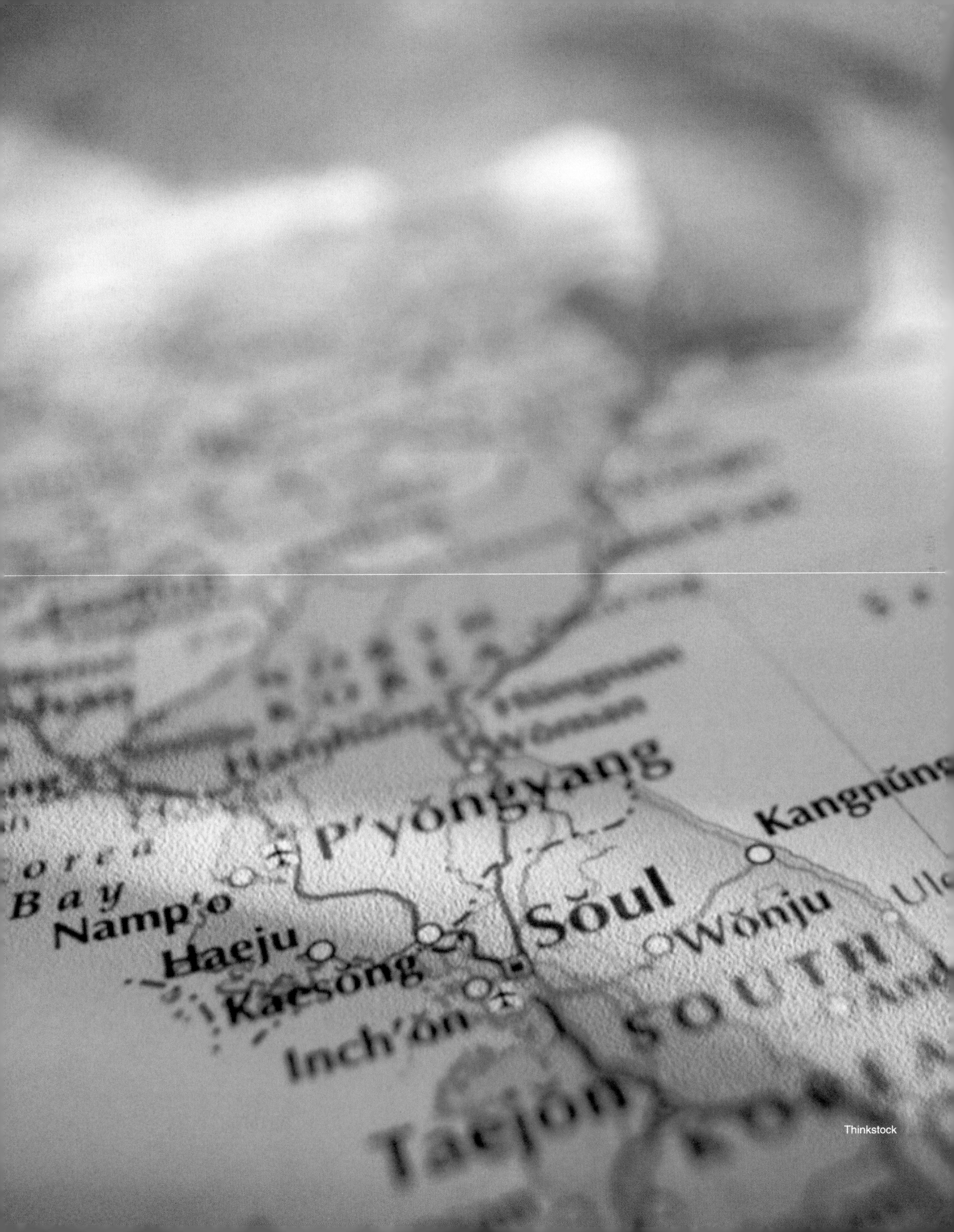

Thinkstock

国际市场采购

经过本章的学习后,我们应当能够做到:
- 评估国际市场并分析其对美国零售商的重要性。
- 讨论联邦政府在进口供美国零售商销售的商品方面所起到的作用。
- 叙述一些针对专业采购商而设定的进口采购限制。
- 解释国内买手到国际进行商品采购的原因。
- 说明到国际进行商品采购时可能会遇到的问题。
- 讨论买手获取国际商品的方法。
- 解释美国买手进行国际采购所必须具备的资质条件。
- 描述买手到国际实施采购时需随身携带的采购计划。

第十一章

正如第九章所描述的那样，买手在制订采购计划的过程中，有多家供应商供其选择。但使问题更加复杂的是，不但国内有大量可供选择的供应商，国际市场上也存在为数众多的供应商。与以往任何时期相比，如今任意一种可以想到的商品都有多种进货渠道。例如，各式服装、鞋子、珠宝、手套、领带、腰带、帽子等服饰品；餐具、玻璃器皿、晚宴用具、地毯、台灯等家居装饰品；计算机与电器以及各种食品等。

人们可能会对买手频频到国际市场寻找商品的行为感到困惑。随着来自印度、加勒比国家、中国、意大利、法国、英国、日本、韩国以及德国等国家的商品不断涌入美国市场，实施国际市场采购似乎成为了一件非常有利可图的事情。

如果追溯到50年前，只有少数几家零售企业才会购进国际市场上的商品。其中，经营高级时装的商场会购进巴黎和意大利的商品，而经营低价商品的零售商则会到亚洲国家寻找货源。但如今，购入进口商品已经不再是经营时髦服装的商场的专利了，沃尔玛、塔格、卡玛特等经营各种价位商品的百货商场、连锁机构、低价零售商以及仅经营专供商品的商场都开始加入到了经营进口商品的行列之中。对于后者这样奉行"商场即品牌"经营理念的零售组织，不但从国际市场上购进具有经营垄断权的商品，还与国际市场上的生产商一起联合生产本公司专营的商品（图11-1）。

当消费者步入他们喜爱的商场，浏览其经营的多种商品，或通过互联网寻找商品时，他们总会发现，到处都在经营着产自国际市场的商品，

图11-1 像盖普这样的零售商在贯彻"商场即品牌"经营理念时，会选择销售国际市场的商品
（Ellen Diamond）

且实际上消费者也多钟情于此类商品。

可以预期未来一段时期内，国际供应商仍将继续对美国国内的零售经营发挥重要作用。对许多零售商来说，这些国际供应商所提供的商品还将在其所经营的商品种类中占据支配性地位。

联邦政府在进口商品方面的作用

当美国买手计划进行国内采购时，他们只需考虑准备购买商品的种类、商品的质量、选择哪家供应商，以及应何时进行商品交付等方面的问题。尽管这些工作开展起来也非常繁重，但他们却可以自由地进行实际运作，而不会受到任何限制。然而，如果考虑从国际市场采购商品，情况就截然不同了。在这种情况下，买手在制订采购计划时，除了要考虑前面提到的所有问题，还必须考虑配额、关税以及政府协定等方面因素。在美国国内采购商品时，除了通过协商获得折扣外，供应商的报价就是零售商需要支付的价款。但在国际市场上，买手还必须应付另外一些问题。此时，出厂价或批发价仅是作为初始价格出现的，针对这个问题将在本章后面的部分详加论述。如一件报价400美元的进口商品的零售价可能达到1500美元！之所以会出现如此大的价格差异，关键是高额的运输费用、关税以及商场的商品加价所导致的。

人们可能会对政府为什么要征收关税这一问题感到不解，而这主要是出于保护国内生产商的目的。事实上，如果不对进口商品实施限制，由于其他国家较低的人工费用所导致的相应较低的商品价格，美国国内的生产商可能就无法应对来自国际市场商品的挑战。通过征收关税就可有效提高进口商品的经营成本，使美国国内及国际市场的厂商在相对公平的环境里进行竞争。

本章会对两种具体的进口事宜做进一步的详细说明。其中一种所涉及的是到国际市场寻找并购买商品以满足美国国内销售需求的零售买手，另外一种涉及的是由国际市场生产商来生产本公司专供商品的两类零售企业，即盖普或雷米特等帮助国际市场生产商发展专供公司进口的商品的巨型零售商，以及卡伯尼或卡尔文·克莱恩等由国际市场生产商根据公司要求生产商品的设计商。

由于前面提到的贸易协定以及关税条例会对国际市场采购产生深远影响，因此，我们有必要对其做进一步说明。

影响商品采购的贸易协定

对商品进口和零售经营产生深远影响的贸易协定主要有三种，即北美自由贸易协定（NAFTA），由世界贸易组织（WTO）颁布的贸易协议以及中美洲自由贸易协议（CAFTA-DR）。每种贸易协定都制定了相应的条款，并影响着不同的国家。与此同时，关税与贸易总协定，简称"关贸总协定"（GATT）已不存在，取而代之的是世界贸易组织。

北美自由贸易协定（NAFTA）

北美自由贸易协定（NAFTA）被视为美国所加入的最完整的贸易协定之一。该协定生效于1994年，它消除了美国、墨西哥以及加拿大相互之间曾经存在的贸易障碍。

在协定刚签署时，人们就认为墨西哥可能会凭借该协定成为对美国出口最大的商品供应商，进而成为最大的获利者。实践证明，这种预言不但在协定生效的早期成为了现实，而且美国商业部不久前发布的一份数据还充分表明，目前墨西哥已经发展成为纺织品和服装商品的生产大国。在相对很短的时间内，墨西哥取代了中国成为美国该类商品的最大出口国。由于美国对亚洲国家实行了更为严格的配额与关税政策，到墨西哥进行商品采购就成为了一件顺理成章的事情。除了价格优势外，北美自由贸易协定对美国零售商产生的另一有利条件还在于，由于边界接壤，到墨西哥采购商品有利于零售商实现更快的商品交付（图11-2）。

当前，劳工组织不断对北美自由贸易协定可能会对许多美国个人的收入所造成的最终影响持忧虑态度。由于墨西哥商品的价格较低，劳工组织担心该协定所产生的上述影响会减少美国人的就业机会。但就目前而言，判断其可能产生的长期影响还为时过早。

图11-2 墨西哥已经成为北美自由贸易协定的最大受益国

（©Jeff Greeberg/Alamy）

世界贸易组织协定（WTO）

世界贸易组织简称"世贸组织"，起源于关贸总协定，目前已经发展成为世界最大的全球贸易组织。关贸总协定虽然被世贸组织所取代，但其中的条款仍被保留并作为多边贸易体制的核心原则。

世贸组织的主要目的是确保全球贸易能够平稳、可预测地发展。为了成功实施其原则，组织为其成员国家设定了相关法律。这使得其140多个成员国能够在这个国际贸易组织中和平共处。同时，世贸组织协议成为一些国家的法律要件，因此在这些国家中，本国以及外国公司在国际贸易中开展经营活动时，必须遵守这些协议。例如，假设一家公司决定到国外进行投资，这家公司应该按照世贸组织协议来实现该项投资活动。

总体而言，世贸组织由各成员国协商达成一致的决策，然而在一些特殊的事例中，也会采取少数服从多数的原则获得共识。组织总部设在瑞士的日内瓦（Geneva），每两年举行一次部长级会议，讨论和决定所有重要问题（图11-3）。如果出现贸易争端，则由世贸组织对那些违背贸易协定的国家进行贸易制裁，直到解决争端。

世贸组织的总体目标是，促进各成员国在其他国家的投资，以提高各个国家的经济和生活水平。

中美洲自由贸易协议（CAFTA-DR）

中美洲自由贸易协议是最新的一项贸易协议，它包括了6个国家，分别为美国、哥斯达黎加（Costa Rica）、多米尼加共和国（Dominican Republic）、萨尔瓦多（El Salvador）、危地马拉（Guatemala）以及洪都拉斯（Honduras）。协议于2005年7月颁布，该地区出口成为美国在拉丁美洲地区仅次于墨西哥的第二大自由贸易区。协议签订后，美国与这些国家之间将不再征收关税，并且美国获得了向这些国家出口美国消费品和农产品的市场准入。

正如本书前面部分所涉及的，美国海关是除了源自特定地区的特定产品外，对进口到美国的所有商品征收关税与配额的机构。

图11-3 世界贸易组织的总部位于瑞士的日内瓦
(©Imagebroker/Alamy)

关税估价

大多数进口到美国的商品都要征收关税。但一些如古董之类的商品可以免税。各种商品的关税率是议定价格的一定比例，其具体数额根据商品种类以及商品的原产地最终确定。大多数商品会享受到最惠国关税待遇，而对产自不具备最惠国待遇条件的国家的商品，其税率就会显著提高。对来自发展中国家与欠发达国家的商品，美国海关会对其进行关税减让。一些发展中国家的商品甚至还可以得到减免关税的待遇。

美国海关将最终确定商品的关税率，且其税率表会经常性地进行调整。因此，买手在达成采购协定之前，应时常研究海关的税率表。由于关税会显著影响所购买商品的成本，因此，买手在选择商品的过程中，确切掌握其应负担的关税额并以此为依据考察国内是否有价格相对低廉的商品是非常重要的。

免税待遇

在特定条件下，政府会赋予某些进口商品免除关税的待遇，如前文所讨论的贸易协议中所规定的一系列具体商品。

配额

配额是一国政府对进口某些特殊商品所进行的量的控制。一般来说，这种量的控制主要依据是商品数量而非商品价值。配额依法设立，由总统府根据具体法例颁布，并作为美国关税协调表（HTSUS）的制定依据。配额制度的目的则是为了保护美国国内的生产商。

配额包括绝对配额与税率配额两种形式。在绝对配额的制度安排下，美国海关会使用所设立的不同手段禁止所有超过配额规定的商品进入美国国内。而在税率配额制度安排下，海关会允许进口超过配额规定的商品，但其适用税率会显著提高，或将商品存储起来等待下一配额的实施日期。由于超过配额会导致巨额损失，因而，进口商必须严格遵守配额制度的规定。

通常，进口商会用尽所有的配额并希望额外进口更多的商品。此时，他们可以向那些不希望全部使用所分配配额的进口商购买配额。通过此种方式，卡尔文·克莱恩等在国外生产商品的公司就可实现更多的商品进口。在无法购得配额的情况下，进口商就只能选择推迟一段时间再进行商品进口。

与无订单限制的国内商品采购不同，经营进口商品的公司必须完全掌握配额限制及其变化情况。唯有如此，他们才能真正满足自己的商品需求。

进口商应当仔细考虑关税与配额的例外性规则。有时，通过与享受免税待遇或不适用配额限制的国家建立贸易联系，国内公司就可以用低于从其他国家进口商品的费用生产或购买商品。

由于关税税则与配额制度非常复杂，因此，由熟悉这些情况的专业人士代理此类业务就成为了一个非常明智的选择。对海关的规定错误判断会破坏原本圆满的交易，从而不但不会为公司实现盈利，反而极有可能使公司蒙受损失。

国际市场采购的原因

既然采购国际市场商品会面临一系列的复杂问题，而美国国内也生产着汽车、时装、食品、家具用品等商品种类，那么，为什么还有越来越多的零售商在全球市场寻找并实际购进国际市场商品呢？毕竟，美国国内采购操作起来比较容易，且不必涉及国际市场采购所面临的苛刻限制。

尽管采购国际市场商品会受到多种严格限制，但零售商仍然出于以下的一些原因而持续开展此项采购行动。

较低的成本

与美国产品相比，那些质量相似、款式多样与更具有创新性的国际市场商品一般价格都比较低廉（图11-4）。这主要是因为，生产这些商品的原材料一般来自美国国外，且工人工资通常也远远低于美国工人的工资。例如，如果生产商为了与美国国内同类厂商竞争而选择在国外生产，通过使用当地的原材料并支付远低于美国工人的工资，他们就能以较低的价格向美国买手提供类似国内生产的产品。此时，对那些商品款式与价位具有同等重要地位的商场来说，购进此类进口商品就实际意味着销售量的提高。另外，对于那些在国际市场上的生产专供商品的零售企业而言，其成本也会显著降低。例如，梅茜百货的艾凡尼（Alfani）品牌采用的就是这种方式，该品牌的部分商品是在韩国生产的，由于生产成本与国内相比非常低，梅茜百货就可以在相对较低的价位水平向消费者出售非常时髦的商品。

需要说明的一点是，国际市场上的商品的价格优势并非仅仅体现在男装上面，包括女装、童装、所有种类与档次的饰品、家居装饰品、食品、家电产品等商品的生产成本也会明显低于美国国内商品。

当然，商品进口并非总是意味着较低的生产成本。显而易见，当我们想到产自巴黎、米兰、伦敦等时装中心的高档时装的价位时，其对零售商的吸引力就不是可以用价格因素来解释的了。

质量

尽管美国在商品质量方面一直居于世界领先位置，但不容否认的是，仍有一些国家的商品质量一直优于美国国产商品。造成这种局面的原因有很多：首先是自然资源因素。例如，比利时之所以能生产出世界上最好的亚麻产品，就是因为在比利时的坎特尔地区（Coutral Area of Belgium）拥有种植优质亚麻所必需的纯净水。同样，日本喂养蚕蛹的桑叶质量在世界上也是首屈一指的，这也是其能生产出高质量丝绸产品的关键因素。

其次是人员技能。例如，爱尔兰人在生产高档亚麻外衣方面，德国人在生产透镜方面等，都具有其他国家的生产人员所无法比拟的技术优势。又如，德国的专业团队则树立了奔驰轿车在汽车行业的高质量典范。最后是产品的生产时间。在美国的工作小时制度下，生产某些商品所需要的工作时间很难在本国得到保证。例如，手工制作一件高质量波斯地毯就可能需要一年的时间。在上述因素的综合作用下，要想在美国生产与国外相同质量的商品，单就生产成本方面也是不可行的。

图11-4 在美国生产高品质波斯地毯的成本非常高昂
（Vladimir Melnik/Shutterstock）

较高的利润

公司运转得越有效率，其获得的利润就会越多，而效率的提高又可通过多种方式。一般而言，产自美国国外的商品能使零售商标出更高的商品加价，但在国际市场商品同样面临激烈竞争的情况下，买手通常只能在实际采购到适合标出更高加价的商品时，才能提高商品售价，而不能单凭想象而任意加价。当买手完成了"独占性"商品的采购时，这种情况会表现得尤为明显。此时，由于没有其他零售商能购得此种商品并以低价销售，公司就可以不必像别家公司那样频繁地进行市场考察活动。事实上，大型百货商场或连锁组织可以安排国际市场生产商生产公司特意开发的专供商品，也可以通过承诺全部购进国际市场生产商商品的方式使自己避免外部竞争的压力。例如，盖普、雷米特、凯特贝（Crate & Barrel）以及梅茜百货等零售企业就经常采用此种方式。在较低的成本费用与独占性所形成的较高加价率的综合作用下，零售商自然可以获得更高的利润。

由于专供商品的出现，这种进口模式比起以往就显得尤为重要了。如果认真考察主要零售企业的专供商品，我们就可以发现，其中的绝大部分都来源于国际市场。

国际市场采购 | 203

产品声望

部分消费者对购买名牌商品达到了痴迷的程度，甚至宁愿为此花费更多。在这种情况下，国际市场商品所具有的价格优势就不再具有很强的吸引力了。无论是阿玛尼（Armani）、拉克斯（Lacroix）、拉格菲尔德（Lagerfeld）等高级设计师品牌，或产自欧洲时装中心的商品，还是奔驰、宝马或雷克萨斯等汽车品牌，对这些消费者来说，其"品牌"通常才是最重要的。当谈论起这些奢侈品的时候，他们所表现出的兴奋程度与那些持有在超级碗体育中心举行的橄榄球比赛门票的人不相上下。巴黎的时装产品、英国的骨瓷或者萨维尔街（Savile Row）的顶级手工西服等都是能够引起此类消费者强烈兴趣的商品。

为迎合这类富有消费者，一些零售机构开始经营此类商品。例如，在女式时装方面，商场进口的欧洲著名设计师的最新款式商品通常会吸引大量消费者前来采购。不仅如此，此类商品时装秀的入场券也会像世界级比赛决赛门票一样激起人们的强烈兴奋感。如果是限量销售此类商品，这种独占性因素使消费者可以在同伴中炫耀自己拥有这样独特的商品，使得这些商品更富有强劲的吸引力。

无法实施美国市场采购

尽管美国能够生产绝大多数不同种类的商品，但部分商品却只产自某些特定国家。例如，目前越来越多的专业食品店开始经营进口商品，就是因为这些商品能够满足一些消费者的特殊口味与需要。如国产鱼子酱虽然能够满足典型美国人的口味，但高级厨师却只会选择俄罗斯出产的鱼子酱。同样，如果不改变美国国内的生产方式并提高生产成本，美国就无法对产自亚洲的手工制作的珠宝商品实施限制。墨西哥大量生产的手工雕刻画框和陶瓷制品对消费者同样具有很强的吸引力，其非常优惠的价格也为零售商带来丰厚的利润空间。但如果在美国生产这些商品，就会显著提高生产成本。

尽管美国的生产商几乎具备仿制所有商品的能力，但一般而言，美国的仿制商品并不具备很强的竞争力。因此，如果不能在美国国内购买到在价格和质量方面令人满意的商品，买手就会倾向于到国际市场进行考察并实施采购（图11-5）。

图11-5 纽约杰维斯中心的国际礼品展以国际化商品为特色
（Lev Radin/Shutterstock）

国际市场采购存在的问题

如前所述，所有类型的零售组织的买手都会按照既定计划考察全球市场。但这种采购模式也存在诸多困难与障碍，因此，买手在进行市场考察之前，必须充分考虑限制因素。只有在做完这些工作后，买手才应做出最终的国际市场采购决定。具体而言，国际市场采购所存在的主要问题在于：

商品交付

在消费者需要的时候确保手中有商品现货是任何零售机构成功经营的关键因素之一。因此，买手必须在掌握消费者需求的基础上，确保商品会按照预期及时交付。这就要求买手在签署订单之前，必须得到供应商按时交付商品的保证。由于采购机动预算对买手制订采购计划的重要性，买手就更有必要对商品交付日期详加考虑了。但在实际操作过程中，由于生产商或运输工具等各方面的意外情况等都有可能拖延商品的到货日期，即使进行的是美国国内采购，买手也很难确保会在约定日期收到商品。如果商品从海外运输到美国国内，那么交付问题就更多了。由于国际市场采购过程中，港口罢工或者生产企业发生意外情况的概率较大，这将给买手及时收货带来严重影响。此时，如果买手因距离供应商较远而不预先考虑这些问题，所带来的后果将会更为严重。

无论买手多么仔细地制订采购计划，在商品交付过程中总可能会出现一些问题。如为了实现商品销售，公司可能会进行广告宣传之类的促销活动。通常，促销活动会比实际销售提早进行，商品如果晚到的话自然会严重影响到公司利润。如果公司实行目录销售，那么情况将会变得更加惊险。由于必须留出充分的时间供生产商生产目录销售商品，买手必须比商品预计到货日期提前很长时间将准备销售的商品目录提供给目录印刷商。但如果目录展示了该类商品，但零售商却由于上述种种原因没有实际收到相应商品，那么，其后果是灾难性的。这不但不会实现商品销售，消费者还可能因没有收到按商品目录订购的商品而对零售商产生怀疑态度。如果消费者因此转向其他零售机构购物，并且这些零售机构满足了他们的购物需求，那么，零售商不仅丢掉了客户，实质上等于为自己"制造"了一个竞争对手。

质量问题

商品的质量是买手在实施国际市场采购过程中经常遇到的突出问题。通常，买手会根据供应商的商品描述、样品或图片签署订单，但到了商品交付环节，零售商实际收到商品的质量却会与订单要求的存在很大偏差。由于时间、费用、距离以及店内缺货可能导致经营损失等方面的限制，退回这些低质量的商品又非常困难。与前面提到的商品延迟交付情况相似，因为商品退货所导致的店内商品缺失同样会使消费者到其他商场购物。当然，并非只是国际市场上的商品会出现质量问题，但国外商品发生这种问题的频率一般高于美国国产商品。

为尽量避免发生此类问题，许多大型零售组织会向国际市场生产商派出质量控制人员，并希望依靠他们来保证生产商所生产的商品达到订单规定的质量水平。但通常，只有那些由国际市场厂商生产大量专营商品的公司才会使用专业的质量控制人员。

追加订货

通常，挑选到能够一再追加订货的商品是买手取得成功的关键所在。事实上，只有商品才能帮助买手保持必要的商品加价空间并实现营业利润。因此，留出必要时间以确保再订货商品的及时交付是非常必要的。如果商品是日常使用的食品等较易买到的商品，买手就可以通过签署大型追加订单来解决这个问题，从而为日后商品的再次交付留出充足时间。如果商品需求持续存在，这种解决方式就是非常有效的。但对于季节性或时尚类商品，向国际市场厂商再订货事实上就成了一件几乎不可能的事情。例如，如果某意大利制造的宽松毛衣销路极好，但是再订货需要3个月的交付时间。如果对该毛衣进行再订货，那么极有可能发生的情况是，在商品到货之前该商品的销售季节就已经结束了。

此类商品的买手必须全面了解所经营商品的销售时限，并真正认识到，追加订单对国际市场商品而言仅仅是一些不经常发生的特例。

过早选择商品颜色

时尚类商品的买手经常担负着选择商品色彩的工作职责，并且已经成为了该类买手必须具备的基本能力之一。因此，通过熟悉掌握有关色彩方面的信息，买手就可以更有成效地开展工作。色彩方面的信息来源渠道有许多种，如《女装日报》等商贸类报纸、Elle和Glamour等消费者杂志、时尚报告服务、专业市场人士以及时尚预测师等。但在采购国际市场商品的过程中，除了时尚预测师做出的流行色预测外，买手一般很难获得实施采购所必需的商品色彩方面的信息。有时，订单的签署日期会早于商品到货日期一年时间。因此，相对于具有充分时间来根据以往销售记录选择国产商品颜色的情况，国际市场商品一般不会具备信息方面的优势。

色彩选择一般具有较大的风险性，而采购国际市场商品时色彩选择错误的概率则通常更高。

尺码偏差

各国的尺码标准相差很大，而美国使用的则是世界上最大的尺码标准。因此，从法国进口的鞋子可能就难以向需要更大尺码的美国消费者出售。从远东国家进口的商品也可能与美国人的体型比例相距甚远。同样的道理，如果一个人想买产自英国的鞋子或服装，他会发现这些产品根本就没有与美国相似的尺码类型。

近些年来，买手已经基本解决了尺码问题。如实施大宗商品采购的零售商会向国际市场厂商提供精确的尺寸单或者样板。通过这种方式，他们既能经营具有异国风情的商品，又能确保满足美国消费者的实际需要。在无法确定特殊规格尺寸的情况下，买手必须在采购过程中倍加小心。如果不能做到这一点，买手购进的就很可能是日后必须进行降价处理的滞销商品。

资金分配

在实施美国国内采购的过程中，零售商一般不会预先支付货款。他们会与生产商协商订单的支付条款，并在一段时间后才进行实际支付。但在国外采购的情况下，国外生产商通常会要求零售商在签署订单时预付部分货款，而订单的实际执行却有时甚至会长达一年，这样会长时间地占用零售商的资金。在这种情况下，财力有限的零售商就必须通过借贷资金以维持经营，而贷款利息作为利润减项，有时可能会导致交易无利可图。

占用时间

与考察美国国内市场相比，到国际市场进行市场考察通常会需要更多的时间。买手在国内也许只需要短短数日就可以走访所有的供应商，而到国际市场拜访同等数量的供应商，则可能需要花费更多的时间。在法国市场，由于生产商与设计师的坐落地点比较分散，要想轻易地对其进行全面考察也是非常困难的一项工作。除了时装商品外，还有其他许多种商品需要买手考察多个城市后才能寻找到真正满足需要的商品供应商。因此，同时肩负多种职责的买手如果不能从其他事务中抽出充足的时间，那么全面考察国际市场将会是一项非常艰巨的工作任务。

资本风险

由于国际市场商品是以生产国的货币计价的，而美元相对别国货币的价值也会时刻随着汇率的变化而产生波动。因此，国际市场采购活动必然会涉及大量的资本风险，并相应会给买手带来一系列非常严重的问题。例如，某种在签署订单时相对价格比较低廉的商品可能会在实际交付与货款支付期来临时变得比较昂贵。如果采购商品时美元对欧元的汇率为1.01∶1，而商品的进价为100欧元，即101美元。但当进行货款结算时，美元对欧元的汇率变为了1.08∶1，那么商品的实际进价就达到了108美元。可见，汇率变动实际影响的是公司的利润率。这就要求买手在进行国际市场采购时认真考虑资本风险问题。

确定实际成本

国际市场上的商品的报价所涉及的只是供应商提出的商品价格，而绝非商品的最终成本。因此，为确定采购商品所支出的实际费用，买手必须考虑除此之外的多种因素。商品的运输费用就是其中之一。由于国际市场采购的运输距离相当远，其运输费用自然会高于国内商品的运输费用。对于需要立即到货的商品，买手还必须全面考虑空运的巨额费用。关税是买手需要考虑的另一个因素。如前所述，不同的商品种类以及不同的商品原产地所适用的关税待遇各不相同，因此，全面地掌握进口关税情况同样非常重要。除此之外，商品的保险费用、包装费用以及存储费用等也会在一定程度上提高商品的实际成本。

在最终结束国际市场采购计划之前，买手还必须进行详细的计算工作，以最终确定商品的到货成本。所谓"到货成本"，就是买手收到商品时的实际或最终成本。由于它是买手为实现既定盈利水平而确定最终零售价的主要依据，因此，计算到货成本的工作十分重要。有时，买手会通过这种最终分析发现，尽管商品的最初成本是适于进行商品采购的，但其非常高的到货成本却会使这项采购欠缺必要的利润空间。

人们一般会认为，经验丰富的买手可以通过对原始成本加上一个"经验比例"后自动计算商品的到货成本。然而，一些特殊情况却会使这个看似简单的计算方式难以真正发挥效能。例如，由于意料不到的特殊原因所导致的长时间商品存储就可能使原本微不足道的存储费用相应扩大。

下例说明的就是意大利男装领带到货成本的计算过程： （单位：欧元）

原始成本：单价1.01的领带100条	101
单价1.12的领带100条	112
原始成本总计	213
减去2%的折扣	4.26
	208.74
包装费用	22.00
7%的代理佣金（以原始价格计算）	14.91
运输费用	82.00
存储费用	21.00
	348.65
关税：30%（预计）以原始价格计算，加上包装费用	104.59
总到货成本	453.24

接下来，买手还必须根据当前汇率将他国货币换算为美元。如果在采购时没有结清商品的全部价款（虽然很少发生类似情况），由于汇率每天都会发生变化，因此这种计算方式所得出的结果只能是一个预计值。在某些情况下，商品的实际成本会高于最初的预计成本。

促销费用

在全国范围内进行广告宣传的商品会立即得到大多数消费者的了解与认同。不仅如此，美国知名生产商通常还会向买手提供合作广告补贴，从而有效充盈了买手的实际促销预算。对此，我们将在第十八章"买手在广告企划、特别活动和视觉营销中的作用"中做进一步的具体说明。即使没有广告补贴，因为消费者通常对此类商品品牌的认知度比较高，所以商品所需要的促销费用相应较低。除了全球知名品牌外，消费者对许多国际市场商品通常都知之甚少。为确保消费者接受这些商品，零售商需要投入大量费用进行商品的促销活动，且国际市场上的厂商一般也不会为这些活动提供额外补贴。在这种情况下，不但商品的到货成本会显著增加，而且零售商还必须雇用专业人士详细筹备此类促销活动。当然，并非所有的进口商品都需要进行促销活动。例如，每个热衷时装的美国人都会快速识别出拉格菲尔德品牌等。就总体而言，新品牌的国际市场商品一般都需要超出平均水平的促销费用。

政局动荡

如果国家陷入了政治动荡，那么，商品的生产与销售都会受到严重影响。例如，战争不但会影响商品交付，甚至许多商品根本就无法生产。

由于世界上仍有很多国家的政治局势不稳，因此，零售商就需要重新考虑是否应该继续从这些国家采购商品。毕竟在订单需要提前6个月签署的前提下，政治问题的出现可能会对零售商的采购计划带来预想不到的后果。

出于上述原因，买手与商场销售人员就必须在实施国际市场采购的过程中加倍谨慎，而且，必须制订一份应急计划以应对可能出现的商品缺货情况。

情感因素

有时，一些商品出口国会引起商品进口国人民的厌恶情绪。例如，由于战争的影响，美国公民可能会对某些国家的产品带有抵触情绪。这种抵触情绪需要经过多年的弱化才能得以化解。

2003年，由于美国与法国就某些问题存在分歧，许多美国人因此抵制产自法国的进口商品。在这种情况下，法国制造的商品从时装到葡萄酒都受到了影响，商品销售量持续下降，经营这些商品的零售商也损失很大。为此，许多零售商就转向其他国家进口商品，以弥补滞销的法国商品所造成的利润损失。

尽管此类问题具备极强的不可预测性，但零售商却必须时刻做好发生此类问题时及时弥补降价损失的准备工作。

上面说明了国际市场采购可能具有的几方面主要问题，但它们却仅是其中的一小部分。现实中，国际市场采购还存在商品退货费用以及商品损失等方面的问题。因此，为确保国际市场采购取得成功，买手就必须在这一过程中认真考虑可能发生的各方面显性与隐性问题。

国际市场采购的方式

除了亲自到国际市场采购商品外，买手还可采取多种方式完成此项工作（图11-6）。至于最终选择何种方式，则主要取决于零售商的规模、进口商品在全部商品中所占的比例、买手采购商品可供使用的时间、国际市场的规模及其与公司的实际距离、该商品的采购成本等一系列因素。

买手在实施国际市场采购的过程中，必须统筹考虑上述因素并据此选择最佳的采购方式。

考察国际市场

这种方式只有超大型的零售机构才会选择使用。美国的百货商场、连锁店、目录销售商以及网上贸易商等

图11-6　买手们涌向服饰博览会的境外产品区订购产品
（Ellen Diamond）

零售组织的买手会经常性地定期造访国际市场。如今,大型零售组织为考察国际市场而派出由销售总经理、销售部门经理、买手以及买手助理组成的采购团队已经成为了一种相当普遍的现象,且一般费用开支较大并需要团队的整体协作。

买手可通过美国商业部熟悉国际市场,也可与贸易国的商业部取得联系,向其了解该国市场的基本情况。与此同时,许多大型零售组织还与国际市场代理商建立了代理合作关系,当买手到该国进行商品采购时,这些国际市场代理商会以美国国内采购代理机构同样的方式向其提供具体帮助。

与国内采购相似,国际市场采购既可以在国际市场供应商的总部实现,也可在定期召开的国际性的商品展销会上进行。如今,世界各国都在举办这种国际性的商品展览会,其参展商品也是种类繁多,品类齐全。通过参加这种展览会而不是单独联系特定供应商,买手就可以更加迅速、全面地掌握该国的市场与商品情况。例如,通过参加在香港举办的PLMA专供商品全球展览会,大型零售商就可能在无需多方寻觅的前提下,联系到可为其生产专供商品的具体生产商。与此同时,通过参加展览会还可使买手将不同的供应商进行对比,并用最短的时间做出最终的采购决策。

表11-1列出了部分主要的国际商品展览会。通过这些展览会,买手几乎可以购买到所有种类的商品。相比较而言,由于时尚类商品的庞大市场需求,该类商品的买手才是最经常使用这种方式的人士。只要条件允许,参加展销会就会成为此类买手了解市场的最佳选择,并借此对可供采购的商品进行评估。

希望采购最高档时装类商品的买手会定期光顾在巴黎、米兰、伦敦等欧洲城市举办的商品交易会。在巴黎,由于时装业的重要地位,他们还设立了专门机构——巴黎时装工会(Chambre Syndicale de la Couture Parisienne)来对该行业实施管理。该机构仅吸纳能够满足规定要求的设计师参加,其管理权限包括设立商品销售规则、仿制规则,以及确定组织内各成员向买手进行商品展示的时间等。其中,"时间"规则有助于避免同时举办多场时装展示会情况的发生。事先通报不同

表11-1 国际商品展览会

展览会名称	举办地点
亚洲国际礼品交易会(Asian International Gift Fair)	新加坡
墨西哥汽配展(PAACE—Pan American Auto Accessories)	墨西哥
FMI亚洲市场展(FMI Asia Mart)	中国香港
Mostra de Trejados(textiles)	西班牙巴塞罗那
亚洲纺织科技展(Tech Textile Asia)	日本大阪
SISEL(Sportwear)	法国巴黎
国际时尚饰品展(Mode Accessories International)	加拿大多伦多
杜塞尔多夫服装展(Collections Premiers)	德国杜塞尔多夫
米兰莫迪时装展(Modit)	意大利米兰
伦敦时装展(The London Show)	英国伦敦
魁北克市场周(Quebec Market Week)	加拿大多伦多
杜塞尔多夫国际服装博览会(IGEDO)	德国杜塞尔多夫
法兰克福成衣及时装材料展(Interstoff)	德国法兰克福

展示会的举办时间能使买手合理安排自己的时间，以确保不会错过个别展示会，此举避免了买手必须对同时举办的多家商品展示会做出选择的难题。由于市场受到了这一机构的严格规范，大多数时装买手的巴黎之行都会受益匪浅。

由国际市场代理机构代购

在不能亲自到国际市场采购商品的情况下，一些零售商会委托当地代理机构完成这项工作。与美国国内代理机构相似，这些机构也可向客户提供多项服务。如在买手到来之前考察市场并向买手提供采购建议等。在无法实施直接采购的情况下，这些机构会代表零售商办理采购事宜。由于身处市场多年，外国代理机构代表能够了解到市场中所有有价值的时尚类商品信息。

除了代为签署原始订单外，这些代理机构还提供其他多项服务，并收取一定佣金——通常为采购总额的7%。具体而言，国际市场代理机构的服务范围主要包括再次订购已售罄商品、安排商品存储与商品运输，以及其他各项有助于提高买手采购效率的服务等。与此类机构惯常收取的比例佣金不同，一些代理机构会为所提供的服务收取固定佣金。

尽管国际市场代理机构所提供的服务对零售商非常有价值，但买手在使用此类机构的时候却必须谨慎小心。买手必须时刻牢记，要采购的是并未被国内消费者实际认同的国际市场商品。因此，在采购过程中，买手必须确保代理机构了解自己对商品采购的各项具体要求，以防止问题产生。只有这样，买手才能真正达到预期的采购效果。

美国一些超大型的采购代理机构会通过与国际市场采买代理机构建立独家代理协议，进而在世界各地开展业务。于是，有时人们也会将此类机构列入"国际市场采购代理"的范围。

进口批发商

许多难以亲自考察国际市场或无力负担代理费用的零售商会使用进口商品批发商进行国际市场商品的采购工作。对小型零售商来说尤其如此。在美国国内，有数量众多的进口批发商经营着产自全球各地的商品。

与直接采购相比，通过这种方式获得的商品价格会稍高一些。但对小型零售商来说，这种商品差价相对于直接采购所要求的巨额的差旅费用而言是微不足道的。与美国国内批发商相似，进口商品批发商也同时经营着多种商品，从而确保了零售商能够同时考察、比较不同的国际市场商品。

但一些买手也认为，通过进口批发商的采购方式实际上并不会导致更高的采购费用。他们相信，由于此类批发商批量购进国际市场商品时能够享受到折扣优惠，并由此相对降低商品进价，因而零售商从这些机构采购商品时的价格其实并不会提高多少。

进口商品批发商经营的商品多种多样，包括耐用品、非耐用品、食品等。但一般来说，此类供应商常会将经营范围限定在某些商品种类，如服装、食品、器具等。

图11-7　那些在巴黎时装秀上展示作品的设计师，其名望会影响消费者的购物行为
（Adriano Castelli/Shutterstock）

尽管无法直接采购国际市场商品的小型零售商是此类供应商的主要使用者，但一些稍大规模的零售组织如果需要迅速获得特定商品，有时也会选择从这些批发商那里进货。

进口商品展览会

为服务那些无法亲自到国际市场寻找商品的零售商，许多公司在美国国内的多个地点组织了进口商品的展览活动以供买手进行商品考察工作。例如，纽约就是向买手展销多种进口摄影用品与录音设备的主要地点。由于这种销售方式能使零售商同时考察多种商品，并由此节省了买手的大量时间，因此，此类采购方式的成交金额逐年呈现稳步增长态势。

公司设立的国际市场采购机构

一些具备相应能力的零售组织会在美国国外设立专门的采购代理机构来处理本公司的国际市场商品采购事宜。这些机构会经常性地寻找能吸引美国国内市场注意力的商品，并在找到商品之后，根据公司的具体要求寻找生产商组织生产。通常情况下，美国买手发现某种美国国内商品后，会选择在生产成本较低的国家生产这些商品。由于采购规模庞大，巨型零售企业一般会选择在美国国外设立此类机构。

国际市场

与美国国内市场遍布全国一样，世界上很多国家同样具备大量商业中心以供买手采购商品。一些国家因特定商品而举世闻名，也有一些国家则因可提供的商品种类繁多见长。

可以通过国际市场采购的商品有很多种，如大众时装；鞋子、手套、腰带、珠宝等配饰；餐具、玻璃器皿、地毯、装修用品等家居装饰品；电器、食品等。

尽管各商品种类的买手都在不断拓展国际市场范围，但由于时尚类商品的特征及其款式的不断变化性，可以说时尚类商品买手是最经常光顾国际市场的人士。

国际时尚商品中心

美国的国际时尚商品中心主要集中于欧洲和亚洲国家。其中，有的可以以不同价位为美国国内买手提供多种商品，而有的则集中经营某类主要商品，并且价位也基本固定。

欧洲中心

欧洲各国分布着多个经营高档时装与相对低价位的时尚类商品中心。全球各地的买手，尤其是美国买手会经常光顾这些市场以寻找最新的款式。纽约的贝格多夫·古得曼、第五大道萨斯和贝弗利山的乔治奥（Beverly Hills' Giorgio），以及达拉斯的内曼·马库斯等仅是为购买高档时装而经常参加展览会的零售商中的一小部分。尽管越来越多的欧洲城市成为了重要的时尚类商品市场，但巴黎、米兰和伦敦仍在其中占据着主导性位置（图11-7）。

巴黎作为世界时装之都，凭借拉格菲尔德、克里斯汀·拉夸（Christian Lacroix）、伊夫·圣洛朗等传奇人物以及传承夏奈尔（Chanel）、迪奥（Dior）等创立的历史悠久的知名品牌设计室而闻名于世（图11-8）。除此之外，巴黎还有上百家知名度各异的设计室在致力于设计自己的原创商品。在这其中，仅有少数几家具有令人羡慕的高级时装工会会员资格。虽然成为会员就意味着必须遵守该组织严格的规章制度，但成为其会员却绝非一件容易的事情。

尽管法国经常展示夸张的高级定制时装以及超前卫时装，但该国绝大部分时装交易却主要集中于知名设计师所设计的二线品牌商品上。通常这些系列被称作"成衣"（Ready-to-wear）。虽然世界上只有少数几个国家的部分人群有能力购进并出售高价位的高级定制时装，但它们却是设计室实现利润的第二大源泉。

除了购进高级时装和成衣外，美国买手还会参加在巴黎等地举办的时装展示会，以了解最新的时装趋势并利用其中的部分理念开发本公司的专营商品。虽然时装展示会禁止进行任何记录，但许多买手却可以在心中默记某一时装的底摆或衣袖等方面的款式特征，以将其融入生产适应国内市场发展的专营商品之中。

图11-8 巴黎依旧是世界时装之都
（Lgor Rivilis/Shutterstock）

如今，在原创性高级时装方面，米兰几乎拥有与巴黎同样的地位。与巴黎相似，米兰同样拥有一大批顶级设计大师，如阿玛尼、奇安弗兰科·费雷（Gianfranco Ferre）以及范思哲（Versace）等，且其高级时装也经常被世界上各顶级商场选购。在贸易构成中，二流商品也同样占据了绝大部分比例。

需要重点说明的是，米兰是高品质羊毛的最主要交易中心。因此，许多美国设计师和经营专营商品的零售商都会到米兰采购原料。与此同时，米兰还生产高档毛绒衫这一时装产业的支柱商品，并经常为美国买手所购进。

当然，米兰的设计师在生产获得消费者极大认同的女式时装的同时，还用同一商标专门设计了高级定制男装商品。事实上，对一些设计师而言，这些男装才是公司利润的最主要来源。

多年来，伦敦一直是精品男装的主要生产地之一。在20世纪60年代，传统的服装生产商实现了品牌与设计的有机结合，并由此为时装产业带来了巨大影响。这一创新是由一名年轻设计师玛丽·匡恩（Mary Quant）发起的，她同时还首度引入了迷你裙和紧身短裤，并在此后不久首创了摩登风格装。

不久以后，许多新锐时装设计师成就了伦敦在业内的中心位置。如今，维维安·维斯特伍德（Vivienne Westwood）、杰多·罗兹（Zandra Rhodes）、贝蒂·杰克森（Betty Jackson）以及诸多重量级设计天才的作品都成为了零售商竞相采购的目标（图11-9）。

当然，精心裁制的男式正装仍然是英国时装界的佼佼者，特博·阿塞（Turnbull & Asser）、巴柏利（Burberry）以及纪梵斯·霍克斯（Gieves & Hawkes）等设计师仍对时装行业起着引领性的重要作用。

在欧洲，越来越多的国家凭借在服装与家居装饰品方面所实现的时尚革新引起了世人的普遍关注。

丹麦、瑞典、芬兰以及挪威等国家都分别建立了大型的时尚类商品中心。除了服装外，这些国家的家居装饰品同样令人瞩目。芬兰的马里克（Marimekko）所生产的家居装饰品获得了全世界的普遍认同，而瑞典的欧弗（Orrefors）和克斯塔·伯达（Kosta Boda）眼镜也是举世闻名。在时装方面，丹麦是全球高价位时装的引领者，其余国家则主要经营普通价位的时装。

以前，德国市场主要涉及的是高档相机和光学产品，但近年来，该国已经迅速成为了时尚类商品领域的重要势力。如今，德国声称该国国内服装制造商已经超过了2000家，且其中的相当部分在全球范围内都具有较高的知名度。全球各地的买手，尤其是美国买手也正在大量购进雨果·伯斯（Hugo Boss）、艾思卡达（Escada）以及吉尔·桑达（Jil Sanders）等品牌的商品。

长期以来，皮鞋、配件和服装的制造一直是西班牙的支柱产业。如今，马德里和巴塞罗那已经成为了女装和童装的重要生产基地，并且其中的许多商品都出口到了海外市场。

尽管波兰和匈牙利在时装设计方面并不具备很强的竞争力，但他们却已经成为了多家美国公司的重要商品生产地。例如，丽兹·卡伯尼（Liz Claiborne）就在这两个国家生产本公司的部分专营商品，而梅茜百货则在波兰组织部分男装专供商品的生产。由于商品的生产成本相对较低，波兰和匈牙利如今已经成为了买手选择专供商品生产商的重点国家。

捷克斯洛伐克更名为"捷克共和国"后，该国正迅速成长为在世界占据领先位置的眼镜出口国。任何可被想象到的眼镜制品，从较传统的华丽型到时尚的现

图11-9 维维安·维斯特伍德成就了伦敦时装中心的地位

（ⓒ Jeremy Sutton-Hibbert/Alamy）

代型，都被大量出口到美国和其他国家。由于该国眼镜制品的价格与质量占有优势，越来越多的美国零售商开始选择将其纳入各自的经营范围。

亚洲与环太平洋地区

20世纪50年代以来，许多亚洲国家逐渐成为了多种商品的重要出口国。其中，美国零售商对照相机、电视、录像机以及眼镜制品的进口更是达到了创纪录的规模。进入20世纪60年代以后，这一地区已经发展成为世界上时尚类商品的重要供应地之一。中国、韩国、日本是其中产量最大的三个国家（图11-10）。美国从这些国家采购的此类商品主要包括原创商品、根据美国生产商的具体要求生产的商品、零售组织的专供商品以及纺织品等。

日本 尽管美国人对进口的日产汽车已经非常熟悉，但很多人却可能并不了解日本时装对美国零售业的重要性。在东京，来自全球各地的买手都聚集在这里为商场采购产自日本的原创时装。其中，美国买手更是占据了绝大部分比例。由三宅一生（Issey Miyake）等世界闻名的顶级设计师设计的时装及多种新款商品吸引了众多国家买手的目光。除此之外，日本是为美国公司制造商品的重要国家之一。在很多情况下，美国生产商会将在国内设计的产品交由日本厂商来完成最终生产。

当然，日本出口的丝绸制品也是全球闻名。作为全球重要的丝绸生产国，日本如今还引领着全球的丝织品生产。可以说，美国市场上出售的大部分丝绸服饰都产自日本这一亚洲时装中心。

中国 商业报纸、消费者报纸和电视都持续报道中国作为经济强国和制造大国的重要性。由于中国低廉的劳动力成本和丰富的商品种类，很多买手都蜂拥而至，采购一系列的商品，如原创时装、专供品牌的商品、电器等，且采购额逐年增长。在中国，上海的发展尤其突出，它正逐步成长为行业领导者。此外，香港是中国的另一个繁荣的经济体，是众多美国买手采购亚洲商品的主要选择。由于生产成本相对较低，这里至今仍然是世界上最具生产力的地区之一。美国零售机构从中国香港采购的商品主要包括家居装饰品、各类服装配饰以及各种价位的服装等。大多数零售商都会承认，从该地区采购的商品总能为公司带来利润。

印度 越来越多的美国公司将他们的服务项目外包给印度。例如，当你打电话给戴尔公司进行技术咨询时，电话随即会被转接给印度公司的某位员工。零售商买手越来越多地在印度采购商品，并在当地安排专供商品的生产。随着印度的科技优势日益增长，同等质量的产品生产成本远远低于美国的制造成本，以至于

图11-10 中国是各类商品的主要海外集散地之一
（Tan Wei Ming/Shutterstock）

印度对零售商充满了吸引力。目前，印度已经成为地毯、家具用品以及服装服饰类买手在国际市场采购的必经之地。

加勒比国家

由于在这些国家生产商品的成本都极其低廉，因此，从加勒比国家采购商品对美国国内零售商而言是非常有利可图的采购方式。按照《加勒比法案》所赋予该地区的特殊优惠政策，加勒比国家对美国出口商品时不会受到配额与关税等问题的影响，其出口商品的成本非常低。美国政府之所以设立这一法案，主要是为了改善这些国家在商品生产方面的不利局面。

这些国家不受任何的配额与关税限制，买手发现，无论是从哥斯达黎加，还是从牙买加、多米尼加共和国、海地以及洪都拉斯采购商品都将是非常明智的选择。

加拿大和墨西哥

尽管加拿大和墨西哥所生产的商品各不相同，但在NAFTA的协定框架下，这两个国家却分别成为了美国零售商的重要商品供应地。由于该协定要求取消贸易壁垒，已经成为美国进口服装和纺织品的重要来源的加拿大获得了更为重要的贸易地位。如今，加拿大的服装与纺织品生产商已经超过了2000家，而这也成为众多买手蜂拥而至该国采购商品的主要原因。

墨西哥从NAFTA协定中获得了非常巨大的利益。根据这一协定，墨西哥可以凭借远低于大多数国家的价格生产商品，并由此成为美国买手最重要的进货渠道之一。服装、配饰以及家居装饰品仅是墨西哥生产与出口的少数几种商品，与此同时，该国还向美国多家时装生产商提供商品生产服务。

除了上述主要的国际市场外，美国买手还会到爱尔兰采购亚麻制品和羊毛制品，到伊朗和土耳其采购手工地毯，到比利时采购世界上品质最好的亚麻，到澳大利亚采购毛纺织品，到法国的普罗旺斯地区采购餐具与印花棉布，到瑞士采购计时器等。

国际市场采购要求买手应具备的资质

正如我们在第一章所提到的，为确保顺利完成工作职责，那些身负商品采购责任的人员必须具备多种资质。除了那些基本的资质条件外，为公司进行国际市场商品采购的买手还必须比国内采购买手进行更充分的准备工作。在本章和第十二章，将探讨买手在国际市场采购商品时所应做的具体准备。

事实上，也正是这种"特殊"的技能要求，如买手外语能力、沟通技巧、买手对当地社会与风俗的了解，以及政治中立等问题，才是帮助买手顺利进行商品采购并为公司带来利润的前提与保障。

语言

尽管英语正逐渐成为世界通用的交际语言，但这并不意味着任何一位潜在供应商都会使用英语。因此，那些掌握多种语言的买手就能不通过翻译人员与这类供应商进行直接交流，并由此具备了别人所无法比拟的优势。这主要是因为，虽然翻译人员对顺利完成交易具有非常重要的作用，然而在翻译过程中，翻译人员却可能会由于理解的差异而遗漏一些东西。于是，具备丰富国际市场采购经验的买手会认为，与供应商进行直接交流能使商品交易更加简便，并且不会出现因理解错误而导致的各种问题。可以说，中国香港地区的大型公司通常都有熟练掌握英语的职员，能够与美国买手进行直接的商业谈判。但亚洲其他市场的小型公司很少会具备此类语言条件。同样的道理，虽然墨西哥有许多使用英语的公民，但在能提供合意商品的偏远地区，买手却很难找到会说英语的人。然而，并非是要求买手必须熟练掌握多种外语，因为这样并不现实，但到国际市场采购商品的买手却非常有必要掌握一些基本的问候语与贸易用语。当然，语言并非国际市场采购买手应具备的唯一技能，毕竟外语能力很强的人未必具备顺利实施谈判所必需的其他方面能力。

计算机技能

正如本书前面部分所谈到的，了解与制订采购计划有关的数学基础知识是非常必要的。而对必须考虑多种成本费用的国际市场采购买手来说，计算机技能的重要性却表现得更为突出。尽管这些技能操作起来非常简单，但计算机的实际应用却是最关键的，毕竟，这方面的任何失误都会影响到公司能否达到预期的最终利润水平。

在进口商品过程中，通常会要求买手填写一份详细的进口商品流量表。该流量表以商品的出厂价为开端，结束于商品的最终零售价。而且，表格还涉及了多种会对最终零售价产生各自影响的开支项目。

表11-2就是一份典型的进口商品流量表。

表11-2　进口商品流量表　（单位：美元）

产品出厂价	+	国内运费	+	出口包装费	= 离岸价
400	+	20	+	20 + 60	= 500
离岸价	+	海运费用	+	海上保险	= 到岸价
500	+	0	+	100	= 600
到岸价	+	结关费	+	关税	= 卸岸价
600	+	20	+	50	= 670
卸岸价	+	国内运费			= 进口商进价
670	+	20			= 690
进口商进价	+	商品加价			= 进口商售价
690	+	5% (34.50)			= 724.50
进口商售价	+	国内运费			= 零售商进价
724.50	+	20			= 744.50
零售商进价	+	商品加价			= 零售商售价
744.50	+	744.50（零售加价为50%）			= 1489

掌握贸易术语

为处理商品交易，进口商品买手必须要了解国际通用的贸易术语，以便于和供应商交流。下面列出的就是一些买手在到国际市场采购商品之前必须掌握的相关术语：

提货单（Bill Of Lading） 提货单是买手获取商品的凭据，上面不但注明了商品的名称，还说明了交付商品的具体条款。

保税仓库（Bonded Warehouse） 保税仓库是政府批准设立的专供存储进口商品的货栈，存储在仓库中的进口商品不必支付关税，但当实际销售或出口这些商品时，商品所有者却必须缴纳关税。

价值（Chief Value） 决定商品成本的最关键部分，同时也是关税最主要的计税依据。

到岸价（CIF.） 到岸价是商品交易中经常使用的贸易术语，主要包括商品进价、运输保险以及运费等。

代理商（Commissionaire） 以向进口商所提供的采购服务为依据收取佣金的海外代理买手或机构。

对等样品（Counter Sample） 根据进口商买手意见而进行修改的样品。

预计价格（ELC.） 对商品的预计到货价格。

汇率（Exchange Rate） 公司现金相对其他国家货币的价值。由于汇率每天都会变动，买手就必须定期考察汇率情况以确定商品的实际成本。

厂家价格（Exfactory） 在厂家进行商品报价。

到货价（Landed Cost） 进口商的最终进货成本，包括商品进价、运输费用、包装费用、保险费用、佣金和关税。

信用证（Letter Of Credit） 信用证是商品采购商的开户银行向供应商做出的支付货款的保证，它主要被用于国际贸易中的信用保证。

进口港（POE） 商品进入国内时使用的港口。

成衣（Prêt-à-porter） 法国对成衣（Ready-to-wear）或批量生产的服装产品的称呼。

照单采购（Specification Buying） 根据买手要求实施的商品采购，如具体规定尺码、所选择的材料、装饰品等。

关税（Tariff） 加于进口商品之上的额外费用，以使国内商品具备价格方面的竞争能力。

签证（Visa） 外交机构向希望进入特定国家的个人签发的批准入境的证明，这一证明必须与护照同时使用。

运输单（Way Bill） 由运输公司发出的载有详细商品交付条款的文件。

计划国际市场采购行程

由于国际市场采购通常需要买手在较短的时间内完成大量工作，且相对美国国内采购而言，处理国际市场采购中出现的问题比较复杂。买手必须在出发之前仔细计划采购过程的各个步骤以避免出现失误，并顺利达到采购目的。具体而言，买手必须认真准备的工作主要包括开具信用证、安排行程、预定住宿以及联系国际市场代理等。其中的任何一个方面出现疏漏都极有可能影响到买手的采购谈判能力。

信用证

　　大多数进口商都会使用信用证来支付所购买商品的货款，并通过这种方式由公司开户行向供应商或供应商的开户行做出支付承诺。因此，在到国际市场采购商品之前，零售机构通常都会安排开户行向买手开具必要的信用证来供其实施商品采购使用。

　　信用证的使用步骤主要包括：

　　第一步，由零售商填写银行提供的信用证申请，并在填写完毕后返还给银行。

　　第二步，零售商开户行向国际市场供应商开户行发出信用证。

　　第三步，供应商开户行收到信用证后将其转交给供应商。

　　第四步，完成商品交易后，供应商立即安排发货事宜。

　　第五步，准备合同，并将注明交易条款的信用证提交给供应商开户行。

　　第六步，进入合同执行阶段后，供应商开户行将信用证寄给进口商开户行，并由其根据信用证上注明的要求向供应商开户行进行支付。

　　在完成了上述步骤后，买手接下来要安排的就只剩下有关商品发货方面的事宜了。如果在出国之前没有对此做好准备工作，买手就可能需更长的时间来完成商品的最终交易。由于时间对某些商品采购的重要性，由此所导致的延迟交易甚至有可能为进口商带来严重的后果。

　　必须说明的是，在制订参与生产意见的进口商品采购计划时，由于生产商通常需要从全球各地购进原料以满足买手的具体要求。因此，其中的大部分生产商会要求买手必须使用信用证支付方式。

计划行程

　　在实施国际市场采购的过程中，买手的大部分时间都花在了往来各地的交通方面。他们必须以图表形式仔细设计到达时间、出发时间等交通事宜，以合理分配各项工作的必要时间。

　　表11-3显示的是一份行程计划表，该表格详细列出了买手到各个城市考察商品的出发与到达时间。也有一些表格还会包括预约的酒店、约会日期等方面的详细信息。

酒店安排

　　在出发之前，买手必须提前预约好酒店，以方便与事先约定的人取得联系。这一点对确保采购效果是非常重要的，同时，买手在选择酒店时，还要注意它是否具备顺利开展工作的各项便利条件。例如，在采购过程中，买手可能需要公司的信息支持，并可能需要将海外代理机构的信息翻译成本国语言，因此，酒店就必须具备传真与计算机设备以方便买手与公司之间收发文件或电子邮件。尤其是在需要将采购计划发回国内确认或调整的情况下，传真设备就更是必不可少的了。除此之外，

表11-3 行程计划表

谢里·利特女士行程计划表

2006年3月4日

日期	地点	航班	时间
3月9日	BWI机场	美国航空公司7872航班	出发时间：下午3:05
	JFK机场		到达时间：下午4:10
	JFK机场	AA航空公司705航班	出发时间：下午6:20
3月10日	伦敦希斯罗机场		到达时间：下午5:55
3月11日~13日		在伦敦公务	
3月14日	伦敦希斯罗机场	英国航空公司304航班	出发时间：上午8:30
	巴黎Chas.Degau机场		到达时间：上午10:50
	巴黎	法国航空公司840航班	出发时间：下午6:00
	伦敦希斯罗机场		到达时间：下午8:20
3月15日		在伦敦公务	
3月16日	伦敦希斯罗机场	意大利航空公司459航班	出发时间：上午10:50
	米兰连特机场		到达时间：下午1:45
3月17日~19日		在米兰公务	
3月20日	米兰连特机场	AA航空公司843航班	出发时间：下午12:30
	JFK机场		到达时间：下午3:20
	JFK机场	美国航空公司7987航班	出发时间：下午5:05
	BWI机场		到达时间：下午6:00

如果需要在酒店处理某些交易事宜，那么买手在选择酒店时除了要考虑休息因素之外，还要了解酒店是否具备适于进行商业活动的场所。一般而言，买手应重点考虑坐落于市中心并方便进行市场考察的酒店，这样可以达到节约宝贵时间的目的。

在酒店安排方面，买手事先进行的准备工作越充分，就越容易顺利履行各项工作职责。

联系代理商

大多数公司在实施国际市场采购的过程中，会使用国际市场代理机构提供的各项服务。一些大型零售商拥有专门提供服务的代理商，而一些商品需求较小的零售商则会付费使用代理商的服务。就代理服务的具体种类而言，代理商的服务范围覆盖了国际市场采购的全过程，从达成特定约定到帮助买手与供应商谈判，几乎无所不包。由于熟悉市场情况和采购国的语言，代理商就在买手与特定供应商的有效沟通方面具备了无可比拟的优势。

在需要到多国采购商品的情况下，买手通常会雇用一名采购代理全程陪同。例如，在到远东国家采购商品的过程中，买手有时会在一周内先后走访中国香港、韩国和日本等多个国家或地区。此时，如果买手雇用一名能同时掌握上述国家语言并愿意陪同采购的代理将会为其具体采购提供极大便利。

在到国际市场采购商品之前，买手应提前很长时间与采购代理商取得联系，以确保采购之时能够得到其服务支持，如帮助联系供应商和事先进行高效的市场考察等。考虑到时间因素在国际市场采购过程中的重要性，雇用经验丰富的采购代理是非常必要的。

在仔细考察了国际市场并对其商品做出相应评价后，买手接下来要做的就只剩下谈判交易条款并签署合同方面的工作了。

商业词汇

绝对配额	关税	海外生产
提货单	预计价格	进口港
保税仓库	汇率	成衣
中美洲自由贸易协议（CAFTA-DR）	厂家价格	配额
国际市场代理机构	照单采购	高级时装
关税税率	巴黎时装工会	进口商品流量表
税率配额	到货成本	签证
价值	信用证	运输单
到岸价	最惠国待遇	世界贸易组织（WTO）
代理商	北美自由贸易协定	对等样品

要点概述

1. 以"商店即品牌"为经营理念的零售商只销售贴有他们自己商标的专供商品。
2. 美国联邦政府通过征收关税，为美国零售商提供一个相对公平的竞争环境。
3. 世界贸易组织（WTO）以关贸总协定（GATT）的贸易条款为基础，并旨在最终消除世界范围内的贸易障碍。
4. 北美自由贸易协定生效后，在美国、加拿大、墨西哥等成员国之间不再征收关税。
5. 一些国家享有美国的关税减免政策。
6. 配额是一国政府对允许进口某种特殊商品的量的控制。
7. 零售商出于多种原因在国际市场采购商品，这主要包括成本、质量、利润、商品声望以及无法在美国国内实施采购等多个因素。
8. 对于零售商来说，在国际市场采购会存在一些问题，如较慢的商品货期、质量与原样品不相符、追加订单缓慢、必须过早选择颜色等。
9. 到货成本是零售商收到商品的实际成本。
10. 买手可以通过几种方式采购国际市场商品，包括买手亲自考察国际市场、由国际市场代理机构代购、从进口批发商处采购以及参加进口商品展览会。
11. 国际市场代理机构是与美国国内采购代理机构相似的服务机构。
12. 如今，世界各国都在举办国际性的商品展览会，参展商品种类繁多、品类齐全。
13. 巴黎、米兰和伦敦是主要的国外时尚商品中心。
14. 亚洲和环太平洋地区日益成为美国在许多商品种类方面的重要供应地。
15. 除了基本要求的素质条件之外，进行国际市场商品采购的买手还必须具备以下能力：能够使用外语，了解当地社会和风俗，保持政治中立，具备必要的计算机能力，能够进行数字计算（如计算到货成本和制作进口商品流量表）。
16. 为了提高谈判效率，买手在采购国际市场商品时必须掌握较多相关的贸易术语。
17. 信用证能够保证支付买手所购买的商品货款。
18. 在实施国际市场采购过程中，买手非常有必要制订一份详细的日程安排计划，以提高在国际市场的工作效率。

国际市场采购 | 221

思考题

1. 为什么从国际市场寻找和采购商品的现象越来越普遍？
2. 基于什么原因，政府在从国际市场进口商品过程中扮演了重要的角色？
3. 关贸总协定曾经是如何影响买手在国际市场进行商品采购工作的？
4. 北美自由贸易协定中有哪几个成员国家？
5. 关税估计具体是什么意思？它是如何影响进口商品的价格的？
6. 店铺买手从国际市场采购到美国的各类商品都需要支付相同的关税吗？
7. 为什么美国政府给一些国家提供了免税待遇？
8. 绝对配额和税率配额的主要区别在哪里？
9. 美国的买手基于哪些原因到国际市场寻找和采购某些商品？
10. 有名望的设计师能够促进消费者的购物行为吗？请解释你的答案。
11. 在采购国际市场商品时会存在哪些问题？
12. 为什么有时零售商买手会尽量避免对国际市场生产的商品进行追加订单？
13. 请解释为什么对于采购国际市场商品的零售商来说，汇率波动会造成严重的影响？
14. 到货成本是指什么？它与生产商的报价成本有多大的差异？
15. 除了亲自到国际市场进行考察，买手还可以借助哪些方法帮助其采购进口商品？
16. 与美国的采购代理机构类似的国外机构是什么？他们获得酬劳的基础是什么？
17. 进口商品展览会在为买手提供服务方面有哪些用途？
18. 法国时装公会具体指什么？
19. 对于高级时装设计师来说，哪种服装类型通常是利润的主要来源？
20. 为什么从牙买加和海地等国家进行采购对于美国零售商来说意味着丰厚的利润？
21. 在进行采购谈判时，美国买手对当地文化和社会风俗有所了解非常重要吗？
22. 进口商品流量表是指什么？
23. 为何在到达国外的采购地区前预先准备好信用证对买手来说非常重要？
24. 买手在考察国外市场前，零售商有必要仔细计划和安排买手的行程吗？为什么？
25. 为什么国际市场的采购代理需要经常陪同买手一起考察他们的供应商？

案例1

加利福尼亚·考伯乐（California Cobblers）是一家中档连锁鞋店，自开业以来就制定了在国内市场采购所有商品的政策。它一直致力于塑造美国制造商品的店铺形象。之所以这样做，是因为公司相信这将有助于提升美国经济，并且从某些方面来看，美国国内市场采购相对于国际市场采购更加便捷。

由于过去的几年中，商品批发价稳步提升，加利福尼亚·考伯乐也不得不随之提高零售价。对于逐步上升的价格，虽然一些顾客有所抱怨，但是并没有对销售造成太大的影响。

钱德拉·凯莉（Chandra Kelly）是公司负责专供商品的产品研发员。她一直使用美国供应商来为其生产系列产品。凯莉对供应商很满意，他们总是能如她所愿地及时交货。

NAFTA颁布后，销售经理约翰·雷顿（John Leighton）请管理层重新考虑他们的"只在美国制造"的政策。他认为，在新条约出台后，从墨西哥供应商那里采购将会降低鞋的成本。这样公司能够以更低的批发价购进产品，进而赚取更大的利润。另一方面，凯莉女士不支持这个改变，她认为"只在美国制造"政策更有利于商店的成功运营。

与此同时，公司正在考虑这个变化。

问题：

1. 你支持凯莉女士还是雷登先生？
2. 说说你的想法及理由。

案例2

巴诺服饰（The Clothes Barn）位于佛蒙特州（Vermont），是拥有3家小分店的专业零售商。它已经营了8年，并拥有较大的市场。巴诺专为有品位的女士提供包括连衣裙、外套、套装、运动装和配饰商品，并以"潮流领导者"而闻名。巴诺服饰的商品都购自美国极富声望的生产商。为了不断搜寻时尚商品，买手丽萨·斯通（Lisa Stone）走遍了美国的各大市场。在过去的几个月，通过对行业报纸和消费者需求的了解，她兴奋地发现了一些无论价位还是时尚度都比较满意的国际市场商品。尽管斯通女士想满足自己的好奇心和消费者需求，但是她没有足够的资金和时间去国际市场考察。

管理层建议她可以通过进口商来进行购买。然而，斯通女士认为这同时意味着允许进口商代替公司做出采购决策。这一方式可能会适合一些公司，但巴诺服饰的信誉来自谨慎的商品选择，所以她并不认同这个办法。她认为，尽管现在公司对进口商品有很大的需求，但还需要一个更加完善的解决方案才能实行。

问题：
1. 评估专门雇用一个负责国际市场采购的买手的可能性。
2. 斯通女士怎样做到身在美国但仍可以购买国际市场商品呢？

案例3

首佳（First and Best）是一家超级市场连锁店，位于纽约。它拥有12家分店，并且被认为是该地区最好的超市之一。与业内其他竞争对手相比，首佳的规模比较小，因此它能够更加细致地为消费者服务。首佳的消费群相对来说比较富有，能够享受到公司所提供的免费送货，电话传真订货以及价格优惠等待遇。

为了能够更好地满足消费者的需求，商品部主管经理提出由公司组建美食部，并以经营异国风情的美食为主。公司的所有者反对这个计划，他们认为采购食品会带来很多的问题，如不固定的送货时间、大量的费用支出、要占用大量的时间到国际市场进行采购等。更重要的是，所有者们认为现有食品的种类已经足以满足各种消费者的选择。

问题：
1. 怎样才能证明商品部主管经理的意见是正确的？
2. 如果公司同意了这个计划，对于经营来自世界各地的美食，你有什么建议？

Digital Vision/Thinkstock

实施国际市场采购时商务礼仪的重要性

经过本章的学习后，我们应当能够做到：
- 通过比较，了解美国与其他国家社会与文化方面的不同，体会其重要性。
- 理解在国际贸易中政治中立的重要性。
- 学习几种跨文化交流的方法。
- 掌握避免语言的错误。
- 牢记对外贸易中尊重是最重要的商务礼仪。

第十二章

正如我们在第十一章所讨论的，国际市场采购与美国国内市场采购有着不同的游戏规则。买手与采购人员必须清楚了解不同国家间的贸易协定，也必须掌握国际市场采购可能会产生的问题、语言差异以及其他影响商品采购的因素。

尽管以上是最需要关注的几个方面，但是零售采购代表还必须清楚地知道，仍有其他因素有助于采购顺利完成，并且更加有利可图。仅仅依靠熟练的谈判技能、专业的采购技巧或者了解在哪些国家适合采购哪类商品是远远不够的，买手必须对影响采购的各种细节有清晰的认识。

和美国一样，每个国家都有自己的社会与文化准则。然而，这些准则绝大部分与美国大相径庭。许多国家通常禁止议论政治，如果不恰当地谈论相关话题可能会导致预期交易的终止。最后，会见国际企业代表时，得体的礼仪也是十分必要的。尽管我们已经了解与美国企业代表相处时的各项商务礼仪准则，但通常情况下的国际商务礼仪是截然不同的。

买手必须具备关于他们所要采购商品的技术知识，了解满足公司需求并保持利润的销售条款。

本章我们将学习国际市场采购的细节，以及在会见国际市场采购同行时，需要关注哪些特定的商务细节和恰当的商务礼仪。

了解当地社会与风俗

到世界各地旅行的人通常会带回来许多所到国的奇闻轶事。旅游者往往不需要像职业商人一样对文化差异有所认知。毕竟在事先不了解社会风俗差异的情况下，旅行者在不经意时会触犯东道国的公民，但对于专业买手冒犯行为可能会破坏整个商品交易。

对于阿拉伯国家，买手的两种唐突行为可能会导致交易最终失败。一种是当席地而坐时，如果美国买手将他的鞋底直接对准了阿拉伯卖家，他事后就会发现这是一种令人难以接受的、非常粗鲁的行为。另外一种是美国人交谈中的一句习惯用语"你夫人最近怎样"。因为在阿拉伯国家，人们会避免询问夫人的情况或提出任何有关个人的问题。由此我们要记住，到国际市场出差时，人们必须事先仔细了解当地的风俗习惯。做不到这一点，虽然不一定导致交易的失败，但却可能在言谈举止中冒犯当事人。对美国人来说，到日本人家中做客需要脱鞋似乎是一种不可思议的举动，但这会使主人对美国人留下良好的印象。

政治中立

在美国国内，人们会经常因政治问题而争论不休。但大多数专业买手却知道，在进行商业谈判的过程中，应坚决避免谈论有关政治分歧的话题。尽管在商品交易过程中，与对方在适当氛围下的讨论有助于增进友谊，且交谈双方一般会尽力建立并维护已存在的良好合作关系，但一旦涉及政治问题，许多国际市场商品交易就会因此而失败。

从事国际市场采购的买手无论何时都不能与国际市场供应商谈论政治问题。在进行商品采购之前，了解目的国的基本政治理念是精明的举措，但对买手来说，保持政治中立才是最重要的。在美国，人们可以公开自由地批评总统或其他政府领导人，但在某些国家，这却是令人难以接受的行为。现实中，习惯于表述自己政治意见的美国买手经常因此而破坏了商品交易的顺利实现。

精通跨文化交流

一旦决定从国际市场采购商品，了解不同国家的政府以及国家之间的文化差异就非常必要。当买手、采购人员与卖家直接面对面交流时，如果能处理好文化差异，买手将更有可能获得成功。

管理全球业务的企业领导者不能只靠边学边做。长期只待在一个国家可能导致其无法迎接全球性的挑战。在文化方面，接受广泛的培训以清晰了解公司所在不同国家的具体情况势在必行。

为评估文化的多样性，有两个数据库可供买手等各行业的管理人员使用。一个是世界价值观调查系统（World Values Survey），这个组织调查了世界上八十多种文化，了解基础价值观是怎样影响人们对经济、性别角色、家庭价值观、社会认同、伦理的态度。在一个正在开展的项目中，它显示了世界上不同群体之间的区别，以及如何在双方的贸易中有效利用数据调整运营和业务开展，从而为自己及公司带来更有利的结果。另一个重要的数据库是由全球领导力及组织行为效力研究项目采集的。它关注的焦点是领导力与价值观之间的关系。值得一提的是，它调查了六十个国家的人群，对他们的价值观进行分类，并提出如何在这些价值观环境下进行领导。买手和采购人员通过认真学习，可以学会如何更好地与这些国家的人相互合作。

在专业课程学习不同的文化差异是一种个性化的方法。下面的《零售采购焦点》关注的Linguarama就是这样一家能够提供专业培训的公司。

需要注意的是，买手需要理解和精通一些基本的跨文化交流技巧，包括在会谈中选择合适的着装、避免语言错误以及赠送恰当的礼物等。但这些技巧并不能一概而论，因为不同的国家都有各自奉行的标准。在本章的后面，讨论各个不同国家的不同标准时将进一步探讨这些问题。

着装得体

一般而言，在美国市场采购的买手通常都知道如何在各种场合保持着装得体。第一印象的作用显而易见，可以被看作是决定成败的关键因素。不恰当的着装暗藏了极大的风险，很可能会冒犯对方，从而导致会谈失败（图12-1）。

零售采购焦点

Linguarama 培训公司

三十余年来，Linguarama一直致力于培训专业人士及商务人士正确使用语言的艺术。这家英国公司建立初期，只为有兴趣提高语言技巧的人提供现场课程，并针对消费者的不同需求提供了一系列个性化课程。

如今，许多公司进入全球市场，这就要求他们派遣团队到其他国家拓展业务，并进行国际市场采购，因此了解文化差异已成为成功的必备因素。由于不同国家之间的商业贸易活动的差异非常显著，因此到国际市场考察之前，全面了解当地人如何思考、行动、开展贸易活动，并探究其背后的原因势在必行。

很多企业管理者，还有买手和采购人员在内已经意识到，进入全球市场所必需的跨文化交流技巧是不能缺乏的，于是Linguarama就开发了一系列课程来提升人们对文化的认知。这些课程中不但有课堂教学形式，还有为不同国家的客户提供网络课程。

公司已经使用25种以上的语言成功地为六十多个国家的客户提供了该项培训。至今，已向一千多家公司提供了所有培训课程。

当买手考虑着装要求时，首先要避免过时的打扮。这一点对理应熟知最新时尚流行趋势的买手来说尤为重要。不够时尚的形象可能会给对方留下错误的印象，进而影响商业谈判的进行。当然，这并不意味着买手只能局限于穿着职业装，但是像有破洞牛仔裤这样的服装，即使是最时髦的单品，通常也不适合在买卖双方面对面会谈时穿着。

另一个着装要求是，要根据其国家的文化特色避免着装不得体的情况。有时很难去了解每一个目的地国家的着装要求，但是学习它们的文化不失为一个很好的开始。对于女性来说，当前往中东国家进行贸易活动时，短裙之类的服装就是买手的着装禁忌，此时，最安全的策略就是保守着装。在《零售采购焦点》中谈到的Linguarama所提供的培训，买手们可以从中学到很多着装方面的相关知识。

避免语言错误

尽管英国人和美国人都讲英语，但通常相同的文字会有不同的意思。同样，Linguarama培训公司会指导买手们如何正确使用语言。

赠送礼物

在美国，有些礼物是在商务活动中可以被接受的常用礼物。供应商有时会赠送给买手戏票以表达感谢之情。这是一种普遍的做法，但如果附加其他礼物，则会被误解为行贿。除美国外，不恰当的礼物同样会引起错误的理解，因此买手应谨慎地挑选礼物以确保不会导致对方误解。

国际市场中的商务礼仪

如何正确使用礼仪是管理者进行海外商务会谈时容易引起误解的一个问题。在美国被大众认可的行为，到了其他国家则不然。在国内日常业务中普遍适用的礼仪，在其他地方则未必会获得赞同。例如在保加利亚（Bulgaria），点头表示不赞同，而在美国则代表同意。像这样一个简单的误会很可能会毁掉一笔交易。

图12-1 着装得体是商务活动中重要的一部分
（ⓒJacob Wackerhausen/IStockphoto）

正确的商务礼仪包括：着装得体，确保准时赴约，慎重选择讨论话题，避免任何会触犯对方的行为，与会中使用正式的名字和头衔，知道何时赠送礼物及赠送何种类型的礼物，正确使用语言。

聘用翻译员是保持公平竞争的最好方法之一。翻译员不仅要精通语言，也要熟知讨论和谈判之间的细微差别。像普莱德管理有限公司（Executive Planet Inc.），该公司有许多精通各种语言的翻译员供美国的买手或其他商务人士选择。他们也为经常从事海外贸易的商人提供掌上智能指南。这些指南涵盖了丰富的主题，买手可以借此学习此类会谈的原则与技巧。

美国的买手会不定期地访问许多国家以满足他们的专业采购需求。接下来将探讨美国买手经常访问的一些主要国家。

中国

商业报纸、消费期刊以及广播电视新闻，都直接显示出中国作为一个供应国与日俱增的重要性。无论是电子器件还是时装，以及许多其他产品，买手蜂拥而至，在主要生产中心采购他们所需的商品。无论是香港地区，还是其他的任何一个省份，中国各地区的商务礼仪都各具特色。国际市场采购公司应充分了解以确保能够正确处理。

商务着装

保守是着装的关键。对男性来说，西装和领带是必备品，且颜色和花型要淡雅，尽量不要选择过度明亮的颜色。女性也应适当保守地选择职业装搭配高领衬衫或者套裙。毫无疑问，短裙是不合时宜的。在会谈中，女性应尽量避免显得比男性搭档高，因此，高挑的女性最好选择平跟鞋或低跟鞋；如果有餐后宴会，则可以选择高跟鞋。在商业会谈中，牛仔裤和其他便装都是不得体的装扮。

图12-2 商务管理人员在进行商业午餐
（Comstock/Thinkstock）

守时

买手在正式会谈前应提前预约。这样不仅可以确保买手在国际市场访问期间能够充分利用时间，也是会谈对方所希望的。一旦会谈时间被确定，准时到达很重要。迟到会被认为是对对方的不尊重，而守时则是一种尊敬的表现。如果因为意外事件迟到，真诚的道歉是非常必要的。需要注意的是，工作日的工作时间一般是上午八点至下午五点，这一时间段内，中午十二点至下午两点为休息时间。有时，管理人员会需要更长的午餐时间。

介绍原则

一般会面总是以点头或微微鞠躬开始。在一些场合，握手是符合规范的礼仪。当买手发现对方有握手的意向时，应礼貌地率先伸手。

初步接触后就可以相互进行人员介绍了，称呼时应在姓氏前加上"先生"、"夫人"或者"小姐"。

相互问候之后，买手应向对方提供名片。名片应含有中英文双语。名片上金色的印字能够增添光彩，通常这被认为是成功和声望的象征。买手收到名在接下来的《零售采购焦点》中，Cyborlink.com将介绍正确的商务礼仪。

日本

日本的出口商品从时装到电子产品包罗万象，它是美国买手采购商品时的首选国家。尽管地处亚洲，日本的商业贸易礼仪与亚洲其他国家有所不同。在日本文化中，男性占绝对的主导地位，个人主义通常不在其考虑范围之内。

商务着装

打扮得体会给日本人留下好印象。当然，这就表示男士应穿职业西装，女士可穿着套裙或西装。在商业会谈中，女士不应该选择裤装，同时要避免穿着高跟鞋，以免显得比男士高。此时，佩戴少量首饰可以起到锦上添花的作用。无论男女，都不应在会谈中穿着太随意。

图12-3　宴会是法国商务活动中的一部分
（Onestepbeyond/Dreamstime.com）

零售采购焦点

Cyborlink.com

对于零售业买手来说，最快的学习国际礼仪和规范的途径就是登陆网站http://www.cyborlink.com。目前，该网站在此领域中处于领先地位。它有助于买手在国际市场采购中处于公平竞争的地位。

网站上介绍了很多国家的礼仪，包括加拿大、澳大利亚、西班牙、中国、日本、德国、意大利、印度尼西亚等。当单击进入某个特定国家时，首先映入眼帘的是该国的介绍，包括人口以及其他一切可以体现这个国家整体面貌的信息。尤其是，它会为买手提供关于得体的穿着；合理的行为规范；恰当的语言交流及各种考量因素的建议。

每个国家的信息都由荷兰的吉尔特·霍夫斯泰德教授（Geert Hofstede）审阅过，他是一位在全球极具声望的教授。他对每个国家的历史、哲学以及细节评估等方面都了如指掌，这些在商业会谈中都是无价之宝。

在该网站也能够轻松地获取其他资讯，如处理语言难点的建议；当地报纸的名称；文化信息；如何概括报纸内容等。

使用正确的链接地址，你就可以进入特定的国家。例如，如果想要查看有关墨西哥的信息，可以登录网站http://www.cyborlink.com/mexico。

图12-4 鞠躬是日本商务会谈中的常用礼仪
〔Susanna Price（c）Dorling Kindersley〕

守时

守时对商业会谈来说很重要。但在社交场合，如参加晚宴，迟到则不会被认为是一种无礼的行为。

介绍原则

必须用双手接递名片，这是一项基本的社交礼貌。名片最好是一面为英语，另一面为日语。传递名片时，英语一面应朝上。买手接到卖方的名片后应立即阅读，以示尊重。在日本，鞠躬是一种常见的礼仪。如果受到鞠躬欢迎，买手要回以相同幅度的鞠躬礼（图12-4）。在一些场合，双方也可以用握手代替鞠躬。

口头介绍时，要在买手的姓氏前加上单词"San"，译为"先生"或者"夫人"。商业会谈中，不可以直呼其名。

销售谈判和规范

在任何一个谈判中都会涉及微妙的细节。日本人不喜欢"不"这个词。他们会回答"是"，但可能实际上表示"不"，聘用当地的代理能有效地帮助买手理解这些细微的差别。

在正式谈判之前，可以聊棒球运动之类的话题，因为日本人极为热衷于棒球运动，还可以聊一下曾在日本旅游过的地方，当地美食等话题，但要避免讨论"二战"之类的话题。如果在正式交谈前无话可说，沉默则是最好的方法。如果可能，可以在恰当的时机用日语说"抱歉"和"不用"。在谈判时，买手不要急于表达，因为日本人在交易过程中是非常有耐心的，等待正确的时机阐述观点会产生积极的效果。

赠送礼物

无论在会谈中还是在社交活动中，赠送礼物都是一个很重要的方面。礼物应该包装妥当，避免白色（白色代表死亡）和鲜艳的颜色。最好由专业人士包装，以避免出现错误。礼物要在访程结束时赠送。赠送的礼品也许听起来会很奇怪，如顶级牛肉、金奖白兰地、威士忌都是很好的礼物，上好的葡萄酒也是一个不错的选择。

商务宴请

日本人基本上不会在家中招待商务客人。如果在家中进行商务宴请，买手必须在进门时脱下鞋子，穿上主人提供的拖鞋。许多美国人不习惯使用筷子，但在日本这是一种生活习惯。买手最好能够掌握使用筷子的方法，以及了解使用筷子的礼仪。例如，筷子应搁放在筷子架上，不要把筷子放在还未吃完的食物上等。当存有疑虑时，买手可以与主人的行动保持一致。在日本饮酒时有特别的礼仪规范，如要等酒倒满才可以饮用。在参加社交活动前，买手应该先学会这些规范。用餐结束时，要说"感谢款待"来表示用餐愉快。

印度

在当今的贸易领域中，大量的交易是在印度完成的。这其中不仅仅包含了我们在报纸和电视上所了解的各种外包服务，还包括很多零售商采购并用于店铺、商品目录和网络销售的大量时装和家居用品。职业买手到印度进行采购已经是稀松平常的商务活动，在掌握"游戏规则"后就能圆满完成各项交易（图12-5）。

图12-5　印度在全球贸易中扮演非常重要的角色
（Jupiterimages/Thinkstock）

商务着装

穿西装、打领带是男士的常规选择，女士则可以选择传统的职业西装、西服长裤，或者职业套裙。因为在印度牛很受尊崇，所以少用皮制的腰带或手提包等是十分明智的选择。当天气极端炎热时，可以脱去外套。总而言之，跟随主人的行动是保持礼仪的最佳方法。

守时

确定约会后准时赴约很重要。守时在约会中是很正式的行为，也是最基本的礼貌。

介绍原则

在印度有十几种主要语言，300余种小众语言，而只有英语和印度语才是官方语言，英语是买卖双方会谈中经常使用的语言。被介绍者如果拥有"公司总裁"这类头衔，就要明确介绍出这一头衔。缺少任何一样都会被认为是粗鲁的行为，并会妨碍接下来的业务谈判。

销售谈判和规范

正如上文所谈到的，尤其是在销售会谈开始前，正确使用头衔称呼必不可少，切勿直呼对方的姓名。在讨论交易重点之前，闲谈要特别谨慎，当被问到私人问题时，可以礼貌地回应对方，不能用一根手指指向对方，这会被认为是一种挑衅的行为。尽管在印度商业场合已经时移世易，但除非惯例已经很通用，否则最好还是遵循传统规则。

赠送礼物

如果收到礼物，买手要等赠送者离开后才能打开。不要赠送给印度人皮制礼物，这将被视为一种冒犯行为。

商务宴请

如果商业谈判时间较长，那么宴会通常会被列为日程中的一部分，印度则更倾向于午餐。当然，文中提到了印度商业场合的变化，晚宴也变得越来越流行。要记住印度教不吃牛肉，伊斯兰教不吃猪肉，美国买手必须遵守这些礼仪。要特别注意在用餐结束时不要向宴请方说"谢谢"，"谢谢"会被主人理解为是一种付款方式，因而会被认为是一种无礼的举动。

澳大利亚

同世界上其他地区相比，与澳大利亚人做生意时没有特别需要强调的事项。对美国零售商来说，蛋白石（Opal）是澳大利亚最主要的采购商品（图12-6）。买手也会进口一些时装，但相比较其他国家而言，进口的数量要逊色许多。

图12-6　澳大利亚是蛋白石的最佳产地
（Andrew Donehue/Shutterstock）

商务着装

着装得体的关键是选择保守服装。男士应选择传统的职业西装、衬衫及领带，女士则可以选择西装、裙子或裤子。会谈结束后，可以选择更加随意的、非正式的穿着。

守时

对于已经确认时间的会议，迟到是很失礼的行为，尤其是在澳大利亚。不守时可能会对最后的交易产生极其消极的影响。

介绍原则

虽然澳大利亚也讲英语，但单词用法还是与美式英语有所区别。例如，澳大利亚人问候早安时普遍说"G'day"，而不是常用的"Good morning"。介绍时，澳大利亚人通常不拘小节，一般会略过正式头衔，相互寒暄后，买手应立即递送名片。

销售谈判和规范

同其他国家一样，闲谈是开始商业会谈的好方法。此时，运动和旅行是常见话题，并可以通过简短的谈话来营造友好的氛围。澳大利亚人通常并不信奉宗教，因此可以避免此类谈话。处理好这些细节后，意味着展开商业会谈的时机已经成熟。对于买手来说，倾听和阐明自己的观点同等重要。同时，对公司或商品的信息不能夸大其词，且必须表述精准。

赠送礼物

在澳大利亚进行商业谈判时，赠送礼物并不普遍，即使赠送礼物，也很少在交易期间进行。如果买手到供应商家中做客，可以选择巧克力或葡萄酒之类的小礼物。

商业款待

谈判期间，下午四点左右喝下午茶是必不可少的。较为常见的是在一天的谈判结束后去酒吧。通常，只有轮到买手请客时，才需要支付所有的酒水费用。在一天行程结束后，澳大利亚人也经常会举行宴会或是在晚上提供晚餐。

德国

最近几年，德国日渐成为重要的时尚中心。除此之外，电器依然是德国重要的传统商品，葡萄酒也在不断地吸引着美国买手。越来越多的美国零售商到德国进行商品采购（图12-7）。

图12-7 德国制造的器械吸引了全世界的买手

（Michael Rosenfeld/Stone/Getty Images）

商务着装

保守是德国人着装的关键。深色西装和白衬衫是男士、女士着装的经典搭配。偶尔，如果买手到德国采购时装，那么紧跟时尚潮流的打扮也能被接受。随着德国时装设计品牌森特（Jil Sanders）和伯斯（Hugo Boss）的出现，这些时尚同行们逐渐也能够接受衣着时髦的买手了。

守时

在德国，准时赴约很重要，即使只是迟到几分钟，也会被正在等候的管理人员认为是无礼的行为。买手会发现他们的谈判能力因迟到而受到束缚。

介绍原则

德国人偏好正式的商业礼节。德国男士问候对方时会在姓氏前加上"先生"，女士则是加上"夫人"。即使经过多次会面，正式礼节依然很重要。在互相介绍时双方要握手，会谈结束后也要握手。如果可能，讲一些德语会很受欢迎。名片应随任意一份书面文件递送出去，而不是直接递给对方。如果没有这类文件，最好在会议结束前把名片递给当事人。

销售谈判和规范

买手在正式会谈前可以闲谈一会儿。但显然，不宜谈论"二战"！自从2006年德国举办世界杯后，德国人一直很喜爱足球，与他们谈论足球会受到热烈欢迎。会谈中，买手使用"谢谢"和"请"等单词将会赢得更多好感。真正的商业谈判过程非常严肃，期间不能开任何玩笑。对德国人来说，他们不但专注于生意，并且公事公办。在谈判过程中，买手直视供应商的眼神很重要。

礼物赠送

在德国进行商业谈判时，买手不需要赠送礼物。

商务宴请

德国人进行商业宴请时更偏好选择午餐。如果供应商提出邀请，饮酒将是一个很重要的内容。在宴会期间，买手必须等到用餐结束才能讨论生意。德国人很重视保护个人隐私，因此基本不会邀请买手到家中做客。

墨西哥

自从签署《北美自由贸易协定》后，墨西哥和美国成为了重要的贸易伙伴，特别是墨西哥的潮流服饰、配饰以及家居用品等受到了美国零售商的极度青睐。墨西哥低廉的价格、快速的运输货期以及便宜的运输费用，使得美国对其商品的采购量日益增大（图12-8）。

图12-8　出口瓷器的生产量正在逐步增加
（Ellen Diamond）

商务着装

在墨西哥做生意，买手应选择保守着装。深色西装、白色衬衫搭配领带最适合男士，女士则可以选择套裙或传统的职业西服套装。如果双方是长期合作的关系，那么对买手的着装要求可以略有放松，但要根据供应商的着装情况而定。

守时

不同于其他国家，墨西哥对时间的要求没那么严谨，即使是在会议上，迟到也可以被接受。约会的时间最好确定在上午十点之后到下午一点之前。如果晚了，会与墨西哥传统的长午餐时间冲突，这样一来几乎就谈不成生意。

介绍原则

只有当被邀请介绍姓氏时，买手才会介绍。在其他场合，一般较少使用"先生"（Mr）、"女士"（Ms）或"夫人"（Mrs）等称呼，而更多的是使用"先生"（Senor）、"夫人"（Senora）、"女士"（Senorita）。要特别留意姓氏，这是由两个名字组成的。如果在此之前已经进行过会谈，那么可以拥抱对方。在正式谈判前，谈论墨西哥艺术和艺术家是一个很好的闲聊话题。

销售谈判和规范

必须注意的是，买手不能谈论美国非法移民之类的话题。销售谈判不仅仅是在会议上，午餐时也可以继续进行谈判。不管是哪个场合，安排都不像其他国家那样正式。闲谈结束后，买手就要开始正式会谈。需要记住的是，对于一些经常发生的、与实际不符的差异，诸如不能按时运货等，买手必须保持宽容的心态（图12-9）。

赠送礼物

在墨西哥，会议中不需要赠送礼物。如果需要赠送的话，必须是简单的物品，如印有公司标志的笔。但是，通常秘书喜欢收到礼物，可以赠送其香水或围巾等。

商务宴请

比起晚宴，墨西哥人更倾向于商业午餐。有时工作早餐也很流行，通常在买手居住的酒店中进行。在任何场合，供应商都喜欢简短明了，他们喜欢快速达成协议，然后去处理其他事情。

英国

英国，尤其是伦敦，作为时尚中心依然生机勃勃。英国拥有大量经验丰富、风格前卫的设计师，在创造力上可与巴黎和米兰相匹敌。无论男女服饰和配件，英国商品的品质都很高，并持续吸引着许多知名的美国零售企业前去采购。

图12-9 买手在墨西哥城TACA航空一角
（ⓒ David R.Frazier，Photolibrary,Inc./Alamy）

商务着装

尽管现在英国对商务着装要求有所放松，但当买手拜访供应商时，选择保守服装仍是比较妥帖的做法。深色西装、白色衬衫、纯色或小型图案的领带、系带皮鞋的搭配是最佳选择。女士也应该穿着保守，但如果买手采购的是时尚商品，则可以打扮得时尚一些（图12-10）。

守时

在约定的任何时间以外到达都会被认为是不礼貌的行为。事实上，提前几分钟到达会场是比较安全的出现时间。

介绍规则

在英国，通常要在开口说话前首先握手。不要太靠近对方，英国人喜欢在自己和买手之间保留一点空间。介绍时，说话要温和。在正式会谈前可以聊一下在英国的旅程、运动等话题。正式的礼节很关键，要使用"先生"（Mr）、"夫人"（Mrs）或"女士"（Ms）等称呼——除非双方经常会面，并且之前已经有过更随意的会见。

图12-10 在英国，着装得体是商务会谈中必不可少的一部分
（Getty Images/Digital Vision）

图12-11 酒吧是英国人进行商务午餐的常用地点
（Chris Green/Shutterstock）

销售谈判和规范

虽然美国人也说英语，但有时美式英语的用法可能会与英式用法不同。买手应该牢牢掌握并理解英式英语与美式英语中意思不同且经常会使用到的一些单词。彼此寒暄过后，买手就应该直奔主题。英国人在做出决定时比较缓慢，如果要落实交易就要留出额外的时间。

赠送礼物

不同于其他国家，在英国，商人不希望收取礼物。

商业款待

在商业会谈当天，英国人经常会选择酒吧作为午餐地点（图12-11）。在这段时间内，买手可以继续谈论有关生意的各种事项。但如果供应商邀请买手参加晚宴，期间则要避免讨论生意。

印度尼西亚

人造花和家具零售商会发现印度尼西亚具有极好的相关资源。相似商品的价格要比大多数国家低很多。在印度尼西亚做生意的行为规则与在欧洲市场完全不同，在某些方面，印度尼西亚有些类似于阿拉伯国家。

商务着装

谈判当天通常要穿着职业西装，但不配套的外套和裤子也能被印度尼西亚商人所接受。在参加特别会议前，买手最好提前咨询着装要求。总体而言，女士的裙子应包住膝盖，衬衫必须是长袖。西装则是比较得体的装扮。

守时

准时参加会议很重要，但是延迟开会也很普遍且被大家接受。即便卖方迟到，买手也必须在约定时间到达。印度尼西亚人不接受有关拖延的评论，甚至不可以像在美国一样对此开玩笑。

介绍原则

在印度尼西亚，握手通常很轻，只持续几秒钟。出于宗教原因，男士和女士在公众场合不可以握手或碰触。但是，如果一位女士在一些商业场合主动握手也能被接受。有时，印度尼西亚人在握手的同时也会鞠躬。名片采用一面英语，另一面印度尼西亚语的形式会比较好。作为礼貌的表现，买手应认真阅读名片，而不能马上放进口袋。正规地称呼很重要，除非供应商首先只称呼其名，买手都应称呼"先生"（Mr）、"小姐"（Ms）或"夫人"（Mrs）并加上对方的姓氏。单词"Selamat"，意思为和平，经常会被用到。

销售谈判和规范

对谈话发起者来说，天气等寻常的话题比较安全。在最初的友好谈话后，就可以开始谈论业务。谈判时要轻声细语，切勿大声喧哗。

赠送礼物

在印度尼西亚，有时可以赠送小礼物。但是当面打开礼物是一种不恰当的行为。无论是在会议中还是在晚宴后，赠送礼物都要讲究礼仪。伊斯兰教和印度教对食物和酒精都有具体的规定。伊斯兰教不接受猪皮制成的礼物，而印度教不会接受牛皮制成的礼物。随着在印度尼西亚的中国人越来越多，买手要确保不会赠送带有冒犯意味的礼物，如刀、剪刀、手帕或雨伞等。

商务宴请

需要注意的是，在宴会期间，买手讨论生意的程度要有所节制。这类话题应留在餐前或餐后进行。在印度尼西亚，用右手吃饭是正确的方式。正确的用餐礼仪是在盘子中剩余一点食物，也可以再次要求增加食物。

商业词汇

巴黎高级时装工会　　　　　　　文化认知　　　　　　　掌上智能指南
礼仪　　　　　　　　　　　　　政治中立　　　　　　　政治中立
跨文化交流技巧　　　　　　　　语言错误　　　　　　　社会认知

要点概述

1. 在国外做生意时，了解贸易协定很重要。

2. 不同国家之间的文化标准是不同的，买手在做生意前要了解清楚。

3. 买手对谈判方国家的社会和文化的认知很有必要，以避免在商业会谈中出现语言或行为错误。
4. 登陆http://www.world valuessurvey.org等网址，轻松掌握跨文化的交流技巧。
5. 学习正确运用国外语言时，Linguarama具有很好的资源优势，该公司提供的培训内容可以在网站http://linguarama.com中查询。
6. 在商务场合，着装得体很重要，不得体的着装会导致谈判失败。
7. 语言错误会破坏买手在销售谈判中的所有努力。
8. 赠送礼物通常是商业会谈中的一部分，买手在选择礼物时需特别谨慎。
9. 在中国，鞠躬通常是相互介绍时的一种礼仪表现。买手应该观察卖家是否主动鞠躬或者握手。
10. 买手在商务会谈时要注意避免某些话题。
11. 在法国，作为商务谈判一部分的宴会应该在轻松愉快的气氛下进行，而不是匆忙地完成一项任务。
12. 买手必须了解在日本文化中男性占主导地位，因此在商务场合，女性可能会受到一定程度的不公平对待。
13. 尽管印度有十几种主要语言，300余种小众语言，但英语是谈论生意时最常用的官方语言。
14. 尽管澳大利亚人讲英语，但与美式英语有所不同。例如"G'day"是常用的问候语。
15. 在商务约会中，即便只是让德国人等待几分钟，也会被认为粗鲁无礼，而且可能会对生意产生一定的消极影响。
16. 墨西哥人对时间要求不严格，迟到也能被接受。
17. 在英国，正式的礼节是做生意的关键。
18. 美国买手必须了解到印度尼西亚人对食物有其具体的规定。

思考题

1. 不同国家间的社会和文化标准差异是否会影响买卖双方的谈判？请解释。
2. 为什么说在国际市场上进行采购的买手必须保持政治中立？
3. 从事海外贸易的买手是否有必要在工作中学习正确的礼仪？
4. Linguarma公司如何帮助买手做好国际市场考察的准备事宜？
5. 当买手在国际市场为他们的零售组织采购商品时，是否需要考虑着装因素？
6. 语言错误会影响采购结果吗？请解释。
7. 在采购过程中向供应商赠送礼物合适吗？
8. 买手因采购目的而访问对方公司时，守时有多重要？
9. 在中国，双方相互介绍时是否必须鞠躬？
10. 在法国由哪个组织负责举办时装发布会？
11. 在法国，午餐中买手要准备哪种饮品？
12. 如果不参加特别的课程，买手怎样快速学习国际礼仪？
13. 在印度，商业会谈常用哪种语言？
14. 在印度，为什么买手午餐时点牛肉或猪肉需要特别谨慎？
15. 在澳大利亚会见商业伙伴时，要使用哪些介绍词？
16. 在德国，得体的商务着装关键是什么？
17. 为什么墨西哥会成为美国越来越重要的贸易合作伙伴？
18. 墨西哥对约会守时的要求与其他国家有什么不同？
19. 哪个英语国家中的语言用法与美国不同？
20. 在印度尼西亚，行为规范是否与大多数欧洲国家不同？

案例1

随着越来越多的商品在国外生产，能满足美国零售商需求的供应商越来越少，买手到国际市场采购已成为一种需要。虽然买手为国际市场采购所做的准备与在美国国内采购相似，但仍需要牢记一些不同之处。如果谈判时不了解对方的礼节，买手会使自己陷入十分被动的局面。

珍妮弗·罗格（Jennifer Rogers）是一名老练的买手，除了按惯例关注交易条款中如交货日期、折扣、产品独占性等问题外，她还正在为首次的中国采购之行做充分的准备。罗格女士在卡莱尔百货商店（Carlyle Stores）工作了五年，这是一家经营高档时装的公司，其买手基本上是在国内的批发市场进行采购。公司有15家店铺，都位于芝加哥。除此之外，这家公司经营商品目录和网络销售。商品包括一系列丰富的潮流时装，女士高档时装和配饰。罗格女士主要负责职业装采购。

虽然罗格女士会经常关注许多在传统百货商场和专卖店中销售的商品，她也在为公司的专供商品系列寻找独特的设计。公司的一部分服装由美国设计师制作，另一部分则是由获得国际荣誉的海外设计师制作。不管是哪种商品，她都在美国进行采购，主要以美国公司为主，也有部分全球生产商。然而现在，出于找到还没有在美国广为流行的独特时尚定位的渴望，她决定到国际市场进行考察来满足她对商品的需求，并且为卡莱尔公司购买专供商品。

虽然罗格夫人是一位经验丰富的买手，她仍然感觉自己没有做好充分的准备来应对各种挑战。她对于英语以外的语言、文化差异、着装礼仪等方面的知识非常有限。现在，罗格女士提前五周确定行程，以确保自己做好不会出现语言错误，安排商务会谈时知道怎样问候对方，着装得体，以及任何可以促进行程取得良好效果的准备。由于在学习语言课程和在全球市场贸易中如何留下积极印象的方法方面，罗格女士的准备时间很少，她准备尝试一切方法来寻找学习捷径，以缩短准备时间。

问题：

1. 如果罗格女士在开始旅程前有充分的准备时间，她可以怎样最有效地学习访问国家的语言？
2. 由于时间少，也不能上网学习，她要如何学习她所访问的国家的语言等信息？

案例2

卡尔·汤普金斯（Carl Tompkins）是一家国际进口家具店的买手，该零售店专营来自世界各地的家具。公司由一家独立的店铺发展为连锁组织，在美国有120多家分店，以及一家网店。由于消费者对此类商品的兴趣持续增加，这使得公司准备扩大销售区域，并计划在10年内店铺数量增加至250家甚至更多。

汤普金斯先生的采购职责就是专门采购由芦苇、进口木材及其他自然材料做成的桌子、椅子、小件家具以及卧室家具等。他的采购主要通过批发商品目录以及在美国不同的地方举办的展览会来完成。现在，他对印度尼西亚产生了兴趣，该国生产了大量此类商品，且价格极具吸引力。随着印度尼西亚逐渐成为热门市场，汤普金斯先生正计划直接去印度尼西亚考察商品，以及能否寻找一家工厂来专门为他的公司生产专供商品。

由于是第一次去印度尼西亚，汤普金斯先生希望为旅程做好充分准备。由于对印度尼西亚几乎一无所知，他想要在采购前尽可能地学习到更多相关的知识。

问题：

1. 在他着手旅程前，他要做哪些方面的准备？
2. 他如何才能为该次旅行做好最充分的准备？

Thinkstock/Comstock/Thinkstock

网上采购

经过本章的学习后，我们应当能够做到：

- 了解如何在互联网上搜索需要采购的商品的生产厂家。
- 与全球大量的时尚类商品生产商联络以购买其商品。
- 寻找可能满足商场专供商品生产要求的大量承包商。
- 搜索大量的批发商企业以备将来购买之需。
- 充分利用网络技术进行商品检查与商品订货。
- 利用采购代理机构的网站搜集有关市场趋势、新供应商和商品购买等方面的信息。
- 了解能向零售商提供处理商品方法的商品经纪人的有关情况。
- 讨论通过互联网实施专业商品采购的优缺点。

第十三章

在前面两章中,我们已经了解到,有大量供应商供买手采购商品选择,并且其中最主要的采购模式是直接到取得联系的供应商那里进货。这样,零售商的采购团队就可以了解到商品的第一手资料,并由此判定这些商品是否符合本公司的各项要求。

虽然这是了解市场供应的最佳方法,但有时时间和环境等方面的因素却会制约这种采购方式的具体实施。过去,那些难以到批发市场实施采购的零售机构有时会使用商品目录进行采购,或者通过销售代表完成采购工作。例如,销售代表会一年数次地周旋在不同零售商之间展示所销售的商品。作为零售采购的工具,商品目录对零售商购买常见商品大有裨益。也就是说,常见商品的设计变化很少,并且,这种变化并不为消费者所左右。男式针织衣物、各式小装置、儿童内衣和计算机配件都属于此类商品。但时尚类产品由于其设计、材质以及流行持续时间短等方面的特征,商品目录就不是理想的采购方式了。虽然店铺走访也是买手评估商品的有效方式,但上门推销商通常一年只进行几次这样的走访,所以买手无法及时了解到新商品系列的全貌。

在列举出无法考察批发市场的缺点后,我们发现,买手通常在商品交易过程中处于劣势。由于难以在需要商品时及时进行市场考察,他们在制订采购计划时受到了多方面因素的制约。

随着互联网的出现,不仅消费者因为能够方便地购买繁多的商品种类而获益良多,专业的零售采购人员也能通过这种方式得到许多帮助。它能使买手足不出户就可以借助互联网上的批发商网站浏览大量商品。买手可以迅速登陆最喜爱的网站,并浏览大量根据商品种类所列出的网页,从而通过网络采购到丰富的商品。

通过本章的学习我们将了解到,如今,买手可以直接通过供应商的网站浏览商品,了解批发商以低价提供的商品,以及访问采购代理机构等专业市场机构的网站以寻求帮助等。

网上批量采购

传统零售商和以价值为导向的零售机构都有机会增补和更新那些他们通常直接在网上批发市场购买到的商品种类。一些零售商会定期通过互联网与那些保持最佳贸易关系的供应商联系,而其他一些零售商则偶尔才会在网上搜寻新供应商。这些经常在网上查找信息的人员也许是高档时装设计师、生产商、承包商、批发商、储备供应商并向零售行业出售的中间商、同时服务多家生产商的生产商代理、向成员零售机构提供最新产品信息的咨询机构,以及向零售商供货的商品经纪人等。

所有规模零售机构的买手都会或多或少地使用到上述资源。

生产商

　　这一群体或者是承担一种产品的整个制造任务，包括从设计到制造的全部过程，或者仅仅承担其中的一些设计工作。也有一些仅仅开发出样品，然后把后续制造外包给承包商去做，我们将在本章后面部分对承包商做进一步了解。

　　几乎所有的生产商在其网站上都会提供所销售商品的图片与商品描述等方面的资料以供买家查询。一些生产商的网站甚至还可以供买手直接进行网上购物，有的则提供了商品信息、特征以及邮件地址，以便买手与其进一步联系。

　　了解供应商的情况主要可通过两种途径。一种是买手直接登陆网站查询其当前的供货信息。这可以是买手常用的采购网站，也可以是买手刚了解并希望查看其经营商品的新网站；另外一种途径是通过网上搜索新供应商，并了解其经营的商品种类。例如，为寻找新的时尚商品生产商，网上搜索引擎会寻找到成千上万个此类商品的潜在供应商。

　　在对生产商的名字或商品状况一无所知的情况下，买手通过使用搜索引擎可以寻找到上千家公司以供商品采购时选择。例如，美国在线（AOL）的使用者在寻找时尚类商品的生产商时，只要在搜索栏里输入"时尚商品生产商"（Fashion Manufacturers）一词，就会有超过400000条全球供应商的名称显示在屏幕上。表13-1列出了部分海外网站、其经营的商品种类以及商品的原产地。

　　当买手对某一具体生产商感兴趣时，他就可以登陆其网站了解公司信息及其所经营的商品情况等，并由此决定是否为零售商购进这些商品。通过这种方式，零售商就可在无需负担任何差旅费用的情况下得到全球各地的商品资讯。

　　通过表13-1，买手可能会发现www.999-fashion.com/home.html是一个值得进一步关注的网站。那么，他就可以登陆网站进一步了解公司的相关信息，如其发展历史、商品种类、生产能力、产量、资金周转率，以及最新的商品目录等，并迅速对该公司做出评价。如果该公司看似比较适合零售商的具体需要，那么接下来，买手就有必要对其做进一步考察。一些如www.999-fashion.com之类的网站会展示其公司大量、最新商品的照片、材质、价位以及该商品的最新趋势等方面的

表13-1　时尚类商品生产商网站

网站	经营商品	原产地
www.999-fashion.com/home.html	青年时装、运动装、泳装、棉装、外衣、童装	印度
www.uk20.co.uk/fashmanafact.html	时装、运动装	英国
www.trade-india.com/dyn/gdh/eyp/Apparel	家居时装、运动装、泳装、夹克、针织品	印度
www.minimidimaxi.com/Canadian_fashion/	男女高档皮草服装	加拿大

图13-1 买手能够了解到唐娜·凯伦等设计师及其商品的最新时尚信息
（Brandon_Parry/Shutterstock）

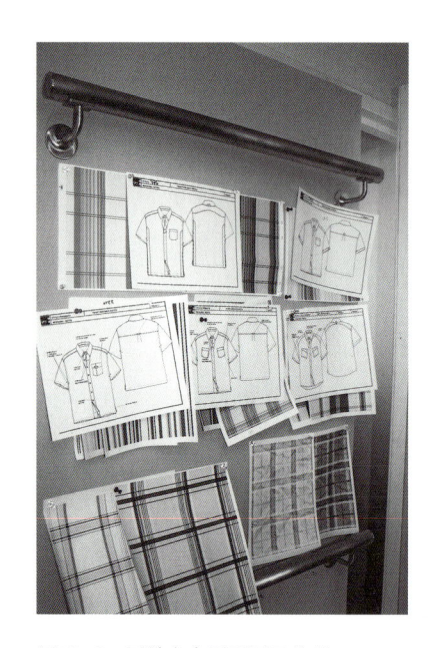

图13-2 网站上向买手展示的具有销售潜力的新款式与样品
（Ellen Diamond）

情况。由于公司所经营的商品不断变化，尤其是时尚类商品的变化速度更快，因此，公司会经常性地更新网站内容，以使买手及时了解公司所提供的商品信息。

如果是对某个领域而不是对特定供应商感兴趣，买手就可以登陆网站查看该领域相关生产厂商的信息。例如，要查找外套方面的信息，买手通过搜索就会得到大量有关此类商品的网站。如果想进一步得到更具体的信息，通过这种方式买手也可以得到经营此类商品的某一特定批发市场的网站。例如，www.minimidimaxi.com/Canadian-fashion/Manufacturers/Apparel-Category/Outer-Wear就是介绍多家加拿大外衣制造商的网站。在那里，买手可以找到大量来自蒙特利尔、温尼伯、多伦多等地的外衣供应商。因此，对于想足不出户地查询并了解潜在供应商的情况，互联网可以说是一种最有效的方式。

设计师

无论是家具、服装、鞋帽、珠宝，还是任何一种服饰品，都有无数的设计师在为设计独特的款式以吸引专业买手的注意力而努力工作。与制造商相似，设计师也同样遍及全球各地。其中，有些设计师作为产业引领者在业内享有盛誉，而有的则属于新生势力，但他们向买手提供的商品可能同样会为零售商的成功经营提供帮助。

为了对市场上的大量设计师所设计的个性商品做出评价，买手必须借助某些特殊的手段和方式。而互联网就是其中之一。通过使用互联网，买手无需付出大量精力就可以考察大量设计师设计的商品（图13-1）。例如为了寻找适合采买计划需要的供应商，买手只要使用www.google.com之类的搜索引擎，或者直接登陆AOL网站，输入感兴趣的商品种类进行查询就可以了。

从最初的设计人员发展为能在T型台上展示作品的顶级设计师需要经过漫长的奋斗之路。一些设计天才如三宅一生等世界顶级设计师会在所建立的网站上展示自己以往设计的作品，通过链接查看这些商品，买手就能了解该设计师的设计理念，对其最新商品有更深入的理解。与此同时，网站通过超级链接和动画展示的方式还能使买手对商品产生一种动态的直观感受。如果买手发现了比较感兴趣的商品，他就可以与设计师直接联系并订购商品（图13-2）。

在服装行业的顶尖设计师中，DKNY可算是其中的佼佼者。其个人网站展示了名为"T台秀场"的最新设计产品，以使买手能够了解更多的商品信息。

承包商

通常，买手都会担负为公司发展专供商品的职责。对此，我们将在第十六章"开发专供商品项目"中进行详细讨论。在开发专供商品的过程中，零售商一般不会要求买手承担产品设计任务，而寻找到能为公司生产出最合适的专供商品的承包商才是其主要职责所在（图13-3）。

Evelyn Forsythe Creation有限公司的网站就是提供大量承包商信息的互联网站之一。这是一个每天更新、信息量很大的网站，涉及了美国国内与国际市场的多家服装承包商，并依据所提供的服装种类与坐落地点对这些承包商进行了分类。

图13-3　承包商和买手签署了一项合作协议
（Stephen Coburn/Shutterstock）

批发商

由于是连接制造商和零售商的桥梁，因此，批发商有时也被称为"中间商"。批发商在向职业买手供应商品方面起着非常重要的作用。这种重要性在各种不同商品间表现得各不相同。对某些商品而言，他们是零售商购买商品的唯一途径，但对于另外一些商品，如时尚类商品等，买手却可以选择其他途径进行商品购买。

与生产商那种自产自销产品的运作方式不同，批发商可以代理多家生产商的商品。因此，对买手来说，选择批发商作为进货渠道既可以做到货比三家，又不必劳心费神地去对付多家生产商。

随着网上购物行为的不断普及，如今从批发商那里进货比以往更加方便了。通过批发商设计的网站，零售买手就能够迅速与中意的批发商取得联系，并了解其最新的供货信息。同时，买手还可以通过网络寻找到进行商品采购的新批发商。无论买手选择何种方式，网上批发都为零售商提供了一条迅速、便捷的进货渠道。

在寻找新的批发资源时，零售买手需要在他常用的搜索引擎里输入"批发商"（Wholesale）一词，仅使用AOL就可以搜寻到上千个网站供买手日后选择。当买手找到感兴趣的信息时，只要他轻点鼠标，就可以立即打开所需网站。

对这种搜寻工作的简易性，我们可以进行具体说明。如果买家对处理商品感兴趣，他就可以点击网页上的"处理商品"一栏。此时，多家公司的大量处理商品就会出现在计算机屏幕上供买手做进一步考察。买家需要仔细研究各家的商品信息才能确定哪家是适合日后合作的对象。表13-2列出了供买手进一步考察的处理商品批发商的情况。经过分析，买手可以通过单击其中最感兴趣的商品来进入该商品批发商的网页。

由于在网上可以搜寻到的批发商数量众多，因此，买手必须经仔细查找后才能确保做出正确的采购决定。

表13-2　处理商品批发商

公司名称	经营商品
AAA Closeouts Network	服装、婴儿用品、计算机、电器、运动器材
Buyxout	家庭用品、玩具、游戏器具
Closeout Warehouse	服装与鞋类商品
Clozeout.com	礼服、裙子、套装、帽子
L.A. Surplus, Inc.	日用品
Merchandise U.S.A., Inc.	家用器皿、礼品、玩具、耐用品
Palletsmart	日用品
Great Discounters, Inc.	保健与美容品、派对用品、办公用品
R.G. Riley	卫衣、T恤、背心、短裤
WHAM! Food & Beverage	商品和饮料

生产商的销售代理

与前面提到的传统批发商相似，生产商的销售代理同样在生产者和零售商之间起着中间人的作用。唯一不同的是，传统批发商拥有产品的所有权，其购进货物的目的是为了实现商品的再销售。而生产商的销售代理则仅代表生产商来进行销售谈判，并依据所提供的服务收取佣金。

与网上供货机构一样，网上的生产商销售代理的数量也很多。同时，买手通过使用搜索引擎找到的供应商网站也会为买手提供更多的代理商资源。

代理商代理的商品范围极其广泛，从服装到玩具，应有尽有。在详细查询网络上提供的大量代理商之后，买手可能会选择一个最符合其公司需要的代理商。如果需要，买家可以选择一家位于本市的代理商，以便于进行面对面的交流。

一些代理商网站的主页仅包括公司的概括说明以及为日后联系所必需的电子邮箱地址。当然，如果需要订货的话，买手还必须对这些公司做进一步调查研究——无论这一调查是亲自进行还是以其他方式开展。代理机构网站的另一个表现形式是，网站提供了大量信息，如公司发展历程、代理商品的种类、可提供的特殊商品、分支机构的地理分布、公司参加的贸易展览等。

对于希望实施网上采购的买手来说，信息齐全的网页才能满足其实际需要。如R-Biz联盟就是此类机构之一。通过输入www.rbizassociates.com，买手会得到关于公司本身及其经营商品的大量信息。下面的例子介绍了公司网页的主要部分，并说明了买手的具体操作过程。

主页

主页对公司概况做了简要介绍，主要包括公司起源、主营业务范围（即样式独特的玩具和礼品）、索取商品目录的方式、商务会面的安排，以及直接订货的方法等。接下来，买手就可进入感兴趣的页面进行浏览。

R-Biz的代理人员

为使买手了解代理公司的员工信息，公司网站还公布了带有照片的职员简介。当然，如果买手的目的是在网上订货，那么这些简介就并不是很重要。但在签署订货单后，如果买手对商品并不完全满意，就可以登陆网站并直接找到负责某一地区发付商品的专门人员。公司网站提供了每一位代理员工的基本情况，并附有地址、座机号码、手机号码、电子邮件地址、所负责的区域等相关信息。通过这种方式，商品销售就与具体职员直接联系起来，从而能使买手享受到更好的服务。

制造商

网站还公布了由R-Biz代理的商品及其生产厂家的名单，以使买手掌握该公司所代理产品的基本特征。在R-Biz，通常所有的商品都有一个很普通的名字。这样，买手就可以迅速记住它们，从而更有利于公司实现商品销售。

特惠商品

与生产商一样，代理商也会向客户提供特惠商品。大多数买手通常会一直关注那些能给他们带来额外收入和利润的特惠商品。由于这些商品并不经常出现，并且多不为买手所知晓，因此，把这样的商品放在网站上就可以很快引起零售商的注意。如果买手坐等代理商亲自打电话知会这方面信息，或仅定期进行市场考察，通常就会失去得到这些特惠商品的机会。

由于生产商经常会出现过量生产、过量存货、商品处理、特殊活动以及中断生产等情况，这样的购买机会每天都会发生变化，在浏览了网站上提供的特惠商品信息后，买家就可以通过电子邮件、电话或者互联网络立即进行商品订货。

表13-3举例对R-Biz网站提供的特惠商品及其交易条款进行了说明。

展览会

对于那些想亲自查验R-Biz货品的买手来说，他们可以在不同的展览会上实现这个愿望。展览会上，不同生产商的所有产品都会得到客户的近距离考察并接受订货。公司网站也会定期更新，通知客户展览会的具体时间和地点。表13-4就是一个展览会的通知。在事先掌握了展览会的时间后，买手就可以安排好自己的时间准时参加。

表13-3 季度特惠商品

公司	日期	数额（美元）	折扣	运费	付款条件	具体优惠
Balitano	7月1日~8月31日	350		免除一半运费		
Carlisle Company	截止到9月30日	500				Free 6 pc. #9804 Mini Disco Ball
Marion Creations		1000		免费	60天后付款	
Mega Marbles		1500				多种优惠，具体可向销售代理咨询
Smethport Specialties	截止到8月31日	350			60天后付款	

表13-4 展览会通知

展览会	地点	展台
纽约玩具展览会，2011年2月13~16日	Javitz Center	N/A
洛杉矶礼品展览会，2011年7月16~23日	LA Mart	#810
旧金山礼品展览会，2011年8月18~24日	Moscone Center West	#1152－1160
长滩玩具展览会，2011年3月19~22日	Long Beach, CA	NA

采购代理机构

正如第四章"专业市场人士及其服务零售商的方式"所介绍的，市场中有很多专门服务于零售商的采购代理机构。如今，他们除了以传统方式服务客户外，还会经常使用互联网联系买手并向他们提供可供购买的商品信息。多格（The Doneger Group）作为美国最大的采购代理机构，就能在向买手提供大量中肯的商品信息的同时，提供多种时尚类商品供买手选择。下面的《零售采购焦点》对多格集团的情况进行了具体说明。

公司网站采取会员制，所有的成员店都可以在任何时间登陆www.doneger.com，并在公司网站上了解商品信息。以前，职业买手是坐在办公室里等待公司寄出的宣传册，了解其推荐的超值商品，或者亲自到公司总部了解商品的最新资讯。虽然这两种方式都可以有效地得到相关信息，但它们都无法像公司网站一样能使买手在第一时间了解到款式变化、产品趋势、新材料以及所有最新的变化信息。

需要指出的是，正如我们在第四章中所提到的，采购代理机构不但能够提供商品信息，还可以代客户进行商品采购。这既可以是厂家生产的产品，也可以是由采购代理机构的成员店经营的专供商品。正因如此，买手在购进时尚类商品的过程中,就必须将时效性作为首先需要考虑的因素。在这种情况下,使用多格集团的网站就可以使买手及时了解市场变化,并从中挑选出能迅速脱颖而出的畅销商品。由此我们可以看出,多格集团等网络服务机构对买手增强采购技能、提高采购效率是大有裨益的。在这一过程中,买手根本就不必离开公司半步。

缴纳年费后,买手就可以享受到多格集团所提供的所有服务。每天浏览公司网站就能使买手及时得到大量商品信息,并根据商场的具体需要进行有目的地选择使用。以下是多格集团网站所涉及的不同领域的信息情况。

主页

登陆公司网站后,用户就会看到一个介绍公司所属的多家机构与服务项目的目录。通过这一目录,使用者,尤其是新用户,就可以选择感兴趣的内容浏览,如公司状况、下设机构、服务范围等。同时,主页还包括为那些希望了解公司业务是否能满足其需求的潜在客户所设计的欢迎词。而对那些已经成为会员的客户来说,他们只需要直接登陆感兴趣的栏目就可以了。

零售采购焦点

多格集团

当公司创始人亨利·多格刚建立这家公司的时候,没有人能够想到多格集团会成长为世界最大的时尚类商品采购代理机构。如今,该公司在向美国国内百货商场、专业连锁店、低价零售商以及独立销售商等各种销售商提供服务的同时,还将多家海外机构纳入了该公司的客户范围。

在相当长的一段时间内,多格集团在数目众多的同类公司中并不是特别突出。通过逐渐吸收合并多家竞争对手,公司规模不断扩大,并最终确立了如今这种业内领先地位。公司的业务范围多种多样,其中最主要的是向零售商提供商品种类、进货渠道、市场发展趋势、全球时尚类产业分析、商品促销方式等各种与零售经营相关的建议性信息。

与此同时,公司还开展了其他多项服务性业务,如根据买手的要求代购商品、发展仅由客户经营的专供商品等。在专供商品方面,其最初仅涉及女装领域,发展至今,公司这方面业务已经拓展到了男装、童装以及家居装饰品等多个方面。

对公司而言,帮助买手做好下一销售季节的各项工作是最为重要的。凭借数量众多的买手和销售人员,公司就可以全面地考察批发市场,评估供应商为市场周准备的下季最新商品,并以此为基础,制订能向买手提供必要信息的周密计划,从而为买手考察商品并实施采购提供有效帮助。在商品采购过程中,公司会单独约见各个买手,以满足其各自的具体需要。

如今,公司进一步拓展了服务渠道,即开始以互联网方式向客户提供信息服务。通过浏览多格集团的官方网站,买手就可以随时足不出户地感受市场脉搏。实践证明,这种方式对确保买手及时掌握有关批发市场情况、产品发展趋势以及供应商信息等方面极富成效。

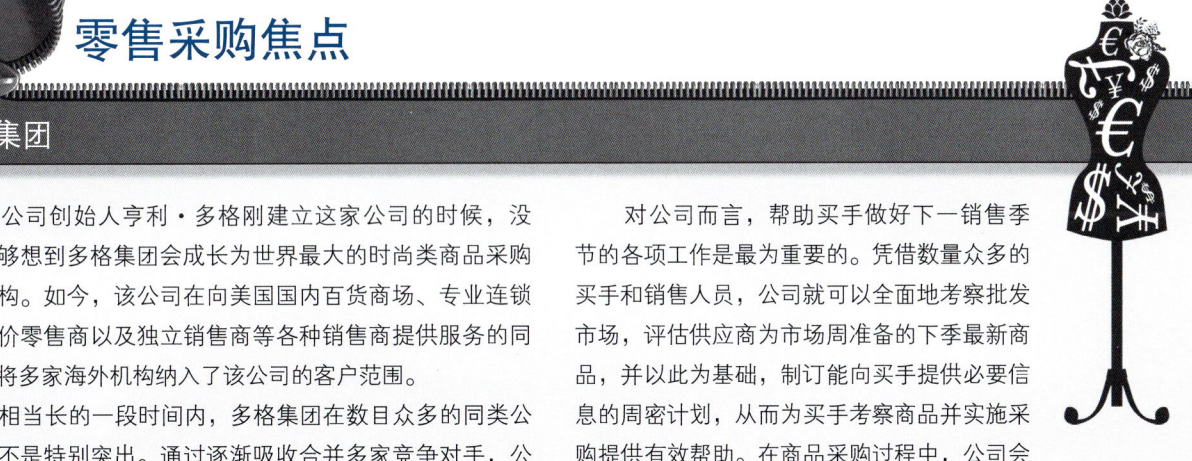

服务项目

除了代为采购外，网站还包括有助于买手有效提高采购效率的多方面服务项目，如帮助买手了解所有市场状况等。买手只要用鼠标单击主页目录中的相关栏目，就可立即进入需要的网页。具体包括：

（1）环球市场：为全球零售商提供最新市场趋势和信息。

（2）特色服务：该栏目涉及的是款式与色彩方面的趋势预测、产品分析、以及根据客户需求进行的消费者调研等。

（3）价位采购：公司设立这一专门机构，是为那些希望通过购买最新出现的高质量商品来提高公司整体利润水平的零售商提供服务。

（4）咨询服务：该栏目介绍的是公司的消费者规划与发展部门。通过这一栏目，买手可以了解到消费者前景、产品设计方向，以及公司专供商品开发项目等方面信息。

（5）信息发布：提供全球零售业咨询服务，以发布Tobe报告而知名。

通过上述介绍我们可以看出，多格集团以及其他许多采购代理机构的网站为零售商的采购人员提供了很多帮助，使他们能够洞悉最新的商品信息，从而改善采购效率和采购质量。

商品经纪人

随着越来越多的低价零售商的出现，如跳蚤市场供应商以及处理品商场等，市场上对于低价商品的需求日益旺盛，这类商品因其明显低于传统批发价格而备受关注。许多制造商在季末会对一些库存商品进行及时处理以继续生产新商品。同样，许多百货商店也需要及时处理一些过季商品以更多地购进当季商品。这要求他们必须想方设法地迅速清空货架，以便为即将到来的新商品做好准备。

一个解决方法是通过商品经纪人来甩货。商品经纪人是在买卖双方之间安排商品处理事宜的机构。由于市场上通常每天都会出现此类商品，因此，商品经纪人就必须尽可能快地处理掉它们。互联网的出现则为满足这一要求提供了一种有效手段。对那些与具体商品经纪人有往来关系的买手来说，他们只需登陆该经纪人的网站就可以了解到即将处理的商品情况。对那些刚开始使用这一方式的买手来说，他们也可以通过网上搜索找到多家经纪人以供日后选择。例如，如果买手在AOL上输入"商品经济人"（Merchandise Brokers）一词，他就可以得到大约60000条相关消息供其根据自身要求进行具体选择。通过对所选中的经纪人做进一步查询，他就可能得到许多商品信息供日后继续考察。对所选中的称心商品，他既可以直接进行网上购买，也可日后通过电子邮件、传真或电话方式与经纪人取得联系以完成最终交易。

网上采购的优缺点

通过各种方式亲自考察并实际购买商品是买手的职责。对于一些买手来说，没有其他方式可以取代这种方式，但对于有些买手来说，这种亲自考察的方式未必那么重要。当然，网上采购也同样具有鲜明的优缺点，具体如下：

优点

（1）供应商会随时增加新商品，对于这些新商品，如果买手只能等到下次市场考察或采购代理通知后才得以知晓，就可能会耽误买手进行具体评估与实际采购。如果供应商通过网站展示这些商品，买手就能迅速对其做出评价并有可能因此为零售商带来丰厚的利润。

（2）能使买手及时了解价格变动以及商品处理等方面的信息，从而能够迅速低价购进商品，提高零售商的加价率，最终实现增加该商品盈利能力的目的。因此，网上购物能显著提高机动性采购的成功率。

（3）如今，寻找商品已经成为了一种全球现象，但对于产自全球各地的大部分商品，买手却不能通过亲自考察方式及时知晓，而互联网的出现则有效地解决了这一问题。通过使用www.askjeeves.com等任何一个搜索引擎并输入需要查询的商品种类，买手就能了解到哪里具有大量需要购买的商品，并由此将最适宜的商品纳入采购计划之中。

（4）可随时使用互联网。无论是在正常工作日还是周末，买手都可随时进行商品搜寻。

（5）许多网站会动态展示商品，而这显然比商品目录所提供的单纯外观展示更有利于买手了解商品。例如，网站就经常会对时装进行模特展示，以使买手了解其穿着效果。如三宅一生公司的网站就提供了服装类商品的多方位展示以供买手参考。可以说，这是仅次于时装走秀的最佳商品展示方式。

（6）当买手被要求必须在规定时间内购进一款热卖商品时，商品能否被迅速交付就成为了重中之重。通过使用互联网，买手能迅速找到所需商品，与此同时，确定的交货日期也成为商品能否在特定阶段盈利的关键所在。由于商品交付方面的原因，即使对商品采购进行了最细致的计划，买手也不能完全确保会达到最佳的采购效果。无论是亲自考察市场还是等待收到商品目录，都不会像使用互联网这样可以快速地寻找并订购商品。

缺点

（1）对时装等多种商品来说，商品的手感对买手做出最终的采购决定是至关重要的。例如，尽管一款羊毛衫在外观方面极富吸引力，也具备被采购的各方面条件，但如果单纯看图片，买手不可能知道该商品是由哪种羊毛制成的。一些羊毛可能会更加柔软，并因此使消费者感到更具舒适性。这只有在亲自触摸的情况下，买手才能正确地评价其品质。为此，买手必须通过一定的市场考察或实际接触推销商，以及要求出示样品等方式才能做到这一点。

（2）在网站上无法进行交易谈判。尽管网上合同详细注明了交易条款和交付日期，但广告与促销补助等事宜却通常需要通过面对面的谈判才能最终确定。当然，这一点有时也可在交易前通过电话方式进行沟通。但如此一来，网上采购就只是为日后的谈判开了个头，这种采购行为就不再是完整的网上交易了。

（3）由于买卖双方之间的和谐关系实质上是确保日后交易顺利进行的关键因素，因此，买手通常在考虑与供应商建立专业联系之前，会首先希望对其进行详细考察并做出相应的评价。要做到这一点，只有通过面对面交流以对各自的性格产生直观的认识，而网上交易却显然不能做到这一点。毕竟只有当双方建立起积极的合作关系后，买手才可能经常性地使用供应商的网站实施采购。

（4）对一些专门设计的商品如服装等，买手必须在实施采购之前确定本公司经营此类商品的独占程度。对此类商品，如果一定区域内的所有零售商都在经营，其对购物者的吸引力就会大大减弱。但想要"限制"零售商对某一合理区域内的其他零售买手供货，买手就必须与供应商进行面对面的商谈。同样，只有达成了一致意见，买手才可以考虑通过供应商网站进行日后交易。

广告与网络的关系

如今，越来越多的供应商开始关注网页的设计工作，以增强商品对消费者的吸引力。正如零售买手浏览消费者报刊以考察所涉及的商品一样，他们也会通过互联网进行这方面工作。通过互联网，买手就能了解到以前没有掌握的商品种类，并通过对其的进一步考察，确定该商品是否适合商场客户的需要。

采购工作并不是在同一存货模式下，一再购进同一种商品。专业买手为取得成功，必须进行经常性的市场考察来寻找最畅销的商品，并根据需要增减供应商。只有如此，他才能为随时购进市场上的最新商品做好充分的准备工作。

通过经常查看新供应商的最新广告信息，买手就能实现以下五个方面的目的：

（1）了解市场最新的商品资源。
（2）了解该公司商品的最新设计趋势。
（3）熟悉经营此种商品的大型零售商，为日后考察做好准备。
（4）确定该公司所经营商品的价位。
（5）判断商品实现销售所具有的主要优势。

由此我们可以认为，在网站上设立广告是有助于买手及时掌握各自市场信息的又一有效方式。

商业词汇

咨询机构	登陆网站	流行持续性
顶尖设计师	生产商销售代理	销售代理
清货价格	商品经纪人	展览会
承包商	商品系列	低价零售商
服装手感	中间人	网站
主页	机动采购	批发商
商业词汇		

要点概述

1. 很多不同类型的供应商都建立了自己的网站，以供专业买手进行网上采购。
2. 与亲自去市场考察或者等待生产商销售代理的拜访相比，某些商品尤其是时尚类商品，通过网络实施采购是一种最佳方式。
3. 在采购时尚类商品时，基于多种因素，通过网络采购比商品目录采购方式更具有优越性。
4. 仅仅通过搜索功能，计算机用户就可以查询到超过400000家供应商的信息以及他们的网站。
5. 通过使用网络，买手可以迅速浏览来自世界各地的供应商提供的多种商品。
6. 很多时装设计师都在网站上提供模特展示的新款时装表演，以增加他们网站的吸引力。
7. 通过登陆网址http://www.wholesaleindex.com，买手可以迅速查找到提供多种商品的无数个批发机构。
8. 生产商代理通常是由个人或者公司组成，他们一般代理多种商品而不局限于某个生产商的商品。
9. 采购代理机构的网站上除了提供买手可进行直接采购的商品外，还提供一系列的其他服务。
10. 商品经纪人是在买卖双方之间安排商品处理事宜的个人或者机构。
11. 通过浏览供应商的网站，买手可以足不出户就了解到市场上的最新行情。
12. 尽管网络采购为买手提供了多项优势，但是对于时尚类商品而言，买手不能通过网络亲自去触摸商品、体验手感。

思考题

1. 零售商买手在网络上能够发现几种供应商类型？
2. 如何在网络上查找一些以前没有听说过的时尚类商品供应商？
3. 通常，哪些国家的网络上会列出生产商的名单？
4. 时装设计师的网站上会提供哪些富有特色的内容？
5. 零售商买手为何会通过电子邮件的方式联系网络上的供应商？
6. 批发商和生产商有何不同？
7. 批发商和生产商销售代理主要有哪些区别？

8. 在处理商品批发商的网站上，有具体的商品交易条款吗？如果采购商品还需要进一步的信息，采取何种方法可以获取相关内容？
9. 零售商买手出于什么原因会使用多格集团的网站所提供的服务？
10. 哪类零售商最有可能使用商品经纪人提供的服务？
11. 请说明低价零售商的含义。
12. 为什么说使用网络进行商品采购会给职业买手带来好处和优势？

案例1

乔伊·格林（Joy Green）是伊利诺斯州芝加哥商区的很成功的零售实体店。它于1988年由乔伊·格林女士创办，已经由一家独立店铺发展为八家小型连锁店。该店擅长经营知名度很高的女装，主要为质优价廉的二线品牌。典型的品牌有安妮·克莱恩（Anne Klein）、卡尔文·克莱恩、唐娜·卡伦、拉夫·劳伦以及其他的美国潮流前线品牌。

乔伊·格林和那些供应商们合作得很愉快，但是越来越多的竞争者正在模仿公司的商品组合，与其销售同样的商品。公司尝试要求从供应商那里获得一定程度的独占权，但是他们的要求似乎被供应商婉言谢绝了。供应商不愿意把商品供给某些零售商，这样会改变他们的市场策略。

阅读《女装日报》之类的行业报纸让公司了解到，世界各地的时尚商品简直是太丰富了。全球的时尚商品生产商已经取得了很大的进步。世界各地的生产厂家正在创造着独特的设计，然而时尚的美国设计师们却在维持现状。销售总经理格林女士和她的采购团队开了几个商品企划的会议，考虑是否在他们的销售种类中加入一些新鲜的元素。他们达成了积极的共识，并将会到国际市场搜寻与众不同的商品。

虽然这个反应是积极的，但目前还存在一个障碍，那就是如何进一步考察这些全球供应商。国际市场考察对于乔伊·格林的公司规模来说花费太高。国际市场考察不仅成本很高，而且还需花费大量的时间，公司负担不起。一个可行的办法是去美国看展览会并从中选购少量的时尚类商品；另一个办法就是利用采购代理机构去拜访这些供应商，并查看他们的样品。公司的买手们和销售人员都对这个新的采购模式很感兴趣，但并没有在会议中达成共识。

问题：
1. 采购团队所提出的国际市场商品采购的方法有什么优点和缺点？
2. 乔伊·格林的同伴们应该采取什么措施以更好地考察生产时尚类商品的供应商，并能不参加展览会就可以进行商品采购？

案例2

一家新的零售店在筹备之中，主要销售以批发价格购入的甩卖商品为主。在销售时，买手可以讨价还价。这家店的负责人杰克·施劳德（Jack Slaughter）和山姆·杰卡布深（Sam Jacobson）有着多年的零售经验，他们曾经都是大型商场的买手，主要负责采购服装和家居用品。虽然一直是为传统的零售商做采购，但他们认为经营低价位商品的市场将有很大的发展潜力。

目前公司已经在郊区租用了一间大的仓储式建筑，这个地方距离交通干线比较近，并且有足够多的停车场。除了他们自己的资金之外，公司还获得了一部分的短期银行贷款。似乎万事俱备，但是目前所出现的问题是如何找到合适的货源。

在以前做买手的时候，他们主要是通过大的批发商，订货会以及到公司样品间去选货，因为他们主要是为传统的零售商服务，这些都是能够帮助他们找到合适商品的最佳方法。然而，他们店的商品却截然不同，机动性地采购一些商品至关重要，因此传统的采购方式满足不了他们对低价商品的需求。另外，在供应商之间频繁奔波需要花费很多时间，这使得他们不能经常待在自己的店铺内。在店铺开张的初期，很多事情都需要他们每天在店内亲自处理。

目前，他们已经做好了充分的准备，同时距离新店开张也只有五个月了，他们已经和相关的供应商取得了联系，但是对方所能提供的货物暂时还满足不了他们的需求。

问题：

1. 针对这种经营模式，你对他们的货源采购有什么建议？为什么？
2. 制订一个具体的计划，使他们能够及时地了解供应商及其商品的动向。

© Zsolt Nyulaszi/Purestock/SuperStock

购买谈判与签署订单

经过本章的学习后,我们应当能够做到:

- 解释现金折扣及其对零售机构成功的重要意义。
- 能够定义下列术语并讨论它们是如何影响购买订单的:预付、贸易折扣、季节性打折、广告补贴及延迟付款。
- 列举和描述减少交通费用应该考虑的因素。
- 讨论在海外贸易中必须标明的附加条件。
- 解释委托销售的具体内容。
- 解释订单上注明的每一个货运条款。

第十四章

旦买手根据商品的数量和质量条件决定购买某种商品，且已经决定在哪里购买时，就进入了购买谈判与签署订单等实质性阶段。一旦买手结束了市场考察，并评估了所有已经收集到的信息后，他们就会回到公司签署订单。

购买谈判

消费者在购买商品时都会尝试讨价还价，除了特殊情况之外，买手也会就商品价格问题与批发商进行谈判。当然，大多数的供应商会表示，价格是没有谈判余地的。然而，当季末仍有商品没有出手的时候，供应商通常就会对零售商采取价格妥协政策。这时，双方就要就价格问题展开谈判。有经验的买手知道如何使供应商将商品以最低的价格卖给自己。这点对于那些低价商品零售商来说尤为重要，因为他们通过这种方式能够低价购进所需的全部商品。另外，较低的商品进价也为零售商向消费者进行让利优惠提供了空间（图14-1）。

传统零售商买手同样需要以低于批发价的价格采购一些商品，并将其与正常价格商品混合销售，借以提高总体利润。

买手从供应商那里得到的价格让步会增加零售商们的利润空间。

在讨论价格问题时，应首先了解1936年颁布的法律。该法律的部分条款在某种程度上影响了消费者支付对其自身有利的低价，这就是罗宾逊·帕特曼法案。该法案规定，大企业不得利用其规模优势而采取低价措施来与小企业竞争，从而达到保护小企业的目的。下列情况下允许大企业适当降低价格：

（1）当某一竞争对手降价时，可以降价。

（2）将节省的成本转让给消费者时，可以采取优惠价格。

（3）根据商品过时或即将过时的特点可以降价，如时装类商品中将要过时的款式，又或是整批买进的商品等。

供应商降价时必须满足上面列举的条款之一，否则就会受到政府的处罚。

对于所有买手来说，理解罗宾逊·帕特曼法案也是极其必要的。在进行谈判时，价格必须控制在法律允许的范围内。然而通过下面几种方法，买手也可以得到优惠价。对于大多数销售行为而言，当价格没有确定下来的时候，就可以讨论一些折扣和优惠政策，包括现金折扣、预付、贸易折扣、质量折扣、季节性折扣、广告补贴以及延迟付款。

除上述协商内容外，还包括交通费用和委托采购。

现金折扣

现金折扣是指为了鼓励零售商尽快支付货款，供应商可能会适当降低价格。这种方式对于交易双方都有利。生产商可以尽快地售出货物收到货款，以支付商品的生产费用，买手也可以花费较少的钱买到所需的商品。

下面两种方法是典型的具备可操作性的现金折扣方法，这些方法是由特定行业在减价时所决定的。除了时装业外，案例一中的方法是通用的。

案例一

买手如果10天内付款就会得到2%的优惠，超过10天就必须支付全额款项。如果发票金额是100美元，付款条件注明2/10、n/30，那么零售商在10天内付款的话就可仅支付98美元。但是，要是买手在30天内付款则必须支付100美元。

需要强调的是，要标明约定折扣的日期和折扣率，超过期限就没有折扣。这种现金折扣的数量各不相同，如3/10、n/60，6/10、n/30等。

案例二

一位买手以每件50美元的价格买了6件毛衣，总价为300美元。供应商给他一个现金折扣的优惠，但条件是月底10天内付款就会有8%的优惠。零售店于1月15日接到发货单，如果店主希望得到8%的优惠，他就必须在2月10日之前支付现金，这样他仅需支付276美元就可以了。

在时装业，月底支付现金便可享受打折待遇的做法非常普遍。不同的条款有不同的折扣金额。

无论依据什么折扣，都必须在订单上清楚注明，以便零售商依据发货单支付现金。

图14-1 买手和销售代表讨论一些采购条款
（©Frances Roberts/Alamy）

预付

尽管预付不像现金折扣那样普遍，但如果供应商同意的话，买手就多了一个省钱的机会。预付可被视为现金折扣的一种特殊形式。如果能够确保资金安全的话，预付对于那些有能力提前支付货款的零售商来说是一个不错的选择。通过获得额外优惠，零售商能够加大他的利润空间。零售商的实际利润只有1%~3%左右，因而通过预付形式获得的价格优惠对于他们来说非常重要。

许多供应商都不给予预付折扣。他们在发货单上注明"没有预付折扣",但是买手在下订单的时候还是可以就这个方面的问题与其进行磋商。

预付的折扣方法是这样计算的,在现金折扣结束之前付款,就会享受现金折扣加上预付折扣。一般每年的预付折扣率为12%。例如,一个订单上注明30天内付款将有2%的现金折扣,如果零售商按时付款,则一共可以享有3%的折扣,即2%的现金折扣加上1%的预付折扣(一年12%,除以12个月,每个月就是1%)。

如果买手能够通过谈判获得较长的信用时间,或者是延付时间,对公司而言是很有好处的,本章在后面将会进一步讨论相关的内容。通过这种方式,如果一份账单要求60天结算,相当于平常结账时间30天的两倍,如果立即付款,就可以享受双倍的预付折扣。

预付折扣计算公式如下:

账单金额×预付率×提前支付天数

例题:

一份100美元的账单,上面注明10天内付款有2%的现金折扣,付款期限为60天,收到发货单日期是3月1日,预付款日期是3月7日。如果预付率是12%,那么此账单应该付多少钱?

解答:

$$100 \times 2\% = 2 美元$$
$$100 - 2 = 98 美元(现金折扣后应付数)$$
$$60 - 6 = 54 天$$
$$0.12 \div 12 \times 2 = 0.02(60天预付率)$$
$$98 \times 0.02 \times 54 \div 60 = 1.76 美元$$
$$98 - 1.76 = 96.24 美元(付款总数)$$

贸易折扣

在一些贸易中,零售商可以根据生产商提供的价格优惠目录来选择性地付款。这个价格目录由生产商印制,它是按照不同的贸易类型享受不同比例的贸易折扣计算而来。在实际销售中,生产商会遇到各种不同的贸易对象,他们可能是别的生产者、批发商、零售商,有时也会是消费者。他们所享受的优惠有可能是各不相同的。

这种方式使得生产商将自己一系列的商品价格印制出来,每一位购买者依据规定享受不同形式的优惠。如果生产商要做商品目录销售的话,这个价格表可以提供给所有的客户,而不用为各种客户群分别准备单独的价目表。

当买手收到一份带有贸易折扣的货单时,可能上面会注明还有其他形式的折扣优惠,也许是现金折扣,也许是季节性打折。无论是哪种情况,都要采取依次打折的形式来计算最后的金额。

例题：

R.C Peters公司预订了1000美元的餐盘，因为它是零售商，可以享受40%的优惠折扣，根据销售条款，供货方会另外给予先期购买者20%的优惠。在规定的时间内购买，还可以有10%的折扣。如果该公司及时支付，那么应该付多少钱？

解答（单位：美元）：

	1000
Less 40%	400
	600
Less 20%	120
	480
Less 10%	48
最终付款（Net Cost）	432

通常，贸易折扣的条款都很清晰，一些零售商也建立了他们的商品批发部门。这样一来，他们就可以获得比普通零售折扣力度更大的批发折扣。在这种情况下，买手就可以和生产商谈判以获得更多的优惠。一般来说，通过这种方式获得的采购折扣如果涉及法律纠纷的话，零售商通常都不会是赢家。零售商获得批发价格的另一途径是，通过独立的零售商将订单集合起来形成一个批发机构，以获得团体采购的低价。这种情况如果涉及法律问题，由于零售商实际上是在运作一个批发组织，所以一般零售商胜诉的机会较大。

无论哪一种情况，买手都必须知道自己享有哪种形式的贸易折扣优惠，并且能够计算出最终他们需要支付的商品价格。

数量折扣

罗宾逊·帕特曼法案允许有数量折扣，因为这有助于节省运输等费用。对此，我们可通过下面的例子进行具体说明。

订购的数量（打）	每打价格（美元）
1~10	20
11~30	9.5
31以上	9

供应商提供数量折扣优惠可以为买手节省费用，同时还可以刺激买手采购更多商品。实际上，买手也必须认识到数量折扣就是可行且必要的，至于他们在购买时是否利用这些折扣就是另外一回事。如果在购买大宗商品时，以购买数量作为争取数量折扣的做法是很明智的。当然，超量购买可能会导致降价销售，这部分损失将远远大于数量折扣。在多数情况下，时尚类商品不会享受数量折扣，而耐用商品和销售周期长的商品则一般会采用数量折扣的方式进行销售。

另一种数量折扣的形式是积分制。它是依据在一定周期内购买商品的数量为基础来进行优惠的。普通的数量折扣是在每个订单基础上制定的，而积分制则是基于某段时间内的总体订单来制定折扣。当某段时间内购买的商品达到一定数量时，折扣的比例就会相应增加，举例说明：

整个季节购买的数量（美元）	累积折扣
0～10000	2%
10001～20000	3%
20001以上	4%

积分折扣可以促使买手在一定时间内大量购买同一种商品。当然，买手在采购时数量不是主要考虑的因素，重要的是商品本身。当订单数额很少时，一两个百分点的折扣并不是特别重要。但当买手考虑到影响购买的所有因素，且几种商品又大致相同的情况下，就会与一个卖家签订一份大额订单。这时，数量折扣的因素就需要被着重考虑了。

因此，任何类型的采购行为都必须着重考虑各因素的先后顺序。

季节性折扣

某些季节性的商品如玩具（在圣诞节期间大量售出）、泳装、户外家具等，如果在销售季节前购买，就可以有优惠（图14-2）。为了满足零售商对商品数量的需求，生产商必须预先把产品生产出来并存放在仓库里。然而对于应季的商品，生产商很难立刻就生产出足够多的数量。况且，连续的生产需要投入一定量的资金、劳动力、原材料，还包括商品储藏过程中的费用。

为了促使零售商尽可能早地购买应季商品，以减少相应的仓储费用，许多生产商会以季节性折扣作为诱饵刺激零售商采购。如果这种优惠是平等地适用于所有买手的话，那它就没有违反罗宾逊·帕特曼法案。在这种情况下，泳装公司在二三月份的时候就会大量地通过季节性折扣优惠的方式销售该商品，虽然这些商品在零售市场中要到四五月份才能达到销售高峰。

一旦有这种机会，零售商买手必须估算好自身的仓储能力和资金情况，以及购买这些商品所可能产生的所有问题，如颜色的选择和价格的变动等。如果是时机和条件都成熟的话，这种交易就将是一笔划算的买卖。

图14-2　在销售高峰前采购玩具可以获得季节性折扣
（Stockbyte/Thinkstock）

广告补贴

许多零售商每年要面对的问题之一就是有限的广告费用。零售行业的竞争非常激烈,零售商必须要投放一定的广告来促进自己的销售,但他们往往会遇到广告预算不足的问题。

零售商解决这个问题的一个办法就是与生产商进行合作广告。通过这种方法,如果零售商购买供应商的货物,供应商将承担相应的广告费用。许多供应商愿意承担此项广告费用,因为这样做可以使自己的商品得到更好的宣传,以实现理想的销售业绩。

很多零售商在采购商品的时候都要和生产商讨论合作广告的事宜,具体承担广告费用的比例是由双方根据具体采购情况来决定的。

例题:

迈耶公司从阿克莱特公司购买了一批价值10000美元的货物,通过协议,买卖双方同意各均摊货款5%的广告费用。

解答:

$$10000 \times 0.05 = 500 美元$$

广告费用为1000美元

那么各方需分担的广告费用为1000÷2=500美元

所以零售商只要支付广告费的一半,即500美元就可以了。通过这种方式,零售商就可以获得双倍的广告预算。我们将在第十八章进一步讨论这方面的内容。

延迟付款

另一种买卖双方协商的问题是在账单到期之前要求延缓一段时期支付货款,这种方式被称为延迟付款。这样的话,零售商就可以在付款日期到来之前多一些销售时间。

例如,一张正常付款时间为3月1日的账单,按照规定,如果在下月10日付款日之内付款就会有8%的折扣优惠,因此只有在4月10日前付款,买手才能得到8%的优惠。通过延迟付款谈判后,付款的日期延至6月1日,这样,只要在7月10日之前付款,买手就可以得到同样的优惠。

运输费用

在采购过程中,买手必须要考虑商品从生产商到零售商之间的运输费用。随着国内运费的不断增加以及国际运输费用的居高不下,买手必须要认真地考虑在运输成本中所涉及的所有问题。他必须仔细了解相关运输环节,以最佳方式来解决商品的运输问题。

按照惯例，运输费用是由买方支付。商品是按照离岸价格卖给买手的，也就是说，货品一出厂，所有权就从供应商移交给了买方。但是，大多数情况下，为了更好地销售，卖家也会支付运费，至少是其中一部分运费。

当买手最初考虑采购计划时，他就应该考虑到货物运输的问题。通常，距离越远，费用就越高。因此，买手应该考虑就近购买。但如果有供应商能提供独特的商品，那么无论距离远近，买手都应该立即购买。

如果由买手承担运费，那就必须找到最佳的运输方式。使用不同的运输工具会有不同的运输成本，每一种都要认真核算。但如果时间宝贵，如一些特殊的订单，运费就不应是首先要考虑的问题，而应该考虑如何用最快的方式运输货物。

如果由供应商决定运输方式，他们将采取最方便的形式。如果买方熟悉运货的方法和相关费用，就会节省费用。所节省的每一分钱都将是零售商的利润。

以下这些因素都将对运输费用产生影响。

运输规模

整车运输要比分批运输的费用低。在这种情况下，买手应当考虑采购的时间以签订一个大的订单而不是许多小额订单。许多货运公司都规定每次货运的最低量，小数量货物的运输价格并不便宜。除非是极其特殊的订单，否则小规模的订单都要尽可能地避免。

送货时机

通常，较慢的运输方式（如水运）要比较快的方式（如空运）要便宜得多。同时，铁路和公路运输也比空运便宜得多。如果可能的话，利用时间因素要尽可能早地订货。当然，如果时间紧迫的话，像联邦快运（Federal Express）这样的公司，尽管费用高，也应该考虑。

选择运输公司

不同的运输公司有不同的价目表。对于买手来说，了解哪一家运输公司能够提供最好的服务也是至关重要的。通常，普通的运输公司要比UPS费用要低，而后者要比联邦快运费用低。在本国的某些地区，一些私人运输公司要比上述运输公司的服务好得多。对于买手来说，只有熟悉这些运输公司，才可以通过比较做出选择。

保险

运输保险是非常重要的。在某些情况下，如UPS有一部分保险是免费的。如果需要额外的保险，就要由买手来支付。买手必须清楚运输中的保险条款。运费中包含的保险费是多少以及需要支付的额外保险费用。

包装时应考虑的因素

商品可以用多种形式包装。例如连衣裙，可以悬挂在衣架上，并套上时装袋，或者平放在盒子里。最初的商品包装也决定着商品在销售中的一些问题，用衣架包装会给销售带来便利，但衣架会增加运输的重量，从而影响到运输的成本。此时，买手必须决定商品的包装方式，是用衣架还是其他方式，哪种方式对所在公司更为有利。

当买手仔细考虑了上述各种因素，其所在公司将是最大的受益者。

委托销售

委托销售指的是供应商对商品拥有所有权，而委托零售商来销售商品。当零售商把商品卖给消费者后，这种销售行为才结束。委托销售，有时也被称为代理销售。在珠宝业和皮革业中，这种销售形式被广泛采用。因为这类商品价格昂贵，零售商这样做就不用花费巨额的资金来采购商品。为了吸引零售商，供应商经常与他们签订代理销售协议。当然，在这种销售方式下，零售商所获得的利润要比传统方式销售低得多。但是，这种销售利润的获得是不需要冒太大的经济风险就可以得到的。

大多数情况下，供应商并不希望采用这种方式来销售自己的商品，他们希望零售商能够购买商品以承担销售风险。通过代理销售，有时可以使买卖双方都受益。下面的一些情况有助于他们在这方面达成一致。

（1）一种新产品上市，买手对消费者的接受程度不能充分估计，这时，供应商经常给买手提供代理销售的机会。

（2）如果是少量的商品，当这些商品的主要目的是提升形象而不是销售时，供应商就可能会允许零售商售后再付款。

（3）有时生产商存货太多要清仓时，一般实行代理销售。例如到了季末，厂商会把皮草服装库存送到卖场销售3~4天。这样，这些服装就很好地弥补了季末商场内没有太多服装可卖的尴尬境地，同时也给消费者提供了更多的选择机会。

（4）新的、缺乏经验的买手还不能确定自己的购买能力。通过代理销售，他们可以免于直接购买的风险而又能完成采购任务。许多人就是利用这些方式来采购商品。

（5）对于那些需求数量不确定、需求明确而销售时间又很短的商品一般采用此种销售方式。例如那些经营大学教材的店主，他们一般不知道学校会开设什么课程，但在供应商同意回收剩余商品的情况下，他们就会大量进货。

代理销售的风险之一就是，有时买手用这种方式采购来的商品可能并不是真正需要购买的商品。只有在销售需求明确并且商品确实符合采购要求的时候才能考虑这种销售方式。

如何协商

尽管大多数供应商都严格执行单一的价格政策，但也有讨价还价的空间。这要看具体的情况，一般决定权在买手手中。这取决于买手的经验以及买手对供应商的了解。当然，一般在季末或供应商库存太多的情况下才能降价。此时，买手通过协商后，价格能便宜很多。

讨价还价的技巧来源于经验，在实践中应注意以下几点。

设限

当买手制订了半年的采购计划和确定了进货模式之后，他就要认真地考虑为了获得最大化利润，每种商品需要采购的具体数量。这样，在进入供应商展示厅之前，买手的头脑里应该非常清楚需要采购的商品种类和数量，并且一般都会在这个框架内进行采购。尽管这是行业的惯例，但在实际操作中，这个设定的框架并不是一成不变的。

如果买手发现商品比预期好，买手就有可能多买，特别是当大量采购能够获得价格优惠的时候。在这种情况下，如果买手的库存充足，他就会使用促销策略来销售商品。凭借这些条件，买手可以讨价还价。

核对价格

当商品的价格低于正常的价格时，买手要对价格进行判断。这也许是店里实施的促销活动，也可能是有一定风险的新商品或季末商品。把商品价格便宜的原因告知买手，供应商就可以更加自信地向买手提供商品。

妥协

在协商中，当买卖双方对价格各执己见的情况下，解决办法之一就是求同存异。也就是说，如果卖者要价为4美元，买手出价为2美元的话，那么3美元也许就是一个双赢的价格。

填写订单

经过价格谈判，同时其他相关条件都确定之后，买卖双方就该填写订单了，相当于书写合同。双方根据合同履行相关条款。由于合同的严肃性，在填写订单时一定要小心谨慎（图14-3）。

订单可以是零售商准备的，也可以是生产商提供的。大的零售组织有自己的订单，而小的零售商就采用供应商的订单格式。

生产商提供的订单有以下多种好处。

（1）所有的采购部门使用统一的订单格式，对工作人员而言，可以既容易又迅速地掌握。

（2）公司既可根据不同要求对订单进行调整，也可以根据需要复制多份合同。

（3）有法律条款来保护零售商。

订单中有时会涉及的术语有：

（1）特快专递：快递服务，既迅速又安全，但费用高。

（2）空运：较快的运输形式，且费用比特快专递要少。

（3）EOM折扣：账单要在月底10日内付款。

（4）直接装货：用拖车直接装船的货运系统，避免了装卸货的费用。

（5）到岸价格：当货物到达目的地时移交其所有权。因为卖主至此还拥有货物的所有权，因此运费由卖方承担。

（6）离岸价格：当货物装到运输工具上时移交货物所有权。买主拥有货物所有权，并支付运费。

（7）零担运输：货物的量不足以整车运输时的运输方式。

（8）包裹邮寄：小批量货物采用包裹邮寄的方法。享有优先权的邮件要在2~3天送达，快件要保证在一夜之间送达。

（9）拖挂运输：在运输车辆后面加挂拖车的运输方式。

（10）延迟付款：延期支付货款，同时享有现金打折优惠。

图14-3　买手正在核对采购订单
（iStockphoto/Thinkstock）

（11）ROG：收货凭单，根据收货条款，支付费用的时间取决于货物何时到达买主手中。

（12）UPS：联合包裹快递运输服务。

以上所有细节全部填写完毕，订单就写好了。

跟单

无论在美国国内市场还是在国际市场，对商品的定期检查都是很必要的。要在订单上注明特殊的具体要求，包括运送的起止日期。但即使这样也不能保证货物能够一切顺利地到货。因为供应商那里总是会出现这样或那样的问题。例如原材料送晚了，那就会延期发货。这是一个非常实际的问题。供应商可以有更充分的理由解释不能按期交货的原因，但对于买手来说这却是无法接受的。尽管有很多原因都可能导致货物不能按期到达，但这不是买手的问题。零售商要使自己的利润最大化，必须明确表示货物如果延期到达就拒收。要牢记制定明确到货时间的目的是使货物及时到达，从而确保利润的最大化。这是买卖双方在订单上必须注明而且必须遵守的条款。只有当晚到的商品并不会影响零售商利润时，货物才能被接收。

跟单有多种方式。如果买手离供应商很近，他就可以给厂家打个电话，确认延期的原因和何时能够装货。如果买手加入了一个当地的采购服务机构，那就会有另外一种跟单形式。可以通过电话、传真、电子邮件和其他能够利用的方式。

无论采取何种方式，这都是由买手来完成。如果货物延迟到达，就会违反合同，到时有争议的货物就不会被接受。如果货物到达得太晚，买手未来可能就不会再与这个供应商做生意。因货物延迟到达会带来很多问题，如商场断货以及其他影响销售业绩的情况。

我们在本书前面的章节中已经指出，买手要记录各个供应商的交货情况，并对那些经常延迟交货的供应商做到心中有数，以免在以后的购买过程中引起不必要的麻烦。

培养良好合作关系

对于买手来说，和供应商建立合理的、持续性的良好关系是非常必要的。大多数专业买手都认为这种关系对未来的采购非常有利。如果供应商有非常好的商品以低价出售，有良好关系的买手会第一个得到消息。供应商也会尽量准时送货给那些有良好合作关系的公司，同时，认真地对待追加订单对买手来说也是一种不错的优惠方式。

对供应商诚实，不拿回扣，该买手就会成为供应商的重要客户，且买手会从这种关系中收获丰厚。

采购商品是一门艺术，只有最精明的买手才能在最合适的时间为他的公司买到最合适的商品。

商业词汇

空运	月底支付现金折扣	目录价格
空运费	直接装运	拖挂运输
预付	到岸价格	延迟付款
利润	离岸价格	数量折扣
现金折扣	跟单	罗宾逊·帕特曼法案
委托销售	讨价还价	收货凭单
合作广告补贴	批量	季节性折扣
零担运输	贸易折扣	

要点概述

1. 尽管很多供应商都表示价格没有谈判的余地，但在一些特定情况下，价格仍具有谈判的空间。

2. 罗宾逊·帕特曼法案规定，大企业不得利用其规模优势而采取低价形式与小企业进行竞争。

3. 现金折扣是奖励那些在特定时期内进行付款的零售商所设定的折扣。

4. 一些供应商同意零售商预付货款，并提供给他们额外的预付折扣。

5. 贸易折扣是指针对不同类型的采购者，并在批发价格的基础上给予的价格优惠。

6. 尽管罗宾逊·帕特曼法案一般并不允许数量折扣，但在大宗采购、节省费用的情况下，供应商也可以向零售商提供数量折扣优惠。

7. 为了促使零售商提前采购商品，一些供应商会提供季节性折扣。在玩具和昂贵的珠宝行业中，这种情况经常发生。

8. 一些供应商为零售商提供合作广告补贴，来刺激他们购买自己的商品。这使得零售商有机会来增加他们的广告预算。

9. 为了获得额外的时间支付货款，并且仍享有现金折扣的待遇，供应商和零售商达成了延迟付款协议。经验丰富的买手能够赢得充裕的时间进行货款支付。

10. 运输安排这种问题不应该让供应商来解决，因为他们通常会使用最昂贵的运输方式。

11. 进行委托销售的供应商同意将商品放在零售商店铺中销售，但直到商品售出后，零售商才支付货款。如果商品没有售出，零售商则有权利将商品退给供应商。

12. 当填写采购订单时，由于订单即合同，并可能用于解决争议，所以买手应该确保在订单上标注所有确认好的采购条款。

13. 对于买手来说，和供应商建立良好的合作关系是非常有必要的。这样，买手才有可能成为其重要的客户，并从这种关系中获利。

思考题

1. 买手和供应商进行讨价还价总是恰当的吗？
2. 哪种类型的零售商买手最精通价格谈判？
3. 为什么整批、大规模的采购可以给零售商带来更低的价格？
4. 美国联邦政府制定罗宾逊·帕特曼法案的主要目的是什么？
5. 罗宾逊·帕特曼法案是否允许供应商提供低于批发价格的采购价？
6. 术语中的"预付"具体含义是什么？
7. 延迟付款可以在哪些方面帮助零售商？
8. 贸易折扣的目的是什么？
9. 为什么在某些行业中，在销售季节到来前提前采购商品是非常划算的？
10. 在一般的合作广告中，供应商如何决定他需要承担的广告费用金额？
11. 除了推迟付款时间外，延迟付款还能为零售商带来哪些其他好处？
12. 即使供应商非常熟悉运输方式，零售商应该让供应商来安排商品运输事宜吗？
13. 对于零售商来说，委托销售有潜在的风险吗？
14. 在采购谈判中，首先必须明确的重点有哪些？
15. 为什么说零售商和供应商建立良好的合作关系非常重要？

案例1

阿珂姆（Acme）是一家位于美国中西部某市中心的大型商场。店铺建于1935年，直到20世纪90年代，它都经营得非常成功。但20世纪90年代以后，由于商场的很多老顾客都纷纷搬到郊区，尽管商场仍在盈利，它的增长率仍呈下降的趋势。

商场销售部的工作很出色。得益于明智的采购决策和谨慎的商品挑选，商场在当地的市场份额超过了平均水平。此外，商场的销售价格高于它的竞争者。价格高出部分来源于它所提供的不同寻常的服务。有人认为应该要精简一些这类服务，但这一意见被予以否决，因为它很可能会对商场的销售产生影响。

显然，最高管理层认为商场的运营没有提升。在此情况下，只有在某些领域采取正确措施，才能抵消销售额和利润的缩水。

一个可行的方法是节约商场的运输费用。对以往订单的初步调查显示，公司买手对供应商的运输要求为"最佳运输方式"或者"最便宜的运输方式"。

你是公司的运输方面的专家，并可以查阅公司所有的相关资料。

问题：
1. 你会查阅哪些资料？
2. 你会提出哪些建议？

案例2

某大商场泳装买手已经把她最大的订单交给了某国内知名品牌生产商。她做这一行很成功,并且一直与供应商保持着很好的关系。

她获悉7月1日供应商将举行一个大型的降价活动,而活动的商品也都是过去一些非常畅销的商品。根据以往的经验,这个买手知道,她所供职的这个商场的很多消费者目前都纷纷推迟购买泳装,以等待7月1日的商场大型折扣活动。

买手感兴趣的款式有14种,它们最初的售价是每件50美元,而在打折活动中价格为每件25美元,这样的话,销售这些泳衣还能有至少40%的利润。

问题:

1. 买手能够为泳衣的最高定价是多少?
2. 除了打折之外,买手还可以有什么优惠手段?
3. 罗宾逊·帕特曼法案对本次谈判有什么影响?

macy's
STANLEY'S SON
FINE JEWELERS
Macy's Thanksgiving Day Parade
High Design JEWELRY
BUS LANE
2nd FLOOR

BURBERRY

买手的附带责任

第四部分

买手并不是采购到能够满足消费者需求的商品就结束任务了，他还有大量的其他工作要做。其中包括：给商品定价，协助专供品牌产品研发，传递商品信息给店面人员以及帮助制订促销活动计划。

绝大部分的零售商会提供给买手一个商品定价的指导原则，但实际上每种商品的定价都是由买手确定的。有些商品有其独到性和其他卖点，可能获取额外的利润，这样买手就可以加价销售，而有时为了更好地与其他商场竞争，也会有部分商品采取低价销售。通过合理的定价策略，可以使利润达到最大化。

越来越多的商家开始在他们的店里面推出专供品牌，买手通常会协助开发这些专有商品。虽然买手不做具体的设计工作，但是他可以提出自己的建议，如对款式、袖长等的建议。由于买手了解不同的市场，所以买手就具备研究别家商品，进而给自己商品提出建议的便利条件。

通过向店面销售人员传递信息，他们就可以在与顾客打交道的过程中更圆满地解答顾客的疑问。买手是对商品了解最多的人，通过他向这些销售人员传递这些信息是非常必要的。

有效的广告宣传，特别活动和视觉营销都是销售人员为了达到他们销售目标而采取的手段，买手对这类销售手段既不是负责人，也不是这方面的专家。他们只是协助这些活动的开展，使整个销售情况有所改善。买手们可以对促销什么样的商品和以什么样的价位促销提出建议，以促使该类销售活动收到良好的效果。

当以上提到的这些额外职责得到妥善解决的时候，买手所采购的商品才有可能带来更高的利润。

Goodshoot/Thinkstock

商品定价

经过本章的学习后，我们应当能够做到：

- 区分大商场和小零售商之间不同的定价方法。
- 了解与零售利润、成本、附加利润、平均利润、降价比率、资金周转率有关的计算方法。
- 以商品降价为题写一篇短文，其中要包括降价时间、降价商品选择和降价幅度等一般用来评价买手工作的指标。
- 探讨资金周转率相关信息的优点和缺点。
- 列出并讨论影响商品定价的因素。
- 定义价格要点，并且讨论它们在实际运用中的五点优势。

第十五章

利润是检验采购效率的最终指标。利润的产生来自于商品的成本和零售价格之间的差价。买手必须对商品的零售价格和成本同样关注，因为这二者对于利润的产生有着同等重要的作用。

定价原则

零售经营的成功与否在很大程度上取决于它的定价政策。价格决策主要还是由管理层而不是买手来制定的。通常情况下，要求买手的采购任务在一定周期内实现一定的目标利润率（以百分比形式表示的售价与成本之间的差价）和利润额指标。这些指标通常都源自于销售预算。无论是大商场的买手还是小零售商，经营是否成功的主要参数指标就是看其效益是少于、达到还是超过了目标利润和利润率。

通常一个商场不同部门的利润率并不是统一设定的。不同部门由于各自的原因所产生的利润是不同的。虽然随着运作成本的逐年递增，相应的利润率也有略微的增长，但是每个部门的增长比例相对于商场的其他部门常常是保持不变的。

部门定价原则

通常会要求买手的采购任务要达到一定的利润率，这个利润率对于他来说有时相对苛刻。尽管如此，买手还是具有相当的灵活性。例如，买手虽然知道部门的预期利润率为50%，但是他并不必用这个数字去衡量每一种商品。这个50%是一个平均利润率，买手可以灵活地决定哪一种商品高一些，哪一种低一些。换句话说，管理层要求的是整体的利润率，他们对单个商品的利润率并不关心。虽然预期平均利润率是50%，但是如何达到这个目标就是买手的责任了，这需要相当的技巧和智慧，优秀买手的标志之一在于他用什么方式来达到这个目标。

全场定价原则

有些公司尤其是以经营低价位商品为主的公司，通常会采用商场统一制定利润率的策略。在进行价格决策的时候，他们并不考虑现有库存商品的种类，也不太关注竞争形势，只把实现每一件商品的特定利润作为唯一目标，从而把商品尽快地销售一空。

小零售商的定价原则

定价的目的是为了确保商品销售价格中高于成本的部分既能够覆盖支出费用又能产生一部分合理的利润。毫无疑问，这一点对于小零售商和大零售商来说同等重要。大型零售公司的管理层必须制定出可供各零售店执行的严密的价格方案，而小零售商则不必如此严谨，因为他们将亲自进行采购（或者至少是密切监督采买行为）。这种灵活性也是小型店铺相对于大商场的优势之一（图15-1）。

商品销售的计算方法

买手要负责实现一定量的平均利润率，这个目标需要买手通过计算品种繁多的各种商品的毛利润率才能完成。显而易见，要想胜任这份工作，买手必须对毛利润的计算方法非常熟练。

图15-1 小型零售商，如该类精品店，经常采取灵活的定价策略
（Elena Elisseeva/Shutterstock）

毛利润

毛利润是商品成本和预期商品价格之间的差额。正如我们在前面所提到的那样，毛利润必须足以覆盖经营成本和预期利润。例如商品的成本是75000美元，经营成本是15000美元，预期利润是10000美元，那么商品一定要销售到100000美元。即：

$$毛利润 = 预期商品价格 - 商品成本$$
$$= 100000 - 75000$$
$$= 25000 美元$$
$$毛利润 = 预期利润 + 经营成本$$
$$= 10000 + 15000$$
$$= 25000 美元$$

25000美元的毛利润是销售额超过商品成本的部分，它包括经营成本和预期利润。

单件商品的利润

单件商品的利润是指买手希望单件商品得到的利润。

问题：

一双袜子的成本是50美元，零售价格为100美元，每双袜子的毛利润是多少？

解答：

$$单件商品的毛利润 = 零售价格 - 单件商品的成本$$
$$= 100 - 50$$
$$= 50 美元$$

买手计算单件商品的毛利润都以百分率来计算，一般是指毛利润占成本或者零售价格的比例。

零售额毛利润率　很明显，它是指毛利润占零售额的比例。因为零售额很清楚，这样计算零售额毛利润率比较简单。例如，我们知道一个商店每周的零售额为2000美元，平均零售额毛利润率为40%，那就很容易计算出每周的毛利润为800美元（2000美元×40%）。零售额毛利润率的计算公式为：

$$毛利润 \div 零售额 \times 100\% = 零售额毛利润率$$

问题：

如果一条围巾的成本是10美元，零售价格为15美元，请计算该围巾的零售额毛利润率。

解答：

$$零售额毛利润率 = 毛利润 \div 零售额 \times 100\%$$
$$= (15-10) \div 15 \times 100\%$$
$$= 33.3\%$$

成本毛利润率　这种方法没有零售额毛利润率使用得多，但是还有买手在使用它。有些商品售价变化比较大的零售商认为，成本对于计算利润率是一个相对比较稳定的参照。

成本毛利润率计算公式为：

$$毛利润 \div 成本 \times 100\% = 成本毛利润率$$

按照此方式，我们可以计算出前面提到的围巾的成本毛利润率为：

$$5 \div 10 \times 100\% = 50\%$$

与毛利润相关的一些数学问题

买手必须很熟悉与毛利润相关的数学计算问题，这需要我们对以上提到的公式灵活运用。

当已知成本和零售额毛利润率的情况下，请计算出零售价格。

问题：

一张桌子的成本为84美元，零售额毛利润率为60%，请计算零售价格。

解答：

$$零售价格 = 成本 + 毛利润$$
$$成本 \div 零售价格 \times 100\% = 1 - 零售额毛利润率$$
$$84 \div 零售价格 \times 100\% = 40\%$$
$$零售价格 = 84 \div 40\%$$
$$= 210美元$$

已知零售价格和零售额毛利润率，请计算出成本。

问题：

一台收音机的零售价格为60美元，零售额毛利润率为35%，请计算成本？

解答：

$$成本=零售价格-毛利润$$
$$毛利润=零售价格×零售额毛利润率$$
$$=60×35\%$$
$$=21美元$$
$$成本=零售价格-毛利润$$
$$=60-21$$
$$=39美元$$

综合毛利润

正如我们在本章将看到的，买手虽然对每件商品都有一个利润目标，但在实际销售过程中有时却很难做到。例如有时由于竞争激烈，会使你不得不降低你的利润期望值。为了平衡这部分的损失，买手必须提高另外一些商品的利润率才能达到整体的利润水平。由于这些情况的出现，我们一般得到的都是基于多种商品的综合毛利润率。

采购是一个动态的过程，买手不停地去生产商和批发商那里去选购商品。由于买手要维持一个综合毛利润率水平，他必须要清楚所拿到的每种商品的毛利润率。只有这样，买手才能随时知道自己目前是需要高利润率、中等利润率还是较低利润率。下面是综合毛利润的公式：

$$总零售额-总成本=综合毛利润$$

那么：综合毛利润÷总零售额×100%=综合毛利润率。

问题：

有一个服装买手，他在月初的时候，共有10000美元的货，卖了15000美元；他又购买了5000美元的服装，卖了10000美元，计算出他的综合毛利润率。

解答：

$$综合毛利润=总零售额-总成本$$
$$=（15000+10000）-（10000+5000）$$
$$=25000-15000$$
$$=10000美元$$
$$综合毛利润率=综合毛利润÷总零售额×100\%$$
$$=10000÷25000×100\%$$
$$=40\%$$

平均毛利润　综合毛利润率可以让买手了解自己目前的毛利润水平和先前预计的毛利润水平的关系。从而就能知道实际的综合毛利润率是高还是低。买手所计算的综合毛利润率在实际应用中就是平均利润水平。

问题：

一家服装店计划在本月用12000美元购货，计划零售额毛利润率为40%。在前3周，他共买了6000美元的货品，零售额为9000美元。为了保证40%的毛利润率水平，他再购买的商品必须保持多少的毛利润率？

解答：

（1）计算出他总的零售额：

$$零售额 = 成本 + 毛利润$$

$$成本 \div 零售价格 \times 100\% = 1 - 零售额毛利润率$$

$$12000 \div 零售价格 \times 100\% = 60\%$$

$$零售价格 = 12000 \div 60\%$$

$$= 20000 美元$$

（2）根据总的计划购买和销售，计算出即将的购买和销售：

	成本（美元）	零售额（美元）	毛利润率
总的计划	12000	20000	40%
已经发生	6000	9000	
平衡需要	6000	11000	

为了达到40%的毛利润率，余下6000美元采购的商品的零售额要达到11000美元。这样就是要产生5000美元的毛利润，毛利润率为45.45%。

$$毛利润率 = 毛利润 \div 零售额 \times 100\%$$

$$= 5000 \div 11000 \times 100\%$$

$$= 45.45\%$$

如果在月初持有存货（期初存货），它们将被计入整体的采购计划中。在上题中，如果在月初买手有成本为1000美元的库存，其零售额可达到2000美元。

	成本（美元）	销售额（美元）	毛利润率
总的计划	12000	20000	40%
期初存货	1000	2000	
已经发生	6000	9000	
平衡需要	7000	11000	
	5000	9000	

在此情况下，余下5000美元成本的商品的零售额要达到9000美元，需要产生4000美元的毛利润，毛利润率为44.44%：

$$毛利润率=毛利润÷零售额×100\%$$
$$=4000÷9000×100\%$$
$$=44.44\%$$

实际毛利润率　如果所有的商品都能够以最初的价格销售一空，那么毛利润就会很好。但是，这在实际的销售工作中几乎是不可能实现的。因为商品脏了或者新的商品已经到货而销售空间不足，再或者销售季即将结束或由于商品是时尚类商品而不再流行等原因都会导致商品的价格下调。

商品降价以后，得到的实际利润水平就是实际利润率。

问题：

一位毛衣买手共购入了100件毛衣，成本为30美元/件，售价为60美元/件。在季末还余下20件，他就减价为40美元/件。请计算出他的实际毛利润率。

解答：

（1）计算最初的毛利润：

$$最初的毛利润=零售额-成本$$
$$=60×100-30×100$$
$$=3000美元$$

（2）计算最初的毛利润率：

$$最初的毛利润率=毛利润÷零售额×100\%$$
$$=3000÷6000×100\%$$
$$=50\%$$

（3）计算实际毛利润：

$$实际毛利润=实际零售额-成本$$
$$=80×60+20×40-100×30$$
$$=5600-3000$$
$$=2600美元$$

（4）实际毛利润率：

$$实际毛利润率=实际毛利润÷实际零售额$$
$$=2600÷5600×100\%$$
$$=46\%$$

这个买手的实际利润率（46%）比其最初的计划利润率少了4%。

降价

降价是以销售价格为基础的,为了彻底了解降价的特点,必须要知道的是商品的初始价格是一个被估算出来的相对价格(表15-1)。

降价的理由

(1)商品原来的价格过高。当商品的销售价格不能够刺激购买的时候,降价就势在必行。过高的商品定价有可能是非常严重的错误,因为这样一来,该商品有可能直到销售季快结束的时候才还原到一个合理的价格,从而使得该商品最终的销售价格比这个后来的合理价格还要低。这种情况一定要和销售季初期的某些商品的刻意标高价区分开来。这种刻意的高价商品是为了吸引那些愿意通过支付额外费用成为时尚潮流引领者的消费者,该策略往往会加大该商品的综合利润。

(2)采购错误。最常见的降价理由就是采购导致的错误。只有当数量与消费者需求相吻合的时候,畅销商品才能显示出其价值。当商品的采购数量远高于需求数量时,就会导致损失惨重的降价行为。同样,对于颜色和尺寸的错误判断也常常会导致商品降价。应季商品的降价往往是由于该商品销售时间过于接近该销售季的后期所造成的,也就是说消费者不会对以正常价格销售的过季商品感兴趣。

(3)销售中的错误。滞销的商品就必须降价。不成功的销售往往要归咎于拙劣的陈列设计和能力欠缺的销售人员,由于降价所造成的利润损失很难说是采购不当的结果还是不称职的销售人员所致。面临这种情况,最好的解决方法是频繁地进行销售队伍能力测评,淘汰能力欠佳的销售人员。

(4)无错误降价。并不是所有的降价行为都与工作失误有关,很多季节类商品受天气变化的影响,如雪地轮胎不会在无雪的冬季销售,温暖的秋季对于外套的销售是毁灭性的打击。有时,新产品的突然上市会加速旧商品的淘汰。还有一些商品降价以销售旧商品或断码商品,这都是很正常的现象。

有的时候,管理层为了维护本店商品花色品种全、翻新快的形象而鼓励降价。换句话说,管理层愿意承担降价损失来树立自身形象。一些以此方式运作的小型零售商通常都会采用灵活的降价策略。

以降价作为评估买手的手段

降价对于买手往往是非常严重的问题,判断买手工作能力的高级管理层极其重视降价行为。判断买手成功与否是通过对他采购的商品销售情况进行综合评价,其中降价的商品所占比例应该很少。要想降低降价商品在买手全盘业绩中的份额,可以通过保守策略,即去购买少量的重要商品,但这种策略将会造成总销售量的一些损失。对商品的降价销售过于吹毛求疵的话,将对买手的积极性、进取心、创造力和热情造成很大的扼杀。

表15-1 降价表

种类	编号	品名	编号	品名	颜色	原价	现价	调整	调整	降价损失金额
3540	3201492	MONTAGE INT'L I	1939P154	BLUE PLAID POLO		24.00	11.99	0.00	27	324.27
			1939P158	PLAID POLO		24.00	11.99	0.00	29	348.29
			1939P166	S/S TAN GROUND		24.00	11.99	0.00	14	168.14
			1939P168	WHT/BLUE STRIP		24.00	11.99	0.00	4	48.04
			1939P169	OLIVE PLAID POL		24.00	11.99	0.00	21	252.21
			1939P246	WHT WITH BLK SQ		24.00	11.99	0.00	79	948.79
			1939P268	NAVY TRIBAL STR		24.00	11.99	0.00	59	708.59
			1939P353	OLV SQS/DIAMOND		24.00	11.99	0.00	79	948.79
			1939P357	NAVY BASKET WEA		24.00	11.99	0.00	80	960.80
			1939P364	3-D FR.BLUE/MUS		24.00	11.99	0.00	88	1056.88
				降价损失金额小计：					480	5764.80
				降价损失金额总计：					480	5764.80

商品定价 289

降价时机的选择

降价对于销售额来讲是一种损失,降价幅度越小,损失也就越少。决定降价幅度的关键因素就是降价时机上的选择。降价的目的是为了吸引消费者的注意力,但建立在消费者有良好的购买愿望的前提下。当买手对某些商品的销售前景并不抱太大希望时,多会以降价的方式进行处理,借以吸引消费者的注意力。在一个销售季节的开始阶段,有着最大量的消费群,若这个时候采取降价策略,降价所带来的损失会最小化。当某种商品在销售情况好的时候,对该商品进行少量的降价,这样能够更好地刺激消费者购买,如此一来会比在季末进行集中大降价的销售效果好得多。这样做不仅会提高获利的可能性,还会加速资金周转,有可能为买手在销售季中期提供充足的资金进行新的商品采购。在销售季节内不断地购置新货,必然会使消费者源源不断。也许一个降价策略成功与否的关键问题就是要让买手得到有效的销售信息。销售报告必须精确、及时、认真才能够确保选择合适的降价时机。

传统意义上,降价时机是在销售季末进行全场的降价活动,这种降价活动往往伴随相当数量的广告投入,吸引了大量关注,通常是在一年内的一月和七月进行。目前的商家对降价时机的选择采用的是折中的办法,对于那些销售状况不好,而库存又多的商品是采取立刻降价;每月降价策略主要针对的是滞销商品和断码商品。

若那些常见商品出现了滞销情况,就会采取回收入库的方法,以便在下一个销售季节继续进行销售,而不是采用降价的策略。这种做法的优势很明显,这些商品可以在下个销售季节开始的时候用较高的价格售出。这样做的劣势在于库存的压力比较大,商品新鲜感的丧失,商品有可能出现损坏,还有就是占用了大量资金。此外,有时由于款式的变化,或者是新面料、新材料的出现,会使它变得过时。

有些商场会对某些商品进行自动降价,即经过一段时期之后,商品就有可能降价25%,又过了几周,再降一些,但这种灵活的降价策略能否广泛地应用,令人怀疑。这种策略不考虑由于特殊的天气变化而导致的销售季延长等这一类的因素,最广为人知的实行自动降价的是位于波士顿的非林地下商场(Filene's Basement Flagship),商品14天后就要降价25%,21天之后50%,28天之后75%,35天后还没有卖出去的商品就捐赠给慈善机构(图15-2)。这种策略相当独特,是建立在专家买手要擅长采买甩货的商品,同时具备迅速的商品资金周转能力来为这种经营模式带来利润的基础之上。

图15-2 非林地下商场的定期自动降价吸引了大量消费者
(ⒸRichard Levine/Alamy)

降价的幅度

降价的目的是为了引起消费者对过去被忽略的商品的注意，降价幅度过大会造成不必要的利润减少，而降价幅度过小则无法引起他们的兴趣，降价幅度的确定是对买手的智慧和创造力的考验。这个幅度的确定是以消费者不感兴趣商品的范围、要促销商品的数量、该销售季的剩余时间为基础的，往往在销售后期会出现二次降价，而且，第一次的幅度要小于第二次的幅度。

降价的计算方法

买手极其重视他们采购商品的综合毛利润率，因为综合毛利润率会受到商品降价的影响，所以买手必须要能够计算出商品的降价率。

问题：

一个买手决定对厨房用品进行降价促销。这些商品的原价为10000美元，降价幅度为15%。所有的商品都销售出去了。请计算出以实际零售额为基础的降价率。

解答：

（1）计算降价的金额：

$$\text{降价的金额} = \text{原价} \times \text{降价幅度}$$
$$= 10000 \times 15\%$$
$$= 1500 \text{美元}$$

（2）计算实际零售额：

$$\text{实际零售额} = \text{原价} - \text{降价的金额}$$
$$= 10000 - 1500$$
$$= 8500 \text{美元}$$

（3）计算以零售额为基础的降价率：

$$\text{降价率} = \text{降价金额} \div \text{实际零售额} \times 100\%$$
$$= 1500 \div 8500 \times 100\%$$
$$= 17.6\%$$

库存周转率

库存周转率是指一定时间内库存被销售并且补充新货的次数。管理人员很重视这个信息，因为它可以反映一个商场的效率，买手也用它来考察商场的缺点。高的库存周转率表示着良好的管理水平，因为它代表着商品从商场到消费者手中的速度。

计算库存周转率

计算库存周转率的公式为：

$$零售额 \div 平均库存金额 \times 100\% = 库存周转率$$

我们可以计算一周、一个月、一个季节、一年的库存周转率。当然，公式中的零售额就是指这段时期内的零售额，库存也是指这段时期内的库存。计算一个月的库存周转率的时候，可以把月初的库存加上月底的库存再除以2来计算。计算较长一段时间的库存周转率的时候，可以把每月底的库存相加并计算出平均值就行了。如果我们能够得到每周的库存量，那么每周的库存周转率就可以被计算出来了。

问题：

根据以下的信息，请计算出这六个月的库存周转率。

月份	天数	销售额（美元）	零售库存（美元）
七月	1	—	15000
七月	31	10000	22000
八月	31	8000	18000
九月	30	12000	25000
十月	31	20000	40000
十一月	30	15000	30000
十二月	31	35000	60000
		100000	210000

解答：

（1）计算平均库存金额：

$$210000 \div 7 = 30000 美元$$

（2）计算库存周转率：

$$库存周转率 = 零售额 \div 平均库存金额 \times 100\%$$
$$= 100000 \div 30000 \times 100\%$$
$$= 3.33$$

良性周转的优势

一般来说，库存周转率越高，商品的销售越快，良性周转使得商场不断得以新货更迭，这样可以提高销售量、商场的名声和销售人员的士气。畅销商品极少降价，库存销售得越快资金回笼就越快。简而言之，在同等条件下，利润由商品的周转率决定。

买手应该把其商品周转率和业内其他相似的商场以及自身前期的记录进行对比，可以列成表15-2的形式。此外，通过商品价格或相似商品类别的销售情况对自身的经营进行分类，就能够发现问题并着手解决。

计算商品周转率时主要会出现所得到的库存数字并不一定精确的问题。随着越来越多的大商场使用计算机来管理库存，这个问题已经基本得到了解决。

表15-2 不同种类商品的周转率

零售公司种类	平均年周转率
加油站	21
食品店	18
糖果店	12
小型饰品店	11
酒类商店	6
印刷品和墙纸店	5
药店	4
婴儿用品店	4
家具	3
家居用品	2
鞋子	2

周转信息的缺点

虽然周转信息为买手提供了一个很好的参考指标，但就其本身而言意义并不大。原因之一就是它无法显示利润，拙劣的经营水平可能会产生高的商品流通率。例如，通过保持低库存率就可以实现高周转率，尽管消费者不可能完全找到他们想要的商品，这样公司的毛利润率就不会高。便宜的价格可以带来销售的增加，但这是以损失利润为代价的。

影响定价策略的因素

无论是大店还是小店的买手，都必须遵循综合毛利润率策略。大店的买手从主管那里拿到目标要求，小店经营者虽然不那么严格，但也需要一个能够维持生存的最低毛利润率。实际的毛利润率事实上受很多因素的影响。

店铺形象

声望极佳的店铺，如柏格多夫·古曼、内曼·马库斯、芬迪（Fendi）和第五大道萨斯已经在消费者心中树立了一个良好的形象，使得他们愿意去购买那些标价高的商品（图15-3）。通常有了这样形象的卖场，它的经营成本会比其他店的要高。因为它有昂贵的装备、高薪聘请的工作人员和良好的销售服务。树立形象的费用必须通过额外利润来获得。

图15-3 纽约柏格多夫·古曼这样的品牌店凭借自身形象往往能够保证其商品的高价销售
（ⓒBrian Jannsen/Alamy）

服务

提供免费换货服务，个性化购物咨询等服务的商家，必须提高自己的利润，以支付这些额外的支出。不应该把价格看成是影响消费者选择的唯一因素。一些知名的企业，如第五大道萨斯、内曼·马库斯和诺斯姆（Nordstrom），他们的经营成功秘诀就在于其消费者愿意为这些类似的额外服务来支付另外的费用。

便利性

小型零售商与那些大商场相比，商品价格会略高一些。这主要是因为小型零售商给消费者提供了购物的便利，减少了他们花在路途上的时间。另外，小型零售商因为营业时间很长，这也为消费者提供了很大的方便。

竞争

也许影响价格的最重要因素就是在于竞争压力，毕竟愿意为商店的良好服务、良好形象以及所提供便利支付额外费用的消费者是有限的。每个零售商必须找到适合自己的商品价位，他要把所有影响价格的因素都考虑在内，进而与其他零售商竞争。

专供商品

解决价格之争的一个途径是通过销售专供商品，即竞争对手没有的这些专供商品。例如，宪章俱乐部（Charter Club）是梅茜百货独家经营的专供品牌，消费者购买时没有其他可供比较的同类商品。对于小型零售商来说，可通过采购代理机构拿到一些专供商品，很多小的酒类经营店都有自己独特的商品供大家选择。由于专供商品的销售量较小，并且生产商不用花费额外的促销费用，所以经营者可以用较低的价格购进这些商品，但它却能够为经营者带来比其他商品高得多的利润率。

商品属性

许多商品自身的特点就已经决定了它的利润情况，如高风险的商品所能够获得的利润必须足以担负降价以及其他有可能带来的损失，像时尚类商品、易损坏的商品、季节性商品。

另外一些商品拥有较高的相关销售费用，如昂贵的珠宝就需要一个安全的地方来存放；体积庞大的商品，如家具就需要较大的展示空间；较昂贵的男装，就需要高薪聘请综合素质高的销售人员。这类商品的额外费用就必须用额外的利润来支付。

促销费用支出

广告和促销费用相当昂贵，因此，这部分费用也必须由足够的利润来分担，但这并不意味着做广告多的商品就一定昂贵，商家通过大量的广告来加速商品周转，这样也能够使价格保持较低的水平。但是在制定商品价格时，促销费用支出不容忽视。

特卖商品

吸引消费者的一个有效方法是拿出部分商品进行特卖，或者是调低整体价格，以低于或者接近成本的价格进行销售，超市往往每周都会有类似的商品在进行特卖（图15-4）。

折扣运作

折扣运作主要是以价格竞争为主。为了保持竞争力，它提供最少的销售服务，购物环境简单，不提供商品包装，没有知名品牌，以低于正常利润来获得较高的商品周转率。负责这类商品采购的买手，既要采购一定数量的品牌商品，还要采购那些不太为人所知的商品，再通过这些不太容易产生比较的商品来获得多一些的利润，以提高总体利润。

图15-4 帕布利斯之类的超市经常用特卖商品来提高客流和销售

（©Ian Dagnall/Alamy）

价位

即使再大的商场也不可能拥有所有价格范围的商品，即使店内的价位齐全，那么商品种类势必有限。如果一位消费者想买一条裙子，并且她对购买裙子的花费有了计划，毫无疑问，她会在自己能够接受的价格范围内找一家品种尽可能齐全的商店来选择。从定义上来看，价位是指商品在一定范围内的价格区间。

选择价位

一般来说，一个店面的形象，就决定了它所销售商品的价位。有品位的商店不可能销售低价位的商品，而只能销售高价位的商品。然而，就"高价位"这个词来说，它的范围也相当大。例如一套高价位的男套装就有可能是1500~2500美元不等。特定的商场要有适合自己价位的商品，这些商品要能够得到持续的供应。这个价位要符合消费者的需要，同时还要经常有一些比固定价位相对便宜一些的商品来销售，因为消费者们喜欢有变化，经验表明这样的效果是不错的。

在进行价位选择的时候，有一点要引起重视，那就是价格的差异应该与商品质量的差异一致。

价位的优势

价位之所以有着广泛的用途，就是因为它们有着明显的优势。

提高销售量

消费者对自己的购物都有一个相对明确的价位要求，同一价位的商品集中在一起，由于价位适当，也降低了产生滞销商品的可能性。同一价位的商品相对集中，为消费者的选择提供了很大的空间。滞销商品的减少提高了销售量和资金周转率，也降低了降价的可能。

更容易做出选择

对于消费者来说，在同一价位的两件商品中更容易做出选择，他们不会把50美元和175美元的两双鞋子放在一起进行比较，但如果是50美元和75美元的话，消费者就很容易根据鞋子的款式和质量做出自己的选择。

更好的管理

商场价位的确定减少了商场的商品种类，同时也增加了每种价位商品的数量，这样就减少了缺货现象的发生。另外，商品种类少了，了解每种商品销售情况所耗费的时间也相应减少，销售人员将更容易决定补货和库存情况。可见，价位的确定导致商品种类的减少，增强了销售人员对于存货的了解，并降低了对储存空间的要求。

减少管理成本

当价位较少时，工作人员能够迅速地了解价格情况，从而节省诸如做标价、退货以及标记退货工作等管理费用。

更好的采购决策

商品的价位越集中，供货渠道就越少，这样一来，买手就会对一些供应商更为熟悉。如果采购的货物品种过于宽泛的话，就限制了买手对供应商的回访。价位使得买手能够专注于某几个供应商，这样就使得零售商对供应商的重要性加强了，并且使得买手在交货日期、货物价格、退货方面得到更多的优惠。

改善促销

明确的价位对于广告和视觉营销也有帮助，他们不用被迫把促销销售预算扩展到每个领域，而是侧重于会有最大需求的商品。这样就提高了促销的效率。

商业词汇

平均利润率
综合毛利润
部门定价
单件商品利润

主导商品
亏本商品
实际毛利润率
降价

毛利润
库存周转率
价位
价格范围

要点概述

1. 利润取决于利润率和定价。利润率由采购经理预先制定，并作为评估买手工作能力的重要指标。
2. 与利润率相关的重要公式有：毛利润=商品零售额－商品成本、零售额毛利润率=毛利润÷商品零售额×100%、成本毛利润率=毛利润÷成本×100%。
3. 综合毛利润是指目前所经营的商品以及即将采购的商品的总利润。
4. 平均毛利润是指在一定时期内所有经营商品的利润。
5. 降价以销售价格为基础，过高的商品定价、错误的采购决策、销售不力、天气、商品过时等因素都可能引起降价。
6. 降价通常作为评估买手的手段，但这可能会引起管理上的严重错误。
7. 降价的时机非常重要。越早降价，利润损失越小。
8. 降价的幅度需要良好的判断，降价幅度必须足够大以引起消费者的兴趣，但又要避免不必要的利润损失。
9. 商品降价率的公式：降价的金额÷销售额×100%=降价率。
10. 库存周转率是指一定时间内库存被销售并且补充新货的次数，它是评估买手工作效率的指标之一，公式如下：销售额÷平均库存金额（以零售额计）=库存周转率。
11. 良好的库存周转率使得商场不断得以新货更迭，提升客流、店铺的名气和销售人员的士气。然而，库存周转率信息也有不足之处，例如，它不能显示利润，并且可以通过保持低库存率来实现高库存周转率。
12. 影响定价的主要因素有：店铺形象、服务、便利性、竞争、专供商品、商品属性、促销成本、特卖商品以及折扣运作。
13. 价位，或称价格带，指商品在一定范围内的价格区间。一般来说，价位的选择取决于店铺的形象。价位有以下几点优势：通过集中销售消费者所需的商品来提升销售额、便于挑选商品、更有利于管理、利于制定更好的采购决策、减少管理成本以及提升促销效果。

思考题

1. 为何商场不允许买手决定部门的综合毛利润率？
2. 买手以部门综合毛利润率作为实现目标，这将如何影响买手对各单独商品的定价策略？
3. 请比较小型零售店铺所有者和百货商场管理层的定价策略。
4. 某商品成本价为7美元，销售价格为10美元，计算毛利润以及零售额毛利润率。
5. 有零售商使用成本毛利润率指标吗？解释原因并试举例。
6. 一款毛衣的成本为42美元，毛利润率为60%，请计算零售价格。
7. 一款灯饰的零售价格为120美元，毛利润率为35%，请计算成本。
8. 解释综合毛利润的定义，并写出计算公式。
9. 解释平均毛利润的定义，并列出它有哪些用途？
10. 何为降价？写出降价率的公式。
11. 讨论并举例由于买手错误所导致的降价。
12. 举例说明由于销售错误导致的降价。
13. 降价都是由于错误所引起的吗？请解释你的答案。
14. 讨论正确的降价时机的重要性。
15. 在决定降价幅度时，必须考虑哪些因素？
16. 某商品零售价格为5000美元，降价幅度为30%，所有的商品均已售出。请计算出以销售额为基础的降价率。
17. 请说出库存周转率的定义并列出计算公式。
18. 良好的库存周转率具有哪些优势？
19. 库存周转率本身能够用于判断公司的运营情况吗？请解释你的答案。
20. 讨论影响定价策略的六个影响因素。
21. 价位指什么？价位能带来什么优势？
22. 应该如何进行价位选择？

案例1

约翰·道格拉斯（John Douglas）先生经营着一家小型的中档价格的女装店。公司刚运营两年，由于经营管理不善，几乎都要破产了。

道格拉斯先生曾在一家成功的大型百货商店担任10年销售人员，他把所用的商品营销模式照搬到自己的店铺中。根据他的经验，他非常懂得如何经营店铺。另外，他有很不错的品位，和消费者们的需求正好相符。因此，他很少买错商品。但是，他的经验仅限于销售和客户关系方面，对采购流程和企划则知之甚少。

道格拉斯先生的会计告诉他，他需要至少40%的销售毛利润才能抵消他的成本，并保证得到合理的利润。这一季从9月25日开始一直到12月25日结束，他计划的商品成本是60000美元。在9月25日，他有10000美元成本的商品，零售价格为15000美元。到12月1日，他拥有45000美元成本的商品，零售价为65000美元。

问题：

1. 为了保证40%毛利润的要求，他再购买的商品必须保持多高的利润率？
2. 评价一下道格拉斯先生的采购计划。

案例2

你是某大商场家居商品部的经理，一年前负责采购地板用品的买手辞职了。在面试了很多候选人之后，你决定提升买手助理弗兰克·托马斯（Frank Thomas）担任新的买手。弗兰克·托马斯非常年轻，五年前完成了店铺经营培训课程，与其他的候选人相比，他并不具有足够的经验，但是他的进取心、聪明才智以及对同事的尊重和关心，足以让你决定与他合作。当然，既然这个选择是你做出的，你就必须去关注他第一年的业绩。以下是一年内的商品周转的统计：

商品周转统计

月份	日期	销售额（美元）	零售库存（美元）
一月	1	—	100000
一月	31	35000	100000
二月	28	45000	220000
三月	31	55000	200000
四月	30	60000	180000
五月	31	50000	140000

续表

月份	日期	销售额（美元）	零售库存（美元）
六月	30	45000	130000
七月	31	40000	100000
八月	31	40000	100000
九月	30	45000	200000
十月	31	60000	230000
十一月	30	85000	150000
十二月	31	40000	100000

上一年，前一个买手的库存周转率为3.2，销售额为510000美元。

问题：

1. 计算出库存周转率。
2. 从计算结果能得出什么样的结论？
3. 如果要对弗兰克·托马斯的工作能力做出评判的话，你还需要什么信息？

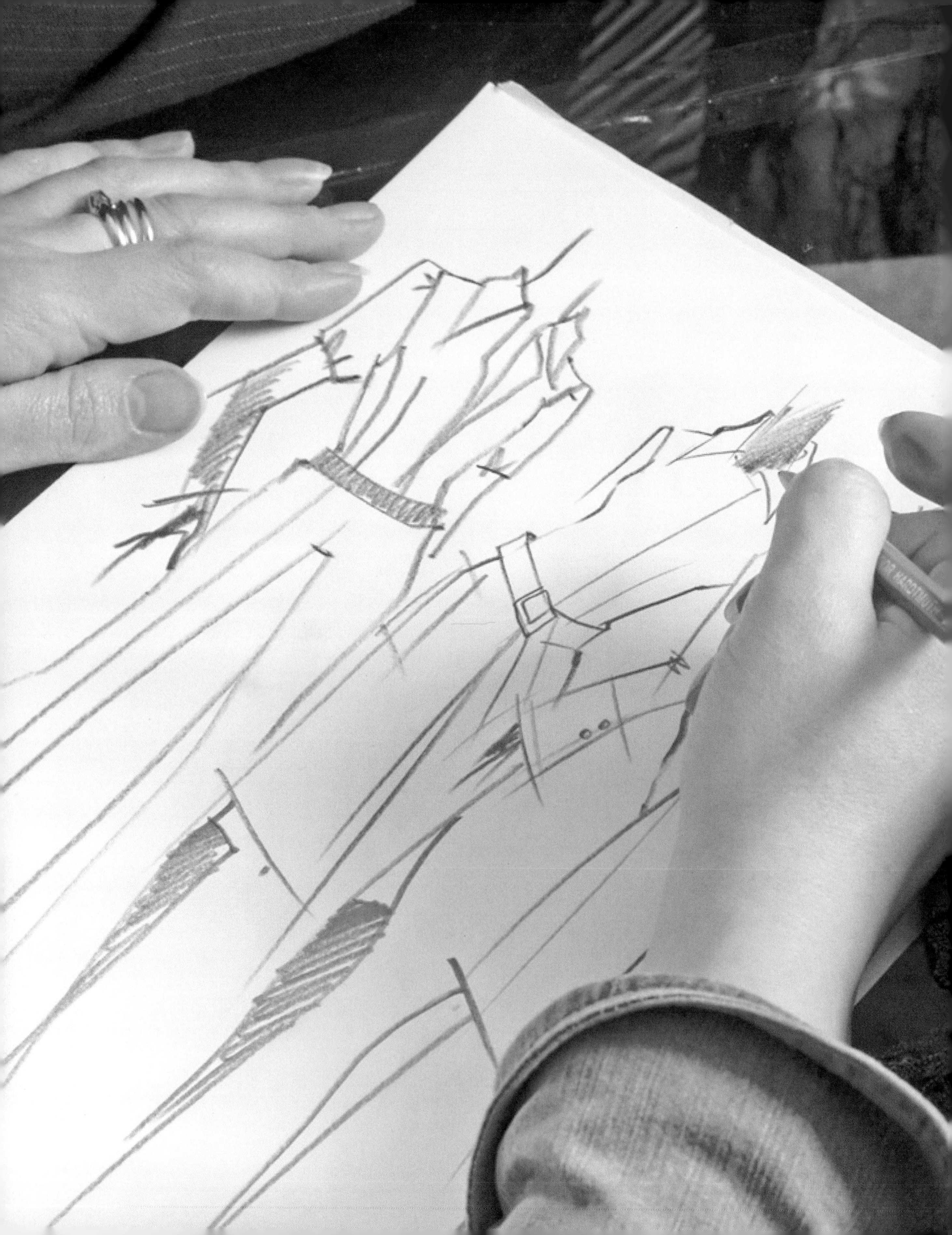

开发专供商品项目

经过本章的学习后，我们应当能够做到：

- 列举零售商大范围经营生产商与设计师品牌的多方面原因。
- 解释为什么越来越多的零售商不断增加专供商品的种类。
- 讨论不断发展的"商场即品牌"的经营理念。
- 描述买手在许多零售组织发展专供商品方面的作用。
- 列出零售商为获得专供商品所使用的不同手段。
- 描述零售商向消费者推介专供商品的方式。
- 讨论零售商在给自家的专供商品的品牌命名时所需考虑的因素。

第十六章

目前，在零售业内开发与推出专供商品这种经营模式正不断发展。这类商品曾经仅占极小的商品比例，现在却正快速成为大多数零售组织经营范围的重要组成部分。虽然在不久以前，仅有塞尔斯等少数几家大型零售商使用这种经营模式，但在过去的30年中，越来越多的零售组织也加入到此行列中，其中有相当一部分甚至今天已将这种专供品牌模式作为其经营的唯一手段。一些连锁组织，如盖普、巴纳瑞克、老海军、贝纳通以及埃迪·包尔（Eddie Bauer）等，还依据"商场即品牌"的经营理念将经营范围完全限定在此类商品中（图16-1）。

尽管零售商与消费者普遍接受了这种经营理念，但它却绝非零售商确定经营范围的唯一模式。如今，仍有许多零售商重点依赖著名生产商与设计师的高档商品。在这其中，一些零售商采用的是专卖形式，还有一些则同时销售专供本公司经营的多种知名品牌。至于哪种经营方式才是最适合的，则完全取决于零售商的判断。但对于那些选择经营多种商品的零售商而言，确定每种商品的适当比例从而最大限度地满足目标市场的需要却是他们必须考虑的一个关键问题。

与以往相比，如今零售商的经营环境显得更为复杂多样。不但目录销售商与电子购物对传统零售商形成了竞争，而且传统零售商之间也经常通过降价商品相互挤压。他们大多数都为其消费者提供着专供商品的销售，并且尽力开发着自有商品。

在使用这种营销手段的过程中，必须解决许多问题，包括：如何获得这些商品？是否应该由零售商控制生产？是应该用商店的名字，还是另外用一个引人注目的名称，又或是用一个为公众所熟知的名人的签名作为商标？如何促销新引进的专供商品种类？是应当全部经营专供商品，还是仅将其作为所有经营商品的一部分？

有关专供商品方面的决定，绝大部分是由高级管理层做出的。他们会确定公司的经营目标以及实现这一目标的最佳方式。但与此同时，许多零售组织的买手也被要求在其中发挥一定作用。甚至在一些零售机构中，买手还承担着帮助发展特定专供商品并决定如何才能使这些商品更好地适应公司总体商品种类需求的职责。

图16-1 老海军以"商场即品牌"为经营理念
(ⓒ Richard Levine/Alamy)

本章关注的重点主要在于对比生产商的商标与专供商品商标的异同，以及经营公司专供商品时可能出现的问题。

生产商品牌与商标

在整个零售史上，零售商同消费者一样都会选择知名生产商和设计师的产品。因为购进这些商品不但能为零售商带来稳定的销售，而且，购物者也能确切掌握其效能并一般无须担心做出错误的购买决定。商品的品牌声誉不是一进入市场就随之产生的，而是要通过积极的促销活动和获得消费者的普遍认可后才能建立起来。

零售商大量购进此类商品可能会出于多方面的考虑，主要包括：

（1）消费者需求。一个成功的商品品牌会有许多追随者，并且能吸引消费者到销售它们的商场去选购。这些商品不但能显著提高商场的销售量，还有助于凝聚公司人气，从而有助于提升其他商品的销售。

（2）促销成本。为提高商品知名度，生产商会在商品促销方面投入大量资金。这有助于零售商在消费者走进商场之前或者在他们收到商品目录之前就能实现商品预售。正因如此，这些知名品牌通过降低零售商用于广告宣传的费用，从而腾出大量资金用于专供商品等其他商品的促销活动。除了生产商自己进行的促销活动之外，他们还会通过合作广告的形式向零售商提供广告补助，且比例通常高达总广告费用的50%，从而使买手花费在此类商品上的宣传费用节省了一半。

（3）迅速销售。与不太知名的商品相比，由于著名商品具有较高的知名度，加之消费者具备一定的消费经验，因此，对此类商品，基本不需要销售人员的介绍与推荐，消费者就会比较容易迅速购买。而销售人员在促成此类商品实现交易时所花费的时间较少，从而相对降低了商场的运营成本。

（4）存货补充。由于知名商品的销售量通常比较大，因此，生产商一般更倾向于进行更多的商品储备。这就使得零售商在再次订购热卖商品时无需花费很长时间等待新商品的生产。而对于不那么知名的商品，生产商多不愿意生产超过订单要求的商品，由此所形成的较低存货量就可能耽误商场的再进货时机，并进而导致潜在的销售损失。

（5）质量控制。为保护已经建立起来的品牌，生产商一般不会有意降低所生产商品的质量。在保持最高生产标准的情况下，商品投诉的数量与退货的几率就会显著降低。而另一方面，非知名商品以及非专供商品的生产过程则一般不会那么认真仔细，因此，有时就会造成较多的商品投诉与退货行为。

（6）商场声望。经营知名商品，会有效提升零售商的声望。通常情况下，零售商会在专门的区域或部门销售这些商品。对如利兹·克莱伯恩（Liz Claiborne）、拉夫·劳伦、DKNY、巴伯瑞、卡尔文·克莱恩等顶级品牌的商品，商场会以最醒目的标志向购物者通报其销售地点。这些标志不但是要指明在哪里可以找到这些商品，而且还是要告诉购物者商场经营着此类高档商品。虽然如今的消费者在

图16-2 巴伯瑞以醒目的标志来提升商场的声望
(Ralukatudor/Dreamstime.com)

价格方面都非常理性，但其中许多人仍然难以抵御这些知名商品的吸引力。因此，这些知名品牌对提升商场的声望与形象有着很强的促进作用（图16-2）。

（7）价位稳定。如果零售商无须担心竞争对手的降价策略，那么，其获得较高利润率的可能性就会显著增加。虽然由于要应对低价销售商的竞争，并需要在淡季迅速销售商品，保持价位稳定已经不再是零售商必须固守的经营策略，但一些品牌却控制着自己商品的店内销售价格。例如，拉夫·劳伦就谨慎控制着其品牌商品的零售价格。在商品销售过程中，零售商不但必须要严格依据事先约定进行商品定价，而且只能在供应商认可的时间才能实行降价，且降价销售的幅度也同样由供应商决定。从而确保了零售商得以在没有恶性价格竞争的环境里正常经营。但是对于很多知名品牌来说，这种保持价位稳定的做法并不典型。或者说它并非是一种必须遵循的规则，在相当意义上，它只能被认为是一种特殊现象。

可以毫不夸张地说，大多数零售商会延续其对知名商品的经营，且这些商品通常作为商场的经营重心，为零售商创造利润。当然，随着专供商品的不断涌现，零售商必须认真判定每种类型商品的购进比例。

专供商品

如前面章节所提到的，专供商品对于零售业来说并非一个新生事物。几十年以来，塞尔斯的零点（Coldspot）、肯莫尔（Kenmore）和克拉夫曼（Craftsman）等专供品牌在销售方面就获得了巨大成功。由于这些商品产自同样生产其他全国知名商品的著名生产商，因此，商品质量有着充分的保证。

尽管专供品牌和贴有专供商标的专供商品获得了普遍的关注，但如塞尔斯之类的零售商通过调查发现，消费者希望有多类商品供采购时选择。因此，除了专供商品之外，越来越多标有生产商自己品牌的商品进入市场。实践证明，零售运营取得成功并没有一个放之四海而皆准的固定模式，各个零售企业都必须根据自己的需要选择最适合的营销模式。

无论如何，零售商在改变营销理念并采用专供商品经营模式之前，使用多种调研工具评估其销售潜力是非常重要的。而在这其中，评估消费者对专供商品的反应更是首当其冲应该进行的工作。与买手在进行采购决策时无需考虑消费者意见这一以往零售营销实践不同，如今，购物者是买手在选择商品时必须考虑的最重要因素，"消费者就是上帝"的观念成为买手工作实践中时时刻刻被遵循的金科玉律。事实上，只有消费者显示出对某种营销模式的偏爱，商品销售才能得以顺利实现。

测定消费者的态度

为评估消费者对生产商品牌和贴有生产商商标的商品的态度，许多大型零售企业会定期进行消费者调查活动。总体来看，这些调研活动的结果表明，消费者对这些商品本身的兴趣较弱，其选择购物时更多依赖的是商场在经营商品种类方面的声望。这也就是说，消费者不会刻意寻找某一品牌的商品，而是经常选择到曾经购得合意商品的特定商场、目录销售商或电子销售网站进行购物，以满足自己的商品需求。

通常，零售商不会亲自实施调研活动，而更倾向于参考外部机构得出的调研结果。在这些定期实施重要调研活动的外部机构中，报刊广告部（NAB）具有相当高的业内知名度。在所进行的一项有关消费者购买行为的调研活动中，该机构向那些对专供商品持观望态度的零售商提供了一项令人兴奋的结论。通过对2705名男女消费者进行的总计4000个电话采访，该机构发现，"商场的可依赖性"对消费者购物行为的影响要比许多零售商所预期的要显著得多。表格16-1清楚表明，有58%的潜在消费者依靠零售商的声誉与可依赖性而非特定生产商的品牌做出最终的购物决定。这一数据为那些准备开发专供商品项目，或者已投身其中并考虑根据调查结果进行适当调整的买手发出了一个积极的信号。自然，在这一过程中，零售商还必须认真考察本商场的消费群是否与NAB所调查的人群相似。只有通过自己或外部机构对自己的消费者来源进行详细调查后，这一信息才对零售商具备真正的价值。

表16-1 报刊广告部调查——消费者对品牌商品与零售商形象的态度

项目	男性（%）	女性（%）	综合情况（%）
品牌商品向我提供了更好的质量与实用性	45	35	39
如果零售商可信赖，哪个厂家的品牌无所谓	53	62	58
未回答	2	3	3
总计	100	100	100

图16-3 麦克斯（T.J.Maxx）是低价零售店巨头
[ⓒMichael Neelon（misc）/Alamy]

适应竞争挑战

如今的零售经营充满了大量竞争，在这种环境下，零售商要想取得成功，就必须付出比以前更多的努力。百货商场、专业店等传统零售组织之间通常经营着完全相同的商品，并有时会为了获得更多的消费者而展开激烈的价格战。一些传统零售商会在商品到货几周后就通过降低零售价格实行促销，来为购进新商品腾出空间。这自然给那些没有提前降价的零售商带来了无尽的痛苦。

许多折扣商，如塔格、沃尔玛等，经常以低于其他零售商的价格销售商品，从而使那些没有实行低价策略的零售商因价格方面原因导致客源流失。

低价零售商由于能够以较低的价格出售相同的品牌商品，因此，他们的出现对传统零售商的影响颇为严重。尽管低价零售商购得这些品牌商品的时间较晚，但这并不妨碍他们与传统零售商同时销售这些商品，并且价格相对而言更为低廉。

面对来自提前降价的传统零售商，以及如麦克斯（T.J.Maxx）和玛莎等以低价买进又以低价卖出的低价零售商的多种压力，许多零售商解决问题的唯一出路就只能是发展自己的专供商品（图16-3）。在这种商品经营权的排他性特征下，购物者就失去了进行价格对比的对象，从而使零售商不必担心其他零售商购进同类商品并进行低价竞争。

为获得这种营销优势，越来越多的零售商开始开发自己的专供商品项目。

确定经营专供商品的范围与数量

在做出了经营专供商品的决定后，零售商接下来必须解决的问题，就是要确定应发展多少种专供商品以及专供商品应占全部经营商品的比重。大多数零售商会选择部分经营专供商品，但也有一些零售商采用了"商场即品牌"这一相对较新的方式。

部分经营专供商品

大多数商场和一些连锁组织所经营的专供商品只是其所拥有商品的一部分，并且不同商场在经营专供商品的比例程度上也各不相同（图16-4）。例如，梅茜百货（Macy's）就主要经营专供商品，其种类包括男装、女装、童装、配饰以及家居装饰品等多个方面。切特俱乐部（Charter Club）和艾凡尼（Alfani）等专供品牌的销售量也非常巨大。由于其中一些品牌经营形势相当乐观，公司还为切特俱乐部等品牌的商品开设了专门的分店。

其他主要经营专供商品的商场还包括伯名得、贝尔克（Belk）以及迪得（Dillard's）等。

图16-4　萨斯第五大道精品百货（Saks Fifth Avenue）经营专供商品
（Steve Beer/Shutterstock）

必须说明的是，并非只有百货商场和传统的连锁组织经营专供商品。许多折扣零售商也会在销售由那些著名的生产商与设计师生产的名牌商品的同时，销售本公司专供商品。例如，专门以折扣价销售服装、配饰以及家居装饰品，并在全国各地设有分店的圣马特，就经营着大量的专供商品。凭借这种经营模式，这些低价零售商就得以在通过提供知名商品吸引消费者的同时，增加销售本公司自有品牌商品的机会。

商场即品牌

在这种经营模式下，由于商场所经营的商品全部是专供商品，因此，它就不会涉及确定全国知名商品与专供商品的比例问题。而其重心，就在于确保公司名称与所经营商品的商标完全一致，以使消费者到这种商场购物时，能立即认识到在这里只能购买到一种品牌的商品。盖普是世界此类商场的领跑者，在其成员店盖普童装（Gap Kids）和盖普婴儿装（Baby Gap），以及巴纳瑞克、老海军的分店中，人们一看到商场的名称，就会了解到所经营商品的品牌（图16-5）。

图16-5 盖普（The Gap）是世界顶尖贯彻"商场即品牌"经营理念的商家
（Ellen Diamond）

由于盖普所取得的巨大成功，别的一些连锁店开始模仿其经营模式。例如，埃迪·包尔就经营着以自己商场名称命名的服装与家居装饰品等大量专供商品。

这些公司会在开发专供商品方面耗费大量的时间与精力。公司买手与专业人员会经常性地考察全球市场，以寻找适合公司营销政策的商品，并联系生产商进行生产。通常情况下，为使商品更能满足自己客户的需要，专业人员会对寻找到的商品进行适当调整。甚至有时，他们还会亲自设计商品供生产商生产。

但无论采取何种方式，"商场即品牌"的经营模式都要求商场要比其他类型的零售企业在发展专供商品方面付出更多的努力。

专供商品的优势

通过仔细分析本章已经涉及的专供商品方面的信息，我们可以得出一个基本认识，即兼营或专营专供商品的零售商会享受到许多方面的竞争优势。对此，有的虽已被简单提到，但其重要性却需要做进一步探讨，而有的则是第一次被涉及。具体而言，这些优势主要包括以下几个方面。

（1）客户群是根据商场的专供商品而非生产商或设计师的品牌建立起来的。当专供商品实现了客户需要后，由于本商场是经营此类商品的唯一场所，消费者就会不断光顾。而生产商的品牌商品可在许多地方购买到，因此，这些商品并不会使消费者一定要到特定商店选择购物。

（2）通常由供应商确立的采购条件可能会导致零售商面临很多问题。如供应商可能要求零售商在卖场对其商品进行特殊的陈列或者在对其商品进行宣传推介时必须符合一些特殊的规定。专供商品则一般不会涉及此类事宜。

（3）由于商品的排他性特征，不会出现竞争对手降价销售或其他促销竞争。

（4）商品的排他性特征避免了购物者对比不同商场中同一商品售价的可能性。

（5）尽管生产商的品牌商品通常具有范围较广的适用群体，但它们却不可能满足所有零售商的要求，而专供商品却可以根据公司的具体需要制作。

（6）由于回避了中间商利润，专供商品通常能为零售商带来较高的利润率。在这种情况下，零售商就能实现更好的盈利并提供比同类商品更具竞争优势的价位。

（7）由于进价中不包含促销费用，因此，从公司外部的生产商那里购进的专供商品会比该生产商的正常商品更加便宜。全国知名品牌商品的售价会受到很多因素的制约，其中之一就是商品的宣传推介费用。而由于无需对专供商品进行广告宣传，零售商的进货成本就会相对降低。

（8）专供商品避免了供应商在商品退货、价位设定以及降价时间等方面的限制，有关这些方面的政策，完全由零售商自主确定。

项目开发

相对于商场是计划引入一种专供商品作为经营范围的一部分，还是拓展现有的专供商品项目这两个不同目的，商场所使用的手段会有很大差异。这里需要说明的一点是，有时随着情况的变化，零售商会以一种激进的方式改变自己的营销策略。例如，盖普就是进行此类调整的一个绝佳案例。兰维·施特劳斯公司的牛仔裤一直是该公司销售的重点商品。然而，由于兰维·施特劳斯也开始同时向其他零售商供货，这就导致了价格竞争，并影响了盖普的最终利润。于是，盖普毅然选择放弃兰维·施特劳斯的品牌转而完全经营自己的品牌。盖普公司如今已经成为同类企业中经营自有品牌的佼佼者。

图16-6 维多利亚的秘密（Victoria's Secret）开发生产自己的品牌
（ⓒ B.O' Kane/Alamy）

对于用何种方式购进专供商品才是公司的最佳选择这一问题，并非买手的职责所在。但由于他们对特定商品有着丰富的经验，因此，他们也通常会在这一由管理层最终实施的决策过程中发挥相当大的作用。

获得专供商品有三种主要的途径，即从外部公司直接购进、由采购代理机构代购以及公司自己生产（图16-6）。

直接采购

在零售商决定采用直接采购途径时，会有两种类型截然不同的厂商供他们选择。一种是为零售商生产特定专供商品，同时还生产本公司品牌商品的全国知名厂商，另一种是仅生产印有零售商标志的专供商品的厂商。这两种厂商都有各自的优势所在。因此，零售商在做出选择之前，了解其各自特征是非常必要的。

向全国知名厂商实施采购

由于全国知名厂商必须保持所生产商品的特定水准，因此，直接向这些厂商采购能确保买手所采购专供商品的质量。塞尔斯是最早联系这类厂商生产专供商品的公司之一，其经营的零点、肯莫尔（Kenmore）等品牌的专供商品除了设计方面的细微变化外，与全国范围销售的其他名牌商品完全相同。而塞尔斯在这方面所取得的巨大成功说明了此类方式对其他一些零售商的可操作性。

在男装行业，专门设计的服装是全国知名厂商为零售企业生产的重要专供商品。一些生产巴伯瑞和哈尔森（Halston）等著名品牌商品的此类厂商，在生产本公司商品的同时，还同时为遍布全国的零售商生产套装、运动衣、裤子等种类的专供商品。目前，有许多零售公司在经营印有本公司标志的专供商品的同时，还销售此类著名品牌的专供商品。

长期以来，许多零售商一直都凭借这种方式发展本公司在女装、男装、童装、配饰、家居装饰以及食品等种类的专供商品。

向专营专供商品的厂商实施采购

目前，任何种类的商品都有许多专门为零售商生产专供商品的厂商。在国内外的市场中，也有许多生产咨询机构在实际发挥着联系厂商与零售商的媒介作用，从而为双方达成专供商品方面的交易提供了诸多方便。一般情况下，全国知名商品的生产商不会设立自己的代理机构，但专营专供商品的厂商却通常拥有自己的销售代理。

就专供商品的形成程序而言，通常是由销售主管、销售部经理、买手以及产品研发人员所组成的零售组织销售团队首先进行产品开发工作，之后，公司会将具体信息直接传递给与其有合作关系的生产专供商品的生产商或者转包给其他具备生产能力的厂商生产。

米彻尔·佩吉（Mitchell Paige）是目前最主要的生产咨询机构之一。其主要业务就是向全美国的大型商场和连锁组织提供专供商品。该公司具备一整套完备的服务体系，从根据零售商的具体要求，并结合自己的专业经验进行专供商品设计，到最终的商品交付，无所不包。而且，公司经营的商品种类也多种多样，主要包括男装、女装、童装以及多种时尚饰品等。

通过采购代理机构实施采购

除了零售商与厂商发生直接联系以外，另一种采购专供商品的方式就是雇用采购代理机构为其开发生产专供其经营的商品。例如，多格集团就是从事此类经营的采购代理机构之一。公司开发了多种标有本公司商标的商品供其客户选购，且这些商品只向与其有代理关系的成员店销售。由于公司的各成员店之间从经营地点方面看并不存在竞争关系，因此，这种商品就确保了各成员店在各自经营范围内的排他性，从而使零售商不再需要在发展商品方面付出更多努力。虽然这只是一种不完全的排他性，但公司保证只会向不存在竞争关系的成员店供货。

对许多无力自己发展专供商品的小型零售组织而言，他们一般会倾向于选择这种方式。因为，如果没有采购代理机构的协助，他们就无法参与专供商品的经营，从而难以获得这方面所带来的高额利润。

零售组织自己生产

许多大型零售组织会选择开发自己的专供商品，并由公司下属的工厂自己生产。盖普、维多利亚的秘密和雷米特就是使用这种方式的典型代表。

这种获得专供商品的方式存在许多优势。首先也是最重要的一点，就是它能通过免去公司以外的生产商与承包商等中间环节，有效降低商品的生产成本，从而使公司能向消费者提供更具竞争力的价格并获得更高的利润。

这种方式的另外一个优势就是这些工厂能严格按照零售商的要求进行生产，因此能根据零售商的具体需要随时对商品进行调整。与此同时，由于不存在生产其他公司的订单，这种独占性的生产方式还能确保商品更加迅速地到货。

在此基础上，由于零售商能仔细观察商品的生产过程并确保所有的需求都得到满足，因此，质量控制也是这种方式的另一优势所在。

当然，这种方式也存在一些不利因素。例如，由于工厂所需要的维持费用非常巨大，因此，那些没有充足资金支持的公司有时必须从零售组织抽出资金支付这部分费用，从而很容易影响零售组织的正常运营并进而导致很严重的财务危机。这就决定了只有那些拥有充足资金的巨型零售商才会考虑使用这种方式。

除了上述不利因素外，由于零售经营与商品生产分属两个不同的行业，且各自都需要有丰富的经验来支撑。因此有时，获得巨大成功的零售商未必能预见到商品生产方面的缺陷，从而难以保证两方面的同时成功运营。由此也相应决定了，一旦零售商决定采用这种方式获得专供商品，就必须要录用并依赖商品生产方面的专业人士负责商品生产方面的事宜。

买手在项目开发中的作用

长期以来，零售买手一直都在全球范围内向所生产的商品最能满足消费者需求的供应商采购商品。而且正如本书前面所提到的，他们是商场商品采购方面的决策者，并必须为公司谋取最大利润。

在如今的零售领域，一些零售组织的买手职责范围发生了很大的变化。尤其那些经营专供商品的零售组织，更是经常要求买手参与到此类商品的开发与采购事务之中。这里应当了解的是，开发产品本身暗含着产品设计的要求，而买手并非设计人员，也不需要他们创造出新的款式。然而，由于具有丰富的商品经验，他们通常能在项目发展过程中发挥出至关重要的作用。

作为联系供应商与消费者的中介，买手能够确切掌握市场的供货信息与消费者的需求信息。通过经常性地考察生产商与设计师生产的产品，他们得以了解市场上经营商品的价格、款式、质地、色彩之类的信息，并由此确切掌握何种商品才能获得消费者的认同，进而确定专供商品的具体细节。

例如，对于标有零售商标志并即将被选入下一个销售季节进行销售的女装系列而言，买手可能会提出在袖长或颈围等方面的具体建议，而这些地方有可能成为生产商生产的品牌商品的卖点所在。他们能指出哪些特殊的纽扣或细节处理可以显著提高特定款式的外观效果。

除了考察既有商品之外，买手还经常从一些其他比较流行的事物中寻找启示。这可能包括一部流行电影或戏剧中的特定款式的服装，以及杂志上为介绍一款新型卧室用品所刊载的房间装饰等。

涉及专供商品开发计划的买手必须经常性地寻找一些具备销售潜力的商品。他们必须时刻关注市场以及其他地方发生的事件，并从中获得灵感。

尽管必须强调买手自身并非设计者，但其中的一些确实从买手位置转到了设计领域。例如，帕瑞·埃利斯（Perry Ellis）就是从一名普通的商场买手逐渐发展为美国最成功的设计师之一。拉夫·劳伦虽然以前是一名销售人员而非买手，但他却也凭借着超人的智慧成为了世界闻名的设计天才。

推介专供商品项目

一旦零售商决定经营专供商品，他们就必须计划如何将这些商品推介给自己的消费群。相对而言，如果是全国知名的生产商和设计师的产品，零售商就基本不必在商品促销方面花费太多精力，因为制造商本身为了努力使这些品牌打入市场就已经通过广告或特殊活动等形式对产品进行了大型的促销活动。例如，唐纳·凯伦等著名设计师就可能会通过亲临销售现场来帮助宣传其产品，从而有助于吸引消费者到商场购物，并大大降低零售商在这些商品上另外花费大量促销费用的可能性。

而另一方面，如果商场决定经营标有自己标志的商品，那么他们就必须设计一个商品推介方面的计划。单纯通过必要措施开发出新的专营商品并不能确保消费者就一定会购买，零售商必须愿意花费大量的商品推介费用刺激消费者到商场里，通过商品目录或者在网上购买这些商品。

在零售商采用的商品推销方式中，最主要的包括以下七种。

（1）在商场中设立特定区域经营此类商品。这些区域能使专供商品与其他商品区分开来，并凸显其在商场商品中的重要性。

（2）对专供商品进行店内与橱窗展示。商品的展示与陈列必须能促使消费者更仔细地观察这些新商品。

（3）在多种媒体上开展大规模的广告宣传。使用报纸、杂志、广播以及电视广告进行全方位的宣传，巩固新老客户对这些商品的印象。

（4）向购物者分发带有零售商标志的赠品。通过向消费者分发带有本公司标志的小礼品，如钢笔、手提包等，以经常性地提醒消费者公司所经营的新专供商品。

（5）进行销售培训以提高销售人员对商品的了解。通过这种方式，零售商就能确保销售人员能够迅速回答消费者所提出的问题，方便其购物。

（6）时装展示以及对商品的非正式模特展示。这些活动的热闹场面通常能吸引消费者的参与并让商品走进消费者的生活。

（7）赠送带有新商标的购物袋。许多购物者喜欢长期保存购物袋并用其携带个人物品，因此，这项措施能使消费者长期记住商场的新商标。

零售商通常会雇用外界专业人士与本公司职员一起为推介专营商品出谋划策。只有通过全方位的商品推介，才能确保消费者知晓公司所经营的专供商品情况。在后面的《零售采购焦点》中，我们将对梅茜百货的此类活动进行介绍。

商标因素

商标是确保专供商品取得成功的重要因素。零售商可以使用多种方式进行商标设计。他们可以使用本公司的名称，也可以使用那些能在消费者心中塑造一种特殊形象的名称，或者可以使用不同领域知名人士的签名，以使购物者迅速辨别商品。

公司名称

一些零售商坚信，在商标上使用本公司的名称会带来令人满意的结果。在盖普和雷米特等强调"商场即品牌"经营理念的公司，这种做法更是成为了一种惯例。由于消费者对商场的整体商品价格和质量感到满意，他们会来商场查看那些标有商场名称的专供商品。

由于这些商场取得了巨大的成功，其他一些商场，如埃迪·包尔、帕特瑞（Pottery Barn）等，也开始使用这种方式。

形象塑造

如今，有越来越多的零售企业开始使用能让人联想到设计师签名、异域风情、特色景点或著名体育胜地的词汇作为专供商品的商标名。

正如《零售采购焦点》所提到的那样，杰内佛·摩尔（Jennifer Moore）和克里斯弗·海斯（Christopher Hayes）听起来就非常像设计师的名字。由于设计师品牌通常具有较高的知名度，商场有时会选择使用类似的方法为自家专供商品的商标命名。

在给商标命名时，除了使用一些常规的名称外，一些零售商也会使用一些"外邦词汇"使商品听起来像是产自该国。例如梅茜百货的艾凡尼（Alfani）商标虽然听起来像是一个意大利品牌，但标有这种商标的商品却实际产自其他一些国家。

零售采购焦点

梅茜百货的专用商标

目前，联邦商场联盟成员店之一的梅茜百货是世界上最成功的商场之一，其分店遍及美国主要的零售中心，商场特有的商品目录也被邮寄到了千家万户。

通过重点关注消费者的需要并尽力提供满足消费者需求的商品，梅茜百货一直紧追其竞争对手的发展步伐并时常超越它们。长期以来，商场一直经营着最高档的时装与最著名的家庭装饰品，且其服装、配饰、家庭用品、家具以及其他别的商品也基本都是名牌商品。例如，商场经营的时装就包括了利兹·考伯尼、拉夫·劳伦、唐纳·凯伦、卡尔文·克莱恩以及旦·布特曼（Dana Buchman）等著名设计师品牌以及其他业内享有较高声誉的商品。就餐具与玻璃器皿等家庭用品而言，范思哲（Versace）、沃特福得（Waterford）、伦克斯（Lenox）等品牌的商品也显著提高了商场中此类商品的档次。

商场经营的商品绝非仅限定在这些全国性商品上面。商场在专供商品方面进行了大量投入，并为这些商品设计了多种专用商标。业内人士普遍认为，梅茜百货在专供商品方面处于绝对领先位置。其开发的杰内佛·摩尔（Jennifer Moore）、克里斯弗·海斯（Christopher Hayes）、凯特俱乐部（Charter Club）、艾凡尼（Alfani）以及INC等品牌，已经获得了公众的普遍认同。

对一般购物者而言，上述品牌的商品以及其他专供商品都属于知名品牌商品。但事实上，公司所设计并生产的这些专供商品却仅供公司自己的商场经营。这些商品之所以在销售上取得了极大成功，主要是由于商标的名称以及商场促销这些商品的方式。以凯特俱乐部为例，该品牌的商品与许多拉夫·劳伦品牌的商品比较相似，商场通过将其与拉夫·劳伦品牌商品靠近陈列并采用与拉夫·劳伦相似的陈列方式，就能使那些希望以较低价位获得相似商品的消费者考虑购买凯特俱乐部品牌的商品。且与此同时，那些仍希望购买高档的拉夫·劳伦品牌商品的消费者也能如愿以偿。

与之不同的是，杰内佛·摩尔和克里斯弗·海斯则通过商标名称吸引消费者的注意力。由于许多消费者对设计师品牌的商品具有强烈兴趣，公司就设计了许多能使消费者认为是设计师品牌的商标。至于艾凡尼系列服装，则是商场希望通过其品牌名称传递给购物者"意大利制造"的信息。因为意大利是高档男装的主要供应地，这样的名称会让消费者觉得这些服装也是产自意大利的高档制品。但如果仔细查看艾凡尼商品的内标，人们就会发现这些商品实际上产自韩国和波兰。

公司的这种行为并非是要欺骗消费者，而是公司灵活的经营策略的具体表现。只要这些商品在质量与价位方面能够让消费者满意，自然会成为公司整体商品的组成部分并为公司带来可观的利润。

知名人士签名

当前，由于许多追星族会专门寻找与知名人士相关联的商品，因此，在商标上使用运动员、演员、媒体人士以及其他娱乐界著名人士的签名同样能够吸引大量的消费者。

玛莎·斯图尔特（Martha Stewart）就是这类知名人士的代表之一。她目前仍然通过印刷品和电视在家居用品和时尚方面发挥着影响力。她有众多的追随者，一旦她提及哪家餐馆、厨师、旅游胜地或某本书，其知名度就会立即上升（图16-7）。

由于具有如此高的知名度，目前隶属于西尔斯百货（Sears Holdings）的卡玛特与玛莎·斯图尔特达成了一项协议，用其签名作为床上专供商品的商标。在商场内的家用纺织品区以及在每一件用其签名作为商标的商品上都贴满了或者印有玛莎·斯图尔特的宣传画。从各种报道来看，这些商品的经营获得了极大的成功。

当零售商开始给予其专供商品密切的关注和悉心的经营时，我们就不难发现，这种营销方式已经成为了零售业经营的主要支柱，且从目前零售业的经营状况看，这种营销方式日后仍将继续获得进一步发展。

图16-7 玛莎·斯图尔特的名气使她成为《时代》杂志的前一百名最具影响力的人物之一。
（Kai Hecker/Shutterstock）

商业词汇

盈利水平　　　　　　　　生产商商标　　　　　　　　专供商品
合作广告　　　　　　　　知名品牌　　　　　　　　　商场即品牌
生产商品牌　　　　　　　专供商品品牌

要点概述

1. 这种在零售业内发展专供商品的经营模式正攀上新的高峰。
2. 零售商大量经营全国知名品牌商品的原因主要包括消费者需求、产品质量控制，建立知名度以及存货能得到迅速补充等。
3. 塞尔斯是最早开发专供品牌的零售商之一，其零点和肯莫尔等专供品牌获得的巨大成功，引领着其他零售商也步入开发专供品牌的行列。
4. 开发专供商品的主要原因之一就是因为它可以帮助零售商适应竞争与挑战。
5. 商场即品牌的概念指的是一家零售商经营的所有商品都是专供商品。
6. 专供商品为零售商带来的优势有：避免卷入价格战中，提升利润率，可以按照消费者的具体需求定制商品。
7. 在开发专供商品项目时，零售商必须决定是从外部供应商那里购进商品还是公司自己生产商品。
8. 许多大型的采购代理机构都在生产只供货给自己成员客户的专供商品。
9. 虽然买手并非设计师，但作为商场的代表，他们能为公司在新产品设计方面提供建议。
10. 当专供商品首次被推介给消费者时，需要进行大量的促销活动，因为这有助于吸引消费者前来购买这些新商品。
11. 梅茜百货在经营专供商品方面处于领先地位。
12. 给专供商品的商标命名对于专供商品的成功举足轻重。有些商标名会让消费者认为此产品出自设计师之手，而另外一些商标名则来源于知名人士的签名。

思考题

1. 为什么专供商品的经营模式对零售业来说越来越重要?
2. 如果说专供商品大受欢迎,为什么大多数零售商仍然依赖于生产商品牌和设计师品牌产品的经营?
3. 经营生产商品牌的商品在广告促销方面是如何使零售商受益的?
4. 一个知名的生产商品牌为什么常常能得以迅速销售?
5. 全美最早开发专供商品的大型零售商是哪家?
6. 根据NAB的调研,消费者对某一特定品牌商品的态度是怎样的?
7. 除了传统零售商,哪种类型的零售商正在把开发专供商品列入自己的经营范围之中?
8. "商场即品牌"的专供商品经营模式和大型百货商场所采用的经营模式有何不同?
9. 开发专供商品项目有哪些优势?
10. 为什么经营专供商品常常比经营生产商品牌的商品获利更高?
11. 从外部采购专供商品是否优于零售商自己生产专供商品?
12. 采购代理机构在开发专供商品方面起到什么作用?
13. 公司在生产自己的专供商品上有什么劣势?
14. 零售商的买手们是如何协助公司开发专供商品的?
15. 零售商在推介自己的专供商品项目上采取了哪些方法?
16. 零售商在给自己的专供商品系列命名时会用到哪些典型的方法?

案例1

卡梅隆·肖(Cameron-Shaw)是零售业内的领先者,其旗舰店位于达拉斯,15家分店遍及德克萨斯州和加利福尼亚州。从销售额和利润来看,旗舰店和分店都经营得非常成功。它的销售额在美国西部的百货商店排名中名列前茅。

卡梅隆·肖定位于高价位,并享有很高的知名度。店内销售的商品都是全世界最著名的品牌,并来自世界各地的主要时尚中心。

虽然没有自有品牌,但是公司会在大品牌中混入一些不太出名的品牌。销售数据也表明,这些中低档品牌的利润高于知名品牌。当然,这是基于商品缺乏竞争的情况下产生的。

了解到不知名商品可以创造更高的利润之后,买手艾米纳·张(Emina Chang)向公司提议开发专供商品品牌。这可以使公司拥有更多自有开发商品,并且可以提高利润。她认为凭借公司良好的声誉和出色的采购团队,专供品牌的开发一定会相对容易。

张女士建议他们,第一步销售一些过渡商品,然后再慢慢加入其他系列商品。

问题:

1. 在开发专供品牌之前,除了张女士的建议,你还希望得到哪些信息?
2. 你认为这种性质的商店是否适合销售此类商品?

案例2

阿利克斯·迈克尔（Alex Michaels）是一家拥有18家分店、主营低价位男装和家居用品的连锁店。它的买手会定期周游全球来寻找促销价商品以满足消费者需要。他们通过这种方式在自开业以来的20年中已经成功地达到了目标。

来自世界各地的供应商通过电话、传真、电子邮件等方式告知他们那些比正常的批发价格还低的商品。因为他们购买的数量很大，所以就被供应商视为处理商品的主要客户。

虽然他们现在获取的利润已经相当可观，但是某些管理层人士认为还能够获取更大的利润。因此，他们提出了生产专供品牌商品系列，以带来更高的利润。并且，由于生产专有品牌会省去中间商的费用，从而一定程度上加大了利润的空间。虽然这样做与他们以往的成功经验相比是一个全新的尝试，但是它有可能带来更大的成功。

这个方案在买手和销售人员中引起了广泛的讨论，大家意见不一。

问题：

1. 如果新计划得到了批准，那要购入多大量的专供商品才合适呢？
2. 公司是应该自己生产商品还是应该从外面采购？

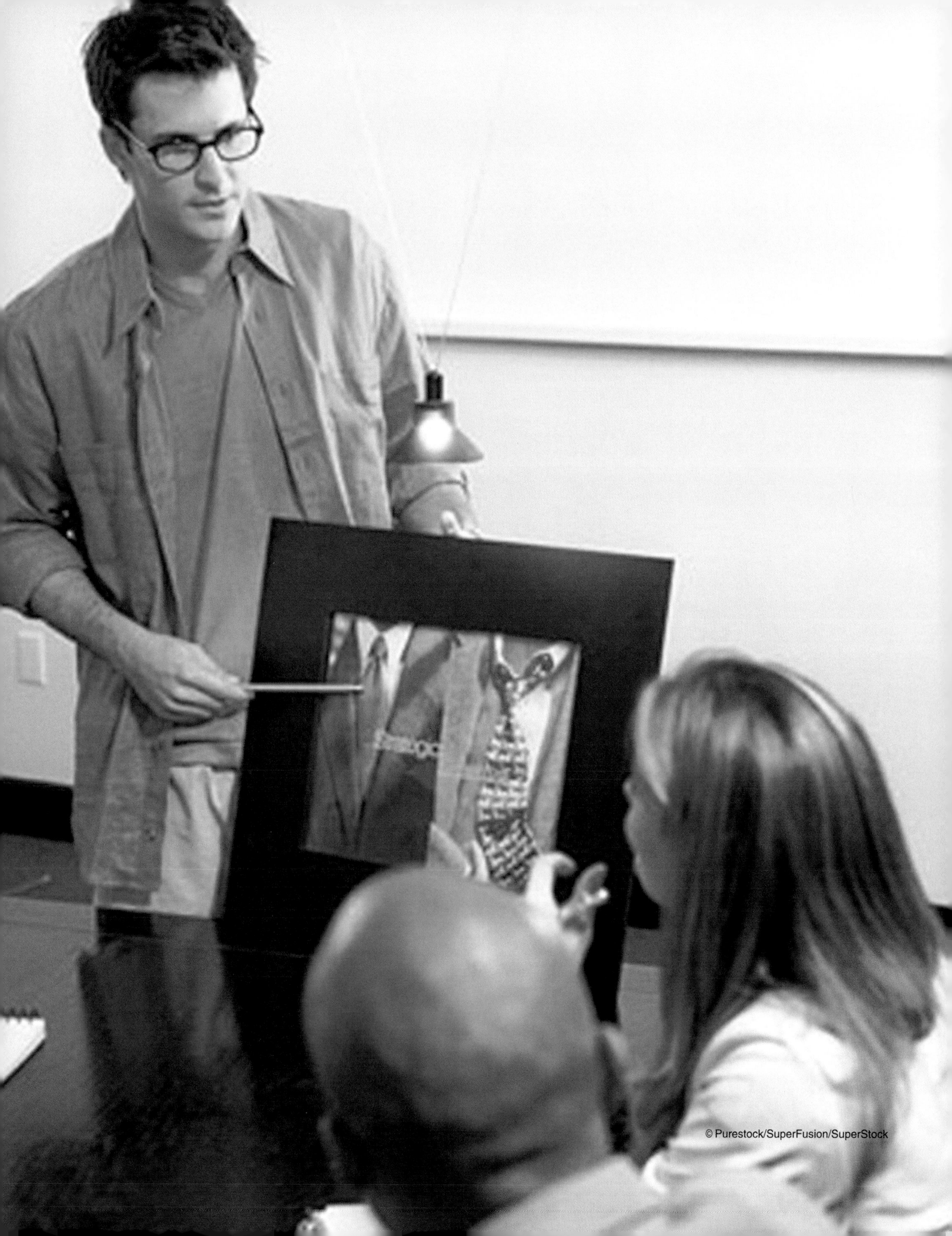

把商品信息传递给零售人员

经过本章的学习后，我们应当能够做到：
- 解释为什么买手与店铺的销售人员的沟通是非常必要的。
- 描述买手在沟通过程中所应用的各种技巧。
- 列出买手所要传递商品信息的目标对象。
- 讨论买手传递给店铺人员的每类商品信息以及这些信息在促进商品销售过程中的重要性。

第十七章

正如我们在前面章节中所看到的，买手在采购计划的制订上花费了大量的时间。对于要购买的商品来说，光考虑它们的质量、数量、供应商和价格还是远远不够的。采购计划只能保证公司拥有供消费者挑选的商品，尽管这是买手所扮演的主要角色，但他并不能够确保消费者真会购买这些商品。

尽管无法保证消费者对商品的满意度，但仍有一些销售方法能够促进购买行为得以真正实现。通过买手和零售终端销售人员在商品信息方面的沟通，就有可能保证商品被轻松地销售出去。在整个销售团队中，营销经理、部门经理、视觉销售人员，以及所有的相关销售人员，用全部的相关信息把自己武装起来以解答消费者的咨询，这极有可能促进商品的顺利售出。如果知道如何回复消费者问题，并且懂得如何迅速地解决这些问题，那么买手所采购的商品就能够更容易销售出去。即使对于那些通过商品目录、浏览网站和在家中购物的无店销售方式的消费者来说，提供商品信息也是至关重要的。

每个销售季节，尤其对于时尚产业来说，新的款式、颜色和面料都异常丰富。当出现重大变化的时候，尤其是在当季的风格发生了重大变化的时候，一线的销售人员必须具备解决消费者关心的所有问题的能力。例如，衣服的长度还会继续保持下去吗？这是新的流行趋势还仅是昙花一现的新款式？这条裙子的长度上班合适吗？如果买手提前为销售人员做好充足的准备，以上类似的这些问题就能够顺利地得到解决。

那些懂得为一线销售人员和无店销售人员提供相关商品信息的买手将会为公司带来丰厚的利润。

传递商品信息的必要性

尽管买手、销售人员以及店内的服装顾问对他们所购买的商品已经了如指掌，但是那些直接与消费者打交道的人并不一定了解同样的相关信息。在遍布世界的各种商店中，商场的店铺往往侧重于店铺的管理或者销售方法，而销售人员对于商品的了解是极其有限的。

消费者在购物的过程中，希望对商品做更多的了解，但很有可能得不到令人满意的答案。相关信息有时很少，即使销售人员时刻准备着为消费者服务，但是他们往往又缺乏相关的知识和信息。不仅是销售人员缺乏这样的信息，有些店铺经理和部门经理同样不具备相关信息。店铺经理和部门经理更多地关注如何安排员工的工作日程、解决消费者投诉、协调重新分配店面空间和综合管理他们所负责的部门。买手帮助一线销售人员更多地了解相关的商品信息，将有利于更多商品的销售。

买手与零售商之间的沟通技巧

在以往的零售行业中,销售部门不像今天这样受到重视。只有一些大型公司的买手能够定期地访问他们所供货的店铺。对于买手来说,到大型商场或者是连锁的各销售店去巡访是他们最基本的一项任务。如果公司很大,各零售点与公司的旗舰店或销售中心相距较远,买手就应选择到主力店铺巡访。通过对这些重要店铺的访问,买手就能够估计出其他店铺的概况。

买手的巡访被看成是能够促进商品从店铺转移到消费者家中的重要手段。当然对于那些有"零售王国"之称的巨型零售公司来说,买手的亲自巡访往往被视为特例而不是公司的要求。

即使有可能进行店铺访问,买手也需要扩大其沟通方式,如电话、传真、电子邮件以及被大型零售商所使用的最新技巧——室内闭路电视。通过任何一种渠道与一线销售人员的沟通都是必需的,而与店铺人员的接触也相当重要。

店铺访问

买手定期访问他们所服务的店铺是很多公司的惯例,买手会专门在时间表上留出时间到店铺去做访问,这样部门经理和相关销售人员便能够就消费者所提出的问题向买手进行咨询。他们的咨询可能与他们希望在店铺销售的某种特定商品有关,这样一来,满足专门需要的新商品就有可能在店铺出现。其他颜色和面料的某种款式的服装也有可能出现。另外,买手也可以为了满足消费者的需要,而对特定的模特进行调整或者进一步明确对其他商品的需求情况。

除了相互交谈之外,店铺里的店面人员能够客观地指出那些需要进一步解释说明的商品,展示出消费者希望有大量供货的某种类型的商品。当然,这些信息也可以通过电话、传真、电子邮件等方式来传递,但也可能没有这么有效(图17-1)。

图17-1 买手和店铺销售人员在检查店铺销售信息
(Jupiterimages/Thinkstock)

买手出现在不同的店面中也有利于显示出店面雇员在该公司中的重要性。店面销售人员也许在商品的选择上没有太多的发言权,但是通过买手巡访的方式,他们的想法可以得到表达,他们的士气也会受到鼓舞。

电话

当买手单纯因为时间紧张的原因而忙于筹划未来的购买计划和市场调查的时候，往往没有太多的时间来巡访店铺，对于有几百家店铺的公司来说，这种情况是肯定存在的。从买手的办公室到店铺的距离太远会很浪费时间，以至于买手无法对这些店铺进行巡访。

越来越多的买手们为了寻找合适的商品而定期在全球范围内巡访。这种工作会占据他们大量时间，因此几乎没有时间进行亲历亲为的沟通。绝大部分大型零售商都由地区经理巡访所属的店面，然后将他们所得到的信息集中起来反馈给买手，虽然比什么都不做要好得多，但总没有买手亲自去做巡访更有成效。

在买手或者他们的代表不能够亲自到这些店铺的时候，打电话可以被视为一种有效的方式。尽管很多买手更倾向于使用电子邮件或者即时信息，但电话很迅速，有时候更利于满足买手、店面经理、部门经理的需要。像追加订单、商品库存、商品的保养、处理消费者投诉等方面的问题，这些都可以通过电话来解决（图17-2）。

图17-2　买手通过电话检查订单商品
（lofoto/Shutterstock）

传真

传真的出现为买手和零售店铺人员的沟通打开了一个渠道。传真比电话高出了几个层次，使得买手能够把信息、图片和商品的图像传输给在店铺中的销售人员。

买手们总是可以收到来自店铺和当地信息中心发来的新商品效果图，他们希望以此来激起买手的兴趣。有时候买手们在购买特定的商品之前希望得到店面和部门经理的意见，通过使用传真来进行沟通能够显示出店面经理所提供的不同建议，他们的建议和意见能够在满足消费者需求方面起到相当重要的参考作用。

尽管传真的使用并不如以前那么广泛，但是其便捷、快速的响应方式，对于服装销售尤为重要。传真相比于电话的优势在于不受时间限制，即使接传真的人不在店铺内也能收到传真信息。接收人一回来工作，就能看到发来的传真。发传真的费用与电话一样。当然传真机本身价值为75~200美元，传真纸也需要一定的费用。

只要有传真机和电话线，传真就可以在全世界范围内收发。

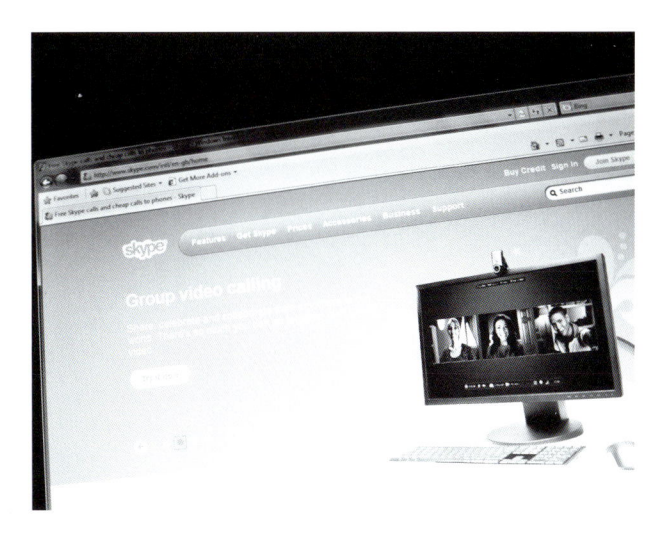

图17-3 通过讯佳普（Skype）沟通可以同时看到商品
（©Miluxian/Dreamstime.com）

电子邮件

为达到沟通目的而使用计算机大大提高了买手迅速收发信息和图片的能力，对于紧急业务来说这显得尤为重要。计算机可以在任何时间使用，因此成为买手与店铺沟通时最常用的一种方式。

人人都知道电子邮件的接受方和发出方必须都具备上网条件，常用的有美国线上公司（America Online），美国在线（AOL）以及免费的谷歌邮箱（Gmail）。通常，许多大服务商都拥有自己的服务器。买手在发邮件的时候必须先获得对方的电子邮件地址，一旦一个地址存入了通讯录，那么在发邮件的时候只需点击这个地址，就可以让系统发出邮件。

电子邮件是如此快捷、高效，越来越多的买手开始用它来代替电话和传真，当然使用电子邮件只对于上网方便的人来说是有效的。在大型零售公司，很多工作地点都有计算机供买手使用。

当买手希望向公司其他成员展示特定的商品时，讯佳普是最佳的沟通工具（图17-3）。

公告板

很多零售商要求他们的员工按时上下班，对于销售人员来说尤为如此，在打卡机所在的位置往往有一个公告板来告知员工们重要的信息。因此销售人员在上下班打卡的时候就能够看到这些重要信息（图17-4）。

当买手想把一些广告信息通知销售人员的时候，就会发放很多的活页广告到店铺，再放在公告板上，这样可以保证任何来打卡上班的工作人员都能看到，从而使他们对因促销引起的拥堵提前做好准备。

买手在公告板上进行的其他交流内容包括短期商品特价信息、提高销售的促销办法以及助理买手职位空缺等。

图17-4 销售人员在阅读公告板
（Jack Hollingsworth/Thinkstock）

广告发布后，并不能确保大获成功。只有当那些管理人员及销售人员——通常他们因为远离公司总部而忽略了广告——也知晓这些信息后，才能更好地促进销售。

每位买手都必须选择最能满足自己需求的几种沟通方法，当然在这之前也已经强调过，店铺巡访是诸多手段中的首选，无法进行店铺巡访的时候，其他这些方法才显得比较重要。

闭路电视

有些零售商投资闭路电视，从而使得在公司总部、旗舰店和公司办公室的人员能够从视觉上与店铺进行沟通。

在每个销售季节的开始，买手和销售人员都会准备新商品介绍，这些商品将会出现在店面的存货清单中，买手展示出每种商品并讨论它们的优缺点。参加的人员由店铺经理和相关销售人员组成，他们可以从中了解到有关商品的细节，如面料、特殊结构、洗涤方法，该商品的风格在该销售季节的重要性，以及任何有助于解答消费者可能提出疑问的销售要点。

商品信息的接受者

永远不要认为那些店铺人员就是商品知识专家，随着越来越多的零售商依靠大量的兼职人员来销售他们的商品，那么充实兼职人员相关知识的工作也随之更加艰巨。

当消费者提出一个问题而销售人员无法解答的时候，一宗买卖就有可能失败。当今的商家面临着越来越巨大的竞争，随着提供给消费者的服务手段的大量涌现，这一切使得商品知识至关重要。因此，对于每个与商品销售有关的工作人员来说，了解商品的主要特点是必要的。无论是管理分店的店铺经理、负责某类商品的部门经理、经常与消费者打交道的销售人员、负责橱窗展示的视觉营销人员或者是广告经理，每个人都必须具备足够的知识从而使销售最大化。

店铺经理

无论你是大商场、旗舰店、分店或者是连锁店的负责人，店铺经理对于买手来说都是极有价值的信息来源。在大商场的运营中，买手往往是以公司的主要店铺为基础，也就是店铺经理所主管的地方。在这种情况下，买手和经理之间的日常沟通是非常简单的，无需其他的沟通方式。买手只需要通过咨询店铺经理来了解一些消费者的特殊需求和商品推荐信息，这些信息对于买手未来的购买计划很重要。另外，店铺经理可以了解到即将到货的第一手商品信息，如买手所制定的商品促销策略、对市场的总体指导等，掌握了这类信息，店面经理就能够更好地使他的工作人员为销售商品做准备。

对于分店或者是连锁店来说，与买手直接接触的机会比较少，所使用的是其他的沟通方式，这些店铺的经理们必须了解有关商品的种种信息，也必须准备好去解答他们店内工作人员的任何问题。就与买手的沟通而言，这样的经理们是"吃亏"的，他们通常依赖打印材料、传单和其他的一些印刷品来获得想要的一些信息。如果一家公司想要把潜在的利润最大化，这些经理们必须掌握他们所有即将收到的相关信息，如果他们具备了这些信息，就可以把销售要点准确地传达给他们的员工。

部门经理

在大型零售公司中，买手购买了很多不同种类的商品，很多商品隶属于不同的部门来销售，这些部门是由经理来领导的，他们承担着与较小店铺经理们相似的责任。为了确保他们对所收到的商品的面料、颜色、风格有完整的了解，这些部门经理必须接受来自买手的指导。

常常会有不为大家所熟悉的新商品在店内销售，这种新商品有可能是需要特殊护理的新面料，或者是从来没有销售过的一种新的款式，在这种情况下，经理必须替消费者去了解该商品的优点，并且能够把这些优点用有利于该商品销售的方式诠释出来。通过提前掌握商品信息，对消费者所提出的疑问无法回答的尴尬局面就可以避免。

部门经理往往被理所当然地认为熟悉某种商品，在这种情况下，当相关销售人员向部门经理寻求帮助的时候，如果部门经理不掌握商品的相关信息就会使他们处于被动局面。

相关销售人员

可以说负责销售商品的人员每天都在销售一线忙碌着，他们必须能够向消费者展示最能满足他们需要的商品，还必须能够迅速处理所有有关商品的问题。"这衣服好洗吗？""衣服容易起皱吗？""这件游泳衣褪色吗"等，以上这些问题有可能在试探性的销售中提出来。

标签上的信息可以为销售人员提供必要的帮助，可有时需要的信息并未出现在标签上，从理想的角度来说，商品的信息应该来自于买手，就对商品的了解程度而言，买手应该是最全面的。他们能够权威地把类似的信息传递给相关人员。

当然，很多买手由于过于繁忙而无法亲自向相关销售人员传递商品信息，那么只能向本章前面所探讨的那样，采用其他方式来完成信息的传递。这样的商品信息将帮助相关人员了解所有与商品有关的细节，从而使他们能够解决任何消费者有可能提出的问题。

视觉营销人员

由于目前很多一线销售人员数量并不充足，这样一来，对较优秀的视觉营销人员的需求就变得很必要。那些负责展示部门商品的视觉营销人员必须充分意识到买手的意图，并且要完全清楚应该强调所展示商品的哪部分特征，从而把商品的优势信息传递给消费者，或者是通过一些重要商品的有策略的陈列来展示给他们（图17-5）。

图17-5　玻璃橱窗用于陈列需要引起注意的商品
（Charlie Edward/Shutterstock）

没有买手的帮助，视觉营销团队会处于劣势，他们只能通过自己的判断来决定需要被强调的重点。虽然这些负责商品陈列的人员在商品销售的过程中并不和消费者打交道，但是以最佳的方式推出商品是他们应该扮演的角色。如果不具备完备的商品信息，就不可能让自己所扮演的角色达到完美。

广告经理

当买手准备促销某种商品时，他们必须通知广告部门，从而通过媒体做出相应的广告宣传。进行广告创意的人员对于图片、文本、版式设计了如指掌，但是往往就某种特定商品进行广告宣传的时候，由于缺乏对商品卖点的了解，就无法进行有效的广告宣传。

为了打造出与商品相匹配的广告宣传，这些广告创意的专家必须对商品的质量、卖点以及该商品对有可能购买的消费者带来的好处有充分的了解。而这一切只有通过买手提供出相关信息才能够顺利进行，没有谁能比买手更了解商品。

如果买手的促销预算费用要非常合理地花出去，以及如果销售想通过广告得到最大化的销售额，买手必须做好充分的准备，提供一切与商品有关的信息。

无店铺销售代表

虽然通过产品宣传册订货通常是不需要与消费者打交道就可以完成的，但是有的时候还是需要回答对方所提出的问题。这些问题有可能是关于宣传册上没有出现的其他颜色的商品，或者是有关衣物的养护，在这样的情况下，公司服务代表需要完全了解出现在宣传册上的、即将被销售的商品。他们必须清楚掌握每一件商品的特点，并准备回答有可能被提出的任何问题。

如今，互联网不仅仅是自动订货的购买渠道，在网上购物的人群经常碰到的问题是如何做出自己的购买决定。但在做出决定之前，他们希望能够和公司的产品代表做良好的沟通，以促使自己做出相关的购买决定。有些公司目前已经建立了专门的互动网站，在那里，购物人群能够与那些能够给予他们满意答案的人进行沟通。通过这种方式，商品就很容易被销售出去。

以上门推销的方式使得销售方和消费者直接沟通已经变得很常见了，任何问题都能够通过这种销售方式得以解决。

当商品信息提供给这些公司代表的时候，商品的销售也极有可能成功。

需要被传播的商品信息分类

在零售公司里，围绕每一件商品都有大量的商品信息，无论它是时尚类商品、家居用品还是计算机，最关键的是销售者了解商品的不同特点，并且能够讲解商品的优势给有可能购买的消费者听。如果这些信息尽在相关销售人员的掌握之中的话，那么商品的销售就极有可能取得令人满意的结果。

对于服装而言，款式、颜色、面料、护理、品质等相关细节是消费者比较关心的几个方面，而对于非服装类的商品来说，必要的信息包括操作技巧、服务、维修、动力需求、商品的适应性等。

时装

时装类商品似乎每天都有一种新款式进入市场，当然事实上，商品的更迭并不是那么频繁。但是，在零售商的存货中总有新的东西需要买手去讲解和说明，买手必须做好准备去探讨和发布与商品有关的任何新特点。这样将有助于销售人员成功地销售出商品，有助于他们把相关信息反馈给公司产品宣传册的制造者，以便于在新的宣传册中包含这些新的信息。同时，销售人员还会将相关信息反馈给正在着手准备推出新产品广告的广告策划人。以下是应该传递给这些人的时尚信息类别。

款式

为了刺激消费者不断购买商品，设计者和生产商通常会定期增加新的款式，当然"新款"不是绝对的新，它可能是对经典款式的回顾，也可能是对以前畅销款式的重新演绎。

消费者有时购买新款服装时会非常谨慎，担心它们是昙花一现。基于这种情况，销售人员应该知道这些新款式服装的所有优点，即它们在何时、何地、何种情况下适合穿着以及它们可以长时间流行的可能性。当一种与上一季风格迥然不同的款式上市的时候，也正是买手需要向销售人员提供大量商品信息和销售信息的时候（图17-6）。通过向消费者阐述新款式上市的根本理由以及它将更好地满足穿着者对时尚的需求，一笔销售便有可能轻松完成。

图17-6　时尚的款式经常需要产品说明
（Yuganov Konstantin/Shutterstock）

颜色

与款式一样，新的颜色通常也是新的销售季节的卖点之一。有些颜色，如基本色和中性的颜色将是一直流行的，而另外一些颜色将是由引领最新时尚的设计师提供并且在不断地变化。

买手应该把新颜色的有关信息传达给销售人员，能够让这些新的色彩融入消费者现有的衣柜中，与原有的色彩共存，甚至使穿着者更加光彩照人。过于突然的新的颜色变化常常会引起消费者的一丝担心，而这个时候，及时解决他们的担心有可能促使一个销售任务的完成。

对一些时尚追随者来说，往往是对任何新色彩都来者不拒，而另外一些则会将这一切都拒之门外。后者总是需要来自买手提供给他们更多关于新色彩的信息，以此打消他们对新色彩的疑虑。

面料

大致来说，面料总是由天然纤维或化学纤维组成的，天然纤维不需要过多的说明，因为消费者对它们已经很熟悉了。当然，对天然纤维进行新式处理，提升面料性能，制造的产品能够很容易被消费者所接受。在这种情况下，买手应当把该服装是由天然纤维所制造的特点说清楚，从而使它们成为商品销售的卖点。化学纤维却是另外一种情况，任何一家店铺的存货中都会有诸如锦纶、涤纶之类很常见的化学纤维。现在，在化学纤维的家族中又出现了很多新的面孔，如超细纤维，它是化学纤维经过特殊处理后得到的。它一出现，就受到了时装设计师的青睐。那些对旧的化学纤维有微词的人们一定会对新出现的、这些经过改良的纤维产生很大的兴趣。销售人员只有用重要的商品信息把自己武装起来，才能激励消费者去购买这些新的面料做成的服装。

当消费者认识到新织物和新纤维的优点所在时，销售会变得更加轻松。

服装护理

在消费者准备好购买服装之前，他们会考虑到服装的护理问题。"这件服装一定要干洗吗？""可以机洗吗？""一定要手洗吗？"等，对于这些问题，买手必须给出明确的答案。

水洗标签通常只是对服装的洗涤和护理的简要说明，并不能够给消费者提供如何更好地护理服装的全面知识，提供标签的生产商有时候也无法对此做出清楚的解释，而消费者只有在确切知道如何护理要购买的服装时，才有可能感到满意。

品质

商品的质量通常是和价格相辅相成的，高价位服装的质量往往高于低价位服装，如果一些低价位服装却拥有令人不可思议的高品质的话，这个信息一定要传递给销售人员。高品质有可能体现在以下几个方面：缝制工艺、面料、辅料或抗皱性能。

消费者往往是希望自己的花费是物超所值，并且必须知道他们的需求是否得到了满足。

非时尚类商品

电器、家居用品等非时尚类商品的销售人员必须与时尚类销售人员一样，要对所销售的商品特点了如指掌。在这些销售领域中，商品的信息常常是技术性的，这要求销售人员要对商品有彻底的了解才行。潜在消费者对于商品的操作技巧、服务、维修、动力需求，以及对商品的适应性的关注仅仅是他们所关注的几个方面而已（图17-7）。

图17-7　消费者通常对非时尚类商品有很多问题
(ⒸBrownstock/Alamy)

操作技巧

即使对于一些相当老练的消费者来说，他们仍然需要条理清晰的商品说明。其中很重要的一项就是如何操作这个商品，如计算机和音响系统，从而使他们能够最大化地使用商品。虽然计算机和音响不是新产品，但是往往会有新型号，带有新特点，需要消费者去了解。这些与技术有关的重要信息，是销售人员必须要熟练掌握的。只有这样，这些信息才能有效地传达到潜在消费者那里。尽管商品总是附有使用说明书，但是有时说明书很难理解，还需要进一步的解释说明。

当消费者对商品的使用方法和用途感到满意的时候，他才有可能去购买。

服务

与服装商品不同的是，像计算机、电视机这样的商品还需要一系列的售后服务。很多消费者如果不完全了解服务地点、费用以及维修时间，他们在购买时就会犹豫不决，即使消费者对商品相当满意的时候，他还是会需要类似的信息。

相关销售人员应该知道售后服务的细节和费用，还应该告诉消费者如何能够有效地得到所有的售后服务。

维修

以上提到的这些非服装类商品大多都有保修单，这些资料清楚地告诉消费者他们所享有的维修权利，销售人员应该了解维修时限、保修范围以及任何能够帮助消费者做出决定的信息。

动力需求

像室内空调机这样的商品，在使用之前会对电线有特殊的要求。销售人员必须把相关的要求明确地传递给消费者，让他们为更好地使用空调做好相应准备，当该商品到货之后将不会产生相关的问题，同时退货现象也就不会发生。

商品的适应性

像电动剃须刀这样的商品会对电压有不同的要求，在美国要求110伏特的电压，但在其他很多地方是要求220伏特。很多类似的商品可以自动地适应不同地区的要求，了解到这些信息对于经常旅行的消费者就很有必要。

同样地，那些主要以清洁地毯为主的真空吸尘器也可以满足消费者其他方面的需求，可以用来清洁一些比较光滑的表面或者是家具。无论它们的附加功能是什么，销售人员都应该清楚，这样才能把商品的优点充分地传递给潜在消费者。

应充分强调完整的商品信息是促使销售成功的一个砝码，对于买手来说，把商品信息传递给相关的销售人员应当被看作是其基本的工作职责。拥有这些信息，会更有利于销售工作，降低销售难度，提高公司的利润。

商业词汇

公告板信息	传真	活页广告
闭路电视	保证书	打卡机
电子邮件	主力店铺	视觉营销人员
短期流行	打卡	担保书

要点概述

1. 商品信息必须传递给店面经理、部门经理和相关销售人员，买手是最重要的信息提供者。这样，消费者的问题才会得到解决。
2. 虽然亲自拜访是向店铺传递商品信息的最佳方式，但由于从公司到店铺的距离太远，买手通常不可能完成。
3. 向店铺传递商品信息可供选择的方法有电话、传真、电子邮件。
4. 闭路电视是一些零售商为使雇员熟知商品信息而使用的新方式。买手通过这种方式把他们对商品的介绍传递到公司的零售店中。
5. 电子邮件是一种非常好的传递商品信息的方式，因为信息的发送者和接收者不必即时互动。
6. 公告板会策略性地放置在员工上下班打卡的地方，这样大家能及时地看到商品的广告信息。
7. 了解商品信息的人包括店面经理、部门经理、相关销售人员，以及商品目录和广告的设计者。

8. 通过了解商品的细节，广告创作者可以向期刊阅读者提供最好的卖点。
9. 负责商品内外展示的视觉营销人员，如果能了解商品的所有细节，将会更好地发挥其职能。
10. 无论是时尚类商品还是非时尚类商品，商品信息是必需的。对于时尚类商品而言，信息应关注款式、颜色、品质、面料等；对于非时尚类商品，则应关注技术信息、使用方法等。

思考题

1. 为什么说买手让与店铺相关的人员熟知商品信息很重要？
2. 把商品信息传递给旗舰店、分店和连锁店的人员用哪种方式最好？
3. 买手向部门经理传递商品信息时，与电话相比，使用传真有什么优势？
4. 买手传递商品信息时，为什么使用电子邮件比使用传真更好？
5. 传真和电子邮件相比，哪种方式花费少且效率高？
6. 公告板如何帮助买手与店铺销售人员沟通？
7. 描述一下一些买手在展示商店新品时使用的最新方式。
8. 买手必须把商品信息传递给店铺中的哪些工作人员？
9. 为什么买手要让视觉营销人员熟知商品信息？
10. 商品信息如何服务于商品目录和广告的发布者？
11. 时装买手对即将到店销售的新款式进行说明有何重要作用？
12. 买手是否必须让销售人员熟知新面料和新纤维的信息？
13. 鉴于商品的洗水标说明很普遍，买手是否需要亲自把这类信息传递给店铺人员？
14. 为什么向相关销售人员传递关于商品使用方法的信息如此重要？
15. 向潜在消费者提供商品的服务信息是否必须？

案例1

贝弗·纳达尔（Bev Nadler）是曼格尔（Mangle's）服饰的运动服买手，公司位于美国中西部，在内布拉斯加州（Nebraska）、奥马哈（Omaha）拥有自己的旗舰店，同时在方圆近500千米内经营了14家分店。经营55年以来，曼格尔每年的销售量都在持续上升，利润也在稳步增长。

纳达尔女士（Ms.Nadler）所在的部门是全公司最赚钱的部门。它在最高销售额的排名中，总是位居高位。纳达尔女士坚信她成功的原因部分是由于她经常到店内巡视，并与经理和销售人员交流商品的信息。通过这种方式，她可以了解消费者的需求，同时也能提供商品信息以回答消费者提出的各种问题。

过去一年，曼格尔越来越多地从国际市场进口商品。为了更好地在国际市场开展业务，海外访问势在必行。买手每年都要到国际市场访问几次，同时为他们的部门采购最合适的商品。因此，买手到店铺巡视的频率越来越少。由于到国际市场访问必不可少，纳达尔女士担心她与经理及相关销售人员交流的减少会影响到生意。

她向管理层提出了她的疑虑，管理层建议她使用其他方法代替亲自巡视。一种是通过电话传递信息。另一种方法是使用传真。第三种就是利用电子邮件。虽然这些方法似乎在一定程度上能取得令人满意的效果，纳达尔女士则认为这些方法还不足以达到她的目的。

这次，她将使用另外一种更能满足她需求的新技巧。

问题：

1. 你是否赞成管理层关于使用电话、传真和电子邮件来为纳达尔女士服务的建议？
2. 纳达尔女士可以运用哪种方式来让经理和销售人员有更深刻的视觉印象？

案例2

时尚王国（Fashion World）是一家相当成功的、以低价位经营家居服装以及配饰的公司，旗下拥有三百多家分店。它所提供的商品种类非常丰富。

时尚王国经常以较低的价位销售众多的知名品牌商品，如拉夫·劳伦、卡尔文·克莱恩、DKNY 和托米·海菲格（Tommy Hilfiger）等。他们经常到这些公司去寻找货源，并以低于最初批发价的价格买到这些商品。时尚王国的名气不仅吸引了越来越多的消费者，也吸引了拥有季末商品需要甩卖的供应商。

虽然有着稳定的消费群，但是他们认为继续宣传这些特价商品非常重要。公司里经常打出这样的广告：知名品牌低价销售等。这些广告吸引来了更多的消费者。

现在出现的一个问题是，由于店铺的销售面积太大，消费者常常找不到广告中的商品，或者无法从销售人员那里获悉他们想要的商品。花了钱做广告，但是并不具备获取利润的能力，也许问题在于大部分的销售人员都是兼职人员，无法从管理者那里获取详细的促销活动信息。虽然有人建议召开销售会议，但是由于这些销售人员各有自己的时间安排，销售会议似乎无法召开。

目前，时尚王国的管理者正在着手解决这个问题。

问题：

拿出一个既省钱，又有效的问题解决方案。

Kojoku/Shutterstock

买手在广告企划、特别活动和视觉营销中的作用

经过本章的学习后，我们应当能够做到：

- 解释买手如何为他所在的公司安排由卖方参与的广告宣传活动。
- 讨论非直接广告的概念。
- 解释为什么由买手来负责选择即将在广告中出现的商品。
- 描述一个广告策划，并且清楚解释要达到的目的。
- 能够区分不同的定价策略：普通定价策略、成本定价策略、比较定价策略和超值定价策略，并且明白如何合理地使用这些策略。
- 讨论买手在零售商各种促销手段获得成功中的重要作用。
- 能够区别买手分别在以推广公司形象为主的活动和特别销售活动中的作用。
- 定义什么是视觉营销。
- 解释买手如何参与到视觉营销的方方面面。

第十八章

正如我们在前面所有章节中了解的那样，买手承担了大量的工作，而他大多数的工作又侧重于商品购买本身。除了完成采购任务之外，买手也会涉及促销活动的各个方面。只有这样，买手所选择的商品才会获得更好的销售机会。在涉及的促销活动中，买手和广告宣传、策划特别活动和视觉营销有着特别的联系。

虽然买手在整个促销活动中都要起作用，但是我们应该认识到，他不是这一领域内的专家，也不能过多地期望买手对于广告、企划和其他促销手段有更多的创意，买手的作用只是使系列的促销活动顺利启动。买手决定什么商品将出现在广告、特别活动、店内陈列和橱窗中。买手在这些活动中承担的另一项任务是提供信息，以增加对商品的了解和促使促销活动取得较好的收益（图18-1）。

就在促销活动中所承担的总体任务而言，由买手来分配在某几个促销领域中所使用的预算，还要与店铺就参与广告费用进行协商，选择有代表性的商品，为任何正式的促销活动做前期准备，并且为特别活动和视觉营销提出自己的建议。

以上这些任务都是难以应付的，一旦恰如其分地完成了这些任务，将会使商品的销售得到大大提高。如果一位买手仅仅是把自己局限在日常工作范围内，而不去从事这些参与性的工作，他也就不可能从这些工作中受益。

图18-1　买手检查商品目录，其中的商品由该买手负责提供
（Stockbyte/Thinkstock）

促销预算

买手当然希望有源源不断的资金来开展促销活动，以促使他所选择的商品能够销售出去。可是对于任何一种商业行为来说，无限的资金投入都是不可能的。为了获得更大的效益，公司必须将预算分配到业务所需要的每个部门、每个项目当中。

对于零售商的很多部门而言，促销部门是其中一个重要的部门。该部门主要负责计划和实施各种广告、策划、推广促销和特别活动以及视觉营销中所涉及的店内陈列和橱窗展示。

现在有很多的企业通过商品目录和网络销售来拓展自己的业务，这就需要公司为此做出额外的预算来支持这种新的业务形式的开展。

促销项目的预算是根据很多因素计算出来的，包括以往的销售记录、项目参加的人数、公司的规模、潜在的效益、活动的周期、竞争对手的活动以及公司的经济状况。一旦公司的最高层确定了最终的总预算，每位买手都会得到一定周期的相应经费预算，一般此周期为半年或者一年。

当买手得到一定的经费后，他必须知道如何最高效地使用这些资金。一般买手都得不到使他们非常满意的预算额度，但在有限的额度内，买手要非常有效地计划使用好这些资金，这不是一项简单的工作。整个销售周期的广告和一系列的促销活动的资金必须预留出来。买手如果在早期花费较多,那他就可能面临着到最后没有充足资金可供使用的风险。

为了弥补促销资金的不足,有经验的买手会从供应商那里争取得到额外的资金支持。好的促销活动会带来好的销售业绩,这样买手和供应商都能从中获益,这被称为"合作广告"。这是一种由销售商和供应商共同承担广告费用的合作形式,我们在下面的章节中将对此种合作方式做详细介绍。

广告

毫无疑问,促销预算中的大部分资金都花费在了广告上。无论是报纸(通常使用得最多)、杂志、电视、广播或者是直接邮寄商品目录册,广告都被认为比其他促销形式更能为零售商带来效益(图18-2)。

买手通常具有在哪里投放和如何来投放广告的最终决定权。一旦这些确定下来,他就要考虑要为该广告投入多少资金,另外还要考虑有多少资金可以用来做推广形象的广告。形象广告的概念是指该广告主要用来传播企业良好的形象和理念,而不是针对专门商品的广告。在很多零售企业中,这种形象广告做得很少,有时是公司拿出专门的预算而不是从买手的广告预算中来做此项工作。

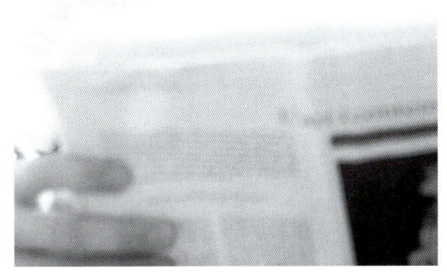

图18-2 阅读报纸的男性通常是高额广告的接收者
(Yuri Arcurs/Shutterstock)

广告分类

针对零售商有三种广告方式——以商品促销为主的广告、以推广公司形象为主的广告和以上两者结合的广告。每种广告对零售商的作用都不一样。如果买手的广告资金不是很充裕的话,他就必须考虑使用何种广告来使销售最大化。

以商品促销为主的广告

促销广告,有时被称为产品广告或者商品广告,使用非常广泛。它们是通过印刷品或者广播电视媒体,向潜在的消费者宣传和推荐特定的商品。例如,某商场想重点销售某商品,买手就想通过投放一定的广告来使消费者关注到此商品。那么,此广告就可能为商场带来此商品的额外销售。值得关注的事实是,该商品或者只是在诸如周年店庆期间短期打折,或者可能因此而长期降价销售。同类广告还有可能是以设计师的某类产品为主题的(图18-3)。无论采用何种广告形式,以促销为主的广告的主旨是使某商品迅速得到关注,以提高销

图18-3 以设计师产品为卖点的广告牌将更有可能促进销售
(©John Violet/Alamy)

买手在广告企划、特别活动和视觉营销中的作用　337

图18-4 诸如此类的广告用于树立公司形象

售量。如果买手对即将出现在广告中的商品经过仔细斟酌，而广告的创意又能充分体现商品特点的话，消费者应该会有购买的冲动，那么广告的投入也将物尽其值。

以推广公司形象为主的广告

形象广告的主要目的是公司向广大消费者推广自己的良好企业形象，它可以通过宣传如公司完善的客户服务体系、公司与社会慈善机构良好的合作关系、公司参加的社会公益活动及公司在社会的知名度得到提高等类似的主题作为广告的内容。这类广告的费用一般都不是从某个买手的预算当中支出，除非这个广告会直接对某个商场产生直接效益上的影响。例如广告中，服装表演的片段中重点展现的是某个买手所想推荐的服装，这对此服装的销售将非常有利，这时该买手可能就要承担一部分的广告费用。以推广公司形象为主的广告通常存在的一个问题是不易对广告的效果进行评估，在直接增加销售的方面，它比不上以商品促销为主的广告，但对公司来说它是一个长线的投资（图18-4）。

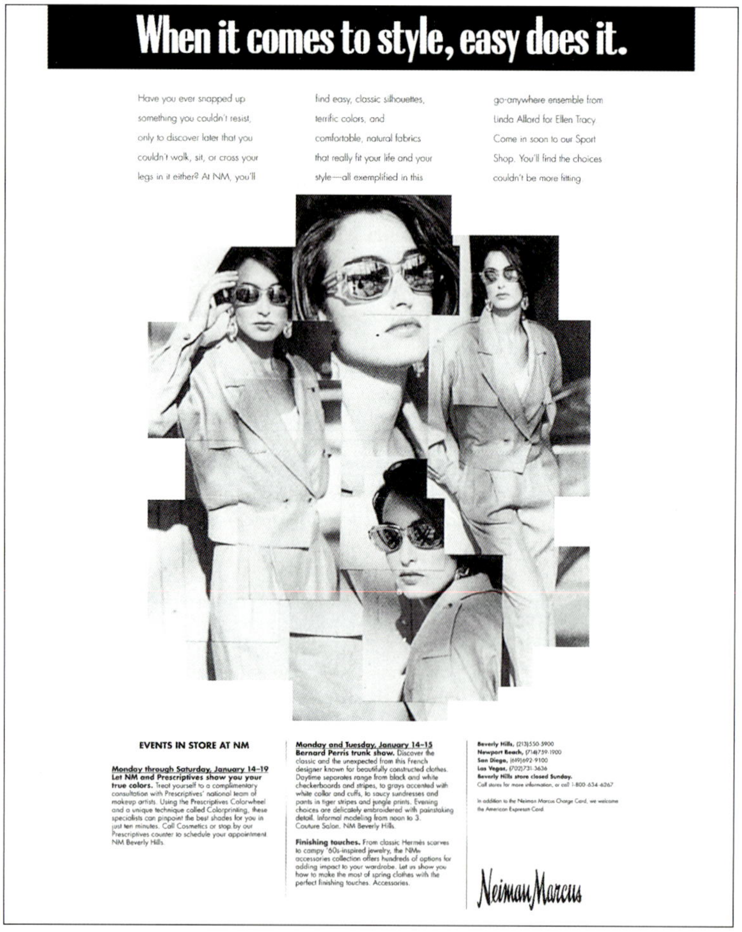

形象和商品并重的广告

有时，公司也会选择以形象和商品并重的广告来投放（图18-5）。这些广告，是如劳得·特勒（Lord & Taylor）公司经常投放的广告。广告传递的信息强调的是服装的设计和生产都在美国本土完成，它不但能够很好地满足消费者对于时尚类商品的需求，与此同时，公司也为美国的经济发展和提供就业有一定的贡献。公司希望这样的广告能为他们带来不错的回报。

在以上三种广告中，买手都希望供应商能够参与其中，这样供应商就会承担一部分的广告费用。

合作广告

通常，作为一个购买条件，买手都会和供应商讨论由他们承担部分广告费用的问题，生产商和设计师由于种种原因往往会考虑承担一部分广告费，尤其是当买手潜在的订单对他们很重要的时候。原因一，有时若不同意此条件，买手有可能去寻找别的供应商，若生意成交，这部分支出是可以接受的；原因二，有了广告，消费者可以在市场上更关注供应商的商品；原因三，供应商希望以此激励买手从自己这里购买更多的商品。

图18-5 这则广告将特定的商品信息和促销活动融为一体
（Nieman Marcus Direct）

供应商承担的合作广告费用的多少由订单的大小来决定。通常供应商要承担50％的合作广告费用，其总支出在订单额的5％~10％左右。例如，一个买手共购买了50000美元的商品，双方同意按照货款总额5％的比例投入到广告中，那么就可以用此来支付50％的合作广告费用。换句话说，这个方程式就是：

总销售额×广告费用比例=合作广告费用

如果广告费用支出为5000美元的话，那么供应商必须承担50％，即2500美元。

由于买手和供应商在合作广告方面的成功合作，使得买手可以支配的广告费用得到了成倍的增长。值得说明的一点是，这些钱可以用于任何形式的广告宣传，除非供应商要求最后审批权，这些条款可以在买手下订单的时候制订协议。

尽管对于买手和零售公司而言，合作广告有着明显的优势，然而买手也必须意识到，以这种方法来分摊广告费用可能会出现一些问题，其中最大的问题就是有可能对买手的订单产生影响。有一点必须明确，消费者最终对商品的选择是来自于商品的本身，而与供应商在经济上的广告支出没有直接的联系。头脑发热的买手有可能过多地看中供应商承担的广告费用，而将商品放在次要的地位，这种情形必将会导致失败。去宣传那些消费者并不感兴趣的商品会获取多少利润呢？答案是显而易见的。无论怎样宣传，买手所选择的失败商品，都难免出现在最后减价、打折出售的地方。另一个导致失败的陷阱有可能是为了从供应商那里得到额外的广告分摊费用而导致购买超出采购计划的商品，订单应该永远控制在计划购买的品种和数量之内，订单过大也可能意味着最后的处理商品。那些有经验的零售商一致认为，不会为消费者不需要的商品花一分钱的广告费。做广告的目的是更快、更多地销售令消费者称心如意的商品。

以上这些警告应该时刻提醒着你，只有这样，出现在销售一线上的商品才会是最佳的。

非直接广告

一些供应商会主动提出把买手所在公司的名称列入他们的广告宣传中，以此吸引买手来购买更多的商品。供应商所做的这类广告主要出现在杂志中，很多生产商和设计师花大笔的费用在杂志上做广告以销售他们的商品，这些供应商做广告的目的是想把他们的名字直接传递给消费者。零售商则致力于吸引人们到店里面去，或者浏览他们的商品目录或网站，而没有足够的精力去关注商品的来源。这类由供应商出资的广告注重商品本身，通常不注重在哪里能够买到这些商品。有些生产商和设计师认识到有必要让消费者注意到零售商的存在，这样他们才知道到哪里去购买他们想要的商品，而要达到这个目的，当然有的时候是通过合作广告的形式。通过合作广告，商品的供应商和零售商的名字都可以传递给消费者。供应商与大零售商通过这种非直接广告的形式进行合作，可以告之消费者确切的购买地点，这种宣传技巧重点在于供应商的商品，同时在广告中又提到了主要零售商的名字。零售商以这样的方式出现在广告宣传中并不需要承担费用，而它又有可能成为吸引零售商前去订货的一个诱因。

这点与合作广告一样，不应该成为买手购买某种商品的动机。只有当商品与购买计划中的目标对象吻合的时候，买手才应该着手进行商品的采购。

选择广告商品

一则广告无论是选择印刷品或者广播电视媒体，或者是用特别活动的方式，再或者是用视觉营销的形式进行宣传，它所选的商品都必须是慎之又慎。虽然买手选择商品就是为了这些商品能够有很好的销量，但是并不是每件商品都可以被纳入进行广告宣传的范围之中。有些商品是属于畅销商品，总是能够满足消费者的需要，并不需要进行额外的广告宣传，而另外一些商品经过验证属于非畅销商品，任何广告宣传形式都无法使它们畅销起来。广告宣传应该重点宣传那些有着巨大销售潜力的商品。这些商品有可能是正在畅销，但是通过广告宣传会卖得更好，它也有可能是一款新的商品，如正在时尚类杂志上投入宣传的新款服装。还有一种情形是宣布进行清仓处理，这也能够使广告收到很好的效果。

通过广告进行促销的最佳商品只有买手才有资格做出选择，通过关注他所在部门的销售活动，买手可以意识到哪些商品是最畅销的，而这些热点商品一旦被广告播出之后，将注定变得更加畅销。

虽然为广告选择商品的最终决定权交给了买手，很多商场在商品被选出之前会给出一些相应的指导原则。例如像内曼·马库斯和第五大道萨斯，这些时装零售商以最先推出最新风格为荣，向消费者展示出来的都是在时尚最前沿的商品。就这点而言，它们所展示的商品和销售量的增减已经不具有因果关系了。尽管这种销售策略带有冒险性，但仍然要求买手对新的流行趋势有着充分的了解，并且将为相应的广告宣传活动选出最佳的商品（图18-6）。

而别的商家，如经营日常杂货用品的商家，他们通常等着买手通知他们哪些商品将给消费者带来好处就行了，而不用关心选择什么商品来做宣传，唯一所关注的就是商品的价格和它将给自己带来多少生意。对于低价位的商店，价格也是所有活动的主题，消费者只对商品的低价位感兴趣。

一旦选定了用来做宣传的商品，买手下一步的工作就是确定一系列的基础工作，从而使得广告能够及时地推出以及所有促使广告成功投放的细节都没有疏漏。

买手参与广告制作

虽然并不要求买手具备广告创意能力，但是他们要在广告策划的过程中发挥重要作用。有几个必须要求他们参与的阶段，其中重要的工作包括完成广告申请单，认可广告的版式风格，核实广告的真实性，把以印刷品形式出现的活页广告送至一线销售人员手中，通知广告事宜的安排，最后对广告做出评价，以衡量广告是否达到了预期目的。

图18-6 时装买手往往冒险选择T台上的商品做广告
（Lev Radin/Shutterstock）

完成广告申请单

如果你仔细检查一份印刷广告，有时会发现一些错误，广告中有可能会忽略一些重要因素。例如，价格、拼写错误、版面颠倒、文本解释与插图不符等问题，这些问题干扰了消费者对商品的判断能力，可能会使销售低于预期值。

如果这些问题在广告的准备阶段就加以注意则可能轻易解决，一切都以完成广告申请单为开端。首先是买手要认真填写这份申请单，如果填写得不准确并且不令人满意的话，其结果也会令人失望，运营广告的花费不菲且得不到回报。

ADVERTISING REQUEST

CIRCLE ONE	Z	DI	X

THIS FORM WILL NOT BE ACCEPTED UNLESS INFORMATION IS COMPLETE

DEPT. NO.

	DATE	SIZE		DATE	SIZE
☐ TIMES			☐ COLONIE		
☐ NEWS			☐ AMSTERDAM NEWS		
☐ POST			☐ SUFFOLK SUN		
☐ L.I.P.			☐ OTHER (LIST)		
☐ NEWSDAY			☐		
☐ WEST. GRP			☐		
☐ N. H. REG.			☐		

MERCHANDISE FOR NEW ART WORK IS DUE IN 15th FL. LOAN ROOM WHEN PINK SHEET IS DUE

EXCEPTION: Ready-to-wear merchandise is due directly after weekly Merchandise Review Meeting. Bulk merchandise should be available on the floor for movement to studio, or for sketching, when called for. Merchandise in LOAN ROOM? Yes No

Do not request New Art Work BEFORE checking file FOR OLD ART.

No. of Illus.	Illustrations to be featured. Points to be emphasized
No. of New	
No. of Old	Date and medium in which old art ran last (attach proof)

OTHER MEDIA. ☐ MAGAZINE NAME ______ ISSUE ______ ☐ SALE BOOKLET ☐ OTHER DIRECT MAIL ☐ RADIO ☐ TV

MAIL ORDERS Yes ☐ ☐ No PHONE ORDERS Yes ☐ ☐ No COUPON Yes ☐ ☐ No

TOTAL AMT. OF MDSE. AT RETAIL $ ______ NO. OF UNITS ______ DAY SELLING IS TO BEGIN ______ NUMBER OF DAYS ON SALE ______

ON SALE AT: (CIRCLE) ALL STORES - H. S. - R. F. - HUNT. - B. S. - JAM. - W. P. - PARK. - FLAT. - NEW HAV. - QUEENS - COLONIE - NEW ROCHELLE - SM. HAV.

ABOUT THE MERCHANDISE: (NOTE: Please complete the following IN DETAIL.)

ITEM	STYLE NO.	CURR. RETAIL	ADV. PRICE	QUOTE PHRASE & PRICE*	SIZES	COLORS
1.						
2.						
3.						
4.						
5.						
6.						

MOST IMPORTANT SELLING POINTS (from customer's view) AND SUPERIORITY TO COMPETITIVE ITEMS. (Use other side if necessary.)

IMPORTANT: PINK SHEETS WILL NOT BE ACCEPTED UNLESS THE FOLLOWING INFORMATION IS PROVIDED.

1. TEXTILE FIBER PRODUCTS List all information on the product label. If available, a fiber identification tag may be stapled in place.	2. NON TEXTILE PRODUCTS Copy from label or tag all information relative to composition of parts of product including finishes.	3. ELECTRICAL ITEMS Copy all name plate ratings including volts, amps, watts, horsepower, BTU, CFM, etc. Indicate if UL approved.

THIS IS A ☐ SALE LAST PREVIOUS DATE ______ LAST PREVIOUS PRICE ______

☐ CLEARANCE ☐ SPECIAL PURCHASE ☐ MFG'S CLOSE-OUT ☐ OTHER

INFORMATION ON COMPARATIVE PHRASES: (Note: Complete in detail as applicable.)

1. ☐ "REGULARLY" - means temporary reduction. Refers to price immediately before sale and price to which merchandise will return following sale.
   (a) period during which merchandise was selling on floor at regular price ______
   (b) approximate number of units ______ Is this the normal selling rate? ______
   (c) Is stock to be augmented with merchandise which is not identical? ______
2. ☐ "ORIGINALLY" - means first price during the recent course of business. (Recent course of business is current selling season for seasonal merchandise such as apparel and sporting goods, etc. and not more than 12 months for non-seasonal merchandise such as furniture, appliances, etc.).
   (a) period during which merchandise was selling on floor at original price ______
   (b) approximate number of units ______ Is this the normal selling rate? ______
   (c) Is stock to be augmented with merchandise which is not identical? ______
3. ☐ "COMPARABLE VALUE" - merchandise of equal grade and quality in all material respects,
   OR
   ☐ "VALUE" - identical merchandise selling in other stores.
   Indicate stores at which merchandise is likely to be found. ______
   ______ If in Macy's stock, indicate style # and price ______

BUYER OR ASST. BUYER	MDSE. ADM. OR V.P.	COMP. OFFICE REPRESENTATIVE

PART 1 ADVERTISING DEPT. COPY

图18-7 广告申请单

值得注意的是图18-7中的广告申请单。在报纸上购买相当的版面并刊登广告对于零售商来讲是很重要的，但这并不意味着其他的媒体就不重要，每一则广告都必须认真、谨慎地选择媒体形式，以更有效地将信息传达给潜在消费者。

如果买手已经决定在报纸上做广告，他必须在众多可选择的报纸中选择一家，同时为了得到最有利的结果，广告的大小也必须做出决定。如果是做电视广告，那么不但要选择在什么频道和栏目来播放广告，还要决定每段广告播出的长度。买手们通常并不擅长广告宣传，他们必须与那些广告专家会晤，从而做出正确的抉择。公司的广告经理即广告代表，或者公司内的咨询部门是提供此类信息的最佳来源。他们最熟悉媒体，并且能够找到广告获取利润的最佳途径。

目前，越来越多的买手通过商品目录和网站来销售商品，这种销售方式要求买手具有使消费者容易了解和购买商品的能力，如在产品宣传册中加入一份方便填写的订货单，留一个24小时服务电话，或者是一个可方便使用的传真号码，便于消费者订货的任何手段都有可能产生更多的销售量。

在绝大部分广告申请单上，都会向买手强调可销售商品的数量，这对于确保消费者随时可以买到该商品有着极为重要的意义。无论他是到店里购物，还是用其他方式来购买。有多少次消费者想要购买广告中的商品却发现没货呢？这不仅会导致销售损失，还会引起消费者的不愉快。到店里跑一趟是要花费时间的，买不到所需要的商品就可能永远地流失了这个客户。基于以上原因，就要求买手认真选择库存商品，或者是选择那些缺货但是能够得到迅速补充的商品。无论商品的供应量充足与否，销售部经理都必须将库存情况以书面形式告之买手。如果广告宣传中的商品缺货，那么对于消费者来说是浪费时间，对于零售商来说是浪费金钱。

除了选择合适的广告媒体和确保商品供应充足之外，买手必须提供一切必要的信息进行广告创意，如款号、当前零售价、广告价格、尺寸、颜色、面料等，都要在广告申请单中有所显示。买手应该出具任何有可能在广告中出现的卖点信息，如抗皱、易清洗或者特殊的工艺等能够刺激购买的商品特点。如果是一个电动剃须刀的话，那么它所具备的适用于任何电流的特点将会把经常外出旅行的潜在消费者变成真正的购买者。

申请单上占据重要位置的一项内容以及很多在消费者服务中心的投诉都是由一些比较性价格术语误导所造成的，这或许是买手对于价格术语的疏忽所引起的，又或者是有意误导。而故意用价格来误导消费者的零售商不仅要面临刑事处罚，也有可能造成公司的倒闭。

为了区分描述价格的术语，很多国家已经颁布法律来明确定义那些与价格有关的、容易令人混淆的词汇，如平价、最初价格、相对便宜、超值这些术语是不可随便使用的。简单地说，它们分别代表以下不同的意思：

（1）常规价格（Regularly）是指该商品通常以一个特定的价格来销售，只是短期降价，在降价期结束后，该商品要恢复到常规价格进行销售。

（2）初始价格（Originally）是指销售季的初始阶段的销售价格，但目前降至新的价格。这种价格策略一般用在时尚类或季节性商品，又或者是买手想方设法要处理的商品上。

（3）相对便宜（Comparable Value）是最让消费者感到困惑，又经常被买手所滥用的一个字眼，它是指该商品在买手看来其性价比要比其他商店好。

（4）超值（Value）是指同样的商品，该店的价格比其他商店要低。

滥用这些术语，不仅可能给零售商招致消费者的谴责，还可能给公司的声誉造成严重的损害。当消费者感到被误导时，就有可能去别的商店购物。这种消极影响通过消费者之间的口耳相传，违反广告原则的任何商场都可能在消费者中间留下一个负面形象。在目前这种竞争非常激烈的零售环境中，那些不遵守公平竞争游戏规则的公司将成为最终的失败者。

一旦买手填写完广告申请单并且签字之后，它就会被转到销售经理或者销售总监那里去签字，接着转入广告经理手中，一旦经过广告经理的签字批准，这张申请单就到达了广告创意策划人员的手中。

版式的审校

在填写完广告申请单之后，买手就要着手准备将在广告中出现的商品。这样一来，就可以通过拍照或者绘画的方式来将样品的图片应用到广告当中。若作为样品的服装是从商品部借来的话，那衣服上面就会有一个借用标签注明它的来源，以保证使用后服装能够安全地返回商品部。

一旦完成了服装的照片和文字创意的工作，就要着手进行广告的版面设计。最后的版面要真实地体现广告的效果，无论它是印刷品广告还是其他形式的广告。这个最终的版式要经过买手的认真核查，以确保每个细节都绝对正确。想象一下，如果商品的价格写错了，将会带来什么样的后果？

经过买手全面核查之后，广告会交回到广告部手中，以便进行下一步的工作。

校样

尽管在广告的制作阶段，全权由广告部负责，买手必须进行核查以确保没有错误产生。如果买手自作主张，认为广告不会有什么错误的话，那他就太不明智了。一则广告从设计到最终的制作完成，任何错误都可能出现，如标错价格、单词拼写错误、图片和文字不符，这些错误必须在校样阶段得以纠正。一旦广告印刷完毕，想再做任何改动都是不可能的了。

针对广告的一切检查结束之后，广告就投入到实际的生产过程了。如果是印刷广告的话，买手就会收到广告活页，即一份印刷有广告的报纸复印件，以证明广告已经印刷完毕了。

广告活页的用途

一张广告活页除了能够证明广告已经发布之外，还可以被买手用来帮助推销广告中的商品，只有经验不足的买手才会认为他在广告中的作用就到此为止了，尽管广告的目的是激励消费者去购买商品，但它却不能保证消费者一定去购买商品。

即使消费者因为看到广告而到商场中来了，你也无法保证那些处于销售一线的销售人员已经了解了广告的内容。

广告活页可以用于通知店面经理、部门经理以及销售人员广告内容。把广告活页放在合适的位置，如员工衣帽间、休息室或打卡机旁，以确保所有相关人员都能看到广告。

告知工作人员

除了广告活页能够告诉大家广告已经制作完成，买手也应该告诉每一位一线的销售人员有关广告的具体情况。它既可以直接与销售人员见面，也可以采用其他手段来达到目的。对于那些门店较多的公司而言，买手到每个店去是不现实的。他可以通过电话、传真和电子邮件来达到自己的目的。另外，他还可以把广告活页传真给公司的各个零售机构，从而告诉他们广告的出处。

完全对广告一无所知的往往是那些分店，如果真的是这样的话，那么投入到广告中的费用就会大打折扣。

广告效果的评估

对于一个买手来说，他不但要看到广告刊登出来，更重要的是，他还要对广告的效果做出自己的评估，以改善自己的工作。将广告刊登前后的商品销售量做一个比较是非常重要的，这也是一项非常简单的工作，买手只需要将两组数据做出对比就可以了。当然，公司有自己的调查部门的话，调查部门将会对广告的效果进行系统地评估。

如果广告是经过认真策划，并且每个细节也都做得很好的话，那么广告的投入就是很值得的。

视觉营销

为了将商品的优点充分展示出来，早期的零售商一般是通过陈列的方法来达到。现在无论是小型公司还是比较大的零售机构，都会对橱窗陈列和店内装饰投入很多的时间和精力。目前的陈列和展示的概念已经发展到了视觉营销的高度。视觉营销的概念不仅包括商品的陈列，还包括商品在卖场的位置，设计出尽量大的销售空间，卖场内灯光的设计等。

曾经在商场销售中发挥重要作用的橱窗的重要性有所衰减，目前强调的是整个卖场都要营造成为一个充满魅力的营销场所，整体的陈列和空间设计都要围绕营销的总体概念来实施。当然，作为无声的销售员，橱窗目前依然起着非常重要的形象作用。随着在零售环境中支出资金越来越大，布置一个完美的橱窗在费用上已经不是很大的问题了。除了位于市中心的旗舰店，各销售店的陈列都会很快更新。

视觉营销在现在的零售环节中的作用越来越突出，无论是橱窗还是店内的空间，他们都是展示商品的有效区域。例如展示特色商品的陈列柜或者是橱窗，即使是放货架的走廊都要用心地把它们利用好。店内的家具有可能会改变位置，以营造一个不同的或者更有效的销售环境，人体模特也需要定期地更换（图18-8）。

除了服装类商品，目前还有很多其他的行业也开始重视视觉营销的重要性。对于日杂行业来说，引入视觉营销的概念后，在店里产生了令人兴奋的消费环境，当然销售结果就更好了。令人感到舒适的购物环境对销售的影响是不可估量的，在超市里摆放一些新鲜花卉已经是司空见惯的视觉营销方法。这样一来，就使得店内看起来非常美观，像南方的连锁超市哈利斯·泰勒（Harris Teeter）以及另一位南方零售商鲜菜瓜果市场（Fresh Market），更是已经把视觉营销提高到了一个全新的高度。一进入这样的商场，等待消费者的是一种全新的食物购买欲望，并不是他们的商品本身与过去相比有什么不同，而是商品的布置和周围环境的变化给大家带来了新的感觉。由于这些新的销售理念的引入，商场就有更多的机会获得成功。

买手在视觉营销中的主要作用并不是简单地更替商品，而是要选择那些最有特色、最有吸引力的商品，这样通常会使商品获得较好的销售业绩。

买手和部门经理、相关销售人员在视觉营销这方面应当接受适当的培训。在时装领域如果要更换一个模特，或者珠宝橱窗需要重新布置，那就不需要视觉销售团队经理亲自操作，一些日常的视觉销售工作可以根据相关的工作手册来进行。如果店内的一些紧急的情况都需要营销队伍来处理的话，那工作效率就太低了。

图18-8　一名消费者在浏览感兴趣的橱窗
（Marmi /Shutterstock）

特别活动

策划一场特别活动可以在一个方面显示出零售商的灵活性和敏锐的商业触觉，这些活动之所以被称为特别活动是因为它们与店铺日常所从事的那些商业活动有所不同。像燃放烟火、感恩节大游行、非正式的时装表演以及社会名流的个人发布会，都属于特别活动的范畴。

一些主要活动，如费德勒尔双城（Twin City Federal）的"假日狂欢"之类的游行，大多数正式员工都要参加，同时他们还专门为此项活动聘请了专家。相比之下，商场买手在特别活动中的主要作用是着力推荐他所在部门的商品。一位著名厨师的厨艺展示、一场时装新品预展、设计师的时装发布会，这些有创意的活动有可能都是由买手所策划的。当买手能够成功地邀请到一些社会知名人士或明星来参加这些活动的话，如托米·海菲格亲临店铺谈论他的最新系列，肯定会大大增加活动的影响力。

有人可能会就特别活动的费用和最终取得的销售业绩来对特别活动的价值提出质疑。要知道，有些活动的价值是很容易进行评估的，而另外一些则比较困难。例如，如果一个买手能够幸运地邀请到知名的室内设计师到店里进行创意设计，那么在他的设计中所使用的那些商品的销售量将能够得到迅速地增长，这也比较容易估量出活动的价值，还可以就特别活动之前和特别活动之后的销售量进行比较以评估活动的意义。但是有时这种活动带给消费者的购买刺激和诱导会在一定的时间或以后很长时期后才能显现出来，所以活动的效果不能被很快评估出来。而有设计师或者名流出场的服装表演，有时会让商品销售一空，这样就使活动的评估相对简单多了，看一眼现场剩余的商品或者到收银员那里观察一下，就很容易知道销售情况很好，活动的效果也就一目了然了。如此一来，买手也很快会了解到花钱搞这样一场活动是否是一个正确的决定。

特别活动往往不可能对销售量产生立竿见影的影响，梅茜百货在感恩节大游行期间确实有很高的销售业绩，但很难说清是否是游行促使人们来购买最流行的手提包，没有人能给出答案（图18-9）。但是由于公司多年来坚持游行活动，它给公司带来了很大的影响力，这从另一个方面也证明坚持活动是正确的。

图18-9　梅茜百货大游行中，蜘蛛侠形象是最受欢迎的氮气球之一

（Debby Wong/Shutterstock）

以上所讨论的事情，都不在买手的工作范围之内，他们所应该负责的是在这些活动中充分展示那些他所负责的商品。买手会和做广告宣传一样，也会有一部分预算供他在特别活动中所使用。买手也要和供应商进行协商，让供应商也承担一部分的费用支出。他们也可能会说服设计师不仅要在发布会上亮相，还有可能支付一部分的费用。一旦销售情况良好的话，那不仅零售商受益，设计师和生产商都能够从成功的策划活动中得到更多的收益。

这种多方参与的活动之所以能够顺利举行是因为买手能够说服供应商参与进来，如果买手不具备这种能力，这种活动是不可能自发产生的。

正如广告宣传活动一样，特别活动也分为产品促销活动和推广公司形象的活动。

商品促销活动

以销售商品为主要目的特别活动被称为促销类特别活动。在每年1月份，大型商场一般会举行以清理库存为主要目的的大型促销活动，有时还会有些为期1~3天的特别销售活动（图18-10）。另外一种活动深受很多大型零售商喜爱并与采购部门直接相关，通常被称为"买手助理日"，需要买手助理去采购一些低价位的商品，并将它们与商场中希望能够处理掉的商品混在一起。这类为期不长的销售活动在零售行业非常盛行，通常也能够吸引很多人的注意力。

值得一提的是，特别促销活动并不仅仅局限于在零售商的店铺内进行，还可以通过提供商品目录的方式来推广，买手也要积极参与到这种销售活动中，并且还要从现有的存货中准备好减价商品。

除了参与以上所说的这种以销售为主的特别促销活动之外，买手也要对活动的策划与举行提供自己的意见和建议，以促进成交量的提高。这其中包括：服装表演、名流参与活动、订货会演出、企业人事召开的论坛以及供应商代表举办的产品展示会。

即使不打着特别促销活动的旗号，以上每一种活动本身都有着成交大批销售量的潜力。当著名的设计师出现在零售店里的时候，往往会有很多人去与他见面并且购买那些推荐的商品。采购厨具的买手无论何时邀请大厨到店内用专门的厨具烹饪大餐，那些厨具的销售量都会大增。在订货会演出上，只要公司代表带来了设计师的系列作品，最终肯定会促成大量的购买行为。

在以上这些促销特别活动中，通常是由买手去联系那些重要人物，并且负责把活动搞得既有声有色又能带来利润。只要买手运用富有创意的促销理念去策划这些活动，并且取得了令人满意的效果，销售肯定最终获利。

图18-10 这样的特价销售往往能带来积极的结果
（Lance Bellers/Shutterstock）

企业形象宣传特别活动

零售商通常会通过开展以形象推广特别活动来提高销售量和店铺形象。这类活动不一定销售特定的商品，但是一定要使消费者对零售商产生兴趣。这类活动与那些知名大商场制作的传统意义上的圣诞橱窗展示有相似之处，如梅茜百货、第五大道萨斯和劳得·泰勒等。这些橱窗展示搞得热热闹闹、红红火火，旨在吸引人们的注意力。

在这类活动中虽然买手不必担任特别的工作，但是他们需要保证有充足的货源以满足如此庞大的购物人群。例如他们提供的货品可能是节日促销商品、低价位商品、物超所值的商品和吸引对价格相当敏感的消费者的库存削价商品。通常，对慈善活动的赞助，如"拯救儿童"，能够吸引大批客流进入店铺（图18-11）。

有的时候，以推广企业形象为主的特别活动也有主推商品。例如玛莎·菲尔德的圣诞树亮灯仪式，在米老鼠的带领下，迪士尼乐园里的各色人物纷纷登场。在这种情况下，迪士尼系列商品的买手必须确保充足的供货以满足有需要的人群。

图18-11 慈善活动表达美好愿望
（Ellen Diamond）

只要买手积极参与到为他所采购的商品所开展的广告策划、视觉销售和特别活动中去，商品的销售量就有提高的可能，公司所获得的利润也将得以最大化。

商业词汇 Terms

广告	非直接广告	平价
广告申请单	形象广告	陈列柜
形象和促销两者并重的广告	以推广形象为主的活动	无声的销售员
相对便宜	版式	特别活动
比较性价格术语	借用标签	广告活页
比较性术语	初始价格	时装新品预展
合作广告	促销广告	超值
复印件	促销活动	视觉营销
陈列	样本	玻璃橱窗

要点概述

1. 买手不需要创作广告，但是需要积极参与广告创作的一些准备工作。
2. 推广预算用于给买手制作广告以及开展其他促销活动。
3. 分配给买手的资金额度是根据以往的销售业绩和公司对买手所在部门的扩张计划而决定的。
4. 精明的买手会通过邀请合作商参与合作广告从而获得更多的广告费用。
5. 在广告决策中，买手必须首先在促销类广告和形象广告上分配广告资金比例。
6. 买手的绝大部分广告费用都花在针对特定商品的促销广告上。
7. 有时候，买手不需要承担任何费用就可以使他们公司的名字出现在供应商的广告中。这些广告称为间接广告。
8. 买手要先选出进行广告宣传的商品，然后完成广告申请单，申请单上涵盖了即将要发布的广告的详情和细节。
9. 买手在广告中必须谨慎使用比较性词语，以免消费者产生任何误解。
10. 一旦广告开始投放，买手必须准备通知所有员工有关广告的安排，以保证店内的员工都能做好解答消费者疑问的准备。
11. 视觉营销对买手来说极其重要，正是这种概念将商品放到了最重要的位置。
12. 特别活动是买手为促进商品销售而举办的促销活动。
13. 特别活动分成两类，促销类活动和以推广形象为主的活动，大部分与广告类似。
14. 买手不用组织特别活动，但是要积极参与其中，从而确保活动后有足够的商品供应。

思考题

1. 在公司的广告项目中，买手所扮演的角色是什么？
2. 管理高层是如何决定买手的推广费用？
3. 零售商使用最广泛的媒体是哪种？
4. 广告是如何分类的？有哪些主要的广告分类？
5. 为什么即使不能为公司带来直接的销售，零售商仍会参与形象广告制作？
6. 如果买手想要在广告中强调某一特定的商品，同时还要能传递公司的形象，那么他应该选择哪种形式的广告？
7. 在合作广告中，如何决定买手和供应商应承担的广告费用？
8. 非直接广告是什么？
9. 为什么要由买手来决定其所在部门选用哪种商品进行广告宣传？
10. 什么是广告申请单？谁最先使用广告申请单？
11. 为什么说正确使用比较性词语对买手很重要？
12. 为什么在广告印刷前必须对样本进行校验？
13. 如果买手合理运用广告活页，会如何促进销售量增长？
14. 买手通过何种方式来告知销售一线的员工广告已经投放？
15. 为什么大多数零售商不再享有大型橱窗展示带来的好处？
16. 在视觉营销中，买手的主要角色是什么？
17. 特别活动是指什么？
18. 特别活动属于促销类还是形象类？
19. 由于大多数零售商经常举办特别活动，买手是否有必要参与前期策划？
20. 为什么零售商会重视以形象为主导的特别活动？

案例1

塔夫特（Taft）百货位于新英格兰，它有8家分店，到现在为止已经经营了50年了。它被认为是这个区域最成功的商家之一。通过多年的运作，塔夫特不断地为消费者提供精美而与众不同的商品。买手们周游世界，把那些消费者可能感兴趣的、而在近500千米范围内的其他商家没有的商品带回来。消费者在一定的范围内总能买到塔夫特的日常所需品。在激烈的竞争中，公司凭借着诚信待客获得了很大的成功。

在过去的一年里，公司的成本有了相当大的增长。管理者就降低经营高成本的策略召开了几次高层会议，因此他们能在去年依旧保持盈利。会议上提出了很多建议，包括整合业务时间，这样可以减少工资和客服的开支，也使促销预算大大减少。

每一位高管都需要仔细考虑会议上提出的建议并给出适当的解决方法。在最终的决策会上，管理层一致认为减少促销预算是唯一的解决方案。另一个建议是消除顾虑。不考虑买手和管理层争执不休的有关用从供应商那获得的促销资金弥补预算缺口的问题。他们的解决方案是，和更多的公司建立促销合作。

买手们对管理层的决策表示反对已达成统一。他们准备好将在下一次会议中提出观点。

问题：

1. 会有公司像塔夫特这样寻求促销合作的吗？
2. 阐述公司可能太过专注于促销合作的不利之处。

案例2

桑罗·罗德兹（Sandra Rhodes）已经被任命为一家专营家居商品的大公司的买手，除了销售家具之外，该公司还经营有种类繁多的地毯、照明装置、桌椅系列和家居饰品。它的库存商品既有当季商品又有为某一时期专门设计的商品。

虽然销售量还算得上可观，但是新上任的管理班子认为公司的销售潜力还没有完全发挥出来，因为公司的大量货源来自非主营该类商品的供应商。因此他们选择了桑罗·罗德兹，她不仅具备高超的采购能力还拥有完备的产品知识。

她决定策划一个促销活动，活动的重点是清理库存商品以加快公司的周转。虽然她很清楚这样做的问题所在，但是目前在不影响公司整体销售的情况下，这是最佳选择。

作为一个细心人，桑罗·罗德兹总是认真地准备促销活动的每一个环节。

问题：

1. 她应该采用何种方式进行促销宣传？
2. 该活动持续多长时间较为合适？
3. 这项活动会影响公司的可信度吗？

专业词汇

Advertising—Any paid for form of nonpersonal presentation and promotion of ideas, or services by an identified sponsor.
Advertising Agency—A company that completely specializes in all aspects of advertising, beginning with the creation of the ad and ending with its placement.
Advertising Manager—The person responsible for all types of advertising that the buyer needs to prospect for customers.
Advertising Request Form—A document that a buyer must complete before an ad can be planned by the advertising department.
Agent—A business unit that negotiates purchases or sales or both but does not take title to the goods.
Air Express—Express service on regularly scheduled flights.
Air Freight—Shipment by air freight planes. Quick and less expensive than air express.
Anticipation—A special form of cash discount.
Assistant Buyer—An individual who assists the buyer by taking over his or her less responsible tasks.
Automatic Reordering—A system in which merchandise, generally staple items, are reordered without the need for frequent buyer input.

Branch Store—A unit of a retailer that is smaller than its flagship store.
Brand—A name, term, symbol, design, or a combination, intended to identify the goods or services of one seller or group of sellers and to differentiate them from those of competitors.
Brick-and-Mortar Retailer—A term that identifies merchants who operate their businesses from stores.
Bridge—A category of fashions between haute couture and mass.
Broker—An agent who does not have direct physical control of goods but represents the buyer or seller.
Buyer—The individual responsible for purchasing merchandise for the retailer.
Buying Mix—The elements of buying: what to by, how much to buy, from whom to buy, and when to buy.

Cash Discount—A reduction in the price for prompt payment.
Centralization—An arrangement under which a group of managers working in the home office controls all of the units in the organization.
Chain Store System—A group of stores that are centrally owned and operated with some degree of centralized control.
Chambre Syndicale De La Couture Parisienn0065—The organization that regulates fashion in Paris.
Channel of Distribution—The route through which a product or service is marketed and moves from the producer to the user.
Chargeback—A monetary concession given by the vendor to the retailer for goods that did not sell as well as expected.
Closeout—Merchandise that is left at the vendor at season's end that is disposed of at a lower price.
Collection—The line of merchandise that a designer creates.
College Board—A consumer panel or focus group composed of college students.
Commissionaire—A foreign resident buyer.
Comparison Shopper—An individual who provides comparative information on other retailers in such areas as price, visual presentations, promotions, advertising, and merchandise assortments.
Computer Hardware—The machinery in a computer installation.
Consignment Buying—An arrangement under which title to goods does not pass until the buyer sells the merchandise.
Consumer Panel—A focus group of consumers used by retailers for information on merchandise and pricing.
Consumer's Report—The periodical produced by Consumer's Union that evaluates and rates a variety of products.
Contract—An agreement between two or more parties that is legally enforceable.
Convenience Goods—Products that consumers purchase with a minimum of effort. They include tobacco products, soap, newspapers, chewing gum, and many small items.
Cooperative Advertising—Advertising that is jointly paid for by the retailer and the vendor.
Cooperative Buying—An arrangement by which individual orders are pooled to qualify for discounts.
Cooperative Resident Buying Office—A buying office that is owned and operated by a group of stores.
Corporate Buying Office—A resident office that is a division of a retail corporation.
Credit Agency—An institution that provides credit information.
Credit Line—The amount of credit an organization is willing to extend to its customers.
Credit Manager—The person who is responsible for the extension of customer credit and the supervision of collections of customer accounts.
Cross-Cultural Skills—The skills that are necessary to favorably interact with people of different cultures.

Cumulative Markup—Markup on goods on hand divided by retail price of goods on hand.

D

Daily News Record—A trade paper, generally referred to as DNR, that specializes in menswear.

Decentralization—An arrangement in some chain organizations that allows individual store managers to make decisions in such areas as merchandise selection, promotion, and markdowns.

Demographics—The statistical characteristics of a category of purchasers.

Department Store—A major retail organization that sells a wide variety of hard goods and soft goods. It separates its main functions into divisions.

Direct Mail—A method that uses fliers and brochures to reach the consumer with product offerings through the mail.

Direct Retailing—Selling to consumers in their homes or places of business through such means as catalogs, e-mail, and cable television.

Discount Operation—A retail organization that features a wide assortment of goods that is sold below the traditional prices.

Divisional Merchandise Manager—The individual who is second in command to the retailer's top merchandising executive. His or her responsibilities are within a specific merchandise division in the company.

Dollar Merchandise Plan—A budgetary system of merchandising based upon dollar amounts.

Dun & Bradstreet—A credit-checking agency.

Duty—An amount that is added to the selling price for merchandise that is purchased from most foreign countries.

E

E-mail—An electronic system that is used to send messages.

Eom—End of Month.

F

Fad—A term used to describe a short-lived fashion.

Fairchild Publications—The largest publisher of fashion periodicals.

Family Life Cycle—The stages of development of a family from marriage through maturity.

Fashion—A style that is popular at any given time.

Fashion Coordinator—A specialist in fashion show production, style, and color forecasting who works closely with the buyers.

Fashion Count—A research tool that involves observation of consumers.

Fashion Director—An executive who provides fashion information to the merchandising team.

Fashion Forecaster—An individual who helps designers and retailers learn about the upcoming trends in fashion.

Fashion Reporting Service—A company that provides pertinent fashion information to the manufacturing and retailing industries.

Fax—A machine that enables communication of messages over telephone lines.

Flagship Store—The main store of a department store organization.

Following up Orders—A task that involves communication with vendors to determine the status of orders that have been placed.

F.O.B.—Free on board.

F.O.B. Destination—Title to goods passes when it arrives at its destination. Since the vendor owns the goods until then, he or she pays the freight.

F.O.B. Factory—Title to the goods passes at the point of shipment.

Focus Group—A small group of individuals who are questioned in terms of preferences. Their responses are analyzed to help make changes in product marketing and selling.

Franchisee—An individual who becomes part of a franchised operation.

Franchiser—A person or company that owns a specific company and has the right to expand its operation by allowing others to own and operate individual outlets.

Franchising—An exclusive arrangement whereby an individual and an operating company do business together in a specified way.

Full-Line Department Store—A retail organization that merchandises a complete assortment of hard and soft goods.

G

Garment Center—The name used to describe New York City's most important area for manufacturers and designers to sell their goods.

Gatt—General Agreement on Tariffs and Taxes is a governmental act that reduces tariffs and taxes on imports.

General Merchandise Manager—The head of a retailer's merchandising division.

Group Buying—An arrangement in which buyers pool their orders to get better terms.

H

Hand-to-Mouth Purchasing—Buying when the need arises.

Hard Goods—Merchandise such as furniture and appliances.

Haute-Couture—High fashion.

Home Shopping Networks—Cable television stations that expressly sell merchandise to consumers.

Hot Items—Goods that are fast sellers.

Human Resources Manager—The individual responsible for staffing the company and overseeing the various employee programs.

I

Impulse Goods—Goods purchased without prior planning.

Income Statement—A summary of revenues and expenses for a period of time.

Independent Resident Buying Office—An office that offers services to independent retailers.

Indirect Advertisement—A manufacturer's ad that mentions retailers' names.

In-House Video Communication—A system that uses closed-circuit communication between the buyers and the store's managers and sales associates.

Initial Order—The first order placed by a buyer.

International Boutique Show—A major trade exposition for women's fashion merchandise.

Internet Retail Web Site—A location on the Internet that consumers can access and make purchases from.

Internet Shopping—An off-site method used by consumers to purchase merchandise.

J

Job Lot—An assortment of merchandise that the vendor closes out to the retailer at highly discounted prices.

K

Keystone Markup—A term that indicates the retail price is double that of the wholesale price.

Keystone Plus Markup—The retail price is double the wholesale plus a little extra.

L

Landed Cost—The total cost of the goods to the retailer.

L.C.L.—Less than a full freight carload.

Leased Department—An independently operated department within a department store.

Line and Staff—An organizational structure that uses decision makers, company producers, and advisory personnel.

Line Organization—A form of organization in which authority flows in a straight line from top management to lower levels.

Linguistic Faux Pas—The spoken mistakes that are made because they often have different meanings in different languages.

List Price—The manufacturer's published price from which discounts are taken.

Loss Leader—A product of known or accepted quality priced at a loss or no profit for the purpose of attracting patronage to the retailer.

M

Magic—The name of the largest men's trade exposition in the United States.

Mail Order House—A company that receives its orders by mail or telephone and generally offers its goods in catalogs and print ads.

Manufacturer's Agent—An agent who represents several noncompeting lines of merchandise.

Manufacturer's Brand—Merchandise that features the seller's brand or label.

Manufacturer's Outlet—A store that is owned by the manufacturer that usually sells closeout items at discounted prices.

Markdown—A reduction in the selling price.

Market—It might be either the group of people that is being targeted for business, a place where business is transacted, or the conditions within which buyers and sellers make decisions on the transfer of goods and services.

Market Analysis—An aspect of marketing research that involves the measurement of the extent of a market and the determination of its characteristics.

Market Consulting Organization—A company that helps businesses with their tasks such as buying, product development, and so on.

Marketing—The performance of business activities that direct the flow of goods and services from the producer to the user.

Marketing Research—The systematic gathering, recording, and analyzing of data about problems relating to the marketing of goods and services.

Market Week—A period in which buyers from all over the country attend showrooms and trade expos to preview the manufacturer's new lines.

Markup—Difference between the cost price and the selling price.

Merchandise Inventory—The value of goods being offered for sale.

Merchandise Inventory Turnover—The average amount of time it takes for the average inventory to sell in a year.

Merchandise Manager—One who oversees the merchandising division.

Merchandise Planning—Determining the merchandise assortment in terms of styles, price points, and so forth.

Middleman—An individual who is involved in selling the manufacturer's goods to the retailer.

Model Stock—The necessary assortment featured by retailers to satisfy the customers' needs.

Most Favored Nation Status—This is the designation given to certain countries that enables their goods to be sold with lower tariff rates and restrictions.

N

Nafta—A trade agreement that eliminates the tariffs between the United States, Canada, and Mexico.

Namsb—A major trade exposition for menswear.

National Brand—A manufacturer's brand that enjoys wide territorial distribution and recognition.

Net Profit—The profit after deducting the cost of goods sold and operating expenses.

NRF—The National Retail Federation, the largest retail association.

O

Observation Research—A marketing research tool that relies exclusively on observing consumers.
Off-Site Retailing—Businesses that operate through catalogs and Web sites.
Open-to-Buy—The difference between the merchandise available and the merchandise needed for a particular period.
Operating Expenses—All expenses of doing business other than the cost of the merchandise sold.
Opportunistic Purchasing—Buying when the prices have fallen to the desired level.
Optical Scanner—A device used for inputting data into the computer system.

P

Palm-Powered Guides—Assistance that is available for use in negotiations on instruments such as palm pilots.
Postdating—A means of extending the credit payment.
Power Center—A retail shopping center that houses major value-oriented retailers.
Pre-Ticketing—A service provided by the vendor that tickets the merchandise for the retailer.
Price Cutting—Offering merchandise or services for sale at below the usual selling price.
Price Leader—A company whose pricing policy is followed by others in the same industry.
Price Points—The major focus of prices that are merchandised by a company.
Private Labels—Lines of merchandise that are sold exclusively by one retailer.
Private Resident Buying Office—A resident office that is owned and operated by one retail organization.
Product Classification—A term used to indicate merchandise types such as apparel, furniture, and so on.
Product Development—The design and development of a new item.
Product Line—A group of items that are closely related.
Proof—A copy of an advertisement that goes to buyers and other interested parties to make certain that it is correct.
Publicity—The nonpersonal stimulation of demand for a product or service by planting news about it in a published medium to obtain favorable results.

Q

Quota—For imported merchandise, the amount that can be brought into the country.

R

Rack Jobber—A wholesale business that services the retailer by stocking inventory, replacing slow sellers with new merchandise, and charging only for the items that have been sold.
Reorder—Merchandise that is replenished because of its customer appeal.
Resident Buyer—An agent who helps the retail buyer make a number of decisions including vendor and merchandise selection.
Resource Diary—A detailed listing of resources.
Retailer—A merchant whose main business is selling directly to the consumer in stores, through catalogs, or on Web sites.
Retail News Bureau—A fashion-retail information service.
Road Sales Representative—A manufacturer's sales rep who visits the merchants in their stores or home offices.
Robinson Patman Act—A piece of legislation that forbids price discrimination.
R.O.G.—Receipt of goods.

S

Sales Analysis—The study and comparison of sales data.
Sales Forecast—An estimate of sales in dollars and units for a specific future period.
Sales Per Square Foot—A measurement used by retailers to assess the success of their operations.
Sales Promotion—Any activity such as advertising, visual merchandising, and special events that helps sell merchandise.
Search Engine—A tool used on the Internet to find areas of interest.
Seventh Avenue—A term used by those in the fashion industry to describe New York City's garment center.
Silent Seller—A term used to describe a store's window displays.
Shopping Goods—Consumer merchandise that requires careful selection before a decision is made to buy.
Six-Month Plan—A plan that the buyer uses for future purchases.
Soft Goods—Any type of wearing apparel.
Software—Computer programs or instructions.
Special Events—Happenings in stores that are offered to stimulate business on a one-time basis.
Specialized Department Store—Companies such as Saks Fifth Avenue and Neiman Marcus that restrict the vast assortment of their offerings to one classification.
Special Order—Merchandise that is ordered specifically for one customer.
Specialty Goods—Merchandise that has unique characteristics and whose availability is severely limited.
Specialty Store—A retail operation that restricts its merchandise to a limited line.
Staff Relationship—An organizational relationship that provides for advisory services.
Staple Goods—Merchandise that is always in fashion.
Store is the Brand—A retail concept where only the store's own brand is available for sale.
Style—The shape or silhouette of a design.
Subclassification—Another word used synonymously with style.
Substitute Shipping—The sending of items by vendors to retailers that weren't ordered, in place of those that were.
Surf the Net—To explore various Web sites on the Internet.

T **Table of Organization**—The organization of the functions and divisions of a company.
Target Market—The audience a business is trying to reach.

Tariff—The amount of duty that is levied on merchandise.
Tear Sheet—A copy of an advertisement.
Testing Bureau—A lab facility that tests merchandise.
Trade Association—An organization of businesses with like interests.
Trade Discount—A reduction from the list price to differentiate between buyers.
Trade Paper—A periodical that is earmarked for industrial purchasers.
Trading Area—The major district that a retailer wishes to reach.
Trunk Show—A promotional event in which manufacturers and designers visit stores to show their collections to the store's customers.

V **Value Oriented Merchant**—A retailer such as an off-pricer or discounter who deals in merchandise that has price appeal.

Visual Merchandising—The practice of presenting merchandise in windows and interiors that enhance sales.

W **Wawp**—A system to record customer requests for merchandise.
Web Site—An Internet location where products and services are featured.

Wholesaler—A business that acts as the intermediary between the manufacturer and retailer.
Women's Wear Daily— The leading industry fashion publication in the world.

图片版权

Page 1: © Richard Levine/Alamy, © RT images/Alamy, Felix Mizioznikov/Shutterstock, Magicinfoto/Shutterstock, Picsfive/Shutterstock/Jupiter images/Brand X Pictures/Thinkstock; Page 78 © OJO Images/SuperStock,© Kablonk/Purestock/SuperStock, Stephen Coburn/Shutterstock, Jupiter Images/Goodshot/Thinkstock, John Foxx/Stockbyte/Thinkstock, © Diego Cervo/iStockphoto ; Page 176: Wave Break Media ltd/Shutterstock, Superstock, Comstock Images, Todd Warnock/Thinkstock, Getty Images – Thinkstock, Jupiter Images/Getty Images ; Page 276: Hupeng/Dreamstime, Wave Break Media Ltd/Shutterstock, Konstantin Sutyagin/Shutterstock, Stockbyte/Thinkstock, Siri Stafford/Thinkstock, Debby Wong/Shutterstock.

Color Section: iStockphoto/Thinkstock, Natalia Bratslavsky/Shutterstock, NataliaYeromina/Shutterstock, Nataliya Hora/Shutterstock, NataliaYeromina/Shutterstock, Jan Kranendonk/Shutterstock, Jupiter Images/Thinkstock, Jupiter Images/Thinkstock, Comstock/Thinkstock, Jupiter Images/Thinkstock, Jupiter Images/Thinkstock, Natalia Mikhaylova/Shutterstock, Luisa Fernanda Gonzalez/Shutterstock, © Stock Connection Blue/Alamy, Jupiter Images/Thinkstock, iStockphoto/Thinkstock, iStockphoto/Thinkstock, Pixland/Thinkstock, © David Grossman/Alamy, © Image Source/Alamy, Comstock/Thinkstock, Jupiter Images/Thinkstock, Comstock/Thinkstock, James Woodson/Thinkstock, K2 images/Shutterstock.

索引

A

Abercrombie & Fitch
Absolute quotas
Achievers
ACORN (A Classification Of Residential Neighborhoods)
Acquisition, through expansion
Actual cost determination
Actualizers
Advertising
   advertising request form
   buyer participation
   classifications
   combination advertisements
   cooperative advertising
   evaluation of
   indirect advertising
   institutional advertisements
   layout approval
   promotional advertisement
   proof
   selection of merchandise for advertisements
   staff notification
   tear sheet
   tear-sheet usage
   and the web
Advertising agency
Advertising allowances
Advertising copy
Advertising manager
Advertising request form
Advisory groups
Agent contacts
Air express
Airfreight
Alfani
Amazon.com
American retailers
   overseas presence of
   top performers
Ann Taylor
Anticipation
A&P (The Great Atlantic and Pacific Tea Company)
Apple's iPhone
Assistant buyers
Assortment
Automatic reordering
Automatic stock replenishment
Average markup

B

Banana Republic
Bath Body Works
Believers
Belk
Benetton
Bergdorf Goodman
Best Buy
Betty Jackson
Bill Blass
Bill of lading
BJ's
Blackberry
Bloomingdales
Bob Mackie
Bombay
Bonded warehouse
Bottom line
Boutiques
Branches
Branch store, see Flagship stores
Brand
Brenda Lewis
Bricks-and-mortar retailing
Bridge oriented designers
Brokers
Brooks Brothers
Bulletin boards
Burberry
Burlington Coat Factory
Business etiquette in offshore markets
   Australia
   China
   France
   Germany
   India
   Indonesia
   Japan
   Mexico
   palm-powered guides
   United Kingdom
Buyers
   advertising
   career opportunities
   case study
   communication with managers and sales staffs
   company size
   department management
   duties and responsibilities
   e-mail
   evaluation of

    extensive travelling
    fax
    forecasting
    in-house video
    instant messages
    management, relationship with
    market knowledge
Buyers (**continued**)
    merchandise classification and pricing
    objectivity
    product development
    promotional endeavors
    role of
    schedule setting
    scope of
    special events
    store and department management
    store visits
    telephone
    visual merchandising
Buyer's arrival notice
Buying merchandise
Buying options, case study
Buying plan
Buying practices, case study

C

California Apparel News
Calvin Klein
Canceling orders
Capital Grill
Capital risk
Cash discounts
Catalog purchasing
Catalog retailing
    catalog companies
    home buying networks
    online outlets
Catalogs
Category killers
Census Bureau
Central America-Dominican Republic-United States Free Trade Agreement (CAFTA-DR)
Centralized management
Chain organizations
Chain Store Age Executive
Chain store system
Chambre Syndicate de la Couture Oarisienne
Chanel
Channel of distribution
Charter Club
Cheesecake Factory
Chief value
Childless singles
    under age forty five

    forty five and over
Children's Business
Christian Lacroix
CIF
Classification
Climate
Closed-circuit TV
Closeouts
Closeout prices
Coach
College board
Color
Combination advertisements
Commerce.gov
Commissionaires
Company-owned production
Comparison shopper
Competition, role of
Competitive pricing
Complaints and adjustments, handling
CompUSA
Computer hardware
ComScore
Consignment buying
Consumer analysis
    ACORN
    assessment, consumer
    case study
    college board
    consumer behavior
    demographics
    emotional motives
    family life cycle
    focus groups
    Maslow's hierarchy of needs
    observation technique
    patronage motives
    PRIZM
    questionnaires
    rational motives
    social classes
    teen boards
    VALS study
Consumer behavior
Consumer magazines
Consumer panel
Consumer research
Contract
Contractors
Convenience, role of
Convenience goods
Cooperation with clients
Cooperative advertising
Corporate buying office
Costco
Counter sample

Couples with children
   dual earner
   empty nesters
   single earner
Crate & Barrel
Cross-cultural skills
   dress, proper
   gift giving
   importance of
   linguistic faux pas
Cultural awareness
Cumulative markup
Cyborlink.com

D

Daily News Record (DNR)
Daisy Fuentes
Dallas Apparel News
Dana Buchman
D3 Donegar Design Direction
Dell's Venue Pro
Delivery considerations
Demographics
Departmental pricing
Department stores
Designer flagships
Designers
Dillard's
Dior
Direct mail
Direct purchasing
Discounters
Discount Merchandiser
Discount operations
Disney Stores
Dissemination of product information
   case study
   communication techniques
   recipients of product information
   role of
   types of product information
Distribution policies, vendor
Distribution summary
Divisional Merchandise Manager (DMM)
DKNY
Dollar merchandise plan
Dollar volume
Domestic market places
Domestic market weeks
Donna Karan
Dooney & Burke
Duty, **see** Tariff
Duty-free status

E

Earnshaw's
eBay.com
Eddie Bauer
Education
E.J. Korvette
ELC
Electronic date interchange (EDI)
e-mail
Emotional motives
EOM
EOM discount terms
Escada
Esprit
E-tailing
Ethnicity
Etiquette
Exchange rate
Exfactory
Experiencers
Express

F

Facebook
Factory outlets
Fad
Fairchild Publications
Family life cycle
Fashion
Fashion consulting services
Fashion coordinator
Fashion count
Fashion director
Fashion-first concept
Fashion forecasters
Fashion merchandise
Fashion merchandise replenishment
Fashion reporting services
Faxing
Fifth Avenue
Filene's Basement
Finding new resources
Fishyback
Flagship stores
Flea markets
FOB destination
FOB factory
Focus groups
Following up orders
Footwear News
Foreign market purchasing
   absolute quotas
   actual cost determination
   agent contacts
   Asia and the Pacific Rim
   Canada and Mexico

capital risk
Caribbean
Central America-Dominican Republic-United States Free Trade Agreement (CAFTA-DR)
China
commissionaires
delivery considerations
duty-free status
early selection of colors
European Centers
federal government role in importing
foreign purchasing agents
General Agreement on Tariffs and Trade (GATT)
global disfavor
Harmonized Tariff Schedule (HTSUS)
Hong Kong
hotel arrangements
import buyer qualifications
importers
import fairs
importing flow chart
India
itinerary planning
Japan
landed cost
letters of credit
London
Milan
money allocation
most-favored nation (MFN) rates
"normal trade relations" rates
North American Free Trade Agreement (NAFTA)
overseas markets
Foreign market purchasing (**continued**)
  Paris
  planning the trip abroad
  political unrest
  private foreign buying offices
  promotional costs
  quality variations
  quota
  reasons for purchasing foreign merchandise
  reorders
  size discrepancy
  tariff assessment
  tariff rate quotas
  time considerations
  trade agreements, role of
  trade terms, comprehension of
  United States Customs Service
  visit to the foreign market
  World Trade Organization (WTO)
Foreign purchasing agents
Fort Lauderdale Swap Shop
Franklin Mills
Frequency of purchase
Frieda Loehmann
Fuentes, Daisy
Fulfilleds
Full-line department store

G

GapBody
Garment Center
General Agreement on Tariffs and Trade (GATT)
General Merchandise Manager (GMM)
General store
Gianfranco Ferre
Gianni Versace
Gieves & Hawkes
Gift giving
Giorgio Armani
Global disfavor
Global market information
  case study
Going green
Group buying
Guarantees
Gucci
Gurnee Mills

H

Haggling
Hanae Mori
Hand
Hand-to-mouth buying
Harmonized Tariff Schedule (HTSUS)
Haute couture
H&M
Home Depot
Home page
Home shopping channels
Hotel arrangements
Hot items
HSN (TV program)
Hugo Boss
Human resources department

I

Import buyer qualifications
Importers
Import fairs
Importing flow chart
Impulse goods
Income
Income statement
Independent resident buying office
Indirect advertising
Individual initial markup
In-house video communication
Initial markup

Initial order
Instant messages
Institutional advertisements
Institutional events
Insurance protection
Internal sources of buyer information
"Internet only" companies
Internet-only retailers
Internet, role of the
Internet shopping
Internet, wholesale purchasing on
   advantages
   areas of interest
   case study
   contractors
   designers
   disadvantages
   home page
   manufacturers
   manufacturer's representative
   merchandise brokers
   middleman
   product acquisition
   R-Biz reps
   representatives of manufacturers
   resident buying offices
   specials
   trade shows
   web advertising
   wholesalers
Internet purchasing
Inventory levels
Issey Miyake
Itinerary planning

J
JCPenney
Jessica McClintock
Jil Sanders
Job lots
John Roger
Jones New York
Jos. A. Bank
Justifying the offer

K
Karl Lagerfeld
KB Toys
Key stores
Kiosks
Kmart
Kohl's
Kosta Boda
Kroger

L
Label removal
Landed cost
Lands' End
Laser scanners
LCL
Leaders and loss leaders
Leader merchandise
Letter of credit
Levi Strauss
Levitz
Lifestyle
Limited-function wholesaler
Limited line stores
Linen's N Things
Linguistic faux pas
LinkedIn
List price
Liz Claiborne
L.L. Bean
Loehmann's
Logging on, web sites
Lord & Taylor
Loss leader
Louis Vuitton
Lowe's

M
Macy's
Madison Avenue
Madonna
MAGIC
Mail order house
Maintained markup
Makers
Manufacturer-owned retail outlets
Manufacturers
Manufacturers' brands and labels
Manufacturer's outlet
Manufacturers' representatives
Marimekko
Market consulting organization
Markdowns
Marketing research
Marketing News
Market specialist assistance
Market specialists
  buying merchandise
  canceling orders
  case study
  complaints and adjustments, handling
  consumer magazines
  fashion consulting services
  fashion forecasters
  fashion reporting services
  finding new resources
  following up orders

global market information
group buying
hot items, recommending
importance of
initial order
market week assistance
nonfashion services
private-label products, developing
promotional activities, planning
reorders
researching
resident buying offices
retail reporting agencies
selecting a resident buying office
special orders
trade associations
trade publications
Market week
Markup
Markup on cost
Markup on retail
Marquee labels
Marshall's
Martha Stewart
Maslow's hierarchy of needs
Materials
May Company
Men's Warehouse
Merchandise
  pricing
  selection
Merchandise broker
Merchandise characteristics
Merchandise classification
Merchandise collections
Merchandise inventory turnover
Merchandise manager, input from
Merchandise offering
Merchandise planning
Merchandising
Merchandising mix
Merchandising philosophies
Merchandising policies
  assortment
  automatic reordering
  classification
  color
  Divisional Merchandise Manager (DMM)
  fashion
  frequency of purchase
  General Merchandise Manager (GMM)
  internal sources of buyer information
  materials
  merchandise manager, input from
  past sales
  price, role of

Merchandising policies (**continued**)
  price points
  price policy
  private-label merchandise
  product exclusivity
  quality, merchandise
  returns, customer
  sales analysis
  sales associates and department managers, input from
  sizes
  style
  timing of introduction of goods
  variety, role of
  want slips
Mervyn's
Middleman
Mobile phone selling
Model stock
Model stock development
  classification
  color
  distribution summary
  fashion merchandise
  price points
  sizes
  staple merchandise
  style
Money allocation
Montgomery Ward & Co.
Most-favored nation (MFN) rates
Multichannel synchronization
Multiculturalism and product
  advertising, role of
  case study
  African Americans
  Asian Americans
  buyer's role
  demographics
  Hispanics
  role of
Multiple-member shared households

N

NAFTA(North American Free Trade Agreement)
NAMSB
National brand
Nautica
Negotiating the purchase
  advertising allowances
  anticipation
  cash discounts
  consignment buying
  cooperative advertising
  FOB factory
  insurance protection

justifying the offer
limits, setting
list price
packing considerations
postdating
quantity discount
Robinson Patman Act
seasonal discounts
selection of carriers
size of shipment
timing of delivery
trade discounts
transportation costs
Neiman Marcus
Neiman Marcus Christmas Book
Net profit
Nielsen
Nike
Nonfashion services
Nordstrom
"Normal trade relations" rates
North American Free Trade Agreement (NAFTA)
Notetaking form
NRF (National Retail Federation)

O

Observation technique
Occupation
Off-price merchants
Off-price stores
Off-site retailing
Offshore production
Old Navy
"Old Orchard,"
One-stop shopping, see Department stores
Online purchasing
Online retailing
Open-to-buy (OTB)
Opportunistically
Opportunistic buying
Operating expenses
Opportunistic buying
Order specificity
Orrefors
Overall store pricing
Overseas markets
  case study
Overstock.com

P

Packing considerations
Palm-powered guides
Parcel post
Parisian chain
Past sales

Patronage motives
Payment terms
Perishability factor
P.F. Chang
Philip Lim
Piggyback
POE
Political neutrality
Postdating
Pottery Barn
Prescreening, line
Prêt-à-porter
Preticketing
Price cutting
Price points
Price range
Price, role of
Price Point Buying
Price points
Price policy
Pricing
  average markup
  case study
  competition, role of
  convenience, role of
  cumulative markup
  departmental pricing
  discount operations
  individual initial markup
  leaders and loss leaders
  maintained markup
  markdowns
  markup
  markup on cost
  markup on retail
  merchandise characteristics
  merchandise inventory turnover
  overall store pricing
  price points
  pricing policies
  private labels
  promotional costs
  services, role of
  small retailer, pricing for the
  stock turnover
  store image, role of
Pricing policies
Private foreign buying offices
Private-label merchandise
Private-label programs
  advantages of
  buyer's role
  case study
  company-owned production
  competitive challenge, meeting the
  determining customer attitudes
  development of

direct purchasing
introduction of a private-label program
manufacturers' brands and labels
proportional private-label inventories
resident buying office acquisitions
store is the brand concept
Private labels
Private resident buying office
PRIZM
Product acquisition
Product classification
Product development
Product exclusivity
Product line
Product mix
Profitt's/McRae's
Promotion
Promotional activities, planning
Promotional advertisement
Promotional budget
Promotional costs
Promotional events
Promotional merchandise policies
Proof
Proportional private-label inventories
Publicity
Pulse of the market
Punching a time clock
Purchase, timing of the
Purchase-order specificity, adherence to

Resources, evaluating buyer
evaluation aids
principal resource list
resource diary
vendor analysis forms
Retail reporting bureau
Retail trends
acquisition and expansion
advertising as
case study
celebrities as promoters
e-commerce, role in
green movement
mobile phone selling
multichannel coordination in
multiculturalism in
new concepts
poor performers
private label merchandising
store brands
town center development in
Returns, customer
Rich's
Road sales representatives
Robinson Patman Act
Rodeo Drive
ROG

Q

Quality, merchandise
Quality variations
Quantitative decision making, case study
Quantity discount
Questionnaires
Quincy Market
Quota
QVC (TV program)

R

Rack jobbers
Ralph Lauren
Rational motives
Reorders
Reps
Resale shops
Resident buyer
Resident buying office acquisitions
Resident buying office (RBO)
Resource diary
Resource list

S

Saks Fifth Avenue
Sales analysis
Sales associates and department managers, input from
Sales forecast
Sales per square foot
Sales promotion
Sam's club
Samsung Focus
Sawgrass Mills
Search engine
Sears Holding
Sears Roebuck & Co.
Schedule setting
Sears Holdings
Seasonal discounts
Selection of carriers
Services, role of
Service wholesaler
Seventh Avenue
Shipping and inventory maintenance
ShopNBC (TV program)
Silent sellers
Simon Property Group
Single parents
Single-unit independents

Six-month merchandise plan
Six-month plan
Size discrepancy
Size of shipment
Sizes
Small retailer, pricing for the
Social and cultural awareness
Social classes
Social networking
Soft goods
Software
Sourcing, merchandise
   advertising allowances
   case study
   competitive pricing
   cooperation with clients
   cooperative advertising
   distribution policies, vendor
   limited-function wholesaler
   manufacturers
   manufacturers' representatives
   merchandise offering
   preticketing
   promotional merchandise policies
   purchase-order specificity, adherence to
   rack jobbers
   service wholesaler
   shipping and inventory maintenance
   timing, purchase
   vendor relationships
South Street Seaport
Special events
Special handling
Specialized department store
Special orders
Special purchasing
Specialty chains
Specialty discounters
Specialty store
Specification buying
Spiegel
Staff notification
St. John's Knits
Staple merchandise
Staples
Stein Mart
Stella McCartney
Stock turnover
Store is the brand companies
Store is the brand concept
Store Branding
Store and department management
Store image, role of
Stores Magazine
Store visits
Strivers
Strugglers

Style
Subclassification
Substitute shipping
Supermarkets
Suppliers of off-price goods
Surf the net
Sym's

T

Table of organization
Talbot's
Talbott, J. Jill
Target (department store)
Targeting, multiculturalism
Target market
Tariff
Tariff assessment
Tariff rate quotas
"Tasting," foodstuffs, see Warehouse clubs
Tear sheets
Teen boards
The Gap
The Limited
Time clocks
Time considerations
Timing
   of delivery
   of introduction of goods
Timing, purchase
T.J. Maxx
TJX
Tobe
Tommy Hilfiger
Toys 'R' Us
Trade agreements, role of
Trade associations
Trade discounts
Trade paper
Trade publications
Trade shows
Trade terms, comprehension of
Trading area
Traditionalists as off-price purchasers
Transportation
Transportation costs
Trunk shows
Turnbull & Asser
Twitter

U

"Umbrella" group
United States Customs Service
UPS

V

VALS study
Value-oriented retailers
Value retailers
Variety, role of
Vendor analysis forms
Vendor-managed inventory (VMI)
Vendor relationships
Victoria's Secret
Visa
Visual merchandising
Vivienne Westwood
VM & SD

W

Walmart
Want slips
Warehouse clubs
Warranties
Way bill
Web site
Whole Foods
Wholesale market
  California
  domestic marketplaces
  Garment Center
  market specialist assistance
  New York City
  notification of buyer's arrival
  planning the visit
  prescreening, line
  resident buying office (RBO)
  Seventh Avenue
Wholesale market, domestic
  Atlanta
  calling on market specialists
  catalog purchasing
  Dallas
  Internet purchasing
  MAGIC
  Miami
  Milwaukee
  NAMSB
  purchasing at the retailer's premises
  San Francisco
  visiting the resources
  working the line with the vendor
  WWDMAGIC
Wholesalers
Wild Oats
Windham organization
Wolfe, David
Women's Wear Daily (WWD)
World Trade Organization (WTO)
Worth Avenue
Writing the order
  case study
WWDMAGIC

Y

Yves Saint Laurent

Z

Zandra Rhodes

PEARSON   ALWAYS LEARNING

尊敬的老师：

您好！

为了确保您及时、有效地申请培生整体教学资源，请您务必完整填写如下表格，加盖学院的公章后传真给我们，我们将会在2~3个工作日内为您处理。

请填写所需教辅的开课信息：

采用教材			□中文版 □英文版 □双语版
作　　者		出版社	
版　　次		ISBN	
课程时间	始于　年　月　日	学生人数	
	止于　年　月　日	学生年级	□专科　　□本科1/2年级 □研究生　□本科3/4年级

请填写您的个人信息：

学　　校			
院系/专业			
姓　　名		职　　称	□助教 □讲师 □副教授 □教授
通信地址/邮编			
手　　机		电　　话	
传　　真			
official email（必填） （eg:×××@ruc.edu.cn）		email （eg:×××@163.com）	
是否愿意接受我们定期的新书讯息通知：　□是　　□否			

系 / 院主任：_____（签字）

（系 / 院办公室章）

____年__月__日

资源介绍：
- 教材、常规教辅（PPT、教师手册、题库等）资源：请访问www.pearsonhighered.com/educator；　　（免费）
- MyLabs/Mastering系列在线平台：适合老师和学生共同使用；访问需要Access Code；　　　　　（付费）

100013　　北京市东城区北三环东路36号环球贸易中心D座1208室
电话: (8610)57355169　　　传真: (8610)58257961

Please send this form to：Service.CN@pearson.com

年复一年，买手们都履行着各种职责。尽管买手的职责在各个零售组织有所不同，但他们的采购工作中都有一些共性的内容。下面将以图片的形式展现买手的各类工作。

图1 在研究以往销售趋势的基础上制订采购计划是买手的一项重要工作

图2 考察如纽约第七大道（时装大道）的服装中心

图3 在服装中心的各个时装设计师展览室中拜访设计师本人，如安娜·苏

图4 参加一些如奥兰多会展中心这样的展览会

图5 时装周期间,在纽约布莱恩特公园观看最新发布的时装款式

图6 研究消费者以确定各族裔人口增长方面的变化

图7 研究非裔美国人及亚裔美国人的人口增长以满足他们的消费需求

图8 为新销售季节计划需要采购的商品

图9 与部门销售经理讨论采购计划

图10 与采购代理机构的同事探讨潜在的采购商品

图11 通过网络从国际市场采购国内缺乏的商品

图12 买手如果希望采购最时尚、最前沿的产品，会去巴黎这样的城市参加海外时装秀

图13 到亚洲市场出差，通常专营商品都在这里进行定制生产

图14 买手在法国等国家与客户共同进餐是一种典型的谈判方式

图15 定期去韩国寻找物超所值的商品

图16 决定商品的价格带

图17 检查商品的毛利润率

图18 与供应商进行订单谈判

图19 书写及汇总最终订单

图20 定期拜访位于服装中心的生产商展览室，以跟进订单进程

图21 走访生产商的工厂，辅助设计专营商品

图22 向店面经理传播新商品的信息

图23 研究促销预算的分配方案

图24　向广告部经理提出广告方面的建议

图25 挑选橱窗陈列产品以吸引行人驻足欣赏

图26　为店内时装秀挑选需要展示的服装款式